墨竹工卡年鉴

མལ་གྲོ་གུང་དཀར་གྱི་ལོ་རིམ་མེ་ལོང་།

2021

（总第11卷）

墨竹工卡县人民政府办公室　编

方志出版社
Publishing House of Local Records

图书在版编目（CIP）数据

墨竹工卡年鉴. 2021 / 墨竹工卡县人民政府办公室编. -- 北京:方志出版社, 2021.12

ISBN 978-7-5144-4836-8

Ⅰ. ①墨… Ⅱ. ①墨… Ⅲ. ①墨竹工卡县－2021－年鉴 Ⅳ. ①Z527.54

中国版本图书馆CIP数据核字（2021）第278973号

墨竹工卡年鉴（2021）

编　　者：墨竹工卡县人民政府办公室

责任编辑：刘方圆

出 版 者：方志出版社

地址　北京市朝阳区潘家园东里9号（国家方志馆4层）

邮编　100021

网址　http://www.zgfzcb.cn

发　　行：方志出版社图书经销中心

电话（010）67110500

经　　销：各地新华书店

印　　刷：河南金宝丽印刷科技有限公司

开　　本：889×1194　1/16

印　　张：19.75

字　　数：500千字

版　　次：2021年12月第1版　2021年12月第1次印刷

印　　数：001～500册

ISBN 978-7-5144-4836-8　定价：350.00元

墨竹工卡县行政区划图

墨竹工卡 尼玛江热 唐加 扎雪 门巴 扎西岗 日多 甲玛

林周县 嘉黎县 工布江达县 达孜区 乃东区 桑日县 扎囊县

唐古 恰杂 章岗 阿朗 阿布 拉康 若贡 札嘎 贡雄 龙珠岗 加玛岗 尼波岗 扎我岗 塔杰 惹津 其朗 随巴岗 比热 米洛 嘎淌巴 巴扎 羌岗 热贡岗 热奇木岭 塘堆 增琼 其玛卡 羊日岗 卓冈萨 帕那 荣多 马热贡巴 玛热 帮达 尼希多 仲尼 章达 同盖 帕嘎多 江那中 鄂如 拉东 卓村 吉冈 扎尼玛 嘎则 东布岗 塔巴 朗杰林 锦白岗 给德丘波 吉古 巴洛 格桑 卡加 羌工 亚岗 仁青林 曲贡岗 加嘎巴 扎岗 航木多 康琼果 斯布 加错堆 敦冲 龙达 努热吉 孜孜荣 唐吉果 土加 乌日岗 拉木 章多 恰村 主西 雪乡 唐嘎 雪普 洛普 拿姆 热格丁 仲达 恰日松多 巴尔卡 德仲 贴朗 波尔朗 达珠 拉鲁过 夹巴次 军母多 念村 切隆多 怎村 乌斯江 把多 真措 岗普 米东 达杰 松多 先多岗 罗玛林 白朗 仲荣 杂鲁勒 玉隆松多 它悟切 啊隆洞

5310 隆麻拉 5866 壁雾麻干日 5204 扎拉 5654 曾龙 5530 切龙 都郎拉 5450 5470 库隆阿 5304 果嘎尔 美隆吾孜 加卜日 5463 5322 拉弄玛 朗琼玛朗 5281 5181 帕喀 5318 列布则 5131 错木拉 米拉山口 5020 5236 觉怕琼 5794 5290 扎日 5408 杂库囊 5511 拉木洛日 5392 孜拉 5525 莫莫日 5601 希日果玛 德嘎拉 5273 香拉 亚杂 5481 罗果拉 5410

G318 S302

图例

拉萨市	省级行政中心		县级界
城关区	地(市)级行政中心		乡级界
尼木县	县级行政中心		铁路
纳金	乡级行政中心		高速公路
次角林	行政村		国道
东嘎	自然村		省道
	国界		县道
	地区界		乡道
	省级界		湖泊
	地级界		河流

比例尺 1:460 000

0 4.6 9.2km

西藏自治区测绘院编制

审图号：藏S（2018）022号

2020年8月1日，国家统计局副局长李晓超（前排右二）一行到墨竹工卡县调研脱贫攻坚工作

2020年7月26日，西藏自治区党委常务副书记、常务副主席庄严（中）一行到墨竹工卡县调研扶贫产业工作

2020年4月23日，西藏自治区党委常委、常务副主席罗布顿珠（右一）一行到墨竹工卡县人民医院调研

2020年4月17日，西藏自治区党委常委、政法委书记何文浩（右三）一行到墨竹工卡县调研政法工作

2020年7月16日，西藏自治区党委常委、拉萨市委书记白玛旺堆（左二）一行到墨竹工卡县调研

2020年6月25日，西藏军区司令员汪海江（前排右二）一行到拉萨民兵训练基地为墨竹工卡县新质民兵分队授旗

2020年8月28日，西藏自治区副主席多吉次珠（前排左二）一行到墨竹工卡县调研

2020年2月15日，西藏自治区副主席江白（前排右二）一行到墨竹工卡县调研林业工作

2020年7月14日，西藏自治区政协副主席、区总工会主席洛桑久美（左二）一行到墨竹工卡县调研

2020年4月13日，西藏自治区政协副主席、区工商联主席阿沛·晋源（前排右二）一行到墨竹工卡县调研

2020年3月5日，西藏军区副司令员昂旺索南（前排左三）一行到西藏华泰龙矿业开发有限公司检查指导工作

2020年3月23日，西藏自治区气象局党组书记拉卓（右三）一行到墨竹工卡县气象局调研

2020年11月19日，西藏自治区气象局党组副书记、局长向毓意（中）一行到墨竹工卡县气象局调研

2020年4月21日，拉萨市委副书记、市长、城关区委书记果果（前排左二）一行到墨竹工卡县调研

2020年4月22日，拉萨市人大常委会党组书记、主任云丹（右三）一行到墨竹工卡县调研

2020年8月17日，江苏省高级人民法院党组副书记、副院长茅仲华(后排中)一行到墨竹工卡县人民法院考察指导工作

2020年11月24日，西藏自治区住房和城乡建设厅副厅长李进忠（左二）一行到墨竹工卡县调研住房发展规划房地产市场工作

2020年12月17日，西藏自治区应急管理厅副厅长拉增（左三）一行到巨龙矿业检查指导工作

2020年10月11日，西藏自治区总工会副主席丹拥拉姆（右三）一行到墨竹工卡县调研

2020年3月23日，拉萨市委副书记、常务副市长沈海斌（前排左三）一行到墨竹工卡县调研“美丽乡村·幸福家园”整村推进项目

2020年7月8日，拉萨市委常委、常务副市长毛东军（前排左三）一行到墨竹县人民医院调研信息化建设

2020年11月13日，拉萨市委常委、宣传部部长吴亚松一行到墨竹工卡县甲玛乡龙达村宣讲中央第七次西藏工作座谈会精神

2020年4月23日，拉萨市人大常委会党组成员、副主任欧阳莉萍（前排左二）一行到墨竹工卡县检查指导工作

2020年5月13日，拉萨市副市长扎西白珍（后排中）出席墨竹工卡县“美丽乡村・幸福家园”整村推进试点项目贷款发放仪式

2020年3月4日，拉萨市副市长陆从福（左四）一行到墨竹工卡县巨龙铜业检查中央环保督察反馈问题整改情况

2020年4月10日，拉萨市政协副主席、市总工会主席张勤（前排左二）一行到墨竹工卡县调研

2020年5月14日，拉萨市政协党组成员、副主席达娃（左四）一行到墨竹工卡县调研脱贫攻坚期间产业脱贫和易地扶贫搬迁工作开展情况

2020年4月14日，西藏自治区应急管理厅基础处处长井光富（左四）一行到中凯选矿厂开展安全检查

2020年12月10日，西藏自治区环保厅水气处处长苏云（前排右二）一行到墨竹工卡县扎西岗乡污水处理厂检查指导工作

2020年8月13日，南京市团委副书记吕晨（中排左二）一行到 墨竹工卡县开展“全团对口支援西藏计划”2020年专项资金捐赠仪式

2020年8月6日，拉萨市人民检察院党组书记、检察长明马丹增（右二）一行到墨竹工卡县人民检察院调研

2020年12月11日，拉萨市税务局党委书记、局长李雷（左一）一行到墨竹工卡县税务局调研

2020年1月3日，拉萨市气象局党组副书记、局长陈友珍（右五）一行到墨竹工卡县气象局检查指导工作

2020年11月11日，县委书记劳明伟在第二届“格桑花开·南京墨竹周”开幕式致辞

2020年4月27日，县委副书记、县长旦增尼玛（前排右一）出席“墨竹好房东”表彰大会，并颁发证书

2020年1月1日，墨竹工卡县消防救援大队举行挂牌仪式

2020年1月3日，西藏自治区全国人大代表一行到墨竹工卡县考察工作

2020年1月22日，墨竹工卡县2020年“两节”期间维稳暨安全生产工作安排部署会

2020年3月17日，中国共产党墨竹工卡县第九届纪律检查委员会第五次全体会议

2020年4月13日，2020年江苏援藏项目暨墨竹工卡县重点项目集中开复工仪式

2020年4月13日，在藏苏商走进墨竹暨“格桑花开”墨竹工卡大学生就业创业特训营结营活动

2020年5月14日，墨竹工卡县2019年基层党建工作总结暨2020年工作部署会议

2020年6月12日，在西藏大学举办墨竹工卡"格桑花开人才+"计划发布暨大学生就业创业成长营开营第一课《拥抱新经济　奋进新时代》

2020年7月2日，墨竹工卡县人民医院举行"二甲"揭牌仪式

2020年7月17日，墨竹工卡“溪桥工程”公益活动启动仪式举行

2020年11月11日，第二届“格桑花开·南京墨竹周”活动开幕仪式

《墨竹工卡年鉴》编纂委员会

《墨竹工卡年鉴》编辑部

编辑说明

一、《墨竹工卡年鉴》2011年开始编纂，每年出版1卷，2021年卷为第11卷。

二、《墨竹工卡年鉴（2021）》以马克思列宁主义、毛泽东思想、邓小平理论、“三个代表”重要思想、科学发展观、习近平新时代中国特色社会主义思想为指导，坚持辩证唯物主义和历史唯物主义的立场、观点和方法，始终坚持“实事求是、质量第一、存史资政、服务大众”的办鉴宗旨，全面、系统、翔实地记述墨竹工卡县上一年度政治、经济、文化、社会等各项事业的基本情况，为社会各界与国内外人士了解和研究当今墨竹工卡县提供翔实资料。

三、《墨竹工卡年鉴（2021）》正文采取分类编辑法，以类目、分目、条目为主要框架结构，条目为主要叙事单元，个别包含多方面资料的条目，则设次分目，在段落间加插楷体标题提示，方便读者查阅全书。

四、《墨竹工卡年鉴（2021）》载录墨竹工卡县2020年经济社会发展的基本资料，设有特载、大事记、综述、政治、人民团体、军事、法治、经济管理、社会事业、城市建设·环保、交通·通信、金融、乡（镇）概况、附录、索引等内容。

五、《墨竹工卡年鉴（2021）》统计数据使用法定计量单位，价值指标绝对数凡未注明的，按记载2020年价格计算。计量单位一律以1984年国务院颁布的《中华人民共和国法定计量单位》为准，个别常用成习惯且不便换算的用市制，如农田单位“亩”。标点符号以2011年发布的《标点符号用法》（GB/T 15834—2011）为准；数字以2011年发布的《出版物上数字用法》（GB/T 15835—2011）为准。

六、《墨竹工卡年鉴（2021）》入鉴资料、图片均由各撰稿单位提供，并经主要负责人审核。部分资料由编辑部收集，主要数据和统计资料由统计局提供，部分数据由各相关部门提供。由于统计口径等原因，相关部分的个别数据与统计资料不一致的，以统计资料为准。

目 录

特 载

大事记

综 述

政　　治

中共墨竹工卡县委员会

办公室工作

墨竹工卡县人民代表大会

办公室工作

墨竹工卡县人民政府

军　　事

人民武装

武警墨竹工卡县中队

法　　治

政法委及综治

公安

检察

法院

统计

经济和信息化

税务

市场监督管理

墨竹工卡县思金拉措旅游发展有限公司

社会事业

墨竹工卡县应对新冠肺炎疫情领导小组办公室

民政

人力资源和社会保障

应急管理

消防救援

墨竹工卡农牧业净土产业发展有限公司

卫生健康

医疗保障

墨竹工卡县人民医院

疾病预防控制

文化和旅游(文物)

墨竹工卡县中学

中国人民财产保险股份有限公司西藏分公司墨竹工卡县公司

气象

供电

城市建设·环保

住房和城乡建设

生态环境保护

城市管理和综合执法

墨竹工卡县城市建设投资经营有限公司

交通·通信

交通运输

公路养护

电信

邮政

甲玛乡

唐加乡

扎西岗乡

日多乡

特　　载

在中共墨竹工卡县第九届委员会第十一次全体（扩大）会议上的报告

中共墨竹工卡县委书记　劳明伟

（2021 年 1 月 4 日）

一、提高政治站位，贯彻执行重大决策部署

深入学习贯彻习近平新时代中国特色社会主义思想和习近平总书记系列重要指示批示精神，认真学习中共十九届五中全会和中央第七次西藏工作座谈会精神，贯彻落实党的路线方针政策、中央重大决策和区市党委重要部署，树牢“四个意识”、坚定“四个自信”、做到“两个维护”。一是发挥示范引领作用。充分发挥县委全委会、县委常委会、县委理论中心组学习会示范引领带动作用，按照年初既定目标，抓好各项工作任务落实。2020 年召开县委全委会 2 次、县委常委会 27 次、县委理论中心组学习会 12 次，邀请专家讲座 1 次，专题研讨发言 12 次，围绕年度目标研究部署脱贫巩固、经济发展、维护稳定、党的建设、疫情防控等议题 102 项。二是强化工作责任落实。按照责任分工，县委常委会班子成员、各县级领导先后多次深入联系乡（镇）、村（居）、学校、企业、矿山、寺庙等重要领域，督导检查重点工作开展情况，确保各项工作平稳有序推进、落到实处。三是深入学习宣传贯彻中共十九届五中全会和中央第七次西藏工作座谈会精神。县委常委会班子带头，以县委全会、常委会、专题会议、理论中心组学习会等为载体深学细研，并带头深入基层乡镇、农牧区、寺庙开展宣讲。充分发挥县委党校职能作用，对全县科级以上党员干部进行轮训，多次开展应知应会闭卷考试，基本实现党员干部学习全覆盖。召开县委九届十次全会，结合实际研究贯彻落实意见，制定《墨竹工卡县委关于落实中央第七次西藏工作座谈会精神的实施细则》。四是严格落实意识形态工作责任制。定期研究部署意识形态工作，以“四讲四爱”群众教育实践活动为契机，开展疫情防控、反分裂斗争、脱贫攻坚、“扫黑除恶”、环境保护以及“五有五好”文明村镇创建等系列活动，进一步筑牢广大干部群众共同团结奋斗的思想基础；新时代文明实践中心和县级融媒体中心即将投入使用，“微墨竹”“网信墨竹”等互联网

宣传阵地不断夯实。

二、加强社会管理，社会大局持续和谐稳定

始终坚持总体国家安全观，积极完善维护国家安全防范体系，加强和改进社会管理，平安墨竹、法治墨竹建设取得新成效。一是主动应对十四世达赖去世转世斗争。旗帜鲜明揭批十四世达赖和达赖集团，大力开展揭批活动。推行党员“三包”，建立党组织和党员收集报送社情民意制度，对各类风险做到早发现、早管控、早处置。全面发挥寺庙、村（居）、网格、“双联户”等社会最基本单元的职能作用，不断完善系列应急预案和工作机制。二是突出重点管理。依法加强宗教领域管理，狠抓重要节点、维稳力量、重点领域、重点部位、重点区域管理和维稳措施落实；积极推进“七五”普法，广泛开展《民法典》学习宣传，进一步加大禁毒、“扫黑除恶”等专项整治活动，有效遏制各类案件发生，社会治安形势总体平稳；扎实开展安全生产执法检查，常态化排查治理重点行业领域安全隐患，自然灾害防御和突发事件应急管理治理能力得到显著提升。三是筑牢思想基础。处理好“管肚子”和“管脑子”的关系，深入开展“四讲四爱”“培养什么人、怎样培养人、为谁培养人”“遵循四条标准、争做先进僧尼”教育实践活动，创新开展“讲村史、谈变化、颂党恩”大讨论，集中总书记最鲜活的思想，与基层联系最紧密的语句，深刻阐释习近平新时代中国特色社会主义思想的科学内涵和总书记对西藏各族群众的特殊关怀，深刻阐释党的英明伟大和社会主义制度的无比优越性，广大农牧民群众从“要我稳定”逐步转变为“我要稳定”。四是依法加强宗教事务管理。坚持我国宗教中国化方向和“五个有利于”标准，严格落实寺庙管理责任制，严抓寺管会党组织和驻寺干部队伍建设，把寺庙僧尼、财务、场所和佛事活动等纳入依法管理范畴，构建僧尼积极参与、主动维护所属寺庙稳定的责任制。持续淡化宗教消极影响，坚持用社会主义先进文化引领信教群众追求文明健康生活，全县信教群众和僧尼政治上的表现以及心理和行为、宗教氛围、群众对待宗教的态度、藏传佛教世俗化等都有了积极变化，县乡党委政府依法管理宗教事务和僧尼信众接受依法管理的意识明显增强。

三、统筹协调各方，常态长效推动疫情防控

新冠肺炎疫情发生以来，县委常委会始终把疫情防控工作作为压倒一切的头等大事。一是强化责任担当。按照中央和自治区、市关于联防联控机制有关要求，第一时间成立疫情防控工作领导小组，县委常委会专题研究部署疫情防控工作 9 次，组建联防联控办公室，以实际行动把做好疫情防控工作作为增强“四个意识”、坚定“四个自信”、做到“两个维护”的现实检验。二是压实工作责任。制定印发《墨竹工卡县新型冠状病毒感染的肺炎防控工作方案》《关于进一步做好区外返墨人员解除隔离工作的通知》《墨竹工卡县 2020 年虫草采集点传染病疫情防控工作方案》，建立联防联控、日常排查、日报告等各类机制，层层压实疫情防控工作责任，做到守土有责、守土担责、守土尽责。三是落实工作举措。通过落实监测制度、场所管理、隔离管控、医护人员和防疫物资保障、牲畜防疫、风险防范和宣传引导等措施全面部署疫情防控工作。疫情期间积极组织全县干部群众为湖北疫情灾区组织捐款，同时积极为企业纾困解难，减免工矿企业电费、社保费，鼓励商铺业主自发减免租金；县医疗集团 P2 实验室已建成并投入使用，确保一旦有疫情能够及时反映、及时应对。

四、巩固脱贫成果，扎实推进乡村振兴战略

全面落实“两不愁三保障”具体要求，乡村基础设施、基本公共服务、产业发展等得到显著提升。科学规划完成县域“十四五”发展规划和国土空间规划，农村环境不断改善，城乡统筹步伐不断加快；全面完成“美丽乡村·幸福家园”第一批整村试点建设；国道 349 和省道 507 改扩建工程步伐加快，村道生命安全防护工程有序推进，乡村道路通畅率、农村客运班线覆盖率均达到 100%，首批 25 座

便民“溪桥”集中建成投入使用，城乡道路不断优化升级，交通基础设施水平显著提升。实施农牧区入户线路改造工程、15个高海拔地区季节性缺水提升改造项目、61户四类人员住房提升改造工程，农牧民居住条件不断改善。产业运营初现成效，积极引导和组织扶贫企业参加产品展和产品销售等活动，促进扶贫产品消费，县小油菜榨油厂累计生产菜籽油60余万斤，依托“南京墨竹周”销售11万余斤、销售额396.5万元，基本形成“产供销”一体完整产业链；墨竹城市广场实现年租金226万元，带动36人就业和1523名建档立卡贫困户分红；“格桑花开产业园区”（一期）入驻企业6家，招商引资力度不断提升，经济活力不断增强。

五、保障改善民生，持续增强人民群众福祉

坚持把“惠民生、兜底线、救急难、促和谐”作为头等大事，年内投入民生领域资金7.06亿元，占公共财政预算支出58.43%。一是教育事业优先发展，全区首个家门口的“内地西藏班—墨竹南京班”顺利开班，全市首个“互联网+教育”国家示范县建设稳步推进，学生健康体检及健康电子档案建设率先完成，相继实施校园温暖项目9个、续建新建双语幼儿园3个，教育教学条件持续改善，农牧区学前双语教育入园率达95%以上，适龄儿童入学率、初中毛入学率分别达99.98%、104.84%，义务教育巩固率达99.13%，控辍保学工作成效显著，教育现代化加速推进。二是医疗服务全面领先，持续巩固全国紧密型县域医共体试点县建设成果，在全区率先完成“二甲”医院创建，县卫生信息化建设全区领先，实现了体检“云数据”、就医“零等候”、付费“秒支付”、救助“时共享”的智慧医疗体系，群众就医质量得到显著提升，群众看病难、就医难的现实问题得到有效解决。三是社会福祉稳步提升，城乡居民参保覆盖面达98%，扩面参保效果显著，为全县4.9万名城乡居民购买超大额补充医疗保险，同时针对经济困难群众建立大病爱心救助基金并预借医疗费222万元，不断提升特殊群体、低收入群体保障力度，先后免费救治先心病、髋关节脱位、脊柱侧弯等患儿，群众幸福感、获得感、安全感不断增强。四是就业创业稳步推进，挖掘自身的矿产业优势，大力开展农牧民专业就业培训，实现农牧民转移就业，城镇登记失业率控制在2.2%以内。同时充分利用县域企业和援藏资源优势，多渠道开发岗位，多形式促进创业，有效提高就业服务质量。继续推出“格桑花开人才+计划”和第二届格桑花开大学生就业创业特训营，助推大学生高质量就业创业，448名应届大学毕业生全部实现就业。全县就业形势持续向好，农牧民群众就业观念不断转变，对美好生活的向往愈加强劲。

六、加强民族团结，推动民族共同繁荣发展

以“推动民族工作创新发展、奋力谱写民族团结新篇章”为主题，广泛开展民族团结进步宣传教育和创建活动，举行“迎国庆、庆丰收、话团结”汇报演出，开展“松赞”艺术团文艺下乡演出，展演非遗产品，不断推进民族团结进步事业全面发展。一是强化教育引导。深入开展“遵行四条标准、争做先进僧尼”教育实践活动，加强寺庙僧尼、驻寺干部培训和宗教界代表人士培养教育、管理服务，邀请专家学者和宗教领域优秀宣讲员开展巡回宣讲引导广大僧尼进一步坚定维护祖国统一和民族团结的自觉性。二是加强交流交融。加强与南京社会各界的交往交流交融，今年以来南京社会各界来墨24批、284人次，带来帮扶资金695万元，南京援藏工作成为巩固民族团结的重要工程。尤其是“南京墨竹周”的开展，让南京墨竹的情谊更加深厚，共同谱写了宁墨人民心连心、一家亲的华丽篇章。三是推进军民融合。以创建自治区双拥模范城为目标，在双拥工作中引入拥军企业代表，推进国防教育进机关、进学校、进企业、进农村，特别是在未就业毕业大学生中积极开展“携笔从戎、投身国防”宣教活动，今年入伍参军共10人、其中大学生8人，努力营造“拥军优属、拥政爱民”的浓厚氛围。积极探索打造军民融合标杆企业，在中国黄金西藏华泰龙矿业开发有限公司成立基层人武部，组建民兵应急连。

七、推进绿色发展，生态文明建设纵深推进

切实担负起生态文明建设政治责任，牢固树立“绿水青山就是金山银山”的发展理念，围绕创建“绿色矿山示范县”，大力整治环境保护突出问题。高标准完成中央环保督察反馈问题整改，斯布沟酸性水得到有效治理、金和唐加选厂已完成拆迁及闭库工作，所有挂牌督办问题已全部摘牌，全区生态环境考核中获得环保奖励200万元；编制完成《墨竹工卡县甲玛矿区自治区绿色矿山示范县规划》，设立集中式饮用水、大气、土壤等42个监测点位，全县空气质量达到二级以上，县域内主要地表水各项监测指标达到《地表水环境质量标准》3类以上，城乡绿化品质不断提升。巩固“厕所革命”成果，城乡环境“脏、乱、差”现象得到初步遏制；持续推进国土绿化，提升城乡绿化品质，改善人居环境，率先在全区实现县乡污水处理设施全覆盖；5个乡镇生活垃圾无害化处理设施建设工程正式启动，全县生活垃圾全部实现无害化处理，农村人居环境得到持续改善。

八、夯实基层基础，全面从严治党更加有力

始终坚持把党的政治建设作为党的根本性建设，认真落实新时代党的建设总要求和组织路线。一是抓党建引领，夯实党的执政之基不动摇。坚持“五重五用”选人用人导向，乡镇党政正职持续保持稳定，常态长效开展软弱涣散党组织整顿，不断提升基层党组织凝聚力、号召力、战斗力；设立县人民政府机关党组等13个党组，织密建强党的组织体系；制定《基层党组织标准化提升年分类定级管理办法（试行）》《党员积分考核制度（试行）》《党员联系基层和群众工作制度》，不断巩固党建“6+1”工程实效，党员党性意识不断增强，党群干群关系更加密切；组织党员干部签订《党员不信仰宗教承诺书》《共产党员扫黑除恶承诺书》，给党员干部上紧纪律“发条”；统筹谋划村组织换届选举工作，为换届选举顺利完成奠定坚实基础；提高村组干部待遇，激发干事创业热情，激励村组干部担当作为；完成对77名企业违规兼职（任职）干部自查清理，从严管理干部，规范干部从业行为；创新基层治理模式，探索打造“1+4+N”党建+基层治理赤康样本，使党建工作有样可循，基层治理更加有序，基层战斗堡垒作用发挥更加明显。二是抓思想建设，把稳理想信念之舵不偏离。牢牢把握正确政治方向，严格落实意识形态工作责任制，扎实推进“不忘初心、牢记使命”“四讲四爱”学习教育实践活动常态化制度化，实现党员干部和农牧民群众教育全覆盖。今年以来，召开县委理论学习中心组学习会12次，组织各级各类培训16期900余人次，中共十九届五中全会精神和中央第七次西藏工作座谈会精神宣讲实现全覆盖；开展各类宣讲实践活动3000余场次、受教育群众累计20万人次，广大干部群众共同团结奋斗的思想基础更加牢固。深入开展民族团结进步宣传教育和“五有五好”文明村镇创建活动，网络舆情监测阅读量2.5万余次，向“学习强国”推送短视频文稿40条，制作播出双语新闻78期，制作的音视频资料被上级主流新闻媒体采用274条，“微墨竹”“网信墨竹”等互联网宣传阵地不断夯实，传递了墨竹好声音，弘扬了时代正能量。三是抓作风改进，严守纪律规矩之戒不松劲。始终压实管党治党责任，认真开展中央“八项规定”及其实施细则精神自查整改，积极稳妥推进公车改革，开展“餐饮浪费”专项整治行动，持之以恒纠正“四风”，努力营造风清气正的良好政治生态；坚持以人民为中心的工作导向，持续开展扶贫领域、教育医疗、社会保障、扫黑除恶等重点领域专项整治，着力解决群众反映的热点、难点问题，促进党风政风和社会风气的持续好转。认真配合做好区党委巡视工作，抓好区党委巡视二组反馈的14项问题以及区党委巡视一组反馈拉萨市涉及我县的5项问题整改工作；持续深化政治巡察，开展本级巡察3轮，巡察党组织23家，实现了本届任期内巡察工作全覆盖。

九、坚持总揽全局，各项工作得到有序推进

县委常委会始终坚持党的领导，将人民当家作

主和依法治国有机结合，加强和改进党委对人大、政协工作的领导，支持人大、政协依法依章履行职能，在重点难点工作上进入主战场。全面落实党政主要领导负责人推进法治建设工作职责，扎实推进全面依法治县。认真贯彻落实统一战线工作条例，支持各民主党派、工商联、无党派人士开展工作，加强党外代表人士队伍建设和民族、宗教工作，不断巩固壮大爱国主义统一战线。充分发挥工会、共青团、妇联等群团组织的积极作用，党管武装、国防动员等工作得到全面加强。

一年来，县委常委会高度重视加强自身建设，带头落实加强和维护党中央集中统一领导若干规定，贯彻执行民主集中制，严格遵守请示报告制度，主动担当作为，弘扬斗争精神，妥善应对各种风险挑战，认真解决存在的问题，把握发展新趋势、顺应人民新期待、回答实践新要求，凝心聚力决战决胜全面建成小康社会，奋力开启建设社会主义现代化新征程。这些成绩的取得，根本在于以习近平同志为核心的党中央的特殊关怀，在于习近平新时代中国特色社会主义思想特别是新时代党的治藏方略的科学指引，得益于区市党委正确领导和南京市的大力支持，也是全县各族干部群众众志成城、奋力拼搏的结果。在此，我代表县委常委会，向大家表示衷心感谢。

墨竹工卡县人民代表大会常务委员会工作报告

——在墨竹工卡县第十三届人民代表大会第六次会议上

墨竹工卡县人大常委会主任 张尚福

（2021 年 1 月 7 日）

2020 年主要工作

2020 年，在县委的坚强领导下，在市人大常委会的指导下，县人大常委会坚持以习近平新时代中国特色社会主义思想为指导，全面学习贯彻中共十九大和十九届二中、三中、四中、五中全会和中央第七次西藏工作座谈会精神，贯彻习近平总书记关于坚持和完善人民代表大会制度的重要思想，增强“四个意识”、坚定“四个自信”、做到“两个维护”，坚持党的领导、人民当家作主、依法治国有机统一，主动适应推进国家治理体系和治理能力现代化的要求，紧紧围绕“三大攻坚战”，坚决贯彻落实县委决策部署，着力提高政治站位，主动作为，认真履行宪法和法律赋予的职责，敢为善为，更加注重与时俱进、创新有为，以新担当新作为推动各项工作，取得新成效。

一年来，依法召开全体人民代表大会，常委会会议 6 次，主任会议 6 次，常委会党组会议 8 次，听取和审议专项工作报告 25 项，做出决定决议 5 项，开展调研视察 6 次，依法任免国家机关工作人员 29 人次，依法组织宪法宣誓 5 批 15 人次。协助完成区市人大常委会安排的各项执法检查、代表视察及有关法规草案征求意见等工作。

一、坚持正确方向，维护全县大局

切实提高政治站位，增强“四个意识”、坚定“四个自信”、做到“两个维护”，始终保持正确政治方向，努力维护全县大局。

加强政治理论学习。人大常委会坚持把学习贯彻中央第七次西藏工作座谈会精神，特别是学习贯彻总书记的重要讲话精神作为当前和今后一个时期人大工作的首要政治任务。常委会党组提高政治站位，学习宣传贯彻中共十九届五中全会和中央第七次西藏工作座谈会精神，通过集体学习、自学、专题辅导等方式，持续强化政治理论学习，确保学出忠诚、学出担当、学出本领、学出廉洁，确保在思想上政治上行动上同以习近平同志为核心的党中央周围保持高度一致，坚定人大工作正确的政治方向。一年来，共组织各类集中学习 20 余次。党组书记、常委会班子成员以上率下，坚持带头学习，做到精研细读、深入领会，深入联系乡村、寺庙开展宣讲，引导群众坚定不移感党恩听党话跟党走，淡化宗教消极影响，把习近平总书记和党中央的关心关怀送到基层群众的心坎上，凝聚起建设团结富裕文明和谐美丽社会主义现代化新墨竹的磅礴力量。

始终坚持党的领导。坚持党的领导，是人民代表大会制度的优势所在，是做好人大工作的根本保证。自觉落实重大事项请示报告制度，提请县委研究人代会议、代表服务、视察调研等工作，坚持党的领导贯穿全县人大工作各方面、全过程，确保党的主张同人民的意志高度统一，始终坚持“党有所指，我有所向”，以实际行动回报县委对人大工作的重视和关心，不忘初心、牢记使命，切实提高知、信、行合一能力，增强守初心、担使命的思想自觉和行动自觉，进一步巩固信仰之基，补足精神之钙，擦亮政

治机关底色。

围绕中心抓落实。县委部署什么工作，人大就关注什么工作；积极参与和跟进县委安排的重点工作和联系乡、村、结对户脱贫巩固、巡视巡察、全县维稳等工作，始终坚持县委中心工作推进到哪里，人大工作就跟进到哪里。着眼疫情防控、脱贫攻坚、乡村振兴等全局战略，适时开展执法检查、专项督查、专题调研，不断在对标对表县委重大决策中推进人大工作。面对严峻的新冠肺炎疫情，常委会领导率先垂范，下沉基层，分赴督导检查5个包片乡（镇）、7个联系村、6座联系寺庙的疫情防控和维稳工作开展情况，连续奋战在维稳、脱贫攻坚、民生、疫情防控等工作中，恪守应尽之责，为坚决打赢疫情防控人民战争、脱贫攻坚战付出了艰辛努力；常委会动员乡镇人大主席团等全部力量，协调联防联控责任单位，负责墨竹柳梧分流点和城关疫情防控一线，不折不扣落实县委指令，尽职尽责坚守防控一线，善始善终开展防控工作，充分发挥了人大作用。

依法开展人事任免。准确把握县委意图，依法做好人事任免工作。共任免县人大常委会委员3人、县人民政府副县长3人、工作人员5人、县监察委员会工作人员1人、县人民法院工作人员14人、人民检察院3人。任免工作既坚持党管干部原则，确保县委人事意图圆满实现，拟任人选均高票或全票当选；又坚持依法程序行使人事任免权，严肃认真地进行任前考察，任职发言、宪法宣誓、任命书颁发，有效维护了法律权威，确保任免合法有效。

二、注重监督实效，依法担当作为

牢固树立新发展理念，坚持精准监督、有效监督，努力提高监督实效，推动高质量发展。

倾力推动经济稳健运行。紧扣人民日益增长的美好生活需要，努力发挥好县级人大常委会职能作用。审查批准墨竹工卡县2020年国民经济和社会发展计划、2019年财政预算执行情况与2020年财政预算报告；审议批准墨竹工卡县人民政府关于对2020年财政预算进行部分微调的请示和关于盘活2020年收回结转结余资金的请示，有效补充可用财力。开展墨竹工卡县国有资产管理情况调查，听取审议专项工作报告，促进国有资产管理的公开透明和国有资产保值增值。

保障法律贯彻实施。加强法律法规监督，配合区市人大常委会对《拉萨市民族团结进步条例》《中华人民共和国野生动物保护法》《拉萨市爱国卫生管理条例》等法规条例贯彻实施情况进行执法检查，受区市人大常委会指导对《中华人民共和国民法典》《西藏自治区民族团结进步模范区创建条例》进行宣传，发放宣传资料1000余册，针对民族团结进步模范区创建条例贯彻实施向广大代表征求意见及调研，促进法律法规在我县范围内得到遵守和执行，不断强化法治意识，增强法律观念。听取县人民法院工作开展情况的报告，督促县人民法院进一步加快化解群众反映强烈的问题。听取和审议县人民检察院关于《关于推进认罪认罚从宽制度实施情况的报告以及扫黑除恶打非治乱》工作开展情况报告。有力助推民主法治建设，维护社会公共利益，促进司法公正。督促开展送法下乡、入校等活动，进一步夯实依法治县基础。

关切民生福祉改善。紧紧围绕县委决策部署和县域经济发展中的重要问题、人民群众普遍关心关注的热点问题，组织开展视察调研。重点对全县疫情防控工作、扶贫产业、农村人居环境整治、复产复工复学、国有资产管理工作情况进行视察调研，协助区市人大对全县脱贫攻坚、“三农”、民族团结、社保征缴、公正司法、基层人大工作情况开展视察调研。聚焦疫情防控，常委会专题听取和审议政府疫情防控工作报告，要求县人民政府提高认识、加大资金投入，始终保持战略定力，坚定必胜信心，继续抓紧抓实抓细各项应急防控工作。助推教育事业发展，专题听取县人民政府复学工作报告，持续关注寄宿制学校的疫情防控与管理，督促加强教育职能部门对寄宿制学校的管理，强力助推突出问题整改，切实巩固工作成果，确保师生安全、学校安全。开展县级医疗集团建设运行情况调研，建议加强医疗队伍建设、提升医疗服务水平、推进医疗项目建设，推动医疗集团走向正轨，服务人民。积极参与就业促进工作，协助开展创新创业、大学生就业工作。守护生态环境安全，配合上级人大开展生态环境保护和安全生产监督的视察调研，对中央环保督查反馈矿区问题整改情况及环境保护法落实情况进行执法检查，督促落实环境保护责任制。持续跟踪农村饮用水安全保障，督促推进甲玛自来水厂建设运行，加强农村饮水安全保障，全面加强督促环境综合治理等建议，着力改善全县生态环境。推进社会环境优化，常委会落实“双联系”制度，深入基层了解分析全县扫黑除恶工作，召开人大常委会专题听取墨竹工卡县扫黑除恶专项斗争工作汇报及公检法司扫黑除恶工作开展情况的报告，交办审议意见，切实推进扫黑除恶专项斗争，人民群众安全感、幸福感得到有效提升。着眼全县乡村振兴，听取和审议县人民政府关于农村人居环境整治工作专项报告，推动美丽乡村示范村创建、“厕所革命”等工作，努力使农村更清洁更宜居。

三、突出主体地位，发挥代表作用

积极拓展代表履职方式和路径，实现代表工作和常委会工作深度融合，为代表履职提供舞台，为人大作为增添活力。

加强代表建议办理。认真总结代表建议办理工作经验，将常年坚持的会议期间代表建议由大会主席团向政府交办、建议由政府分管领导领衔办理及常委会领导牵头督办，办公室具体落实，督办结果及时反馈给政府职能部门，督促办结，切实指导代表建议办理，有力提升了办理质效。县十三届人大五次会议期间收到的71件建议，代表意见建议办复率和满意率均达到100%，办结率达95.77%。在县人民政府和各级承办单位的重视下，代表建议由注重“办复率”向注重“办成率”转变，许多重点建议得到有效推进，一批民生领域热点问题得到有效解决。

深化代表主题活动。继续以“人大代表之家”和“村级代表联系群众工作室”为依托，以“联系群众、服务群众”为主题开展人大会、督办意见建议、学习座谈交流、调研视察等每月主题活动，引导代表联系选民、服务选民，实现代表主题活动重心下移、深度融合。广大代表主动履职，在主题活动中坚持群众至上、以民为本，展示了代表作为，提升了活动实效。区市县乡四级人大代表共走访群众（贫困户）800余人次，接待群众300余人次，收集群众意见50余条，投入150余万元，解决群众困难和问题30余条。

畅通代表履职渠道。建立代表履职信息等级制，汇集履职活动记录、议案建议办理、工作情况通报等，使代表履职可量化、可跟踪、可查询，为代表交流互动提供方便。邀请代表更广泛、更深入参与常委会工作，全年列席常委会会议以及参与调研视察、执法检查等工作的代表分别为20人次、120余人次。组织代表40余人次参加常委会会议、巡视巡察、宪法宣传日、法院庭审旁听、检察院开放日等活动，扩大代表履职参与，进一步丰富了闭会期间的代表履职活动。

优化代表履职服务。切实保障代表工作经费，及时发放农牧民代表务工补贴4万余元，减轻代表履职经济负担。加强工作对接，联系相关单位为代表视察调研提供方便、创造条件，尽量消除代表履职障碍。坚持常委会组成人员、县级领导干部中的代表联系代表制度，定期开展走访，帮助代表解决履职以及日常工作生活中的实际困难和问题，营造人更熟、心更近、情更浓的团结和谐氛围。

强化代表理论水平。注重人大代表素质能力提升工作，继续为代表订阅《中国人大》《拉萨人大》等学习资料，畅通代表知政渠道。全区上下掀起学习贯彻中共十九届五中全会和中央第七次西藏工作座谈会精神热潮，人大常委会把学习好、宣传好、贯彻好会议精神特别是总书记重要讲话精神作为当前和今后一个时期的首要政治任务，人大常委会领导、人大代表、人大工作人员分四批35人次参与上级人大培训学习调研活动，组织64名基层人大代表开展集中培训，邀请市县委党校专家教授专题授课，专题解读中央第七次西藏工作座谈会精神、中华人民共和国民法典、习近平生态文明思想、社会主义核心价值观等方面理论知识，坚决把思想和行动统一到党中央关于西藏工作的战略部署上来，敢于担当、主动作为，发挥人大代表作用，不断推动新时代墨竹长治久安和高质量发展。

不断加大宣传工作力度。县人大常委会始终坚持把人大宣传工作摆上重要位置，提高认识、明确重点、强化领导，常抓不懈，呈现出全面推进，整体加强，为推进我县民主法治建设和人大工作顺利开展发挥了积极作用。加强对《宪法》《民法典》《代表法》《监督法》《西藏自治区民族团结进步模范区创建条例》等进行宣传，发放宣传资料5000余份、宣传品4000余份、总价值4万余元；加强对人民代表大会制度和人大履行职权的工作的宣传；加强对代表工作和代表事迹的宣传，宣传代表密切联系选民，听取群众意见和要求，反映民意，为群众办事情况；使代表主动为人民群众服务，自觉接受人民群众的监督，充分发挥代表人民管理国家事务的作用。

四、加强自身建设，激励创先争优

以扎实有力、持之以恒的举措，不断激发工作凝聚力和创造力，确保全县人大工作紧跟时代步伐、富有时代特色。

*突出政治建设。*坚持把党的政治建设摆在首位，从党组和办公室党支部两个层面，健全并坚持学习制度、民主生活会制度，确保学习好政治理论，运用好批评和自我批评武器，增强政治自觉。不断巩固"两学一做"学习教育和"不忘初心、牢记使命"主题教育成果，坚持把政治规矩和政治纪律挺在前面，严格执行中央八项规定精神和廉政建设各项规定，驰而不息转作风，营造良好政治生态。坚持把主体责任扛在肩上，切实履行党建、意识形态、廉政建设主体责任，保持正确导向。

*加强乡镇人大工作。*常委会班子成员对一年一度的乡镇人大例会实行"一对一"工作联络指导，每个乡镇由1名常委会领导联系，全程跟踪指导乡镇例会工作。通过乡镇人大主席团组织代表培训为契机，不断加强自身学习，明确职责，切实增强工作的使命感和责任感，不断提升理论水平，进一步创新工作思路，积极探索乡镇人大工作的新途径、新方法，不断提高解决问题的能力，努力开创乡镇人大工作的新局面，促进全县各乡镇各项事业稳步健康发展。巩固和深化乡镇人大规范化、制度化建设成果，继续筹措资金改善乡镇人大代表活动场所的办公条件和工作环境，不断完善"人大代表之家"和"村级代表联系群众工作室"的制度建设，充分发挥代表活动阵地作用。注重加强政策法规、工作程序、制度建设、履行职责等方面的指导，帮助提升工作水平。开展乡镇人大依法履职活动，常委会领导带队对全县乡镇人大活动开展情况进行调研，推动乡镇人大工作平衡发展。围绕重要监督议题，推行县乡两级人大联动开展执法检查、调研视察，密切工作协同，形成工作合力，扩大全县人大一盘棋效应，提升全县人大工作整体水平。

*激励干事创业。*深入开展"两学一做"学习教育常态化制度化，不断巩固"不忘初心、牢记使命"主题教育成果，充分发挥人大常委会领导学习表率作用，紧密联系人大工作实际，认真学习中共十九届五中全会和中央第七次西藏工作座谈会精神、中华人民共和国民法典。激励干部职工敢担当、善作为，不断加强理论知识和业务知识的学习，大力倡导与时俱进、开拓创新、求真务实的精神，增强工作的原则性、系统性、预见性和创造性。坚持以党建为引领，全面推进党建工作和业务工作互促并进，深入扎实把中央第七次西藏工作座谈会精神贯彻落实到人大工作中，坚持学懂弄通做实，原原本本、原汁原味学，真正做到学深悟透、融会贯通，把思想和行动统一到习近平总书记重要讲话精神上来，统一到党中央关于西藏工作的战略部署上来，把力量凝聚到全会确定的各项目标任务上来，坚定坚决抓好稳定、发展、生态、强边四件大事，以实际行动体现坚持党的绝对领导、体现对总书记和党中央的绝对忠诚，为建设团结富裕文明和谐美丽的社会主义现代化新西藏，为新时代墨竹长治久安和高质量发展贡献人大力量。

各位代表，过去一年常委会取得成绩，是在县委的高度重视和坚强领导下，全县人大代表、常委会组成人员依法履职，是"一府一委两院"密切配合、通力协作的结果，是全县各级人大代表接续奋斗的结果，是全县各族人民和社会各界关心支持的结果。在此，我谨代表县人大常委会表示崇高敬意和衷心的感谢！

同时，我们也清醒地看到，与服务墨竹改革发展稳定的新要求新任务相比，与党和人民群众的期望相比，与兄弟县区人大工作相比，县人大常委会的工作还存在一些差距。主要体现在：监督体制需要进一步完善，代表服务需要进一步提升，常委会自身建设需要进一步加强，这些都需要在今后的工作中不断改进。我们将高度重视存在问题，虚心听取代表和各方面的意见建议，不断加强和改进各项工作。

2021 年主要任务

各位代表，2021 年是"十四五"规划实施的开局之年，是中国共产党成立 100 周年和西藏和平解放 70 周年，常委会的主要工作任务是：全面贯彻落实中共十九大和十九届二中、三中、四中、五中全会和中央第七次西藏工作座谈会精神，贯彻落实区党委九届九次全会、区党委人大工作会议、市委九届七次全会及县委九届十一次全会精神，在县委的坚强领导下，充分发挥人民代表大会制度在坚持和完善中国特色社会主义制度、推进国家治理体系和治理能力现代化中的根本政治制度作用，始终把实现好、维护好、发展好最广大人民根本利益作为人大一切工作的出发点和落脚点，推动人民代表大会制度与时俱进、完善发展，推动新时代墨竹人大工作再上新台阶。

一是坚持党的领导，进一步加强思想政治建设。在中国共产党领导下，人民代表大会制度不断得到巩固、完善和发展，展现出强大的生命力和巨大的优越性，发挥了极为重要的根本政治制度功效。人大工作是党的工作的重要组成部分，坚持和依靠党的领导，是坚持人大工作正确方向的内在要求，是人大依法行使职权的根本政治保证。常委会将继续深入学习贯彻习近平新时代中国特色社会主义思想，把思想政治建设摆在首位，增强"四个意识"、坚定"四个自信"、做到"两个维护"，不断提高贯彻落实中央第七次西藏工作座谈会精神的能力和水平，坚持把"两个维护"作为最高政治准则和根本政治规矩，坚持党的绝对领导，把"两个维护"体现在坚决贯彻党中央决策部署的行动上，体现在依法履职尽责、做好本职工作的实效上，体现在党员、干部职工的日常言行上，确保区市县党委重大决策部署在人大工作中得到全面贯彻落实，确保人大开展各项工作都有利于加强党的领导，有利于巩固党的执政地位，有利于保证党领导人民有效治理国家。

二是坚持服务大局，进一步增强人大监督实效。紧扣县委决策部署，围绕推动高质量发展，进一步以正确有效监督促进中心任务落实。为谋划"十四五"发展新蓝图贡献人大力量，审查"十四五"规划（草案）编制情况报告，助力编制符合我县县情、富有时代特征、开启现代化建设新局面的五年规划。聚焦法治政府建设，听取和审议县人民政府关于法治政府建设情况的报告。着眼推动法律法规有效实施，适时开展《西藏自治区民族团结进步模范区创建条例》等法律法规的执法检查。深化拓展监督领域，围绕生态环境保护、民族团结进步、改善民生、乡村振兴等领域开展专题调研。继续提高监督工作的深度和精准度，依法听取"一府一委两院"专项报告以及计划、预算、审计、国资等专项报告，加强审议意见跟踪检查，强化督办落实，进一步增强人大监督实效，推进人大预算联网监督系统建设工作。

三是坚持多措并举，进一步提升代表工作水平。坚持以人民为中心的发展思想，增强办理好代表建议的责任感和使命感，加强代表议案建议办理情况的跟踪检查，推进常委会"双联系"工作，确保真联系、取得真效果。严格贯彻落实区市县党委关于做好换届选举工作的决策部署，深入基层开展换届选举调研，严明工作纪律，做实代表资格审查，严把代表"入口关"。积极宣传人民代表大会制度及各项法律法规，努力营造风清气正的换届环境。

四是坚持强基固本，进一步加强常委会自身建设。深入学习贯彻习近平新时代中国特色社会主义思想，全面落实坚持和完善人民代表大会制度，毫不动摇坚持党对人大工作的全面领导，全面加强常委会党组党的建设。围绕中共十九届五中全会和中央第七次西藏工作座谈会精神及《中华人民共和国民法典》《西藏自治区创建民族团结模范区创建条例》等重点学习内容，深学笃行，筑牢思想根基，坚持不懈用新思想武装头脑、指导实践、推动工作，守正创新做好各项工作，确保区市县党委重大决策部署在人大工作中得到全面贯彻落实。

各位代表、同志们，风雨兼程铸辉煌，扬帆起航谱华章。让我们高举新时代中国特色社会主义伟大旗帜，以习近平新时代中国特色社会主义思想为指导，深入学习贯彻中共十九大和十九届二中、三中、四中、五中全会和中央第七次西藏工作座谈会精神，在县委的坚强领导下，永葆初心、牢记使命，围绕中心、服务大局，只争朝夕、不负韶华，切实履行好宪法和法律赋予的职责，以优异成绩庆祝建党100周年和西藏和平解放70周年，为全面建设社会主义现代化新墨竹实现中华民族伟大复兴的中国梦不懈奋斗。

政府工作报告

——在墨竹工卡县第十三届人民代表大会第六次会议上

墨竹工卡县人民政府县长 旦增尼玛

（2021年1月6日）

"十三五"工作回顾

过去五年，是我们开拓进取、务实创新、奋力拼搏、铸就辉煌的五年。五年来，面对错综复杂的宏观经济形势和艰巨繁重的改革发展任务，在习近平新时代中国特色社会主义思想的有力指导下，在党中央的特殊关怀下，在区市党委、政府和县委的坚强领导下，在人大、政协的监督支持下，县人民政府深入贯彻中央第六次、第七次西藏工作座谈会精神，团结带领全县各族人民，艰苦奋斗、奋力拼搏，如期完成"十三五"规划目标、全面建成小康墨竹。

——五年来，我们致力于高质量发展，县域综合实力实现新跨越。累计投入资金450亿元、实施项目481个，招商引资落地项目61个、到位资金165.68亿元，一大批打基础、利长远、惠民生的重大项目建成投用，为实现经济发展速度、质量和效益同步提升提供了有力支撑。全县地区生产总值从19.43亿元增长到39.25亿元、年均增长9.93%，一般公共预算收入从2.7亿元增长到5.85亿元、年均增长18.52%，全社会固定资产投资年均下降9.7%，规模以上工业增加值年均增长12.3%，社会消费品零售总额从2.89亿元增长到12.3亿元、年均增长11.81%；农村居民人均可支配收入从10329元增长到18187元、是2015年的1.76倍。全县三产结构由13 ∶ 64.6 ∶ 22.4调整为现在的9.05 ∶ 73.50 ∶ 17.45，产业结构逐渐优化。

——五年来，我们致力于生态立县产业富民，"四强"建设取得新成就。农业强县提质增效。成功申报国家农村产业融合发展示范园，墨竹小油菜获得国家地理标志证明商标，直孔白青稞入选国家地理标志审核目录，斯布牦牛通过国家农产品地理标志登记，推广喜拉22号等良种565.02万斤，实施黄牛改良、引进牦牛种畜10892头，成功打造"拉萨好油"即墨竹小菜籽油，投资1.29亿元建成标准化奶牛养殖中心，第一产业产值由4.27亿元增长到6.5亿元。工业强县开创新局。围绕现代、和谐、绿色、富民、安全"五大矿山"理念，编制《拉萨市墨竹工卡县甲玛矿区国家级绿色矿山建设规划》，华泰龙二期日处理4万吨生产线、甲玛龙达石灰厂、塔巴砂石厂投产，完成巨龙铜业有限公司股权重组，工业总产值由22.5亿元增长到48.86亿元。旅游强县蓬勃进步。成功举办3期油菜花艺术节、1期"醉墨竹"非遗旅游文化艺术节，保障2届喜马拉雅自行车极限赛，全面启动沟域旅游规划编制，逐步规范温泉资源开发利用。接待游客581.78万人次，综合收入1.33亿元、年均增长14%。生态强县纵深推进。累计投入生态保护经费2.1亿元，率先实现"三级同创"和自治区级生态文明建设示范县乡创建，高质量完成中央环保督察组转办21件信访案件和反馈"三大矿山"问题整改，在2019年全区生态环境考核中被评为良好、奖励200万元，县域空气质量连续保持《环境空气质量标准》一级标准，集中式饮用水连续保持《地下水质量标准》Ⅲ类标准。

——五年来，我们致力于城乡一体统筹发展，城乡面貌发生新变化。基础设施更加完善。拉林高速横穿贯通,省道507、措门线改造项目顺利通车,国道349项目有序推进,农村公路总里程达899.76公里,农村公路硬化215.95公里(其中油路180.81公里),新建桥梁46座,客运班线实现乡村全覆盖;实施77个农村安全饮水巩固提升工程,完成3293户农村入户线路改造,供电公司投入609.29万元提升改造全县高低压电力设施、实施市政道路照明工程。城乡品位更加精致。撤县设市稳步推进,经二路、堪巴林景观公园、公租房等一批市政项目建成投用,县城面貌焕然一新。甲玛乡特色小城镇、日多乡温泉小镇建设有序推进,665户棚户区全面改造。人居环境更加宜居。投入1.2亿元率先在全区实现乡(镇)污水处理厂全覆盖,全区人居环境整治工作在塔巴村帕热组试点成功,率先推行垃圾分类,完成赤康村、宗雪村等7个村组人居环境整治工程,建成"厕所革命"61座,住房提升改造258户,在全市率先实施"美丽乡村·幸福家园"建设试点项目;全面消除"无树户"2982户,完成人工造林9000余亩、封山育林2.73万亩,栽植沙棘苗木41.42万株、细叶红柳13万株。

——五年来,我们致力于保障和改善民生,群众幸福指数再攀新高度。一般性支出和"三公"经费分别压减10%和3%,投入9.31亿元用于改善民生,为群众办成了1000余件实事。脱贫攻坚成绩斐然。累计投入扶贫资金7.7亿元,全县贫困发生率从识别之初的14.88%降至0,建档立卡户人均可支配收入从1970元增长到12746.37元,建成易地扶贫搬迁点2个,完成搬迁安置662户2789人,全县40个行政村脱贫摘帽、7591名建档立卡户实现高质量稳定脱贫,圆满完成脱贫攻坚全国普查,全面实现"两不愁三保障"。就业创业成效显著。率先出台《支持大学生就业创业十条政策》,率先在对口支援省市组织未就业大学生集中培训。5年来,城镇新增就业2900人、农牧民转移就业6.3万人次,高校毕业生实现就业1719人,城镇失业登记率控制在2.2%以内。教育事业创新推进。累计投入教育资金3.74亿元、占本级财政收入的21%以上。义务教育均衡发展顺利通过国家验收,成功举办全市5个100%教育目标任务现场推进会,全区率先创建"互联网+教育"国家示范县、率先建成县级"家门口内地西藏班"、率先建立中小学生健康电子档案和中学生视力检测跟踪档案。5年来,全县中小学入学率达100%以上,考入援藏地西藏班中小学生182名。医疗卫生成果突出。累计投入2.78亿元支持卫生医疗发展,成功举办全市紧密型县域医共体和智慧医疗现场会,入选全区首批全国紧密型县域医共体试点县,在全市率先创建县(区)级"二甲"医院、率先实现"零等候、秒支付"、率先完成所有乡(镇)卫生院标准化建设。5年来,免费救治800余名白内障等眼病患者,组织151名先心病、髋关节脱位等患儿前往南京、河南接受免费救治。社会保障普惠群众。发放社会兜底资金1.32亿元,设立残疾人创业技能培训基地,成功入选国家残疾人预防综合试验区创建名单,探索"基本医疗保险+大病保险+医疗救助+超大额补充保险"新模式,城乡居民住院报销时限缩短至5个工作日。5年来,全县城乡居民参保覆盖率达98%以上,累计报销1.86万人次、报销资金1.6亿元;设立"大病爱心救助基金"、累计借款420余万元、帮扶48人次。公共文化欣欣向荣。累计投入文化经费2300余万元,完成国家公共文化服务体系创建,编制《墨竹工卡县非物质文化遗产汇编》,建立村(居)文艺演出队42个,举办的新中国成立70周年大庆系列活动在央视新闻播出,"天边之乡"数字影院开放运行,全民健身室内篮球场、羽毛球场、健身房等公共设施陆续开放,2个公共足球场建设项目有序推进。

——五年来,我们致力于激发活力增强动力,重点领域改革取得新突破。深化"放管服"改革。投入1200万元新建县级便民服务大厅,梳理编制政府部门权责清单,加快推进"互联网+政务服务",压缩50%办理时限,二级以上网办深度达100%、四级网办深度达60%以上;依法推进政务公开,累计公开4000余件政务事项;全县市场主体3740户、较2015年增加2979户。深化国有企业改革。在全市率先规范整合28家私营砂石企业,完成农电体制改革,推进兼并重组和混合所有制经济改革,将20家国有企业整合为7家,国有企业资产突破

1.5亿元。深化农业农村改革。完成农村土地确权登记11.1万亩、发放证书7672户，推进扎西岗乡、唐加乡、甲玛乡等9376.19亩耕地托管试点，完成全县40个行政村、198个村民小组清产核资任务以及建账工作。深化执法队伍改革。城市管理、生态环境、交通运输、文化旅游、农业农村、市场监管等部门执法改革稳步开展，规范履行执法权责，有序推进乡（镇）综合执法队伍建设。

——五年来，我们致力于主动把握援藏优势，宁墨交往交流开创新局面。42名优秀援藏干部人才和157个党政代表团、企业、公益组织赴我县开展对口支援，落实1‰以内援藏资金3.57亿元，争取1‰以外援藏资金5460.9万元，实施援藏项目57个，涵盖农牧区溪桥工程、县医院提升改造、格桑花开产业园区一期双创基地等重大工程和民生实事。选派40批534名干部赴南京培训，组织百名农牧民群众赴南京开展交往交流交融活动；"组团式"医疗援藏成效明显，教育小组团援藏创县（区）先例，成功举办两届"格桑花开·南京墨竹周"活动，格桑花开高原直播间在南京开通，西藏印象墨竹净土产品六合区展销中心投入运营。墨竹小菜籽油成功打入南京市场，非遗产品塔巴陶瓷引入南京社会资本共同开发。同时，探索开办"1+3+N"大学生就业创业特训营，创新实施"格桑花开人才+"计划。协助编制发展规划，签订脱贫攻坚对口帮扶协议，制定"十四五"对口帮扶计划。

——五年来，我们致力于夯实长治久安根基，法治政府建设取得新进步。社会大局持续稳定。高质量打赢扫黑除恶专项斗争，七五普法圆满收官，妥善化解信访案件363件、调处矛盾纠纷327起，查处办理治安案件166起、法院受理各类案件1783件、检察院受理刑事及起诉案件184件、法律援助640人次。应急管理持续强化。出台《墨竹工卡县安全生产专项整治三年行动计划》，为2个乡（镇）配备消防车及随车装备，成功举办全区消防标准化现场会；建立风险应急与安全一体化的综合治理机制，每年投入75万元聘请第三方安全专家，开展矿山和危化领域安全隐患排查，整治安全隐患800余条，全县重点领域安全监管能力全面提升。深化食品药品监管，全面推进"明厨亮灶"和餐饮示范店创建工作，确保了人民群众"舌尖上的安全"。宗教管理持续深化。坚持宗教中国化方向，依法管理宗教事务，深入开展"遵行四条标准、争做先进僧尼"教育活动，成功推行直孔替寺财税监管试点。民族团结持续加强。深入开展民族团结教育"七进"活动，全面铸牢中华民族共同体意识，不断增强各族群众"五个认同"，甲玛乡赤康村和门巴乡先后评选为全区民族团结进步模范集体。

"十三五"期间，审计、统计、编译、档案、工青妇、保密、方志、气象、人民武装、消防、双拥等工作取得新成效。特别是通过改善在职干部食宿条件，设立"红星基金"，让在职干部在墨竹安心安居安业；通过组织退休干部职工到内地疗养、修建老干部活动中心、及时开展慰问座谈、解决生活困难，让退休干部职工切实感受到关心关怀。

刚刚过去的2020年，面对新冠肺炎疫情的严峻考验，我们统筹推进疫情防控和经济社会发展，扎实做好"六稳"工作，全面落实"六保"任务，勠力同心、锐意进取，坚决打好打赢脱贫攻坚、全面建成小康社会以及"十三五"收官战。一是经济运行稳中有进。全县地区生产总值完成39.25亿元、同比增长7.4%，一般公共预算收入完成5.85亿元、同比增长67%，全社会固定资产投资同比下降30.91%，规模以上工业增加值同比增长19%，社会消费品零售总额完成5.05亿元，招商引资累计到位资金55.23亿元、同比增长507.63%。二是疫情防控措施有效。投入疫情防控经费2067.28万元，PCR实验室建成并投入使用；为湖北捐款234.99万元、捐赠物资43.98万元，协调金融企业为全县工矿企业及小微企业发放贷款1.13亿元，减税降费531.68万元，减免工矿企业电费、社保费2993.85万元，为871间商户减免租金155.2万元，其中老百姓自发减免房租99.48万元。三是民生福祉持续增强。农村居民人均可支配收入达到18187元，同比增长12.6%，全县457名应届高校毕业生就业率实现100%，全民健康体检稳步推进。四是生态屏障全面筑牢。高标准打好蓝天、碧水、净土保卫战，完成8个河（湖）"四乱"问题和8个水土保持问题整治以及207处农村饮用水水源点水质检测。五是发展根基更加牢固。妥善化解巨龙公司9000余名农民工工资、运输费等2.5亿元欠款，社会大局持续稳定、宗教管理持续深化、民族团结持续加强，各领域重大风险得到有效防控。

各位代表！过去五年，是努力拼搏的五年，是砥砺奋进的五年，是成果丰硕的五年，没有让群众失望，也没有留下遗憾。我们解决了许多长期想解决而没有解决的难题，办成了许多过去想办而没有办成的大事，成功消除千百年来的绝对贫困，实现从解决温饱、总体小康到全面小康的历史性跨越；粉碎了十四世达赖和达赖集团分裂破坏图谋，实现从持续稳定走向长治久安。五年来，先后获得全国生态建设突出贡献先进集体，"自治区级生态县"、全区人居环境整治示范县、"农产品质量安全县""肉奶先进县"，市级"黄牛改良先进县""青稞增质增效示范县""包虫病综合防治工作先进集体"等奖项，连续五年被国家评为信访工作"三无"县，脱贫攻坚连续两年被自治区评为优秀。这些成绩的取得离不开以习近平同志为核心的党中央的关心关怀，离不开区市党委、政府以及县委的正确领导，离不开南京市的无私援助，离不开全县各族干部群众的团结一心、艰苦奋斗。在此，我代表县人民政府，向全县各族干部群众，向人大代表、政协委员、离退休干部职工、驻军部队、武警官兵和消防战士，向长期以来关心支持墨竹经济社会发展的各界人士，表示衷心的感谢！

在肯定成绩的同时，我们也清醒地看到，发展瓶颈问题日渐凸显，资源优势未充分发挥，新型城镇化和乡村振兴统筹协调不够，干部作风与新时代新要求仍存在差距，干部思想还需进一步解放，政府自身建设还需进一步加强等等。对此，我们一定要以功成不必在我的精神境界和功成必定有我的历史担当，坚定必胜信心，采取有力措施，持之以恒、久久为功，努力加以解决。

"十四五"发展目标任务

"十四五"是建设社会主义现代化新墨竹开局起步的关键期，是实现现代化建设的奋斗期。到2025年，全县小康社会建设成果将进一步得到巩固提升，民生建设、产业发展、基础设施、生态文明、社会治理、改革开放均会取得重大成果，将力争高质量建设全区第一个县级市、国家农村产业融合发展示范园、国家级绿色矿山示范区、全国民族团结进步教育基地、区域性综合服务中心，人民群众将过上更加美好的生活，综合实力在县（区）中走在前列。立足"三区两中心"发展定位，围绕"一城一区两轴三沟"发展主线，为完成今后五年经济社会发展的主要目标和2035年远景目标，主要聚焦七个方面的重点任务：

（一）聚焦民生保障，持续提高民生福祉。构建高质量巩固脱贫攻坚成果的长效机制，推进脱贫攻坚与乡村振兴有机衔接；加强职业技能培训，多渠道促进就业；提升城乡教育均衡水平、教育教学水平以及教育信息化水平；加快推进医共体国家示范点建设工作，不断提高基层医疗卫生服务水平和服务质量，持续深化健康墨竹成果；健全社会保障体制机制，做精做优社会保障服务；健全公共文化服务，繁荣发展文化事业，推进全民健身。

（二）聚焦结构优化，持续提升发展质量。立足资源禀赋和产业基础，加大招商选资引优力度。优化农牧业产业结构，推进净土健康产业发展，建设国家农村产业融合发展示范园；围绕"五大矿山"建设，大力发展工矿产业，促进工矿业集中集聚发展；积极融入拉萨全域旅游体系，打造甲玛沟、直孔沟、斯布沟等沟域经济，建设东部新型旅游城市，发展现代商贸、酒店、物流、电商等城镇服务经济。

（三）聚焦城乡发展，持续建设美丽家园。以撤县设市为新起点，以国道318、349等重要交通线路为纽带，加强城镇建设，不断完善公共设施，提升服务能力；推进已建成污水处理厂运行和甲玛乡污水处理厂建成使用，持续实施"厕所革命"，完善各乡（镇）的无害化垃圾转运站和运输设施，大力实施"美丽乡村·幸福家园"行动计划项目。

（四）聚焦绿色理念，持续筑牢生态屏障。牢固树立绿水青山就是金山银山的理念，坚持生态保护第一，建立实施国土空间规划，严格保护、合理配置土地资源；实施生态保护与修复，统筹推进山水林田湖草系统治理，加强生态红线区域管控，开展国土绿化行动；全面加强污染综合防治，提升环境监管能力。

（五）聚焦改革开放，持续激发市场活力。深化改革开放，持续推动“放管服”改革、国有企业改革、农业农村改革、政府效能改革、社会基层治理改革、户籍改革以及执法队伍改革等重点领域改革，不断提升政务服务效能，优化营商环境，全面补齐发展元素。

（六）聚焦合作共赢，持续深化宁墨交流。以增进民族团结为主线，持续做好民生援藏，深入推进教育援藏，巩固推进医疗援藏，精准推进就业援藏，有效推进产业援藏；创新援藏工作机制，持续办好“格桑花开・南京墨竹周”，加强人才智力帮扶，推进多层次、宽领域交往交流交融，开创援藏工作新局面。

（七）聚焦长治久安，持续筑牢维稳堡垒。以维护祖国统一、加强民族团结为着眼点和着力点，铸牢中华民族共同体意识，提升社会治理现代化水平，加强平安法治建设。筑牢应急管理保障体系，提高粮食安全保障能力，保障食品药品安全；加强和创新寺庙管理，依法管理宗教事务，推进宗教中国化向纵深发展。

各位代表！实干成就梦想，奋斗铸就辉煌。站在新起点、踏上新征程、面对新挑战，我们坚信，有习近平新时代中国特色社会主义思想的正确引领，有以习近平同志为核心的党中央的领航掌舵，展望今后五年，我们充满必胜信心，一定会如期实现“十四五”规划预期目标！

2021 年重点工作

2021 年是中国共产党成立 100 周年和西藏和平解放 70 周年，是“十四五”规划的开局之年。我们要坚持以习近平新时代中国特色社会主义思想为指导，全面贯彻中共十九大和十九届二中、三中、四中、五中全会以及中央第七次西藏工作座谈会精神和中央、自治区、市党委经济工作会议精神，坚持以新时代党的治藏方略为根本遵循，坚持稳中求进总基调，把“三个赋予、一个有利于”要求贯穿始终，立足新发展阶段，贯彻新发展理念，构建新发展格局，以推动高质量发展为主题，以深化供给侧结构性改革为主线，以改革创新为根本动力，以满足人民日益增长的美好生活需要为根本目的，正确处理好“十三对关系”，围绕抓好“稳定、发展、生态、强边”四件大事，扎实做好“六稳”工作、全面落实“六保”任务，巩固拓展疫情防控和经济社会发展成果，加快增强内生发展动力，持续抓好民生改善，维护社会和谐稳定，确保“十四五”开好局，以优异成绩向建党 100 周年和西藏和平解放 70 周年献礼。

2021 年政府工作主要预期目标是：全县地区生产总值增长 9% 左右，一般公共预算收入增长 3% 左右，固定资产投资增长 5% 以上，规模以上工业增加值增长 12% 左右，社会消费品零售总额增长 12% 左右，农村居民人均可支配收入增长 13% 以上。

围绕上述目标，我们将着重做到“八个真抓实干”：

（一）围绕民生实事真抓实干，推进民生福祉再树新标杆。千方百计保就业。提高农牧民转移就业组织化程度，开展“订单式”“定向式”的职业技能培训，有序推进 90 名“两后生”及高校毕业生专业技能委培及就业，确保大学生就业率保持在 98% 以上，做好退役军人教育培训和安置就业工作。全力以赴办教育。强化学校思想政治和心理健康教育，持续做好“互联网 + 教育”国家级示范县创建工作，着力办好“墨竹南京班”，加强师资队伍培训，实施南京实验小学云科技馆等基础设施建设。持之以恒抓医疗。制定并实施《墨竹工卡县加快推进医共体国家示范点建设工作三年行动计划》，持续深化县域综合医改，加快推进县医院改扩建项目，提升基本公共卫生服务能力，健全完善重大疫情防控救治体系，做好老龄健康和职业病防治工作。多措并举强保障。规范使用“大病爱心救助基金”，按期完成城乡居民参保登记缴费，完善社会保障信息核查制度，健全多层次社会兜底保障体系，为村“两委”班子购买工商保险，构建居家社区机构相协调、医养康养相结合的养老体系。弘扬创新兴文化。

推进新时代发展中心建设，加大文物保护检查力度，积极申报非物质文化遗产保护名录，规范管理42个村（居）文艺演出队，丰富群众文化生活。

（二）围绕产业发展真抓实干，推进经济发展再创新成就。推进农牧产业提质发展。严守耕地红线，提升农业机械化水平，持续推进“订单式”农牧业，完成2万亩高标准农田建设项目，全力推广“墨竹小油菜”特色种植，发展壮大标准化奶牛养殖中心，推进乡（镇）兽防站规范化建设，修建日多乡、门巴乡冷藏室，加快建设国家级农村产业融合示范园。推进绿色工业健康发展。围绕“五大矿山”理念，督促引导矿山企业申报国家级绿色矿山，推进驱龙铜多金属矿投产，支持华泰龙稳产增产。围绕矿山上下游产业链，全面加强以企招商、以业招商工作。推进现代服务创新发展。立足拉萨市关于墨竹“拉萨东部温泉片区”的定位，合理开发德仲沟温泉、日多温泉、波朗村温泉、嘎则温泉，打造温泉度假村，建设温泉小镇；加快融入“拉北环线”，全力盘活甲玛景区，打造甲玛爱国主义教育基地，大力发展直孔、斯布沟域旅游经济。同时，充分挖掘开发工业旅游等其他旅游资源。

（三）围绕乡村振兴真抓实干，推进协调发展再上新台阶。推动脱贫成果更加巩固。持续投入本级财政12%资金用于脱贫攻坚成果巩固，健全防止返贫监测机制，落实产业利益联结机制，强化易地搬迁后续扶持，推动脱贫成果巩固提升与乡村振兴有效衔接。推动基础设施更加完善。配合推进国道349线工程，实施道路改建项目和高海拔饮水点保温项目，推动嘎则新区客运站投入运营，推进农田水利工程和灌渠、防洪堤提升改造，完成村庄规划编制。推动城市品质更加精致。实施老城区排水管网改造，持续推进甲玛乡特色小城镇建设，加快实施工卡镇三组棚户区基础设施项目，加快推进98套公租房建设。推动人居环境更加宜居。全面实施第二批“美丽乡村·幸福家园”行动计划项目，加快推进县乡污水处理厂运营，持续推动“厕所革命”和户厕改造，修建各行政村以及虫草采挖点公共厕所，持续做好垃圾分类，提高垃圾转运车覆盖率和使用率。

（四）围绕绿色发展真抓实干，推进生态环保再领新风尚。持续强化生态治理。继续打好蓝天、碧水、净土保卫战，加强扬尘污染监管，做好筹备县城新建水源地各项工作，定期开展水、气、土质量监测，推进国土空间优化布局。持续强化生态恢复。推进国家级生态文明建设，完成自治区级生态文明村创建工作；巩固“河（湖）长”制、消除“无树村、无树户”成果，做好国土绿化、沙棘育苗以及沙棘林保护区封禁保护和林草地保护工作。持续强化生态监管。强化自然资源管理，开展卫片执法、森林督查、水保监管工作；加强生态环境监管执法，建立以排污许可制为基础的新型环境管理制度体系，严格项目建设环境管理及环评审批，杜绝源头污染和未批先建、批建不符、越权审批等现象。

（五）围绕改革创新真抓实干，推进内生动力再添新引擎。持续推动“放管服”改革。推进县级便民服务大厅搬迁投用，不断强化“互联网＋政务服务”，加快推行政务服务事项在线办理，纵深推进“三减”工作，优化营商环境。持续推进国有企业改革。制定出台国有企业和人员管理办法以及绩效考核制度，探索实施国有企业财务统一核算模式，全面加强国有资产监管，有效促进国有企业良性运转。同时，加强乡村财务人员培训，全面提升履职能力。持续深化农业农村改革。加快推进农村集体经济组织成员身份界定，持续推进农村集体产权制度改革暨股权量化、股权设置、村集体经济组织登记颁证工作，加快构建产权交易平台。持续深化执法队伍改革。持续深化城市管理、交通运输、文化旅游、农业农村、市场监管等部门综合执法改革，加快推进乡（镇）综合执法队伍建设，有序推进社会基层治理改革、户籍改革、农村公路养护体制改革和水费改革。

（六）围绕合作共赢真抓实干，推进交往交流再谱新篇章。持续深化项目援建。全面启动“十四五”援藏项目规划，推动格桑花开产业园一期建成运营、基础设施及二期项目开工建设，实施好“溪桥工程”、乡（镇）邻里服务中心、村庄环境整治等一批民生领域“微实事”项目。持续深化交往交流。深入开展“组团式”医疗、教育援藏，持续开办大学生就业创业特训营和成长营，促进民族团结。持续深化帮扶途径。加大“融合式”援藏路径探索，集聚更多的资源、汇聚更多的力量，引进更多的社会公益组织和爱心企业来墨开展教育、就业、产业、消费扶贫等帮扶，开创援藏工作新局面。

（七）围绕长治久安真抓实干，推进社会治理再筑新堡垒。不断提高维护社会稳定能力。加强雪亮工程建设，构建全县各领域“视频网”，妥善化解各类信访矛盾纠纷，严厉打击各类违法犯罪行为；加强宗教领域法治化建设，推进藏传佛教中国化，深入开展反分裂斗争，持续揭批十四世达赖和达赖集团的反动本质，教育引导群众理性对待宗教、淡化宗教消极影响、过好当下幸福美好生活。不断提高促进民族团结能力。深入开展党史、新中国史、改革开放史、社会主义发展史以及西藏地方和祖国关系史教育，全面深化民族团结进步示范创建活动，争创自治区级民族团结进步模范示范县。不断提高防灾减灾救援能力。坚持以防为主、防抗救相结合，扎实推进灾害风险调查、地质灾害综合治理、自然灾害监测预警等工作，全面加强道路交通、食品药品、建筑施工、危化品、工矿商贸等重点领域安全监管。不断提高双拥共建融合能力。深入开展双拥共建活动，增强军政军民团结，认真落实拥军优属、拥政爱民各项政策，不断巩固提升和发展同呼吸、共命运、心连心的新型军政军民关系。

（八）围绕自身建设真抓实干，推进政府建设再上新水平。必须把政治建设摆在首位。树牢“四个意识”、坚定“四个自信”、做到“两个维护”，坚决落实党中央、国务院和区市党委、政府以及县委的决策部署，自觉在思想上政治上行动上同以习近平同志为核心的党中央保持高度一致。必须把法治建设放在全局。加强法治政府建设，提高治理体系和治理能力现代化建设，推进政府部门法律顾问工作，严格执行重大行政决策程序，自觉接受人大法律监督、政协民主监督以及社会各界监督。必须把廉政建设挺在前面。认真履行党风廉政建设责任，严格落实中央八项规定精神，巩固基层减负成效，驰而不息整治“四风”问题，一体推进不敢腐、不能腐、不想腐，营造风清气正的干事创业环境。必须把责任担当落在实处。以政府过“紧日子”换老百姓过“好日子”，大力弘扬“老西藏精神”“钉钉子精神”和“斗争精神”，做到守土有责、守土尽责、守土负责，强化使命担当，为担当者担当，让履职者尽责。

各位代表！新时代蓝图已绘制，现代化篇章已开启，只争朝夕方可不负韶华。我们要更加紧密地团结在以习近平同志为核心的党中央周围，坚持以习近平新时代中国特色社会主义思想为指导，在区市党委、政府和县委的坚强领导下，以高昂的斗志、坚定的信心、十足的干劲，在努力建设团结富裕文明和谐美丽的社会主义现代化新西藏中展现墨竹风采，以优异的成绩向中国共产党成立100周年和西藏和平解放70周年献礼。

名词解释

1. 习近平新时代中国特色社会主义思想：2017年10月18日，在中国共产党第十九次全国代表大会上习近平总书记首次提出“新时代中国特色社会主义思想”。新时代中国特色社会主义思想是全党全国人民为实现中华民族伟大复兴而奋斗的行动指南。

2. “四强”：农业、工业、旅游、生态强县。

3. 三级同创：创建自治区级生态县、生态乡（镇）、生态村。

4. 厕所革命：是指对发展中国家的厕所进行改造的一项举措，最早由联合国儿童基金会提出，厕所是衡量文明的重要标志，改善厕所卫生状况直接关系到这些国家人民的健康和环境状况。2017年11月，习近平总书记就旅游系统推进“厕所革命”工作取得的成效作出重要指示。这是总书记三年来第二次对“厕所革命”作出重要指示。

5. “三公”经费：公务出国（境）经费、公务用车购置及运行费、公务接待费用。

6. 贫困发生率：指低于贫困线的人口占全部人口的比例。

7. 两不愁三保障：不愁吃、不愁穿，基本医疗、义务教育、住房安全有保障。

8. 易地扶贫搬迁：指重点对“一方水土难养一

方人”的集中贫困地区缺乏生存条件的贫困人口搬迁安置到其他地区，并通过改善安置区的生产生活条件、调整经济结构和拓展增收渠道，帮助搬迁人口逐步脱贫致富。

9. 家门口内地西藏班：墨竹南京初中班。

10. “五个100%”教育目标：实现中小学双语教学普及率100%、小学数学课程开课率100%、中学理化生课程计划完成率100%、中学理化生实验课程开出率100%、职业技术学校国家目录规定课程开出率100%。

11. “二甲”医院：医院按其功能、任务不同划分为一、二、三级。二级医院是向多个社区提供综合医疗卫生服务和承担一定教学、科研任务的地区性医院，二级甲等医院是二级医院中实力最强的医院。

12. 放管服：简政放权、放管结合、优化服务。

13. 民族团结教育“七进”：进机关、进乡村、进社区、进学校、进企业、进军营、进寺庙。

14. 遵行四条标准、争做先进僧尼：遵行政治上靠得住的标准，争做旗帜鲜明立场坚定的先进僧尼；遵行宗教上有造诣的标准，争做精进学识勤学苦修的先进僧尼；遵行品德上能服众的标准，争做遵纪守法道德高尚的先进僧尼；遵行关键时起作用的标准，争做积极作为发挥作用的先进僧尼。

15. 五个认同：对伟大祖国的认同、对中华民族的认同、对中华文化的认同、对中国共产党的认同、对中国特色社会主义的认同。

16. “六稳”“六保”：“六稳”，即稳就业、稳金融、稳外贸、稳外资、稳预期；“六保”，即保居民就业、保基本民生、保市场主体、保粮食能源安全、保产业链供应链稳定、保基层运转。

17. 河（湖）“四乱”：乱占、乱采、乱堆、乱建问题。

18. “三无”县：指无进京越级上访、无大规模集体上访、无因信访问题引发的极端恶性事件。

19. “三区两中心”：“三区”，国家农村产业融合发展示范区、高原地区新型城镇化先导区、拉萨市乡村振兴引领区；“两中心”，拉萨东部综合服务中心、雪域温泉康养旅游中心。

20. “一城一区两轴三沟”：“一城”，县级市主城区，打造高原地区新型城镇化先导区的核心带动区和拉萨东部综合服务中心的核心功能区；“一区”，以塔巴村为核心的国家农村产业融合发展示范区，打造农村产业融合发展和乡村振兴的样板区；“两轴”，沿G349、G318布局新型城镇化和乡村振兴示范轴，打造高原地区新型城镇化和乡村振兴的示范窗口；“三沟”，甲玛沟、直孔沟、斯布沟，打造新型工矿型特色小城镇和红色旅游教育基地，打造雪域温泉康养旅游中心的核心景区，发展好沟域经济。

21. 新时代党的治党方略：①必须坚持中国共产党领导、中国特色社会主义制度、民族区域自治制度；②必须坚持治国必治边、治边先稳藏的战略思想；③必须把维护祖国统一、加强民族团结作为西藏工作的着眼点和着力点；④必须坚持依法治藏、富民兴藏、长期建藏、凝聚人心、夯实基础的重要原则；⑤必须统筹国内国际两个大局；⑥必须把改善民生、凝聚人心作为经济社会发展的出发点和落脚点；⑦必须促进各民族交往交流交融；⑧必须坚持我国宗教中国化方向、依法管理宗教事务；⑨必须坚持生态保护第一；⑩必须加强党的建设特别是政治建设。

22. “三个赋予、一个有利于”：习近平总书记在中央第七次西藏工作座谈会上提出的“坚持所有发展都要赋予民族团结进步的意义，都要赋予维护统一、反对分裂的意义，都要赋予改善民生、凝聚人心的意义，都要有利于提升各族群众获得感、幸福感、安全感。”

23. “十三对关系”：区党委要求的“正确处理好国家投资和社会投资的关系，正确处理好建设重大项目和民生项目的关系，正确处理好发挥优势和补齐短板的关系，正确处理好农牧民城镇就业和就近就便、不离乡不离土、能干会干的关系，正确处理好扶贫搬迁向城镇聚集和向生产资料富裕、基础设施相对完善地区聚集的关系，正确处理好央企在藏资源开发和解决当地农牧民增加收入的关系，正确处理好保护生态和富民利民的关系，正确处理好城市发展和提高农牧民基本公共服务能力的关系，正确处理好高校毕业生政府就业和市场就业的关系，正确处理好简政放权和地方承接的关系，正确处理好企业增产提效和改善企业职工福利待遇、促进农牧民群众增收的关系，正确处理好中央关心、全国支援和自力更生、艰苦奋斗的关系，正确处理好鼓励干部担当干事和容错纠错的关系。”

24. 全域旅游：在一定区域内，以旅游业为优势产业，通过对区域内旅游产业资源、相关产业、生态环境、公共服务等全方位的优化升级，实现区域资源有机整合、产业融合发展、社会共建共享，形成以旅游产业发展带动经济社会协调发展的新模式。

25. 三减工作：减时限、减跑动、减材料。

26. 河湖长制：由各级党政主要负责人担任“河湖长”，负责辖区内河流污染治理的一种管理制度。

27. 雪亮工程：以县、乡、村三级综治中心为指挥平台、以综治信息化为支撑、以网格化管理为基础、以公共安全视频监控联网应用为重点的“群众性治安防控工程”。

28. 四个意识：政治意识、大局意识、核心意识、看齐意识。

29. 四个自信：中国特色社会主义道路自信、理论自信、制度自信、文化自信，由习近平总书记在庆祝中国共产党成立95周年大会上提出。

30. 两个维护：坚决维护习近平总书记党中央的核心、全党的核心地位，坚决维护党中央权威和集中统一领导。

31. 四风：形式主义、官僚主义、享乐主义、奢靡之风。

32. 老西藏精神：特别能吃苦、特别能战斗、特别能忍耐、特别能团结、特别能奉献。

政协第二届墨竹工卡县委员会常务委员会工作报告

——在政协第二届墨竹工卡县委员会第六次会议上

政协墨竹工卡县委员会主席 索朗桑布

（2021 年 1 月 5 日）

2020 年工作回顾

2020 年是“十三五”规划收官之年，是实现第一个百年奋斗目标之年，也是西藏同全国一道步入全面小康社会之年。

今年以来，在县委的坚强领导下，在市政协的精心指导下，在县政府的大力支持下，团结带领广大政协委员，深入学习贯彻习近平新时代中国特色社会主义思想和中共十九大、十九届二中、三中、四中、五中全会和中央第七次西藏工作座谈会精神，学习贯彻习近平总书记关于加强和改进人民政协工作重要思想、治边稳藏重要论述以及党的治藏方略、《中共西藏自治区委员会关于新时代加强和改进西藏政协工作的实施意见》，按照自治区九届八次全会、市委九届六次全会和县委九届十次全委会的安排部署，把加强思想政治引领，广泛凝聚共识作为中心环节，坚持团结和民主两大主题，提高政治协商、民主监督、参政议政水平，更加凝聚共识，充分发挥政协优势和作用，把提质增效贯穿履职工作全过程，为新时代墨竹长治久安和高质量发展展示了新担当，贡献了新力量。

（一）加强创新理论学习，把牢正确政治方向。2020 年，完善以党组理论学习中心组学习为引领的学习制度体系，推进理论学习常态化，政协党组先后组织召开党组会议，安排部署党组 2020 年党建工作重点、党风廉政建设工作和政协 2020 年各项工作重点以及民主决议“三重一大”相关事项，切实履行了主体责任，做到了党建与业务工作同部署同检查同落实。认真学习贯彻中共十九届二中、三中、四中、五中全会精神，习近平新时代中国特色社会主义思想，中央、自治区、市、县重要会议精神，习近平“谈治国理政”第三卷以及中央第七次西藏工作座谈会议精神。按照县委统一安排，政协党组成员落实好县级领导开展中央第七次西藏工作座谈会精神包点宣讲工作。截至目前，政协党组开展集中学习共 12 次。党组书记围绕“践行初心使命 · 做好新时代政协人”“认真学习党章、严格遵守党章”“中央第七次西藏工作座谈会精神”等讲党课 4 次。

（二）坚持压实主体责任，全面推动党风廉政建设和队伍建设。加强组织建设，坚持政治统领。今年年初，召开党风廉政建设专题会议，总结往年党风廉政建设暨反腐败工作的经验教训，安排部署当年党风廉政建设重点工作，详细部署党风廉政建设工作任务。贯彻落实“两个责任”，自上而下逐级签订了党风廉政建设责任书，做到一级抓一级，层层抓落实；切实履行党风廉政建设第一责任人职责。加强队伍建设，提升履职能力。加强对委员队伍建设工作的领导和统筹，及时研究解决委员队伍建设中出现的新情况、新问题，使委员履职能力和水平进一步提升。一是不断抓好政协委员的学习培训，政协委员会班子成员分别参加自治区举办的委员培训和政协十一届拉萨市委员会2020年委员培训；组织全县政协委员参加了2020年县政协举办的理论知识藏汉双语培训。二是为了增进党员委员与党外委员的沟通联系，年初制定了党员委员与党外委员结对机制，今年上半年组织党员委员与党外委员开展了联席会；三是为了贯彻落实中共西藏自治区委员会关于《新时代加强和改进西藏政协工作的实施意见》，县政协党组高度重视，结合墨竹政协工作实际制定了贯彻落实意见，并切实抓好落实。

（三）坚持发挥独特优势，促进全县社会和谐稳定。加强思想引领，助推社会和谐。县政协认真履行维护祖国统一、加强民族团结第一政治责任，在3月维稳重点工作、重大节日、重要节点期间，政协党组成员主动赴联系乡、村、寺庙全程督导维稳工作。教育引导各族各界委员牢固树立“三个离不开”思想，树立正确的“五观”，增进“五个认同”，使各界政协委员充分发挥优势作用，带头参与维稳各项工作，协助村委会、寺庙开展巡逻、收集情报信息、调处矛盾纠纷等工作，发挥了保一方平安的积极作用。凝聚委员共识，助推团结稳定。政协常委会牢记习近平总书记“像石榴籽一样紧紧抱在一起”的重要指示，积极发挥人民政协统一战线组织的功能作用，扩大团结面、增强包容性，团结带领广大委员开展以“3·28”西藏百万农奴解放纪念日为载体，组织委员开展以“新旧西藏对比”和“各民族团结稳定发展”为主题的座谈交流活动，切实加强同各族各界的联系与交流，积极协调各方利益关系，进一步促进了党群关系、民族关系、宗教关系、阶层关系和谐，不断巩固了委员爱国统一战线，努力为墨竹的发展稳定凝聚了人心、汇聚了力量；组织各界别委员代表和获得2019年县级民族团结进步模范集体单位代表召开了第30个“民族团结进步月”座谈会；充分发挥“政协委员之家”职能作用，进一步做好全县政协“委员之家”工作，组织召开县、乡（镇）“委员之家”负责人工作交流座谈会，总结经验、发现问题，对全县政协工作的开展起到推动和促进作用；组织开展了乡（镇）“政协委员之家”发挥作用专题调研工作，并对二届以来的政协委员从参加政协会议、参加各项活动、参与各项调研、撰写提案信息等履职情况进行了摸底，各乡镇对继续留任的委员提出了建议。通过调研指导充分发挥好各乡（镇）“政协委员之家”平台作用，真正把政协的触角延伸到基层和群众中，打通基层协商民主的“最后一公里”。

（四）坚持团结民主主题，围绕中心履职尽责。积极参与“三大攻坚战”。县政协把不断满足人民对美好生活的需求、促进民生改善作为重要着力点，倾听群众呼声，反映群众愿望，积极参与“三大攻坚战”各项工作，特别是县政协班子成员牵头负责三岩片区易地搬迁推进工作和“美丽乡村·幸福家园”建设等各项工作。督导检查工作扎实开展。先后组织相关单位和政协委员组成督导组，通过实地查看、座谈交流、听取汇报、查看资料等方式开展每季度河长制督导检查1次，今年河长制督查共4次，撰写调研报告4篇。调研视察工作稳步推进。县政协多次协助区、市政协开展脱贫巩固期间产业脱贫、易地扶贫搬迁调研。今年上半年，县政协调研组深入各乡（镇）抽查建档立卡户，以走村入户、查阅资料、听取汇报等形式，围绕“两不愁、三保障”脱贫攻坚工作实地调研；组织5个界别的部分政协委员代表深入各乡镇及县直单位围绕“乡村振兴战略及扫黑除恶”工作进行了调研视察。目前共撰写调研报告3篇，将发现的问题和收集的意见建议形成了视察报告提交县委、县政府决策参考。提案收办工作扎实高效。政协二届五次会议期间，共收到提案43件，立案43件，占提案总数的100%。始终把提案工作纳入重要议事日程，召开党组会议研究和部署提案工作，经常听取提案工作汇报，县政协常委会针对提案关注的热点、难点问题适时安排和组织调研、视察，实现了调研视察与提案工作并重并行。社情民意工作广泛收集。以“政协委员之家”为平台，发挥各乡（镇）政协联络员作用，将本辖区内群众关心的重点难点问题作为社情民意进行全面收集。2020年，共收集社情民意信息17条，其中，农牧水电类6条、教体文卫类1条、经济交通类2条、环境卫生类4条、其他类4条。针对委员提出的问题，从中筛选出13项重点难点和急需解决的问题，由县政协委员会班子成员带队深入实地走访进行调研，并召开政协党组“三重一大”会议研究，同意从100万元政协委员办实事专项经费中给予解决。民生改善工作持续参与。在县委部署下政协委员会班子成员先后多次深入各联系乡（镇）和村委会开展党建、党风廉政、三大攻坚等工作进行实地检查指导，形成调研报告，积极反映发现的问题，督促其就存在的问题进行及时整改。在结对帮扶中，全心全意为贫困户解难题，谋出路，找收入。对认识上较为落后的贫困户进行深刻的思想教育，帮助其树立“勤劳致富”的思想。今年以来，县政协党组和办公室党支部结对帮扶建档立卡户共计12户，45人，帮扶资金累计达1万元，结对帮扶2020年应届大学生13人，目前均已就业。做好人民政协对外交往工作。保持与上级政协、兄弟县（区）政协的联系，建立互往关系。截至目前，兄弟县（区）政协委员来我县考察学习2次，增加了工作交流和团结合作。配合区、市政协完成了围绕“精准扶贫产业项目后续发展”“脱贫巩固期间产业脱贫方面存在问题”“畜禽种业牦牛与藏系绵羊品种改良”“民营企业发展中存在的困难和问题”等4次专题调研。坚持文化自信，助推提升文化软实力。挖掘文化底蕴，围绕文化传承，发挥政协文史资料“存史、资政、团结、育人”的作用，编撰出版《天边镜鉴—墨竹史话》《墨竹工卡县寺庙志》等书籍。积极投身抗击新冠肺炎疫情工作。认真贯彻习近平总书记重要讲话精神和县委决策部署，动员政协委员积极参与疫情防控工作。第一时间向全县93名政协委员传达疫情防控工作相关知识，并向全县政协委员发出了藏汉双语《众志成城，抗击疫情》的倡议书。充分发挥委员作用，引导政协委员有效开展宣传和加强自我防护，广大政协委员立足各自岗位，积极参与疫情防控工作，全县政协委员和政协机关干部对疫区捐款现金29000元、减免房租折合人民币65050元。

各位委员：

过去一年工作成绩的取得，是县委坚强领导的结果，是市政协的大力指导的结果，是县政府倾力支持的结果，是各相关部门积极配合的结果，更是广大政协委员充分发挥主体作用，认真履职的结果。在此，我谨代表县政协常务委员会，向大家表示崇高的敬意和衷心的感谢！

在肯定成绩的同时，面对新时代、新任务、新要求，县政协工作还存在一定的不足之处，与新形势人民政协事业发展的要求还有一些差距，主要是：一是提案的办理还有待进一步完善，提案质量不高，意见建议缺乏科学性和针对性。有的承办单位办理不认真，一些涉及多个部门的综合性提案，办理过程缺乏统一领导和协调；二是政协队伍建设还存在薄弱环节，委员作用发挥不明显、理论素养还需再提升，乡（镇）“政协委员之家”发挥作用还需再加强；三是参政议政还不够深入。参政议政的质量和水平还不够高，提出意见建议的针对性和可操作性还不够强，比如：视察工作的组织形式过于单一等。

2021年工作思路

新的一年里，我们将以深入学习宣传贯彻落实中共十九届五中全会和中央第七次西藏工作座谈会精神为主线，在年初工作计划总体不变前提下，继续围绕全县工作重点，全面落实社情民意收集、调研视察、换届工作等重点工作，持续深入发挥政治协商、民主监督、参政议政，凝聚共识职能。继续抓好以下几个方面的工作：

（一）坚持政治引领，进一步强化思想建设。深入学习贯彻落实中共十九大和十九届二中、三中、四中、五中全会精神以及区市县委会议精神，特别是第七次西藏工作座谈会精神，通过学习凝聚政治共识，始终把坚持党的领导作为根本原则，坚持“不忘初心牢记使命”主题教育常态化制度化，牢固树立“四个意识”、不断增强“四个自信”，自觉践行“两个坚决维护”，切实把思想和行动统一到中央和自治区、市、县党委的决策部署上来，在思想上政治上行动上同以习近平同志为核心的党中央保持高度一致。按照习近平总书记关于加强和改进人民政协工作的重要思想，认真学习政协章程，利用理论指导实践，围绕团结和民主两大主题，履行政治协商、民主监督、参政议政，凝聚共识职能，切实做到在继承中发展，在发展中创新，围绕中心服务大局，聚焦全县工作重点，汇聚力量，建言献策，把人民政协事业不断推向前进。

（二）坚持服务中心，进一步深化协商建言。准确把握新时代的历史定位和社会主要矛盾的新变化，坚持紧扣全县中心任务，深入调研，献计出力，更好彰显政协工作在服务全县中心工作中的独特作用。围绕“全县脱贫攻坚巩固提升”、“乡村振兴战略”、“十四五”规划、“全面推行河湖长制”等主题开展专项视察。促进人与自然和谐共生，推进美丽墨竹建设。

（三）坚持以人为本，团结引领政协各项工作。继续坚决贯彻落实习近平总书记关于政协要聚焦党和国家中心任务献计出力的重要思想，围绕中心、服务大局，为改革发展思与谋、为和谐稳定导与促、为群众利益鼓与呼、为画出最大同心圆践与行。把维护祖国统一、加强民族团结作为履职着眼点和着力点，把维护稳定作为履职第一政治责任，把助推改革发展作为履职第一要务，充分发挥政协委员独特作用。坚持增加协商密度、丰富协商内容、规范协商程序、健全协商机制、改进协商方式，把协商民主贯穿政治协商、民主监督、参政议政全过程。完善协商议政内容和形式，加强民主监督，重点监督党和国家重大方针政策、区市县委决策部署的贯彻落实情况，补齐政协履职短板。坚决贯彻落实习近平总书记关于政协加强团结联谊的重要思想，坚持大团结大联合，强化统战政协意识，在县委领导下，协助政府做好协调关系、增进团结、凝聚人心的工作。继续加强与区内外的友好交往，取长补短，交流经验，讲好墨竹故事。

（四）及早统盘考虑政协换届工作。将政协换届筹备工作作为当前重点工作，继续以高度的政治责任感把工作做得更深入、更细致、更扎实。

各位委员，2021 年是中国共产党建党一百周年，是西藏和平解放 70 周年，也是“十四五”规划开局之年，新的航程已经开启、新方位锚定新使命，新担当更有新作为。让我们更加紧密地团结在以习近平同志为核心的党中央周围，深入学习贯彻中共十九届五中全会和中央第七次西藏工作座谈会精神，不忘初心、牢记使命、共同团结奋斗，不断开创新时代墨竹政协工作新局面，为推动长治久安和高质量发展，谱写好中华民族伟大复兴中国梦墨竹篇章做出新的更大贡献。

牢记新时代职责使命 推动工作高质量发展 为新时代党的治藏方略在我县落实落地提供坚强保障

墨竹工卡县纪委书记、监委主任 张子成

（2021 年 3 月 1 日）

一、2020 年工作回顾

过去一年，在市纪委和县委的坚强领导下，墨竹工卡县纪委监委坚持不懈学懂弄通做实习近平新时代中国特色社会主义思想，团结带领全县纪检监察干部以高度的政治自觉将落实“两个维护”贯穿监督执纪执法全过程，在疫情防控、决战脱贫攻坚、巡视巡察反馈问题整改等重点工作中积极发挥监督保障执行、促进完善发展作用，一体推进纪检监察体制机制改革，深化推进“不敢腐、不能腐、不想腐”，全县党风廉政建设和反腐败工作取得新成效。

（一）坚持不懈学习贯彻习近平新时代中国特色社会主义思想，以高度的政治自觉践行“两个维护”。

加强理论武装。以习近平新时代中国特色社会主义思想为指导，将中共十九届五中全会、中央第七次西藏工作座谈会精神以及各级纪委全会精神作为重点学习内容，将各级党委重点工作会议精神和主要领导重要指示批示精神作为学习贯彻的重要内容，坚决做到学懂弄通做实。进一步规范单位理论中心组集中学习，开展集中学习 13 次，交流发言 2 次。

将政治监督落到“两个维护”实际行动上来。严格落实习近平总书记关于脱贫攻坚、疫情防控、“六稳”“六保”等重要指示批示精神，立足全县重点工作，强化落实监督保障作用。发现并反馈疫情防控工作落实不到位相关问题 30 余项，制定下发提醒督促函 1 份，办理疫情防控有关问题 1 起，组织处理 1 人，由县疫情办通报曝光 1 家单位。

严明政治纪律和政治规矩。持之以恒抓党员信仰宗教和参与宗教活动问题，坚持提醒教育、调查研究和严肃问责同步推进，办理涉及违反政治纪律问题线索 1 起，给予留党察看处分 1 人；向 2 家单位下达监察建议书，督促其对本行业 2 名违规购买违禁书籍或照片人员进行处理。整理汇编《关于违反政治纪律典型案例的通报》，组织全县各级党组织传达学习，强化警示震慑。

（二）坚持预防、整治、建制相结合，巩固深化作风建设成效。

巩固作风建设长效机制。注重各级党组织日常教育监管和纪检监察机关专责廉政宣传教育相结合。持续加强对执行中央八项规定及其实施细则精神、执行维稳工作纪律以及作风建设等情况的监督，通过自查和监督检查共梳理汇总有关问题 160 项（其中涉嫌违反中央八项规定精神问题 159 项，涉及精文简会、基层减负方面形式主义官僚主义问题 1 项），参照上级纪委处置意见进行分类处置，截至目前，完成整改 134 项，正在整改 26 项，整改完成率达 83.75%；办理涉及违反中央八项规定及其实施细则精神有关问题线索 5 起，已办结 4 起，给予党纪处分 2 人，组织处理 5 人。坚决遏制不正之风，查处涉嫌组织参与赌博党员 5 人，对 2 人给予开除党籍处分，2 人进行组织处理。

持之以恒抓好专项整治。持之以恒强化不作为慢作为等形式主义、官僚主义专项整治，办理涉及履职不到位问题线索3起，给予党纪处分1人，组织处理3人，下达监察建议书3份，通报曝光1起1人。开展“套牌车”专项整治，将全县177辆公车喷涂“公车”标志，有效解决公车私用或使用管理不规范问题。开展“餐饮浪费”专项整治，下发《关于厉行勤俭节约、制止餐饮浪费的告知书》139份，向行业主管部门下发督促函1份，反馈问题9项。强化机关事业单位干部职工个人借款长期不还专项整治监督检查，共排查出37人存在个人借款情况，通过督促，已完成整改。

（三）坚持发现问题与深化整改相结合，坚决整治群众身边的腐败和不正之风。

全力护航脱贫攻坚决胜。强化组织领导，健全纪委监委班子成员联系指导乡镇纪检监察工作机制，围绕“四个不摘”政策落实、扶贫产业项目运营和监管、效益发挥等情况采取专项检查、乡际交叉监督、蹲点监督等方式强化监督，反馈问题173项，提出整改意见建议16条，下达督促整改函6份。查办扶贫问题线索7起，目前已办结5起，给予党纪处分1人，组织处理8人，点名道姓通报曝光1名党员干部、4家单位。

坚决整治民生领域腐败和作风问题。紧盯医保社保、教育卫生、惠民补贴等领域突出问题，对责任落实不到位的6名责任人进行组织处理。持续开展“打伞破网”行动，加大黑恶领域腐败和“保护伞”问题排查力度，健全扫黑除恶监督执纪问责工作机制，办结一起涉嫌降格处理问题线索，组织处理3人。

（四）持续深化政治巡察，提升巡察监督质效。

有序推进政治巡察工作。优化组织架构，参照上级配置，由县委书记担任县委巡察工作领导小组组长，定期听取汇报、研究部署巡察工作。强化巡察监督与其他监督的有效结合，采取向组织、信访、审计等部门发函等方式了解被巡察党组织信息，强化上下联动、信息互通共享，着力提高本级巡察质量。科学制定2020年度巡察工作计划，开展本级巡察3轮，巡察党组织23家，发现问题758项，移交问题线索5起。

高效监督助力发挥巡察利剑成效。夯实整改责任，采取发函、参加组织生活、日常监督等方式督促对被巡视巡察党组织严格落实整改责任。全面梳理九届县委以来历次巡视巡察反馈问题，成立专项监督检查组，对各级党组织历届历次巡视巡察问题整改情况进行全面监督，向26家党组织反馈问题27项，通报曝光落实巡察整改责任不到位的典型案例1起1人。

（五）准确把握职责定位，以高质量监督推进各项决策部署保障执行到位。

忠诚履行协助职责。对应县委2020年度落实主体责任工作要点，结合实际制定监督责任工作要点，细化重点工作任务分解清单，明确责任分工，推动建立权责明确、系统规范的“两个责任清单”体系。用好述责述廉、谈心谈话、“两书”等手段，推动管党治党责任落实到位，全年累计下达督促整改函或提醒函20份、纪律检查建议书1份，监察建议书10份。

做实做细日常监督。强化选人用人监督，制定《墨竹工卡县关于进一步规范党风廉政意见回复工作的规定》，对出具廉政意见的范围、内容以及程序进行规范，全年累计出具廉政意见复函2000余人次（其中涉及换届人选400余人次）。全面把握全县政治生态，分批次高质量完成610名科级干部的廉政档案建档工作，对廉政档案做到专人专柜管理、动态化更新。坚持惩防并举，精准运用“四种形态”处置干部43人次，其中第一种形态30人次、第二种形态5人次、第三种形态3人次、第四种形态5人次。

（六）持续深化体制机制改革，更加高效开展纪检监察工作。

坚持党对纪检监察工作的统一领导。严格执行请示报告制度，主动向县委常委会汇报工作；健全联系指导乡镇工作机制，加强对乡镇纪检监察机关执纪执法、监督监察等方面的指导和监督。进一步深化“三转”，县乡纪委规范清理议事协调机构24个，主动拒绝参加与主责主业无关的议事协调机构。不断吸纳和输出人才资源，在县委的统筹安排下，本年度共提拔或交流纪检干部 7 名。

深化纪法衔接、法法衔接。坚持沟通协作与建章立制相结合，2 次召开反腐败工作协调小组会，围绕疑难复杂案件联合公检法司等部门召开线索研判分析会 2 次，加强反腐败协作沟通；进一步健全反腐败工作机制，更新完善《纪检监察机关与司法机关联系制度》，制定《县委反腐败协调小组议事规则、工作职责及各成员单位职责（试行）》，受理公检法等部门移交的问题线索 13 件，已对 5 人予以党纪处分（其中给予 4 人开除党籍，1 人留党察看），4 人进行组织处理。

（七）加大审查调查力度，巩固拓展反腐败斗争压倒性态势。

始终保持高压态势。加大审查调查分析研判和指导督促力度，常态化开展线索讨论会提升审查调查质效，全年累计召开纪委常委会 29 次，问题线索推进会、交办会 32 次。对线索办理推行“书记主抓”“班子牵头”模式，以书面、口头、会议等形式强化线索督办，着力提升办理质量。全年共受理问题线索 40 件，办结 32 件，立案 15 件（其中 13 件已结案），给予党纪或政务处分 13 人次，组织处理 30 人次。

做实警示治本工作。对处分执行、审查调查质量进行“回头看”，整改做实回访教育工作，采取电话回访和面对面回访相结合方式回访教育 5 人。针对突出问题，向案发单位制发“两书”11 份，到案发单位开展宣讲 3 次，组织相关部门党员干部参观廉政警示教育基地 3 次，观看廉政警示教育片 1 次，利用“廉洁墨竹”平台发布消息 520 余条。

（八）深化机关作风提升，锻造立场坚定、本领高强、担当作为的纪检监察队伍。

深化机关作风建设。响应市纪委“机关作风提升年”活动，制定本级活动方案，自查本级机关岗位风险点、风险等级并完善防控措施。规范开展本级“三会一课”、理论中心组学习、主题党日等活动，着力加强机关党的政治建设，提升干部党性修养和担当意识。

提升履职本领。多样化采取集中学习、科室研讨、交流发言、跟班跟案培训等方式提升纪检监察干部业务本领。灵活采取以乡镇为单位的小班培训模式，将各级新出台的制度法规、规范性文件作为学习重点，充实知识储备。积极选派 44 名县乡纪检干部到本级或上级开展跟案培训或专题培训，提升实战本领。

严格约束言行。强化纪检监察干部队伍建设现状调研，健全内控机制 3 个，指定专人加强对系统内干部的监督，在系统内部定期排查违纪违法线索；健全纪检监察干部廉政档案 51 份，加强对系统内政治生态的全面把控。对抽借调纪检干部采取严格审批程序、定期跟踪等方式加强监督和管理。

过去一年，我县纪检监察工作成效不断巩固深化，全县党内政治生态持续向好，治理效能有效凸显，党员干部干事创业担当意识明显增强，群众的认同感和获得感有效提升。但也存在一些问题：个别党员或公职人员思想有所放松，赌博、信仰宗教、危险驾驶等问题易发多发；少数党组织履行管党治党、全面从严治党责任有所松懈，个别行业部门履行监管职责不到位，漠视侵害群众利益问题屡禁不止；纪检监察系统干部担当意识有待加强，能力不足问题亟待解决，监督和审查调查质量和效率与新时代纪检监察工作需要还有差距。对此，我们要高度重视、对症施策。

二、2021 年主要任务

2021 年是实施“十四五”规划、开启全面建设社会主义现代化国家新征程的开局之年，是中国共产党成立 100 周年和西藏和平解放 70 周年。今年工作的总体要求是：坚持以习近平新时代中国特色社会主义思想为指导，全面贯彻中共十九大和十九届二中、三中、四中、五中全会精神和中央第七次西藏工作座谈会精神，深入学习贯彻十九届中央纪委五次全会和九届自治区党委九次全会精神，学习贯彻九届自治区纪委六次全会和九届市委七次全会精神，按照九届市纪委六次全会和九届县委十一次全会安排部署，增强“四个意识”、坚定“四个自信”、做到“两个维护”，坚持和完善党和国家监督体系，忠诚履行协助职责和监督职责，一体推进“三不”和纪检监察体制改革，推进规范化法治化建设，持续加强干部队伍建设，为新时代党的治藏方略落实落地、"十四五"开好局提供坚强保障，以优异成绩庆祝中国共产党成立100周年和西藏和平解放70周年。

（一）突出政治监督，有力保障党中央决策部署特别是"十四五"规划顺利实施。

学懂弄通做实习近平新时代中国特色社会主义思想。要扎实开展"政治标准要更高、党性要求要更严、组织纪律性要更强"专题教育，以党史教育为主线，认真学习《习近平谈治国理政》等重要读本，做到学深悟透做实，切实增强"两个维护"的政治自觉和思想自觉。要树立新发展格局，用新发展理念思考问题，推动党中央决策部署贯彻落实到纪检监察工作全过程、各方面。

聚焦重点任务做实做细政治监督。要聚焦中共十九届五中全会、中央第七次西藏工作座谈会以及主要领导指示批示精神贯彻落实，围绕"十四五"规划、巩固拓展疫情防控和脱贫攻坚成果、乡村振兴等重点任务强化政治监督，确保步调始终同党中央保持高度一致。要牢牢把握我区反分裂斗争形势，督促各级党组织严格落实区市党委关于反分裂斗争各项安排部署，督促党员领导干部带头提高政治敏锐性，深入调查研究、加强思想引导，着力淡化宗教消极影响，筑牢民族团结意识。要严明政治纪律和政治规矩，毫不放松加强政治纪律教育，深化开展党员信仰宗教和参与宗教活动问题监督检查，严肃查处违反政治纪律问题，确保我县长治久安。

（二）标本兼治，一体推进不敢腐、不能腐、不想腐。

以零容忍的态度持续强化反腐警示震慑。要加大巡视巡察反馈问题整改，通过定期督办、线索查处等方式限期办结，确保件件有着落、事事有结果。要聚焦重点领域、关键岗位、关键少数，围绕政治问题和经济问题交织的腐败案件，紧盯"十四五"规划政策支持力度大、资源资金投资密集、权力集中的领域和环节，严肃查处基础设施建设、项目审批、公共资源交易、金融领域、政法领域等腐败问题，严肃查处监督监察对象违规经商办企业、投资入股、在项目等审批环节行贿受贿、搞权钱交易等问题。

以彻底整改的决心深化以案促改。要深刻剖析在监督检查、审查调查中发现的突出问题、暴露出的薄弱环节，深挖问题根源，健全体制机制。要围绕易发多发问题，强化责任传导，督促相关部门查漏补缺、强化建章立制。要做实做细以案促改，将警示教育震慑作用入脑入心，督促党员干部知敬畏、守底线。

（三）持之以恒深化作风建设，营造风清气正氛围。

精准施治，狠刹作风建设不正之风。要督促党组织发挥作风建设主体责任，加大公车私用、违规收受礼品礼金、违规发放津补贴、大操大办、违规公款消费等问题排查力度。要督促监督监察对象忠诚履职，严肃查处在执行决策部署中讲特殊、打折扣、搞变通行为，坚决整治作风漂浮、搞"面子工程""政绩工程"甚至出现不担当不作为、慢作为、乱作为等突出问题。要在专项整治上持续发力，继续深化开展会风会纪、长期借用公款、违规占用周转房、漠视侵害群众利益以及餐饮浪费等专项治理。要健全作风建设长效机制，对违反中央八项规定精神突出问题继续强化通报曝光和分析研判，健全预防和警示机制，让求真务实、清正廉洁的思想深入每一名党员和公职人员心中。

严格家风，管好身边人。要督促组织、宣传等部门将党员干部家风建设纳入党内组织生活、理论中心组及政治培训班重要内容，督促其自觉加强家风建设。要有效开展家访，深入了解党员干部配偶、子女及其配偶、近亲属具体情况，杜绝出现身边人违规经商办企业、违规兼职等情况。

（四）坚守民本理念，持续整治群众身边腐败和不正之风。

巩固拓展脱贫攻坚成效。要围绕各级党委惠民富民、促进共同富裕政策落实及"四个不摘"等政策执行情况深化监督，强化对各项监督检查、巡视巡察反馈问题整改情况的跟踪督促，加大对涉农补助资金发放与使用、涉农物资保障供应、涉农项目管理和效益发挥等监督检查，推动巩固全面脱贫成果，深化乡村振兴。

整治民生领域漠视侵害群众利益突出问题。要紧盯教育医疗、就业创业、养老社保、生态环境、食品药品、执法司法等领域腐败和作风问题，严肃查处贪污挪用、截留私分、吃拿卡要、优亲厚友等突出问题，严肃查处在解决群众诉求时敷衍应付、门好进事难办等不正风气，真正将解决群众诉求放在心里、落实在行动上。要持续深化整治黑恶领域“保护伞”问题，深入重点领域、重点部位开展线索排查，定期开展线索倒查，对“保护伞”问题一查到底、严肃问责。

（五）持续开展政治巡察，深化利剑成效。

坚守政治巡察定位。要严格贯彻中央巡视工作方针，制定本级巡察5年工作规划，围绕“三个聚焦”，开展好常规巡察、专项巡察，高质量推进巡察全覆盖。要注重巡察人才培养，积极吸纳优秀人才资源充实巡察组长库、人才库。要以“巡乡带村”模式推动巡察工作向村级组织延伸，推动解决基层党组织建设中突出问题。要进一步健全巡察线索移交等相关工作机制，确保问题及时高效整改、线索快速移交查办。

强化成果利用。要健全巡察机构与组织部门、纪检监察机构监督整改协作联动机制，构建信息共享、协同高效的工作格局。要压紧压实巡视巡察整改主体责任，将整改情况纳入日常监督重点，落实好巡察“后半篇文章”，常态化开展巡察整改“回头看”，强化分析研判，深化巡察成果利用。

（六）贯通融合监督力量，充分发挥监督治理效能。

压紧压实责任。要抓好党委在政策落实中的主体责任和党政一把手第一责任人责任，要协助同级党委加强对各类监督力量的领导和指导，健全沟通协作机制，推动主体责任、监督责任、协助职责顺畅有效贯通。要抓牢“关键少数”履职，着力在同级监督上发力，采取县纪委书记定期与基层党委书记谈话、听取履职情况汇报等方式，强化对基层党组织一把手的监督；采取督促县级领导抓分管部门党风廉政建设、抓巡视巡察反馈整改等方式引导同级党委班子主动接受监督。

做深做实日常监督。要坚持党内监督在各类监督中的主导作用，健全线索移送、资源共享、督促整改等机制，推动纪律监督、监察监督及巡察监督贯通协同，促进党内监督与人大监督、民主监督、司法监督等协调融合。要将换届监督作为重点，吃透各级党委关于换届工作部署要求，客观全面出具廉政意见回复；主动加强执行换届纪律情况监督，对拉票贿选、跑官要官、突击提拔、带病提拔等问题从严查处。

深化运用“四种形态”。要从纪法角度全面精准把握政策策略，确保依纪依法科学审慎处置线索，注重纪法情理贯通融合，客观区分故意和过失、因私和因公、违规和试错。要将红脸出汗作为常态，将监督提醒挺在前面，规范高效开展政治生态分析研判。要宽严相济、激励约束并举，对被问责和受处分干部要强化回访教育、思想引导，对受到诬告陷害干部要及时澄清正名。

（七）深化纪检监察体制改革，推动实现党内监督和国家监察全覆盖。

深化体制机制改革。要探索开展派驻机构改革，积极借鉴其他县区派驻机构在监督监察、审查调查以及领导机制、工作机制等方面有效做法，响应上级纪委要求有序推进本级派驻机构改革。要健全完善对寺管会的监督机制，进一步明确监督范围、职责权限、监督方式等。要完善基层纪检监察机构设置，在上级纪委监委的指导下深化县纪委监委内设机构改革。

推进规范化法治化建设。要严格执行监督执纪工作规则和监督执法工作规定，结合要求细化工作流程，健全工作机制，确保纪检监察工作顺畅高效开展。要持续深化“三转”，加强对下级纪检监察机关监督监察、审查调查等环节的指导和把关，督促其依纪依法严格履职。要严格落实上级纪委监委工作要求，稳妥有序开展监委向同级人大常委会报告专项工作。

（八）持续加强自身建设，着力打造高素质专业化纪检监察铁军。

加强政治锤炼和业务提升。要充分发挥纪委常委会主体责任，配强配优本级和下级纪检监察力量，选拔一批政治过硬、业务能力突出、忠诚干净担当的优秀人才进入本系统。要充分发挥党建示范引领作用，常态化开展政治教育，提升纪检监察干部政治领悟力、判断力和执行力。要有针对性开展培训，着力从提升监督发现问题能力、提升审查调查和审理水平方面发力，注重业务理论和实战训练相结合。

自觉接受最严格的约束和监督。要健全纪检监察机关内部权力运行和管理监督机制，确保依纪依法安全文明办案。要严肃查处纪检监察干部在执纪执法中违规违纪违法问题，坚决防止家人、亲属利用纪检监察干部影响力谋取私利，坚决清除内部人员立场摇摆不定、以权谋私、不担当不作为等问题，真正做到自身过硬。

一年春作首、万事行为先。同志们，新时代赋予我们新的使命，让我们更加紧密地团结在以习近平同志为核心的党中央周围，在上级纪委监委和县委的坚强有力领导下，牢记使命、锐意进取，坚定政治方向、保持政治定力，以系统施治、标本兼治的理念持续正风肃纪反腐，切实发挥好全面从严治党引领保障作用，以党风廉政建设和反腐败斗争优异成绩庆祝建党100周年和西藏和平解放70周年。

墨竹工卡县人民法院工作报告

——在墨竹工卡县第十三届人民代表大会第六次会议上

墨竹工卡县人民法院院长 索朗多吉

（2021 年 1 月 5 日）

2020 年工作回顾

2020 年，墨竹法院在县委的坚强领导、人大的有力监督、上级法院的正确指导和政府、政协及社会各界的大力支持下，坚持以习近平新时代中国特色社会主义思想为指导，全面贯彻中共十九大和十九届二中、三中、四中、五中全会精神、中央第七次西藏工作座谈会、中央政法工作会议精神，按照自治区党委九届八次全会，拉萨市委九届六次全会、墨竹县委九届十次会议和上级法院部署，紧紧围绕“努力让人民群众在每一个司法案件中感受到公平正义”目标，坚持服务大局、司法为民、公正司法，努力克服新冠疫情带来的影响，全面落实“六稳”“六保”[①]工作任务，忠实履行宪法法律赋予的职责，充分发挥审判职能作用，推动整体工作取得新进展，为墨竹工卡县统筹推进疫情防控和经济社会发展工作、完成决胜脱贫攻坚目标任务、全面建成小康社会提供了有力司法保障。

一、以党建带队建，提高队伍政治素质

一是坚持党对法院工作的绝对领导。严格执行政法机关党组织向党委请示报告重大事项规定，今年我院先后向县委汇报工作 11 次；积极配合九届墨竹县委第六轮交叉巡察组进驻巡察工作，对巡察组提出的即知即改意见、反馈意见均已制定整改措施且整改完毕。二是以党风廉政建设促司法廉洁。结合“不忘初心、牢记使命”“两学一做”“全面加强政治建警，打造过硬法院队伍”“两教育一整治”[②]相关工作要求，认真贯彻落实中央八项规定精神，驰而不息纠正“四风”，坚持把纪律规矩挺在前面。院廉政监督员协助院党组全面摸排了院内外部人员干预过问案件、干警违纪违法接受处理、干警近亲属从事律师执业、执行任职回避制度等情况，经摸排，全院干警没有出现任何违反法律法规、违反廉洁纪律及任职回避的问题。三是选派干警参加培训强化队伍综合素质。2020 年先后选派 24 名干警参加上级法院、党校组织的各类培训 18 次。通过以上措施全院干警“四个意识”进一步树牢、“四个自信”更加坚定，“两个维护”更加自觉。

二、扎实履行审判执行职责，提升服务保障大局能力

2020 年，墨竹法院共受理案件 670 件，审执结 601 件，结案率 89.7%，结案率稳居全市前列，法官人均办理案件约 75 件，案件平均审理天数约 45 天。

依法妥善审理民商事案件。今年共受理民事案件 329 件（含旧存 6 件），审结 292 件，结案率 88.75%，调解撤诉 199 件，调撤率达 66.44%。依托“妇女儿童维权合议庭”，审结 33 件离婚、抚养等家事案件，其中调解撤诉 27 件，家事案件的调撤率达 82%。在审理 109 件双拖欠系列案的过程中，办案法官通过互联网法庭开庭、线上调解的方式，促使 91 件系列案调解结案，撤诉 1 件，并依职权进行了财产保全，截至目前已执行到位涉案标的 147 万余元，该系列案件的高效化解，得到了涉案当事人一致“点赞”。

依法打击刑事犯罪。受理各类刑事案件22件，审结21件，结案率95.5%，服判息诉率达100%。主要为危险驾驶罪、盗窃罪、容留卖淫罪和赌博罪。为深入贯彻落实“以审判为中心的刑事诉讼制度改革”精神，制定并落实《关于墨竹工卡县人民法院加强法律援助工作的意见》，认罪认罚程序审理案件19件，且认罪认罚案件实现了辩护律师全覆盖，21件审结案件判处罚金10.35万元，已缴纳罚金4万元。

深入开展扫黑除恶专项斗争。一是做好了扫黑除恶台账梳理汇总工作，整理相关工作台账19册；二是加强对扫黑除恶相关文件和会议精神的学习力度，自扫黑除恶开展以来共组织专题学习20余次；三是对中央扫黑除恶第13督导组反馈的问题，院主要领导狠抓落实，确保整改到位。同时本院还常态化开展扫黑除恶专项斗争宣传工作，在县七乡一镇共开展扫黑除恶专题法宣31次，悬挂宣传横幅17幅，放置宣传展板10个，发放宣传资料3700多份，受教育群众2.6万余人，为提高群众参与积极性，本院定制了扫黑除恶主题小礼品在法宣时予以发放。此外，按照“清到底、清干净”的要求，本院深入开展“六清”[3]行动，通过翻阅卷宗、实地走访的方式对2017年至今审理的共计1526件案件、县七乡一镇涉恶线索进行摸排，尚未发现涉黑涉恶线索。

巩固“基本解决执行难”成果。今年，我院共受理各类执行案件319件（含旧存11件），已结288件（含非诉保全审查4件），结案率达90.06%，如期完成了“三个90%”[4]的核心指标。建立“执行＋保全”新模式。今年司法救助案件3件，发放国家司法救助资金12.85万元，非诉保全审查4件，诉中保全105件，保全率为46.38%，推动执行指挥中心实体化运行，构建繁简分流、集约执行的办案机制。发布失信被执行人30人次，限制高消费32人次，申请公安布控21人，10名被执行人因拒执被罚款2.55万元。

三、主动延伸司法服务，积极参与社会综合治理

强化立案司法服务职能。今年立案庭收案670件，当场立案670件，当场立案率100%，其中包含网上立案17件，跨域立案5件，邮寄立案18件。通过12368服务热线为群众提供法律咨询180人次。通过立案阶段调解，达成调解及撤诉38件。我院从各乡镇选任了51名人民调解员，并将人员信息录入法院调解平台，通过该平台成功调解一起纠纷。使用科技法庭开庭111次，互联网远程、微信调解106件，占比全院案件的32.3%。

落实“谁执法谁普法”工作部署。根据年初制定的法宣工作方案，结合人大代表、政协委员、乡镇及学校法宣意见建议，制定法宣手册及传单，投入资金5万元。现我院已完成了对27个行政村、8个中小学、5个寺庙、1家矿企的法制宣传，在完成既定法宣计划的同时，协同县政法委、宣传部开展集中法宣10次，2020年法宣共发放藏汉双语宣传资料5万余份，受教育群众4万余人。依托车载流动法庭，开展巡回办案、巡回法宣110次，行程16270公里。建立了院领导兼任法制副校长、联系寺庙机制。一名院领导兼任县中学法制副校长，两名院领导联系曲龙寺和德仲寺。为促进行政机关依法行政，向有关部门提出6条司法建议。

扎实开展维稳工作。积极参与县内各卡点疫情防控值班工作，抽调5名党员参与拉萨市塔玛村疫情防控工作组工作40天，累计共派警力800余人次，全院干警为疫情防控捐款共计1.51万元。选派2名干警入驻尼玛江热乡宗雪村，全力协助乡党委、政府及村两委开展工作。全院33名干警与36户贫困户开展结对帮扶，按季度对结对群众开展入户调研、开展宣讲工作，撰写民情日记，干警自筹资金发放价值1.08万元的慰问物资。

规范司法树公信。依托“三评查”活动，审查裁判文书27份，评查人次57人次，庭审评查1次，评查案件卷宗275件。为推动信息技术与法院工作融合互促，通过电子卷宗深度应用平台，立案回填操作81件、全案回填操作2件、制式文书系统使用23次、文书智能编写裁判文书129份。积极推进裁判文书上网工作，在“中国裁判文书网”上公开裁判文书813份，公开文书511件、公开信息306件、公开案件流程684件、上网率90.17%。在中国庭审直播网直播案件111件，全面完成电子卷宗随案

同步生成650件。邀请人民陪审员参审案件32件37人次，邀请县人大代表、政协委员来院视察工作1次8人、旁听案件1次2人，列席法院会议3次6人、见证执行2次4人，主动向县人大汇报工作4次，向县政协汇报工作1次，接受上级法院司法巡查、审务督察1次，接受各类调研考察6次。

四、实施两轮驱动，增强内生动力

不断深化综合配套改革。2020年我院完成3名法官晋升、2名法官择优选升、3名法官助理入额遴选报名、资格审查、业绩考核、考察等前期工作。经县委县政府批准，招录了4名聘用制书记员。一年来，院庭长共办理案件624件，院庭长办案率达93.1%。速裁团队受理案件161件，结案132件，速裁团队审理案件占全院民事案件数的48.9%。

夯实基础强保障。在上级法院、对口援助法院和县委县政府的大力支持下，我院完成了维稳执勤房、行李安检通道、院大门改造、生活区绿化、停车场、篮球场等项目建设。工卡镇、日多乡派出法庭正在进行附属设施建设。诉讼服务中心建设项目已与市中院和县发改委对接，正在做项目前期工作。

在总结成绩的同时，我们也看到存在的问题和不足：一是派出法庭各项保障措施有待跟进；二是一站式多元解纷和诉讼服务中心建设工作有待加强。对此，我们将紧紧依靠党委领导、政府支持，依靠人民群众，认真研究，狠抓落实，争取各方支持，尽最大努力加以完善和解决。

2021年工作计划

2021年是建党100周年，是“十四五”规划的开局之年，也是西藏和平解放70周年。墨竹法院将以习近平新时代中国特色社会主义思想为指导，以中共十九大和十九届五中全会精神为统领，深入贯彻中央全面依法治国工作会议、中央第七次西藏工作座谈会精神，认真落实本次会议决议，以服务大局和提高人民满意度为己任，坚持党对司法工作的绝对领导，坚持稳中求进工作总基调，充分履行职责，依法维护经济发展和社会稳定大局。

坚定不移加强政治建设。把学习习近平新时代中国特色社会主义思想、十九届五中全会、中央第七次西藏工作座谈会会议精神作为首要政治任务，推动学习继续走深走实。把坚持党的领导作为法院工作的根本遵循，积极践行“两个维护”，把提升我院党建工作水平作为有力抓手，不断增强党建引领力。

继续抓好疫情防控工作。充分认识新冠肺炎疫情的新形势、新情况，坚决打消麻痹思想和侥幸心理。严格外出办案审批报备程序，有效减少人员流动和避免交叉感染风险。积极引导人民群众通过信息化方式进行诉访活动，为疫情防控工作创造更好的社会环境。继续做好内外防疫工作，以实际行动巩固疫情防控成效。

坚持不懈抓好执法办案。以提升案件质效为落脚点，加大案件办理力度，进一步提升案件质效。建立长效机制，强化院庭长监督管理职责，确保司法责任制落到实处。加强审判管理工作，严格把控案件各个环节。

推进“两个一站式”⑤建设。完善诉讼服务中心项目建设，确保在基本功能、硬件建设上达到建设要求。优化诉讼服务中心窗口设置，明确人员岗位职责，确保各项工作不脱节。完善机制建设，推动诉讼服务中心高效有序运行，切实为审判执行提供坚实保障。

强化法庭规范化建设。加强对直孔法庭的主体功能改造，进一步夯实法庭审判基础，满足审判工作需求。优化派出法庭人、财、物配备，拓宽流动法庭功能，将巡回办案与纠纷调处、法制宣传相结合，注重从源头上化解基层矛盾，充分发挥法庭在乡镇综合治理中的职能作用。

各位代表，墨竹法院将在县委坚强领导、人大有力监督、政府大力支持、社会各界关心下，不忘初心、牢记使命，锐意进取，忠诚履职，服务墨竹发展稳定大局，维护社会公平正义，为全面建设团结富裕文明和谐美丽的新墨竹提供更加有力的司法保障。

名词解释

①“六稳”“六保”：“六稳”是指稳就业、稳金

融、稳外贸、稳外资、稳投资、稳预期。“六保”是指保居民就业、保基本民生、保市场主体、保粮食能源安全、保产业链供应链稳定、保基层运转。

②“两教育一整治”:“两教育”是指“两个坚持”专题教育(“坚持党对司法工作的绝对领导、坚持中国特色社会主义法治道路”)和“三个以案”警示教育(“以案示警、以案为戒、以案促改”)。“一整治”指防止干预司法“三个规定”(《领导干部干预司法活动、插手具体案件处理的记录、通报和责任追究规定》《司法机关内部人员过问案件的记录和责任追究规定》《关于进一步规范司法人员与当事人、律师、特殊关系人、中介组织接触交往行为的若干规定》)落实情况专项整治。

③“六清”:一是“线索清仓”,二是“逃犯清零”,三是“案件清结”,四是“伞网清除”,五是“黑财清底”,六是“行业清源”。

④“三个90%”:是指一是要求无财产可供执行案件的办理合格率不低于90%,二是要求有财产可执行案件在法定期限内实际执结率不低于90%,三是要求执行信访的办结率不低于90%。

⑤“两个一站式”:是指“一站式多元解纷机制”和“一站式诉讼服务中心”。

墨竹工卡县人民检察院工作报告

——在墨竹工卡县第十三届人民代表大会第六次会议上

墨竹工卡县人民检察院代理检察长　卢　刚

（2021 年 1 月 7 日）

2020 年工作回顾

2020 年，我院在县委和市检察院的坚强领导下，在县人大及其常委会的有力监督下，在县政府、县政协和社会各界的大力支持下，以习近平新时代中国特色社会主义思想为指导，全面学习贯彻中共十九大和十九届二中、三中、四中、五中全会精神及中央第七次西藏工作座谈会精神，认真落实县第十三届人民代表大会第五次会议决议，立足全县人民群众对民主、法治、公平、正义、安全、环境等方面的新要求，恪守检察初心，忠诚履行职责，各项检察工作稳步向前。

一、旗帜鲜明讲政治，夯实检察工作发展根基

我们始终把党的政治建设摆在首位，坚持党对检察工作的绝对领导，全面推进“不忘初心、牢记使命”主题教育制度化常态化，着力增强“四个意识”、坚定“四个自信”、做到“两个维护”，确保检察工作的正确政治方向。

牢牢把握意识形态领域主动权。以强化政治理论学习为突破，将学习贯彻习近平新时代中国特色社会主义思想特别是习近平法治思想作为首要政治任务，依托党组理论中心组学习、党支部“三会一课”等基本制度，把意识形态工作融入日常、抓在经常。组织院党组学习 42 次，开展主题党日活动 12 次，发放学习书籍 182 册，党员干警撰写心得体会 30 余篇，达到了相互启发、共同提高的预期效果。

始终坚持请示报告制度。严格贯彻落实《中国共产党政法工作条例》，主动向县委和市检察院党组报告工作，自觉做到重大事项一事一报、及时上报，全年就依法履职、司法改革等方面的重点工作向县委、市检察院请示报告工作 10 次，确保了检察工作始终服从服务于全县经济社会发展大局和全市检察工作大局。

压实管党治党的主体责任。严格贯彻落实《中国共产党党组工作条例》，发挥党组把方向、管大局、保落实的政治领导作用，凡涉及“三重一大”等事项，均提交党组研究，并严格按照民主集中制原则集体决定。全年召开 29 次党组会审议重大事项 44 项。以“三个规定”及重大事项记录报告制度落实为契机，强化党风廉政建设，填报记录报告表 96 份，党组专题研究党风廉政建设工作 2 次，对班子成员和关键岗位廉政谈话 27 次，确保了全年无违纪违法问题发生。

二、主动作为顾大局，为县域经济社会发展贡献检察力量

我们紧紧围绕县委、县政府的重大决策与部署，充分发挥检察职能作用，为县域经济的发展提供强有力的司法保障。

在依法战役中坚守初心与使命。组织 9 名党员干部深入社区、交通检查站参与一线联防联控，并突出维护防疫秩序和市场经济秩序，不定期走访检查辖区内的门诊、药店和农贸市场，重点打击在疫情防控期间哄抬物价等违法犯罪行为。同时，通过网络、“12309”热线等平台，耐心细致地做好人民

群众的诉求解答工作，当好群众的“贴心人”。

检察护航“绿水青山”。以习近平生态文明思想为根本遵循，奋力推进生态环境检察工作，助力打好污染防治攻坚战。办理生态环境和资源保护领域诉前程序案件9件，发出9份诉前检察建议，督促恢复被损毁林地69.2亩，治理被污染水源3亩，督促推进“禁白”工作，监督环保部门暂扣一次性塑料袋3公斤左右，清理垃圾166车。

检察护航食品药品安全。坚持以办案护民生，着力解决好人民群众的操心事、揪心事、烦心事，持续打好墨竹“舌尖保卫战”。发出食品药品安全领域行政诉前检察建议2件，督促3家实体餐饮店持证经营，责令网络餐饮第三方服务平台“美团”上入驻的4家商户依法公示相关证件，切实增强人民群众的获得感、幸福感和安全感。

检察护航未成年健康成长。持续推进高检院“一号检察建议”落实，由检察长担任县中学法治副校长，开展法治进校园活动8次，覆盖学生800余人，开展心理辅导讲座1次，实地走访调研5次，开展校舍安全检查2次，开展校园周边环境整治工作6次，向拉萨市人民检察院移交公益诉讼等外领域线索1件，为1名因案陷入困境的未成年人争取到民政救助金1万元，制作“关爱联系卡”600张和宣传海报60张。

“检察蓝”助力脱贫攻坚。紧紧围绕脱贫攻坚工作大局，选派2名干警前往加尔多村参与驻村帮扶工作，20名党员干部与21户群众结对，慰问贫困户和学生8次，发放慰问金、慰问品共计1万余元；开展中共十九大精神宣讲活动8场次，采取以案释法法治宣讲活动4次，入户宣讲十九大精神和各项惠民政策达200余户900余人，开展“四讲四爱”宣讲活动18场次，排查矛盾纠纷60余次，妥善处理了加尔多村与格桑村放牧草地界线纠纷。同时，坚持“扶危济困、救急救困”的工作模式，将国家司法救助融入脱贫攻坚工作，主动对1名刑事案件被害人启动司法救助程序，向其发放救助金5000元。

三、忠实履职担责任，努力办好人民群众身边的“小案”

我们坚持以人民为中心，把人民群众满不满意高不高兴作为检察工作的根本出发点和落脚点，努力提供更加优质更加高效的检察产品。

坚持宽严相济的刑事司法政策。认真履行批捕、起诉职责，依法惩治犯罪。全年受理提请批准逮捕的各类刑事案件18件28人，案件数同比上升5.9%，人数同比上升33.3%；受理移送审查起诉案件31件44人，案件数同比上升33.3%，人数同比上升63%，已办理的审查起诉案件中，适用认罪认罚从宽制度审结24人，占同期审查起诉案件审结人数的80%。准确适用认罪认罚从宽制度，提出量刑建议24人，其中确定量刑建议24人，占提出总数的100%；法院采纳24人，占同期提出量刑建议数的100%。

依法妥善办理群众信访案件。推进涉法涉诉信访工作机制改革，积极引导当事人依法维权，努力践行“民有所呼，我有所应；民有所需，我有所为”的亲民理念。全年办理群众来信来访3件，均在7日内告知“收到了、谁在办”；3个月内办理过程或结果答复率达到100%，做到件件回复不打折扣。

积极开展法治宣传教育工作。按照“谁执法、谁普法”要求，持续做好法治宣传全覆盖，全力满足新时期人民群众对法治产品的新期待。开展法治宣传教育活动102次，散发宣传资料3000余份，宣传制品900余份。

深化扫黑除恶专项斗争。我院认真落实中央、自治区、市、县扫黑办的部署要求，扛起政治责任，履职尽责，采取集中式、拉网式、滚动式摸排方式，拓展问题收集渠道，开展涉黑涉恶线索排查工作12次，完善分类台账21类，对扫黑除恶专项斗争最新动态进行实时宣传活动22次。同时，自查2016年以来本院案件办理、人员配置、工作开展、档案资料收集等方面的工作是否细化、档案化，全面整改1次。

四、依法履行诉讼监督职责，维护社会公平正义

我们把“努力让人民群众在每一个司法案件中都感受到公平正义”作为价值追求，加强对执法不严、司法不公等问题的监督，着力保障社会公正，促进法治墨竹建设。

优化刑事执行检察监督。为突出社区矫正监督实效，抓好关键环节和关键人员的检察监督工

作，我院干警深入全县各乡镇司法所进行督导检查，对社区矫正中可能存在的安全隐患进行全面排查，尤其是在疫情期间深入了解社区矫正人员的思想状况和身体情况，共开展社区矫正专项检察监督10次，口头提出纠正整改意见8条。目前，辖区内社区矫正人员共有13人，依法解除社区矫正人员11人，变更至城关区执行1人。

着力推动民事检察监督。对民事执行活动开展监督3次，对“郑某某申请拉萨市某科技有限公司案”等共9件执行类案件进行监督，监督发放执行款137万余元，未发现执行违法情形。并根据最高检“二号检察建议”精神，对公告送达开展专项监督检察，调阅2019年以来民事公告送达的案卷6份，其中发现3起民事案件公告送达不规范，针对上述情况已制发检察建议，以监督法院规范公告送达环节，全力保障当事人诉讼权利。

五、落实检察改革新部署，推进司法能力和公信力建设

以“案－件比”指标引领办案质效提升。为更好提升案件质量和检察机关执法形象及司法公信力，我院积极运用“案－件比”作为评估办案质效的重要指针，通过规范办案程序、提升办案能力、加强办案管理机制等多项措施，努力降低“案－件比”。2020年刑事案件“案－件比”为1 ∶ 1.58，较去年下降23%，借此不断督促主要领导和业务部门及时调整工作规划与重点，将降低“案－件比”转化为提高自身履职能力的内在要求。

以公开促公正提升司法透明度。为深化履行法律监督职责，增强办理各类案件的透明度，切实促进以“看得见”的方式实现司法公正，县人民检察院召开公益诉讼监督公开听证会1次，召开未成年人旦某相对不起诉不公开听证会1次，让涉案人员及相关代表切实感受到检察机关对案件的重视、认真，感受到司法的公正与温度，让公平正义可触可感可信。

六、狠抓自身建设，着力提升检察履职能力

坚持围绕“四个铁一般”要求，着力推进队伍正规化、专业化、职业化建设。

持续加强素质强检。突出实战、实用、实效，分层分类专项业务、岗位技能培训，每两周由1名检察官进行授课，举办法治宣讲能力业务技能竞赛1次，选派1名检察官参加拉萨市优秀公诉人辩论赛，选派4名干警前往林芝地区学习借鉴兄弟县院的先进经验。同时，坚持内部培训与外部培训相结合，副科级以上干部、入党积极分子、预备党员共计17人，分6批次到县委党校参加党员政治教育培训班学习。

自觉接受履职制约和舆论监督。发挥检察长、检察委员会对案件的把关作用，建立健全案件质量评查、个案审查、流程监控等制度，对52件案件进行流程监控，对49件案件开展质量评查，在“两微一端”上发布检察信息247条，运用多媒体发布案件程序性信息64条，终结性法律文书38份，举办“检察开放日”活动4次，邀请人大代表来院指导4次。

各位代表，过去一年检察工作取得的成绩，是县委和市检察院正确领导的结果，是县人大及其常委会有力监督和政府、政协大力支持的结果，是社会各界和广大人民群众关心帮助的结果。在此，我代表县检察院全体干警，表示衷心的感谢。

回顾过去的一年，我们也深切感受到，检察工作中存在一些短板与不足：一是对新发展理念研究还不够深入，精准对接大局、精准服务大局的能力有待提升；二是法律监督工作发展不平衡、不充分，在监督方式和效果上还有待进一步改进；三是干警教育培训中还存在薄弱环节，正规化、专业化、职业化队伍建设有待进一步提高。对于这些短板与不足，我们将紧盯不放，下大力气加以整改和改进。

2021年工作思路

2021年，我院将以习近平新时代中国特色社会主义思想特别是习近平法治思想为指导，认真贯彻落实中共十九大和十九届二中、三中、四中、五中全会精神以及中央第七次西藏工作座谈会精神，严格执行县委和市检察院的各项决策部署，以维护社会大局稳定、促进社会公平正义、保障人民安居乐业为主线，忠实履行宪法法律赋予的职责，为开创新

时代经济强县、美丽墨竹新局面，贡献法治力量和检察智慧。

一、围绕“党建＋检察”，努力提质增效

认真贯彻新时代党的建设总要求，丰富党建活动内容载体，努力使党建“活”起来，业务“兴”起来。结合内设机构改革，由部门负责人和业务骨干兼任党务干部，既明确业务目标，又落实意识形态、党风廉政建设等全面从严治党方面的职责，并把检察工作任务的完成落实作为检察机关党建工作成效的根本标准，深化党建与检察业务融合发展的“一体化”考核，倒逼班子成员和部门负责人两项工作一起抓、两项成果一起要。

二、围绕大局抓落实，努力实现新作为

紧扣县委和市检察院决策部署，坚决贯彻本次会议决议精神，围绕“六稳”“六保”，积极作为，精准服务。在防范化解重大风险方面，持续关注涉众、涉企和涉金融风险型案件，完善多元化纠纷解决体系，切实保障人民群众人身和财产安全；落实“谁执法谁普法”，打造检察版“枫桥经验”。在污染防治方面，强化生态检察，推动环境治理、生态修复；在巩固脱贫攻坚成效方面，积极推动司法救助与精准脱贫衔接，防止涉案人员因案返贫、因案致贫，体现检察人文关怀。

三、围绕改革抓监督，努力实现新成效

更加注重法律监督的全面发展，以推进民法典的贯彻实施为着力点，准确界定罪与非罪的界限，全面整改履职不全面不均衡不充分问题。围绕县委、县政府关注的重大问题开展公益诉讼工作，加强与行政机关的沟通协调，在共同解决问题中实现“双赢共赢多赢”，为我县建设“平安墨竹、幸福墨竹”保驾护航。

四、围绕改革抓创新，努力实现新发展

在完成检察机构内设机构改革任务的基础上，坚持“一类事项原则上由一个部门负责”“一个案件由一个办案组或一个独任检察官负责到底”的原则，健全与检察权运行、司法办案、工作督导等方面相适应的新型监督管理机制。加快推进智慧检务新工程，推动大数据、人工智能等科技创新成果同检察工作的深度融合。

五、围绕提升抓队伍，努力实现新气象

持之以恒抓好检察机关思想政治建设和意识形态工作，发挥党建的引领凝聚作用，自觉对标对表“四个铁一般”和政法队伍教育整顿工作的要求，坚持问题导向，根据检察改革对办案工作带来的新变化，全面梳理和完善权力、任务、负面和绩效四张清单；深化检务公开，主动接受人大、政协和社会各界监督，不断督促干警知敬畏、存戒惧、守底线，进一步提升公正司法良好形象。

各位代表，美好蓝图已绘就，聚力奋进正当时。在充满机遇和挑战的2021年，我们将更加紧密团结在以习近平同志为核心的党中央周围，认真落实本次会议的决议要求，保持定力，奋发有为，努力为“十四五”规划开好局、起好步提供坚实的法治保障。

墨竹工卡县2020年国民经济和社会发展计划执行情况与2021年国民经济和社会发展计划报告

——在墨竹工卡县第十三届人民代表大会第六次会议上

墨竹工卡县发展和改革委员会

（2021年1月6日）

一、2020年国民经济和社会发展计划执行情况

2020年，在县委、县政府坚强领导下，在县人大依法监督和县政协民主监督下，面对复杂多变的经济环境和艰巨繁重的改革发展稳定任务，特别是面对新冠肺炎疫情的严重冲击，全县上下坚持以习近平新时代中国特色社会主义思想为指导，深入贯彻落实中共十九大和十九届二中、三中、四中、五中全会精神，贯彻落实中央第七次西藏工作座谈会精神，以供给侧结构性改革为主线，以高质量发展为主题，坚持新发展理念，统筹推进疫情防控常态化与经济社会发展，扎实做好“六稳”工作、全面落实“六保”任务，保持战略定力，精心谋划部署，果断采取行动，付出艰苦努力，全县经济实力和人民生活水平再次迈上新的台阶，全面建成小康社会胜利在望。

2020年，完成地区生产总值39.25亿元，同比增长7.4%，其中一产完成3.55亿元，同比增长0.8%，二产完成28.85亿元，同比增长12.9%，三产完成6.85亿元，同比下降1.3%；全社会固定资产投资同比下降30.91%；规模以上工业增加值同比增长19%；社会消费品零售总额完成5.05亿元，同比下降5.9%；一般公共预算收入完成5.85亿元，同比增长67%；农村居民人均可支配收入实现18187元，同比增长12.6%。

过去一年，我们勠力同心、攻坚克难，主要推动了以下五个方面的工作，并取得了良好的成绩。

（一）稳定投资，促进发展，经济运行保持平稳增长。持续扩大有效投资。落实中央直达资金2.5亿元，其中抗疫特别国债1亿元。省道507、措门线改造项目建成通车，国道349、“美丽乡村·幸福家园”、“溪桥工程”、棚户区基础设施改造、塔巴产业园区地质灾害治理等一批重点项目顺利推进，民间投资较去年增长80%以上。大力培育市场主体。着力加大招商引资，招商引资项目46个，累计到位资金55.23亿元，较去年增长5倍。新增各类市场主体551户，县城综合商场实现市场化运营。着力促进消费经济。组织辖区企业参加区内外各类消费展销活动，重点聚焦消费扶贫，在南京设立首个“格桑花开·高原直播间”，推销扶贫产品431.5万元，设立南京墨竹净土产品展销中心，围绕旅游推介发放墨竹游探亲证6000余本。

（二）统筹兼顾，协同推进，疫情防控和三大攻坚战取得阶段胜利。疫情防控扎实有效。坚持把人民生命安全和身体健康摆在第一位，全面落实疫情防控专项经费450万元，向湖北捐款234.99万元、捐赠物资43.98万元。投入477.28万元储备秋冬

季疫情防控物资，投入 1140 万元购买呼吸机和 DR 设备，PCR 实验室建成使用，新冠肺炎核酸检测能力大幅提升。助推疫情期间各类市场主体复工复产，减税降费 531.68 万元，减免工矿企业电费、社保费 2993.85 万元，减免各类商户租金 101.36 万元，协调金融机构为全县工矿企业及小微企业发放贷款 1.13 亿元，统筹推进疫情防控和经济社会发展各项工作取得显著成效。脱贫攻坚成效显著。紧扣“两不愁三保障”，持续巩固脱贫攻坚成果，全县建档立卡贫困群众动态清零，贫困发生率、返贫率保持为零。统筹整合资金 7713.82 万元，着力解决贫困群众饮水、医疗、教育、住房安全等问题，累计保障 8750 人安全饮水，资助贫困大学生 223 名，落实各类补助资金 1321.58 万元，家庭医生签约服务率达到 97.8%，实施“四类人员”住房提升改造 61 户，极大增强了人民群众获得感、幸福感、安全感。生态文明持续向好。坚决打赢蓝天碧水净土保卫战，全县空气质量达到一级标准，集中式饮用水达到Ⅲ类标准，制定土地污染防治规划并实现源头防控，初步完成“三线一单”划定和自治区级生态文明县、乡创建。推进山水林田湖草系统治理，完成人工造林 1927.35 亩、封山育林 1.92 万亩，栽植沙棘苗木 41.42 万株。投入 350 万元，全面实施垃圾分类，垃圾无害化处理率达到 99%。开展河湖“清四乱”行动，新区污水处理厂和 6 个乡镇污水处理厂正式投入运营。重大风险有效控制。除全市统一实施的政府债务外，不存在其他政府性债务。持续推进平安墨竹建设，高质量打赢“扫黑除恶”专项斗争，圆满完成重要节点、重大活动维稳防控。统筹推进安全生产和综合防灾减灾救援能力，连续五年被国家评为信访工作“三无”县，重点领域风险得到有效防控。

（三）优化布局，调整结构，产业发展实现高效增长。农牧产业提质增效。持续推进农业供给侧结构性改革，成功创建国家农村产业融合发展示范园，标准化奶牛养殖中心、墨竹小油菜榨油厂等重点产业投入运营。农牧业总产值实现 6.2 亿元，粮食产量 2.53 万吨，肉蛋奶产量分别达到 3670.52 吨、95.24 吨和 12600.98 吨，完成“订单式”农业 1.72 万亩，采集虫草 818.58 斤，带动群众增收 6004.91 万元。完成黄牛改良 3000 头，牲畜出栏率达到 19.26%。绿色工业逐步壮大。加快编制《墨竹工县绿色矿业发展规划》，保持产业链供应链稳定，推进华泰龙二期全面投产，协助巨龙公司完成股改重组，中金新联完成扩能技改，新培育 1 家规上工业企业。搭建招商引资平台，建设双创产业基地（一期），成功引进南京弥盛陶瓷等工业企业。全年完成归上工业投入 33.89 亿元，实现归上工业总产值 46.35 亿元，实现归上工业销售产值 44.74 亿元，完成归上工业税收 3.7 亿元。旅游产业稳步复苏。编制完成全域旅游规划。投入 2480 万元，实施德仲景区、直孔景区、智慧旅游和甲玛松赞纪念馆维修改造项目，旅游基础设施得到全面改善，全年接待游客 8.7 万人次，乡村旅游达到 1.18 万人次，实现旅游收入 690 万元。

（四）强化保障，服务民生，幸福指数得到持续攀升。就业创业取得新成效。出台《墨竹工卡县关于支持大学生就业创业十条政策》，全县 457 名应届高校毕业生就业率实现 100%，城镇新增就业 696 人，农牧民转移就业 9945 人，自主开发就业岗位 832 个，开展技能培训 1620 人，组织 90 名高中及以上学历群众参加专业技能委培，城镇失业登记率控制在 2.2% 以内。教育事业取得新突破。积极创建“互联网 + 教育”国家示范县，全区首个“家门口内地西藏班”顺利开班。投资 4144 万元，实施教育项目 12 个，学校防雷工程实现全覆盖，率先完成学生免费体检及健康电子档案建设。落实“三包”经费 3155.77 万元，“三包”标准年生均提高 480 元。医疗卫生取得新成就。建成全区首批全国紧密型县域医共体试点县，全市第一个完成县级“二甲”医院创建，全市第一个实现乡（镇）卫生院标准化建设全覆盖。智慧医疗持续深化，全民健康体检稳步推进，免费救治 215 名白内障等眼疾患者、23 名先天性疾病患者。文化服务取得新进展。完成 42 个村（居）文艺演出队组建工作，开展文艺演出 66 场。全民健身室内篮球场开馆使用，2 个公共足球场建设项目有序推进。在南京开展非遗“宁墨”对话，创办首个“非遗”藏式生活馆。社会保障取得新提升。社会保险参保人群基本实现全覆盖，医疗保险实现应缴尽缴。投入147万元，为全县4.9万名城乡居民购买超大额医疗补充保险，医疗报销金额最高可达72万元。成功入选国家残疾人预防综合试验区创建名单，城乡低保标准分别提高到911元/月和4813元/年。住房保障持续加强，建设公租房344套，投入4782万元完成孜孜荣二期搬迁53户，“美丽乡村·幸福家园”改造房屋153套，稳步推进工卡镇一二组棚户区基础设施改造，完成全县3293户农村入户线路改造。双拥共建取得新提高。深入开展双拥共建活动，增强军政民团结，认真落实拥军优属、拥政爱民各项政策，不断巩固提升和发展同呼吸、共命运、心连心的新型军政民关系。

（五）增强动力，激发活力，发展环境实现持续优化。深化“放管服”改革。持续深化营商环境，深入开展“减证便民”行动，取消非必要证明材料，压缩50%办理时限，网办深度达50%以上。“双随机、一公开”完成93户，完成减税降费511.77万元。深化国有企业改革。优化整合国有企业，完成农电体制改革，将20家国有企业整合为7家，全年盈利703.95万元，国有企业资产突破1.5亿元。深化农业农村改革。完成扎西岗乡、唐加乡和甲玛乡0.81万亩耕地托管试点工作，完成40个村、198个村民小组年度清产核资任务和建账工作。深化执法队伍改革。完成交通、文旅、农业农村、市场监管、城市管理等五个部门综合执法改革，有序推进乡镇综合执法队伍建设。

过去一年，从全县经济社会发展情况看，经济增长、就业、农村居民收入等重要指标完成情况良好。在新冠肺炎疫情突发、经济形势下行压力下，我们能取得这样的成绩，是以习近平同志为核心的党中央举旗定向、谋篇布局、坚强领导的结果，是习近平新时代中国特色社会主义思想全面引领、科学指导、成功实践的结果，是县委、县政府正确领导和科学决策的结果，是县人大依法监督、县政协民主监督的结果，是南京市大力援助的结果，更是全县各族干部群众团结一心、砥砺前行、真抓实干的结果。

在看到成绩的同时，我们也清醒地看到，全县经济稳定运行受外部环境影响较大，基础还不够牢固，特别是支撑全县经济高质量发展的动力还不足，新的经济增长点需要长期培育；产业发展市场化程度较低，市场竞争力不强，品牌效益不强，围绕支柱产业还没有形成产业链，旅游资源还没有发挥效益，产业优势没有得到充分释放；重点投资项目接续不足，城乡基础设施仍然存在短板，投资拉动效应极不稳定。这些困难和问题需要我们创新思维、保持定力、接续奋斗，采取更有力的措施加以解决。

二、2021年国民经济和社会发展预期目标和主要任务

2021年是中国共产党建党100周年，是西藏和平解放70周年，是“十四五”规划开局之年，更是我县现代化建设进程中具有特殊重要性的一年。新冠疫情挑战依然严峻，外部发展环境面临诸多不确定性。做好各项工作，要以习近平新时代中国特色社会主义思想为指导，全面贯彻中共十九大和十九届二中、三中、四中、五中全会精神以及中央第七次西藏工作座谈会精神，在区市党委、政府和县委坚强领导下，坚持稳中求进工作总基调，立足新发展阶段，贯彻新发展理念，构建新发展格局，以推动高质量发展为主题，以深化供给侧结构性改革为主线，以改革创新为根本动力，以满足人民日益增长的美好生活需要为根本目的，坚持系统观念，巩固拓展疫情防控和经济社会发展成果，扎实做好“六稳”工作、全面落实“六保”任务，加快增强内生发展动力，持续抓好民生改善，切实维护社会和谐稳定，确保“十四五”开好局，以优异成绩庆祝建党100周年和西藏和平解放70周年。

围绕“十四五”经济社会发展目标任务，2021年全县经济社会发展的主要预期目标是：全县地区生产总值增长7%左右，一般公共预算收入增长3%左右，固定资产投资增长6%左右，规模以上工业增加值增长6%左右，社会消费品零售总额增长5%左右，农村居民人均可支配收入增长13%左右。

围绕上述目标任务，要重点做好以下工作。

（一）聚焦产业升级，推动经济高质量发展。严守耕地红线和粮食安全生产底线，提升农业机械化

水平，在工卡镇、唐加乡、扎雪乡、尼玛江热乡实施2万亩高标准农田建设项目。推动农业高标准、规模化发展，依托标准化奶牛养殖中心、榨油厂等现有产业项目，引导农牧民群众连片种植墨竹小油菜，打造高标准饲草基地，拓展延伸农牧业产业链供应链，打造“墨竹好油”“墨竹好奶”。加快牧业发展，争取实施乡级农牧业防抗灾物资储备、动物防疫设施改造以及高寒地区集中式畜牧暖棚建设项目。加快建设国家农村产业融合发展示范园，不断完善园区基础设施，提升农村一、二、三产融合发展水平，打造拉东门户产城融合发展集聚区。围绕“五大矿山”理念，编制实施《墨竹工卡县矿山行业发展规划》，鼓励以华泰龙、金和、中凯、宁玛为重点的矿山企业通过工艺改革、设备更新稳定达产，推动驱龙矿区尽快建成，早日见效。充分发挥矿区辐射发展配套产业功能，推进保利久联新建生产线项目落地建设，促进塔巴陶瓷实现批量生产，确保重点产业提档升级，为经济发展做出更大贡献。发展沟域经济，启动编制沟域文化旅游规划，争取实施甲玛景区、工卡景区、德仲景区等旅游基础设施项目。围绕打造拉萨东部温泉旅游片区，逐步推进德仲温泉、嘎则温泉开发项目，打造墨竹工卡县全域旅游品牌，把旅游产业逐渐变成富民产业。

（二）聚焦有效投资，不断释放发展活力。精准把握国家政策、资金投向，对接好“十四五”规划项目方案，加快项目前期工作，启动一批重点项目开工建设。配合推进349国道加快建设，加快实施工卡镇1、2组棚户区基础设施改造、塔巴产业园区灾害治理、高速出口生态修复、车辆检测中心、公租房、公安应急保障配套设施等一批在建工程，全力推动老城区排水管网改造、高海拔供氧试点、“溪桥工程”、甲玛特色小城镇水厂和矿区道路、双创基地（二期）等一批新建工程。按照“要素跟着项目走”的原则，加大土地、资金等要素保障力度和项目前期工作力度，继续执行分管县级领导包重点项目制度，切实形成“一个项目、一名领导、一套班子、一抓到底”的良好格局，确保重点项目特别是中央投资项目尽快落地，早日见效。全面促进消费经济，高效运营“墨竹·城市广场”、榨油厂等重点产业项目，千方百计拓宽扶贫产品销售渠道，逐步打造高端优质的墨竹净土品牌。

（三）聚焦民生改善，逐步提升公共服务能力。把高校毕业生就业放在就业工作的首位，全面落实鼓励高校毕业生市场就业及创业的各项扶持政策，继续探索“格桑花开人才+”计划，不断提高大学生成才率、就业率和稳岗率，确保高校毕业生就业率达到90%、稳岗率达到80%以上。开展“订单式”“定向式”职业技能培训，推进90名高中及以上学历劳力参加专业技能委培及就业。将就业援助政策措施向贫困户、城镇困难户、农村低保户等特殊群众延伸，力争“零就业家庭”动态为零。全面支持教育发展，提升教育水平，积极做好“互联网+教育”国家级示范县创建工作，实施互联网+教育、县完小远程化教育及电子图书馆项目，推动教育信息化快速发展。加大师资培训力度，以“南京初中班”为依托，充分发挥援藏团队传帮带作用，不断提高全县教育教学水平。持续深化县域综合医疗改革，做好县人民医院整体规划工作，加快推进县人民医院综合住院楼、传染病房、妇幼保健站等重点项目建设。纵深推进分级诊疗和家庭医生签约服务，高标准高质量运营乡级卫生院，不断提升公共卫生服务能力。完善社会救助信息核查制度，从源头上避免“错保”“漏保”。推进医养康养相结合的养老体系，促进养老服务标准化建设。规范运行“墨竹工卡县医疗保障服务中心”“大病救助爱心基金”，按期完成城乡居民参保登记缴费及待遇保障。加大住房保障力度，建设完成公租房98套。广泛开展文化惠民活动，发挥好县级综合文化活动中心和42个村（居）文艺演出队作用，丰富人民群众业余文化生活。加大文物保护力度，深入挖掘、传承并积极申报区市级“非遗”项目。

（四）聚焦绿色发展，全面加强生态文明建设。持续打好污染防治攻坚战，定期开展水、气、土监测工作，切实保障全县生态环境质量良好。深入开展水源地专项整治，加快集中式饮用水水源点调整及筹建，开展县乡水费征收工作。强化扬尘污染监管，实施县城垃圾填埋场扩容改造项目，持续做好垃圾分类及处置工作。完成自治区级生态文明村创建，推进国家级生态文明县建设。强化“河(湖)长制”管理,持续推进国土绿化,做好沙棘林育苗及沙棘林保护区封禁保护和林草地保护工作。完成国土空间总体规划和村庄规划编制工作,强化建设用地总量和强度双控制,开展卫片执法、森林督查、水保监管工作。强化生态环境监管执法,逐步建立以排污许可制为基础的新型环境管理制度体系,严格项目建设环境管理及环评审批,杜绝源头污染和未批先建、批建不符、越权审批等现象。

(五)聚焦巩固提升,促进脱贫攻坚与乡村振兴有效衔接。严格落实“四个不摘”要求,继续保持现有帮扶政策、资金支持、帮扶力量总体稳定。健全防止返贫监测帮扶机制,继续对脱贫人口开展监测,持续跟踪收入变化和“两不愁三保障”巩固情况,定期核查,及时发现,及时帮扶,保持贫困人口动态清零。深入实施产业增效行动,加快推进扎雪牦牛肉食品加工厂扩建、唐加养猪场、县城面包加工产等项目,加强扶贫产业项目监管、资产监管、资金监管,推动扶贫产业高效运行,千方百计拓展扶贫产品销售渠道,确保扶贫项目持续发挥效益。继续做好脱贫人口稳岗就业,加大对脱贫人口职业技能培训力度。强化易地搬迁后续扶持,确保搬迁群众稳得住、有就业、逐步能致富。加快撤县设市工作,统筹推进城镇化和乡村基础设施改造,在工卡、扎西岗、日多、扎雪、尼玛江热等5个乡镇实施第二批“美丽乡村·幸福家园”建设项目,加快推进高海拔供热、供氧工程,逐步建设乡(镇)邻里服务中心,不断提升乡镇服务能力。在充分保护农村生态的基础上,壮大村集体经济,重点延长农牧业产业链、价值链,推动农村一、二、三产业融合发展,有效提升农村产业发展的综合效益。推进乡村治理体系和治理能力现代化,全面做好村“两委”换届工作,注重在联户代表、优秀农牧民工、致富能手中发展党员和培养、选拔村“两委”班子成员,夯实乡村振兴基层基础,为实现农业农村现代化提供组织保障。

(六)聚焦深化改革,持续增强内生动力。深入推进“放管服”改革,全面优化营商环境,打造便民高效的政务服务中心。不断强化“互联网+政务服务”,加快推行政务服务事项在线办理,高频事项全程网办,纵深推进“三减”工作,全面实现县级政务服务“一站式”办理,不断提升政务服务效能,确保数据多跑路、群众少跑腿。深入推进国有企业改革,强化以管资本为主的国有资产监管体系,制定完善国有企业和人员管理办法以及绩效考核制度,探索实施国有企业财务统一核算模式,实现国有资产保值增值。深入推进农业农村改革,逐步完善农村公共基础设施管护体制改革,加快构建农村产权交易平台。深入推进对口援藏改革,完善援藏项目资金管理制度,拓展和优化“小组团”援藏范围和方式,打造“格桑花开”援藏品牌。加大“融合式”援藏路径探索,大力支持和鼓励在宁企业和在藏苏商到墨竹投资兴业,引进更多社会公益组织和爱心企业赴墨开展教育、就业、消费扶贫等帮扶,不断开创援藏工作新局面。

(七)聚焦长治久安,着力深化风险防控。继续紧绷疫情防控这根弦,抓牢抓实常态化疫情防控各项举措,防范化解新冠肺炎暴露和衍生出来的重大风险,持续巩固来之不易的防疫成果,全面夺取疫情防控和经济社会发展双胜利。坚持以防为主、防抗救相结合,开展县级粮油储备工作,规范本级应急救灾和防疫物资储备,提升救灾物资应急保障能力。加强地质灾害、道路交通、食品药品、建筑施工、危化品、工矿商贸等领域监管,持续推进“雪亮工程”和乡镇派出所建设,建立风险应急与安全一体化的综合治理机制。持续开展政府和国有企业投资项目欠薪清零工作,从源头上把控,从根源上治理,依法依规妥善处理中小企业债务清偿工作。坚持和发展新时代“枫桥经验”,畅通群众诉求表达、利益协调、权益保障通道,提高初信初访处置率。推动人民调解深入发展,提升矛盾纠纷多元化解实效。

各位代表,新时代是奋斗者的时代,更是追梦人的舞台。我们要更加紧密地团结在以习近平同志为核心的党中央周围,在县委、县政府的坚强领导下,以奋斗者的姿态大干实干,以追梦人的执着创先争优,努力完成全年经济社会发展目标任务,为“十四五”开好局,为开启建设团结富裕文明和谐美丽的社会主义现代化墨竹新征程打下坚实基础。

墨竹工卡县2020年财政预算执行和2021年财政收支预算的报告

——在墨竹工卡县第十三届人民代表大会第六次会议上

墨竹工卡县财政局

（2021年1月5日）

一、2020年财政预算执行情况及主要工作

2020年，在县委、县政府的坚强领导下，在县人大的监督指导下，财政部门科学研判财政收支形势，努力克服减税降费、新冠疫情等叠加因素影响，坚定信心，砥砺前行，从最坏处着眼，向最好处努力，全力以赴抓财政收支，坚持以人民为中心，全面落实落细县委、县政府重大决策部署，扎实做好“六稳”工作，全面落实“六保”任务，为我县经济社会快速、和谐、健康、持续发展提供坚强的财力保障，确保全面建成小康社会和“十三五”规划圆满收官。

（一）2020年财政预算执行情况

经墨竹工卡县第十三届人民代表大会第五次会议批准，并结合实际，在总财力不变的情况下，经墨竹工卡县人大常委会第二十六次会议审议进行预算微调。2020年全县一般公共预算总财力为120880.17万元，其中：本级一般公共预算收入37100万元、税收返还7800万元、上级转移支付75980.17万元。全县一般公共预算支出为120880.17万元，其中：工资支出为23666.4万元、公用经费2063.52万元、小型专项69130.23万元、各项法定支出16280.79万元、其他项目支出3785.25万元、预备费1454万元、冲抵上年预拨款4500万元。全县一般公共预算收支平衡。

在年度预算执行过程中，根据财力变化情况，经县人大常务委员会第三十一次会议批准，全县一般公共预算收支总规模由120880.17万元调整至150947.46万元，增加30067.29万元，增长24.87%。政府性基金预算支出总规模由2717.65万元调整至14278.6万元，达到预算收支平衡。国有资本经营预算财力0元。

初步测算，2020年全县财政总财力达到190150.29万元，比上年决算增加40749.1万元，比去年同期增长27.27%。其中：一般公共预算财力达到175522.69万元，增长17.53%（一般公共预算收入达到58468万元，比去年同期49.59%；一般公共预算支出175522.69万元，年内实现收支平衡）；政府性基金预算财力达到14627.6万元（含抗疫特别国债抗疫资金350万元、抗疫特别国债基建项目资金10000万元、村级组织活动场所标准化建设及奖励补助资金1473.95万元、调减年初上级安排263万元），增长24.13倍（政府性基金本级收入达到949万元，增长58.16%，上级下达政府性基金13678.6万元）；政府性基金预算支出完成12810.67万元，结转支出1816.93万元。

以上财政收支决算执行数待市财政局审核批复后，将专题向县人大常委会报告。

（二）2020年财政主要工作

1. 坚决支持打赢三大攻坚战

坚决支持打赢脱贫攻坚战。统筹整合资金

7713.82 万元，支出 7077.98 万元，总体支出进度达 91.76%、专项支出进度达到 92.04%，全面完成上级下达的进度指标，为坚决跑好脱贫攻坚“最后一公里”，切实解决好“两不愁三保障”方面存在的短板和弱项，持续提高脱贫质量，着力巩固脱贫攻坚成果，坚决打好脱贫攻坚收官之战奠定了良好基础。落实资金 11100 万元，大力推动“美丽乡村 · 幸福家园”建设行动计划整村推进工作。落实资金 6654.56 万元，加大“三农”领域保险服务力度，提高农牧业经营主体抗风险能力，推动农牧区高质量发展。

坚决打赢污染防治攻坚战。生态环境支出力度只增不减，投入生态环境保护资金 5268.28 万元，同比增长 23.59%，主要用于支持蓝天保卫战、土壤污染防治、森林资源保护、生态功能区建设和造林绿化等工作。开展山水林田湖草试点工作，重点实施城镇、乡村河流及周边沟域综合整治工程和中干渠水系生态治理工程。

坚决打赢防范化解重大风险攻坚战。严守不发生系统性金融风险的底线，积极防范化解政府债务风险，“拓宽”前门、“严堵”后门，我县除全市统一实施的政府隐性债务外，无其他政府性债务，截至今年已稳妥化解隐性债务存量 19897.47 万元，化解率 75.5%，超计划化债 54.99%，严格控制政府新增债务的同时，为妥善化解存量政府隐性债务，根据财政部决定对建制县隐性债务风险进行化解试点要求，按我县政府债务余额 6454.53 万元，在总体风险可控范围内，积极争取债务化解债券资金及从本级盘活存量中解决 6454.53 万元，力争 2021 年实现“零”债务。抢抓政策窗口期，联合县发改委谋划包装和储备“十四五”债券项目 104 个，其中一般债券项目 93 个、专项债券项目 11 个。

2. 有效盘活结转结余资金

为进一步加强财政资金管理，有效盘活财政资金，根据《西藏自治区财政厅西藏自治区发展和改革委员会西藏自治区审计厅关于开展地市、县（区）行政事业单位结转结余资金专项检查工作的通知》（藏财监〔2020〕3 号）文件精神，组织各财务人员进行全面清查的同时，经征求各部门同意，对两年以上收回的结转结余资金 14719.75 万元进行有效盘活，并报请县人大常委会审议通过。

3. 狠抓“六保”任务落地见效

千方百计保就业。落实就业补助及技能培训经费 1114.19 万元，推进农牧民群众就业技能培训和高校毕业生市场就业、自主创业，我县高校应届毕业生 457 人就业率实现 100%。城镇新增就业 696 人、农牧民转移就业 9945 人，开展技能培训 1620 人，自主开发就业岗位 832 个。落实“双创”资金 100 万元，加强创业孵化基地建设，搭建创业孵化平台运营。

多管齐下保基本民生。落实 21% 教育资金 7350 万元，不断增强学前教育和义务教育阶段资金投入，投资 4144 万元实施教育项目 12 个。统筹资金 3593.74 万元，落实城乡居民基本医疗保险、城乡基本养老保险、困难群众救助补助、残疾人补贴、优抚对象等相关补助政策，切实保障了基本民生，实现应保尽保。落实各项政策性补贴资金 7414.04 万元，进一步增强农牧民群众增收致富的积极性。加快保障性安居工程建设，落实 1202.52 万元建设公共租赁住房 344 套，城镇棚户区改造资金 488 万元。

多措并举保市场主体。不折不扣落实更大规模减税降费政策，及时兑现疫情防控涉企财税扶持政策，中小微企业减税降费效果明显，进一步优化营商环境，2020 年全年减税降费 531.68 万元，有效降低民营企业负担，激发市场活力。助推各类市场主体复工复产，减免各类商户租金等 155.2 万元。

有效保障粮食安全。切实承担保障区域粮食安全主体责任，全面加强粮食生产、储备和流通能力建设。落实资金 2875.84 万元，投入农田建设、高标准农田、农业保险、农作物良种补贴及农业社会化服务补助。

基层保障能力大幅提升。财政部门牢牢坚持“三保”支出在财政支出中的优先顺序，全县 2020 年“三保”支出共计 4.2 亿元，均足额编入年初预算优先予以保障，切实兜牢兜实“三保”底线。

4. 强化直达资金监控，加快资金执行进度

为严格贯彻落实中央直达资金各项管理要求，切实按照《特殊转移支付资金管理办法》《抗疫特别国债资金管理办法》的相关办法，根据各项中

央直达资金指标文件，纳入财政监控系统的同时，有效合规分配各项资金，及时上报县政府常务会审议，确保中央直达资金全面用于惠企利民及“六稳”“六保”，为本县地方基础设施建设和推动经济发展提供坚实保障。

墨竹工卡县共收到直达资金24957.29万元，其中抗疫特别国债资金11884.65万元（基础设施建设资金10000万元、抗疫特别国债350万元、抗疫相关支出1534.65万元）；正常转移支付资金8970.96万元；特殊转移支付3672万元。总计支出22898万元，执行进度92%。

5.财政改革不断深化

强化资金管理。为保障我县各项资金得到有控制，切实提高资金使用效益，结合县委、县政府工作要求，在年初进一步将一般性公共支出预算压缩至50%以上的同时，强化资金管理，不断从制度上严格落实各项资金拨付，支出流程，及时取消县级制定各项干部职工正常福利及接待等相关管理办法，严格落实自治区《西藏自治区差旅费管理办法》《西藏自治区本级国内公务接待经费管理办法》和拉萨市《关于规范拉萨市干部职工正常福利发放工作的实施方案》，规范出差、下乡、值班、加班报销单，制定出台《墨竹工卡县1万元以下财政资金报销管理办法》，

强化资金自查。有效做好自治区巡视、党政领导干部经济责任、扶贫、高标准农田、自然资源及直达资金审计准备工作，及时组织相关人员对2015年至2019年各项资金管理情况进行了认真的梳理，并积极配合巡视、审计工作，得到巡视组、审计组的一致认可。一是为确保巡视和审计过程中提出的问题，县财政局及时以相关文件为依据进行有效答复，并对可即知即改问题进行及时整改，保障财政各项工作进一步得到有效规范。二是及时对巡视反馈涉及财政的6个问题，进行有效整改。

强化国有资产管理。进一步对老城区政府商品房的管理，清理清查现有房屋出租情况，对已出租的房屋租赁费按市场价格，在原有租赁费的基础上，根据房屋面积及地段进行调标。与巨龙公司签订《老城区租赁清算协议》及后续《租赁协议》。

深化国企改革。县国资委严格落实公司资料审核工作，规范国有公司管理，根据中组部《关于进一步规范党政领导干部在企业兼职（任职）问题的意见》，经报请县委、县政府会议审议通过，及时下达人员任免职文件，并结合国有企业优化整合要求，将我县国有企业整合为7家的同时，积极拟定《墨竹工卡县国有企业经营业绩考核奖惩机制管理办法（试行）》确保各项工作有序开展。

强化财政预算管理。进一步细化一般公共预算与政府性基金预算、国有资本经营预算力度。切实按照上级要求，建立能增能减有保有压的分配机制。加大财政盘活存量资金力度。积极推进财政预算绩效管理，深化全县预决算信息公开工作，压实部门预决算公开主体责任，不断提高全县预决算信息公开质量。

扎实推进财政管理工作。2020年主动取消财政各类中介机构库，按照援藏类项目财政评审下放权限，有效提高财政评审工作效率。加强政府采购管理，及时完成政府采购领导小组两年换届工作和完善相关职责。

强化财政监督力度。加强财政财务内控内审工作，有效防范业务和廉政风险。建立健全财政扶贫资金动态监控机制。重点对全县各预算单位结余结转资金、会计信息质量等方面进行了全面清理，全县财政财务工作进一步得到规范。为进一步规范我县预算单位个人借款行为，开展了个人借款清缴工作，有效清理行政事业单位干部职工个人借款长期不还的情况。

二、2021年财政收支预算草案

根据《中华人民共和国预算法》《预算法实施条例》的规定，结合我县实际，认真编制完成了2021年墨竹工卡县财政预算草案。

（一）预算编制指导思想

以习近平新时代中国特色社会主义思想为指导，紧紧围绕县委、县政府决策部署，按照长治久安和高质量发展要求，切实保障重点支出，压减一般性支出，坚持“量入为出、量力而行”的原则，完善基

本支出定额标准体系，合理保障部门正常运转和基本履职需要，逐步建立全面规范透明、标准科学、约束有力的预算编制运作机制，提高财政资金的使用效益。

（二）预算编制基本原则

1. 收支平衡原则。坚持量入为出、统筹兼顾、严控新增支出，既体现实际需求，又兼顾财力可能，科学预算全年收入预期，合理安排预算支出总规模，做到综合平衡，不编赤字预算。

2. 全口径预算管理原则。在研判经济形势的基础上，充分考虑实施减税降费等政策性因素影响，编制、测算年度所有收支项目，科学编制年度需求。

3. 坚持零基预算原则。以零点为基数，打破“基数 + 增长”的固化模式，以县委、县政府的工作部署为指引，以实际财力为基础，以支出需求为导向，以提高执行率为抓手，以项目绩效为核心，以资金监督为重点，对各项支出按客观实际需要逐项审核后，在确定的年度预算规模内按照轻重缓急安排支出的预算编制。

4. 突出重点原则。积极的财政政策更加积极有为，预算编制重点突出“六稳”“六保”，重点用于保居民就业、保基本民生、保市场主体、保粮食能源安全、保产业链供应链稳定、保基层运转，切实兜牢民生底线。

5. 讲求绩效原则。进一步推行预算绩效管理，项目绩效目标应与部门预算同步上报、同步审核。推进财政支出事前绩效评估，结合绩效编制部门预算，切实提高资金使用效率。

（三）2021 年预算安排总体情况

1. 一般公共预算

全县收支。全县一般公共预算总财力 154107.05 万元，同比增加 33227.05 万元，增长 27.49%。其中：一般公共预算收入 45000 万元，税收返还 7659 万元，上级转移支付收入 86448.05 万元；动用预算稳定调节基金 15000 万元。全县一般公共预算支出安排 154107.05 万元，同比增长 27.49%，收支平衡。

2. 政府性基金预算

全县政府性基金预算财力 2703.79 万元，政府性基金预算支出安排 2703.79 万元，其中：美丽乡村幸福家园项目建设市级配套资金 1200 万元、棚户区改造资金市级配套资金 220 万元、高标准农田建设市级配套资金 640.05 万元、大中型水库移民后期扶持基金 43.74 万元、本级政府性基金预算财力 600 万元［农业土地开发资金 90 万元（15%）、国有土地收益基金 24 万元（4%）、保障性住房 60 万元（10%）、农田水利建设资金 60 万元（10%）、教育资金 60 万元（10%）、土地出让业务费 12 万元（2%），剩余资金 294 万元根据基金适用范围，按实际需求再行分配）］。

（四）县本级预算安排的重点

1. 巩固提升脱贫攻坚成果。安排资金 5400 万元（本级收入 12%），主要用于农村基础设施、产业、就业、教育、健康、金融扶贫等。

2. 全力支持乡村振兴。财政支农投入 18165.78 万元。其中：安排“美丽乡村 · 幸福家园”建设行动计划整村推进专项资金 14252 万元、农业专项资金 3559.5 万元、林业专项资金 220 万元、水利专项资金 1711.05 万元、涉农保险资金 200 万元、低收入群体扶持资金 1125.23 万元、“厕所革命”整村推进资金 150 万元等。

3. 提升创新发展引领能力。安排支持企业改革发展资金 1391 万元。其中：净土健康产业发展资金 300 万元、招商引资资金 100 万元、旅游发展资金 60 万元、公交车运营补贴资金 150 万元、各项表彰经费 81 万元、科学技术专项经费 700 万元等。

4. 促进城市功能布局完备。安排城市建设资金 5309 万元。其中：基础设施建设资金 4879 万元、城市维护管理支出 230 万元、农村公路养护资金 200 万元。

5. 着力保障和改善民生。一是坚持教育优先发展战略，安排教育投入资金 12278 万元（本级 21%），支持学前教育、义务教育和改善教育教学条件等。二是全力支持就业创业，安排专项资金 1397.68 万元。其中：政府购买公益性岗位资金 1000 万元。三是支持社会保障工作，安排资金 6289.63 万元。其中：机关事业单位养老保险、失业保险、生育保险、工伤保险和住房公积金财配资金

4881万元、困难群众救助补助资金885.16万元、全民健康免费体检资金144万元、经济困难失能老人补贴资金13.1万元、残疾人保障金支出366.37万元。四是支持医疗卫生事业发展,安排资金710.06元。其中:城乡居民医疗保险县级配套资金13万元、城乡医疗救助资金427.06万元、农牧民孕产妇住院分娩奖励和孕产妇护送与提前待产项目资金30万元、聘用村医补助资金240万元。五是支持文化事业发展,安排资金1263.49万元。其中:艺术团运转资金90万元、新时代文明实践中心200万元、融媒体中心建设200万元、重大活动经费200万元,各类文化宣传、项目建设等573.49万元。六是落实生态环境保护主体责任,安排资金488.8万元。七是创新和加强社会治理体系建设,安排资金7187.88万元。

6. 支持党建工作。安排资金2532.71万元。其中:党建工作经费324万元、农牧区精神文明建设资金15万元、强基工作及生活补助资金143.83万元、基层村干部补贴资金1667.88万元、"双联户"户长补助资金382万元。

7. 合理安排预备费。安排预备费1454万元,占本级财力的比重为1.2%。

(五)完成2021年预算任务的主要措施

1. 认真贯彻预算法及预算法实施条例。全面落实《中华人民共和国预算法》《预算法实施条例》,进一步强化预算约束,规范政府收支行为。深化预算管理制度改革,运用零基预算理念,打破支出固化格局,提高预算编制的科学性和精准性。认真贯彻落实党中央"六稳""六保"决策部署,坚持从紧编预算、从严控支出,充分发挥资金使用效益。依法依规组织财政收入,严格执行经本级人大批准的预算,严控预算调剂追加。强化预算执行动态监控,完善财政扶贫等资金监控机制。切实加强预算执行和财政资金安全管理。大力盘活财政存量资金,按规定及时收回长期沉淀资金,用于其他亟须资金支持的领域。严格执行预决算公开规定,强化主体责任,提高公开质量,接受社会监督。

2. 加快财税体制改革。继续落实好减税降费政策,抓好各项政策措施落地,巩固减税降费成果,激发市场活力,增强经济发展内生动力。进一步推进自然资源领域、生态环境领域、公共文化领域县财政事权和支出责任划分改革。全面实施预算绩效管理,推进预算绩效评估,建立随报、随评的管理机制。建立绩效成果公开、整改和约束机制,进一步推进预算绩效评价结果应用。

3. 积极防控财政运行风险。完善财政管理机制,聚焦重点领域,优化投向结构。稳妥化解政府隐性债务,防范重大风险,牢牢守住不发生系统性、区域性风险底线。坚持尽力而为、量力而行,稳妥审慎出台民生政策,加强重大建设项目财政承受能力评估。做好"三保"支出预算审核,优化支出结构,做到足额安排,确保县级财政平稳运行。

4. 牢固树立过紧日子的思想。按照习近平总书记提出"政府的钱不能乱花,所以要控制好支出",并反复强调要"把钱用在刀刃上"和区、市、县党委、政府提出的艰苦奋斗、勤俭节约要求和进一步牢固树立过紧日子思想,开源节流、精打细算,行简约、倡简朴、戒奢华,当好"铁公鸡",打好"铁算盘",做好"铁营盘",从严从紧编制部门预算。优化支出结构,大力压减一般性支出,消减低效无效支出,提升财政资金使用效率。持续强化和规范"三公"经费管理,加强对相关支出事项必要性、合理性的审核,不安排无实质内容的公务活动。把省下的钱更多用于保障和改善民生,不断满足人民群众对美好生活的需要。

各位代表,新的一年,站在新的起点,我们将在县委、县政府的坚强领导下,在县人大、县政协的监督指导下,为全县"十四五"规划开好局起好步,为确保我县经济社会高质量发展,为建设团结富裕文明和谐美丽的新墨竹,持续增进民生福祉,实现人民对美好生活向往的新篇章做出更大贡献。

大事记

1月

1日　墨竹工卡县第十三届人民代表大会第五次会议闭幕。会议表决通过《墨竹工卡县人民政府工作报告》《墨竹工卡县2019年国民经济和社会发展计划执行情况与2020年国民经济和社会发展计划的(草案)》《墨竹工卡县2019年财政预算执行情况及2020年财政预算决议(草案)》等报告。

同日　墨竹工卡县消防救援大队正式挂牌,县委书记劳明伟,县委副书记、县长旦增尼玛出席仪式。

10日　墨竹工卡县乡(镇)党委书记、行业系统党(工)委书记抓基层党建工作述职评议会召开,县委书记劳明伟出席会议。

14日　拉萨市农业农村局党组副书记、局长郭万军一行到墨竹工卡县调研。

19日　墨竹工卡县“不忘初心、牢记使命”主题教育总结大会召开,县委副书记、县长旦增尼玛出席会议。

21日　西藏自治区政协副主席、区总工会主席洛桑久美一行到墨竹工卡县调研。

同日　墨竹工卡县松赞艺术团一行到甲玛乡龙达村开展“我们的中国梦”——文化进万家系列文艺演出,标志着此次活动全面结束。系列活动共演出10场次,观看人数14000余人次。

22日　墨竹工卡县新冠疫情防控专题会议召开,县委副书记、县长旦增尼玛主持会议,全面进入疫情“备战”状态。

25日　墨竹工卡县新型冠状病毒感染的肺炎防治再安排、再动员、再部署会议召开,县委副书记、县长旦增尼玛主持会议。

27日　墨竹工卡县新冠肺炎疫情防控工作领导小组会议第三次专题会议召开,县委副书记、县长旦增尼玛主持会议,制定《墨竹工卡县新型病毒感染的肺炎防控工作方案》,领导小组下设10个工作专班。

28日　墨竹工卡县疫情防控工作领导小组第四、第五次专题会议召开,县委副书记、县长旦增尼玛主持会议,通报疫情防治工作落实情况暨安排部署下一阶段工作任务。

30日　墨竹工卡县新型冠状病毒感染的肺炎疫情防控工作暨解答疑点、解决困难、解决问题“三解”工作专题会议召开,县委副书记、县长旦增尼玛主持会议。

2月

2日　墨竹工卡县维护稳定和疫情防控视频调度会议召开,县委副书记、县长旦增尼玛主持会议。

4日　墨竹工卡县级领导到各乡镇指导维护稳定暨新冠疫情防控安排部署会召开,县委副书记、县长旦增尼玛主持会议,标志着该项工作的全面启动。

6日 墨竹工卡县新冠疫情防控暨维护稳定领域督导检查反馈视频调度会召开，县委副书记、县长旦增尼玛支持会议。

11日 县委副书记、县长、县疫情联防联控领导小组组长旦增尼玛到扎雪乡调研疫情防控工作及春耕春播筹备情况，并代表县委、县政府对战“疫”在基层一线的干部职工、党员代表、农牧民群众致以诚挚的问候。

15日 墨竹工卡县春季植树造林安排部署会召开，县委副书记、县长旦增尼玛主持，标志着2020年植树造林工作正式启动。

17日 墨竹工卡县公益歌曲“爱的胜利”在网络平台上首次播出，体现墨竹工卡县人民群众在党中央的正确领导下，对打赢疫情防控阻击战的信心、决心。

22日 墨竹工卡县开展藏历新年节前集中走访慰问活动，由“四大班子”主要领导牵头，开始走村入户慰问21名卧病在床困难群众。

23日 县委书记劳明伟到甲玛乡调研指导新冠肺炎疫情防控工作、督导检查藏历新年农副食品供给和企业复工复产工作。

27日 县委书记劳明伟一行到直孔替寺等寺庙和各乡镇检查指导疫情防控、复工复产、社会稳定等工作，慰问一线在岗疫情防控工作人员、基层干部、政法干警。

28日 第十三届墨竹工卡县人民政府2020年第1次党组会暨新冠肺炎疫情防控工作领导小组第八次会议召开。县委副书记、县长旦增尼玛主持会议传达学习习近平总书记关于疫情防控重要讲话精神和区市领导关于疫情防控的讲话精神，安排部署各项工作。

3月

2日 在甲玛乡召开墨竹工卡县企业复工复产部署会，县委副书记、县长旦增尼玛主持会议。

同日 墨竹工卡县有序组织企业复工复产，已有2家矿企实现复工复产，在岗员工达2800余人。

3日 墨竹工卡县首次举行线上开学仪式，全县中小学线上教学注册6593人、注册率达98.76%，线上学生5762人，上线率达86.33%。

同日 拉萨市委常委、宣传部部长吴亚松到墨竹工卡县督导检查疫情防控、社会稳定、经济社会发展情况，此次共督导3天，督导检查单位10余家。

6日 墨竹工卡县有序启动春耕备播工作，计划2020年收购30万公斤“喜拉22号”青稞良种，已收购10万公斤左右。

7日 墨竹工卡县决战决胜脱贫攻坚部署会召开，县委副书记、县长旦增尼玛主持会议并讲话。

8日 墨竹工卡县向南京市援鄂医疗队捐赠的生活物资从拉萨火车站出发，生活物资有牦牛肉、奶片、奶渣饼、牛奶等，总价值31.4万元。

9日 墨竹工卡县开展慰问派驻拉萨市城区疫情防控工作点党员干部活动，共慰问城关区、柳梧新区9个疫情防控点的86名党员干部，送去疫情防控、生活物资及慰问金。

10日 墨竹工卡县精准扶贫产业项目管理专题会议召开，县委副书记、县长旦增尼玛主持会议。

13日 墨竹工卡县组织42名农牧民群众宣讲员开展“四讲四爱”广播宣讲活动。

17日 中国共产党墨竹工卡县九届纪律检查委员会第五次全体会议召开，县委书记劳明伟出席并讲话，县委副书记、县长旦增尼玛及在岗县级领导干部出席。

同日 墨竹工卡县委农村工作暨脱贫攻坚工作会议召开，县委书记劳明伟出席并讲话，县委副书记、县长旦增尼玛主持会议，总结2019年全县“三农”暨脱贫攻坚工作，研究部署2020年脱贫攻坚暨“三农”工作的重点任务。

27日 格桑花开·墨竹大学生就业创业南京特训营就业欢送仪式举行。特训营15名学员出发前往江苏启安建设集团西藏分公司就业，标志着首届格桑花开·墨竹大学生就业创业南京特训营32名学员全部就业。

28日 墨竹工卡县各界人士举行纪念“3·28”西藏百万农奴解放61周年活动。

同日 墨竹工卡县举行义务植树活动，县委书记劳明伟、县委副书记、县长旦增尼玛及在岗县级领导干部，县直各单位共计300余名干部职工参加义务植树活动，栽植新疆杨、榆树1064棵。

30日 墨竹工卡县第四批南京市“组团式”援藏医生座谈会召开，县委常务副书记、常务副县长施勇君出席并讲话，县委常委、副县长陈亮主持会议。

31日 墨竹工卡县农牧业工作暨农牧民增收工作会议，副县长巴桑主持会议召开。县直各相关部门、乡(镇)负责人参加会议。

4月

1日 墨竹工卡县第十三届人民代表大会常务委员会第二十六次会议召开。会议审议通过《墨竹工卡县人民政府关于对2020年财政预算进行部分微调的请示》，表决通过《关于洛桑加央等6名同志的任职议案》，县人大常委会副主任刘登贵、王应祥、普桑及人大常委会委员共计20人参加会议，县直相关部门列席会议。

2日 墨竹工卡县召开“春风送暖·援企惠企”银企对接会，县委常务副书记、常务副县长施勇君出席并讲话，县直相关部门及县农业银行、西藏自治区财信担保公司负责人及31家企业代表参加会议。

同日 墨竹工卡县高标准农田改造工程全面启动，该项目总投资1340万元，规模为2000亩耕地。

7日 墨竹工卡县决战决胜脱贫攻坚巩固提升“百日行动”暨脱贫攻坚普查核查党员部署会召开，县委书记劳明伟出席并讲话，县委副书记、县长旦增尼玛主持会议。

8日 拉萨市环保局党组副书记、局长格桑巴珠一行到墨竹工卡县开展环保服务指导工作，并召开座谈会议，县委副书记、县长旦增尼玛出席并讲话。

9日 为期2天的墨竹工卡县第九批驻村(居)工作队培训班举办，邀请市委组织部、市委政法委、市委党校、市扶贫办、市农业农村局、市强基办相关人员进行授课，共有164名工作队员参加。

13日 2020年江苏援藏项目暨墨竹工卡县重点项目集中开复工仪式举行，拉萨市委副书记、常务副市长、江苏援藏前方指挥部指挥长沈海斌出席并讲话，县委书记劳明伟出席，县委副书记、县长旦增尼玛主持会议。

同日 在藏苏商走进墨竹暨“格桑花开”墨竹工卡大学生就业创业特训营活动举办，西藏自治区政协副主席、区工商联主席、总商会会长阿沛·晋源出席并讲话，拉萨市委副书记、常务副市长、江苏省对口支援西藏拉萨市前方指挥部总指挥沈海斌出席并讲话，县委书记劳明伟致辞，县委副书记、县长旦增尼玛主持。

同日 西藏自治区党委第二巡视组正式对墨竹工卡县开展巡视。

15日 墨竹工卡县九届县委第六轮巡察工作动员部署会召开，县委书记劳明伟出席并讲话。

同日 墨竹工卡县“4·15”全民国家安全教育日宣传活动举行，此次共悬挂横幅80余条，张贴海报40余张，发放宣传资料4200余份。

21日 拉萨市委副书记、市长、城关区委书记果果到墨竹工卡县调研“美丽乡村·幸福家园”整村推进项目及扶贫产业项目建设运营情况，副市长史育斌参加调研。

22日 墨竹工卡县为391户易地扶贫搬迁户免费安装有线数字机顶盒，群众可以收听收看114套有线数字电视节目和12套广播节目。

同日 拉萨市人大常委会党组书记、主任云丹一行到墨竹工卡县调研。

23日 墨竹工卡县寺庙灭火应急救援实战演练举行，拉萨市消防救援支队副队长旺扎指导参加，县委常委、统战部部长扎巴桑珠和县委常委、副县长汤官中出席演练。

26日 墨竹工卡县打通医疗费用报销“最后一公里”，利用8天时间，到各乡镇进行宣讲，收集1—4月115名群众住院报销凭据，统筹报销资金90.94万元。

27日 第十三届墨竹工卡县人民政府第41次常务(扩大)会议召开，原则通过《墨竹工卡县关于加强扶贫资产管理工作的实施方案》和《墨竹工卡县关于产业扶贫利益联结机制实施方案(暂行)》。

同日 墨竹工卡县2020年度学习贯彻中共十九届四中全会精神暨党员政治教育培训班开班，各乡镇、县直各部门副科级以上干部60余名参加开班仪式。

同日 墨竹工卡县“墨竹好房东”表彰会，县委书记劳明伟出席并讲话召开，县委副书记、县长旦增尼玛主持会议，共76名同志(集体)被授予“墨竹好房东”荣誉称号，在岗县级领导，各乡镇、县(中)直各单位负责人员，受表彰的群众房东和村集体“房东”代表以及受益租户代表共200余人参加。

28日 拉萨市副市长陆从福一行到墨竹工卡县调研矿山生态环境整改工作，拉萨市生态环境局党组副书记、局长格桑巴珠及墨竹工卡县分管领导陪同。

30日 墨竹工卡县2020年“四讲四爱”群众教育实践活动动员部署会暨启动仪式召开，县委书记劳明伟出席并讲话，标志着墨竹工卡县2020年“四讲四爱”群众教育实践活动全面启动。

5月

9日 共青团墨竹工卡县委员会组织开展“疫情当前、青春当先”主题演讲比赛，县委副书记索朗多吉出席并致辞，16人参加比赛。

12日 墨竹工卡县委常委会班子脱贫攻坚专项巡视“回头看”反馈意见整改专题民主生活会召开，县委书记劳明伟主持会议，自治区第二巡视组、市纪委、市委组织部有关人员与会指导。

13日 墨竹工卡县“美丽乡村·幸福家园”贷款发放仪式在日多乡怎村哈姆组举行，中国农业银行西藏分行党委委员、副行长林庆出席并致辞，中国农业银行西藏分行党委委员、副行长王洪出席，拉萨市副市长扎西白珍出席并讲话，向20名农牧户现场发放贷款169.6万元。

14日 墨竹工卡县2019年基层党建工作总结暨2020年工作部署会召开，县委书记劳明伟出席并讲话，县委副书记、县长旦增尼玛主持会议。

18日 2020年墨竹工卡县群众虫草采集进点工作完成，共有4000余名群众全部进入虫草采集点。

19日 墨竹工卡县机动车驾驶人考试中心正式启动，县委常委、政法委书记、公安局局长其米多布杰出席并宣布墨竹工卡县机动车驾驶人考试中心正式启动，5名首批学员进行领证宣誓。

20日 墨竹工卡县乡镇污水处理设施建设项目通过初验，进入调试阶段。

22日 墨竹工卡县各族干部群众收听收看十三届全国人大三次会议开幕盛况。

27日 墨竹工卡县“1+4+N”“党建+基层治理”赤康样本第一次现场推进会召开，县委常务副书记、常务副县长施勇君主持会议。

同日 墨竹工卡县第十三届人民代表大会常务委员会第二十七次会议召开，审议通过《墨竹工卡县人民政府关于盘活2020年收回结转结余资金的请示议案》，批准《墨竹工卡县人民政府关于盘活2020年收回结转结余资金的请示议案》，表决通过雷青松的任职议案。

30日 墨竹工卡县关于落实全区脱贫攻坚监督检查发现问题整改工作专题会议召开，县委书记劳明伟出席并讲话，县委副书记、县长旦增尼玛主持会议。

同日 墨竹工卡县非煤矿山领域环境保护专家团队服务项目全面启动。

6月

2日 墨竹工卡县迎接国家生态文明建设示范市安排部署会召开，副县长雷青松主持，县(中)直各相关单位参加会议。

3日 县委书记劳明伟、县委副书记、县长旦增尼玛到门巴乡虫草采集点，看望慰问一线工作人员和虫草采集群众。

4日 墨竹工卡县2020年第一期统计业务知识培训开展，共有乡镇、村级记账员15人参加。

6日　国家生态文明建设示范市核查组现场核查墨竹工卡县相关工作，市委副书记、组织部部长庄红翔，自治区生态环境厅党组副书记、副厅长次仁央宗，副市长陆从福陪同调研。

8日　召开墨竹工卡县2020年生态环境保护工作会议，县委副书记、县长旦增尼玛主持会议并讲话。

12日　在甲玛乡正式启动墨竹工卡县农牧民健康体检暨在编僧尼标准化健康体检工作，当日甲玛乡中心小学500余名学生参加体检。

7月

1日　墨竹工卡县举办“我心向党”七一主题活动暨“党建+基层治理”赤康样本现场会，县委书记劳明伟出席会议并讲话，拉萨市委宣传部副部长光辉出席。

3日　由县委宣传部联合相关部门在嘎则新区易地扶贫搬迁点开展“五下乡”活动，发放宣传资料1000余份，药品500余份，免费义诊270余人。

同日　墨竹工卡县首次举行政府部门保密工作培训会，县直各单位相关人员参加。

4日　西藏自治区生态环境厅党组成员、副厅长税燕萍一行到墨竹工卡县调研生态环境保护工作开展情况，市生态环境厅党组副书记、局长格桑巴珠陪同。

6日　南京市六合区委教育工委书记徐迎新一行到墨竹工卡县考察交流，洽谈在墨竹工卡县创办“家门口内地西藏班”事宜。

14日　2020年墨竹工卡县第三届万亩小油菜花文化旅游节在扎西岗乡举办。

17日　西藏墨竹工卡县农牧区“溪桥工程”公益项目启动仪式在甲玛乡举行，计划3年内在全县农牧区新建100座以上便民“溪桥”，县委书记劳明伟，县委副书记、县长旦增尼玛出席仪式。

21日　墨竹工卡县贯彻落实市域社会治理现代化试点工作部署会召开，县委书记劳明伟出席并讲话，县委副书记、县长旦增尼玛主持会议。

同日　拉萨市生态环境局一行到墨竹工卡县开展集中式饮用水水源地保护区调整划定对接工作，并召开座谈会。市生态环境厅党组书记、副局长赵世东，市生态环境局党组副书记、局长格桑巴珠及专业技术人员出席，墨竹工卡县相关领导及部门参加会议。

24日　墨竹工卡县人民医院医疗集团联合自治区藏医院眼科中心白内障救治工作正式启动，计划开展为期6个月眼部疾病筛查救治。

28日　南京市工信系统代表团一行到墨竹工卡县开展对口支援工作，并召开座谈会，南京市工信局局长叶荣生出席并讲话，县委书记劳明伟，县委副书记、县长旦增尼玛出席。

31日　墨竹工卡县产业建设领导小组办公室第1次会议召开，县委常务副书记、常务副县长施勇君主持会议。

8月

3日　中央政治局委员、国家脱贫攻坚普查领导小组组长胡春华到墨竹工卡县甲玛乡考察国家脱贫攻坚普查现场登记工作，国家脱贫攻坚普查领导小组副组长、国家发展改革委员会副主任、国家统计局局长宁吉喆，国家脱贫攻坚普查领导小组办公室主任、国家统计局副局长李晓超，区党委书记吴英杰，区党委副书记、常务副主席庄严，区党委常委、常务副主席罗布顿珠，区党委常委、拉萨市书记白玛旺堆，区党委常委、区委秘书长刘江陪同考察。

7日　南京市六合区党政代表团一行到墨竹工卡县开展对口支援工作，向墨竹工卡县捐赠80万元帮扶资金。

14日　墨竹工卡县第七次全国人口普查工作推进会召开，相关部门签订《墨竹工卡县第七次全国人口普查工作责任书》。

15日　墨竹工卡县人民医院藏医科举行首届藏文化交流活动，自治区藏医院藏医学术界人士专家，县、乡、村三级藏医医护人员，西藏藏医药大学实习生共计48人参加。

17 日 墨竹工卡县 2020 年上半年经济运行情况通报暨下半年经济工作部署会议召开，县委副书记、县长旦增尼玛主持会议并讲话。

27 日 西藏自治区经信厅党组副书记、厅长王方红一行到墨竹工卡县调研工矿领域安全生产工作。

28 日 墨竹工卡县开展农牧业组织化及创业创新能力提升考察学习活动，各乡镇分管农牧副乡（镇）长，12 家村集体经济负责人到日喀则市亚东县考察学习。

9 月

1 日 墨竹工卡县举行大型收割机发放仪式，扎西岗乡、尼玛江热乡、扎雪乡相关村“两委”班子负责人参加，共发放 10 台收割机。

8 日 墨竹工卡县举行庆祝第 36 个教师节暨南京班开班仪式，拉萨市教育局党组成员、副局长叶海缨出席会议，县委常务副书记、常务副县长施勇君参加并讲话。

同日 拉萨市委副书记、市长果果一行到墨竹工卡县调研“美丽乡村 · 幸福家园”整村推进试点工程建设、中央环保督察问题整改和规上企业及重点项目推进情况。

9 日 拉萨市人居环境整治工作推进现场会在墨竹工卡县召开，市委副书记、常务副市长沈海斌出席，全市 5 个县 3 个区及 4 个功能园区，农业农村局、发改委等市直相关单位负责人共 60 余人参加。

10 日 墨竹工卡县举行“厉行勤俭节约、制止餐饮浪费”系列活动启动仪式，县委书记劳明伟出席并讲话，县委常务副书记、常务副县长施勇君主持。

14 日 墨竹工卡县 2020 年新兵入伍欢送仪式举行，县委书记劳明伟，县委常务副书记、常务副县长施勇君出席。

16 日 墨竹工卡“9 · 16”平安西藏宣传日暨“第 30 个民族团结宣传月”集中宣传活动开展，县委书记劳明伟现场进行指导，共发放各类宣传品 5000 余份，2 万余人次参与。

17 日 墨竹工卡县中央第七次西藏工作座谈会精神巡回宣讲工作正式启动。

18 日 墨竹工卡县第七次全国人口普查动员会暨“两员”培训会召开，副县长益西出席并讲话，各乡（镇）县（中）直各单位负责人，普查指导员及普查员共 150 余人参加。

22 日 墨竹工卡县乡（镇）、建制村客运班车实现全覆盖、通车率达 100%。

26 日 南京市秦淮区委书记、市南部新城开发建设管委主任林涛带领的党政代表团到墨竹工卡县考察指导工作，并召开座谈会议。县委书记劳明伟出席，县委副书记、县长旦增尼玛主持会议，累计捐赠 220 万元帮扶资金。

29 日 墨竹工卡县举行“迎国庆 · 庆丰收 · 讲团结”2020 年汇报演出。

10 月

11 日 全国总工会第三方评估组一行到墨竹工卡县开展城市困难职工解困脱困工作成效评估考核，此次共随机抽选 11 名脱困职工代表，自治区总工会党组成员、副主席丹拥拉姆；拉萨市工会党组书记、副主席索朗罗布，县委书记劳明伟陪同。

14 日 墨竹工卡县政府系统中央第七次西藏工作座谈会、《中华人民共和国民法典》宣讲会举行，县委常务副书记、常务副县长施勇君主持，市委党校巴桑卓玛讲师、巴桑旺堆律师授课。

15 日 墨竹工卡县正式启动为期 30 天的“金秋购物月”促销活动，促销产品有日用百货、家电、服装、民族手工艺品、净土健康产品等 300 余种。

17 日 墨竹工卡县首批 25 座便民“溪桥”集中建成开通仪式在日多乡拉龙村拉龙沟举行，市委副书记、常务副市长沈海斌出席并讲话。

19 日 西藏自治区宣讲团一行到墨竹工卡县宣讲中央第七次西藏工作座谈会精神，县委书记劳明伟主持宣讲报告会，西藏大学马克思主义学院教授曾燕作宣讲报告。

20日 中国共产党墨竹工卡县第九届委员会第十次全体（扩大）会议召开，县委书记劳明伟讲话，审议通过《中国共产党墨竹工卡县第九届委员会第十次全体会议决议》《中共墨竹工卡县委员会关于落实中央第七次西藏工作座谈会精神的实施细则》，县委委员、候补委员出席。

22日 墨竹工卡县委常委会班子巡视反馈意见整改专题民主生活会召开，县委书记劳明伟主持会议，市委组织部、市纪委相关领导与会指导。

同日 墨竹工卡县甲玛乡赤康村成立拉萨市第一家村民理事会，共有184名群众代表参加选举。

28日 生态环境部西南督察局一行到墨竹工卡县开展日常督察，并召开座谈会，实地核查华泰龙公司、巨龙公司、天仁矿业、中凯矿业等，并对环保整改措施给予高度评价。

11月

10日 《宁听·墨竹》第二届“格桑花开·南京墨竹周”在南京市开幕，南京市委常委、宣传部部长陈勇，拉萨市委副书记、常务副市长沈海斌，墨竹工卡县委书记劳明伟出席并致辞。

11日 非遗“宁墨对话”暨藏式生活馆在南京市正式开馆，陈列西藏非物质文化遗产和文创产品300余件。

12日 第二届墨竹工卡县“格桑花开”大学生就业创业特训营开营，第二届特训营共有35名学员。

13日 墨竹工卡县乡镇污水处理设施建设项目通过竣工验收，正式进入运维阶段。

16日 第二届“格桑花开·南京墨竹周”“携手与‘宁’‘墨’契共赢”发展恳谈会暨闭幕活动举行，南京市委常委、常务副市长杨学鹏等领导出席，墨竹工卡县委书记劳明伟出席并讲话，南京市8个区与墨竹工卡县8个乡（镇）签订“十四五”对口帮扶计划，活动期间销售“天边墨竹”墨竹小菜籽油5万余公斤，总金额超过336万元。

20日 墨竹工卡县村（居）“两委”班子离任财务审查工作小组成立，正式启动墨竹工卡县离任财务审查工作。

24日 墨竹工卡县新冠病毒核酸检测实验室正式投入使用。

25日 西藏自治区党委常委、拉萨市委书记白玛旺堆到墨竹工卡县调研。

30日 墨竹工卡县人民政府首次组织召开县政府系统责任心考评会，现场从6个方面对参会人员进行责任心测试。

12月

1日 墨竹工卡县2020年学习贯彻中共十九届五中全会和中央第七次西藏工作座谈会精神第一期专题培训班开班，自治区党委宣讲团成员、区党委党校、行政学院党史党建教研部副主任曲宗授课，共有70余人参加开班仪式。

11日 墨竹工卡县2020年度“先进双联户”创建评选表彰大会召开，对8个联户单位进行表彰，共有180余人参加。

23日 墨竹工卡县村（社区）“两委”换届工作动员部署暨业务培训会召开，团市委副书记、市村（社区）“两委”换届工作第七指导检查组副组长慈旦德吉与会指导，县委书记劳明伟出席会议。

同日 墨竹工卡县举行第十四批南京援藏医生欢送仪式，5名援藏医生完成为期一年的援藏医疗工作，县委书记劳明伟，县委副书记、县长旦增尼玛出席仪式。

31日 墨竹工卡县召开2020年度乡（镇）党委书记行业系统党（工）委书记抓基层党建工作述职评议会，县委书记劳明伟出席并讲话，县委副书记普布主持会议。

综 述

【概况】 墨竹工卡县位于西藏自治区中部、拉萨河中上游。东与林芝市工布江达县相邻，西靠拉萨市达孜区、林周县，北连那曲市嘉黎县，南接山南市乃东区，交通区位优势较为明显，川藏公路（318国道）横穿而过。县域面积5492平方千米，属以农为主的半农半牧县。全县辖7个乡1个镇，41个村（居）委会，总人口5.7万人，平均海拔4200米。墨竹工卡县素有“天边之乡”的美誉，野生动植物资源有黑颈鹤、斑头雁、虫草、雪莲花、红景天等，矿产资源有铜、铅、锌、金、钼、铬、大理石等。境内名胜古迹众多，旅游资源得天独厚，距今850多年历史的直孔替寺闻名国内外，日多温泉、德仲温泉和有财神湖之称的思金拉措等自然景观独具魅力，直孔水磨糌粑、斯布牦牛等农畜产品驰名区内外，以松赞拉康、松赞干布纪念馆、霍尔康庄园、甲桑古道徒步为重点的藏王松赞干布出生地甲玛景区已完成松赞干布纪念馆建设并对游客开放。

【经济发展】 2020年，全县地区生产总值完成39.25亿元，同比增长7.4%；规模以上工业增加值同比增长19%；全社会固定资产投资增速下降30.91%；一般公共预算收入完成5.85亿元，同比增长67%，社会消费品零售总额完成5.05亿元；农村居民人均可支配收入达到18187元，同比增长12.6%。招商引资累计到位资金55.23亿元，同比增长507.63%。

【社会保障】 2020年，完成344套公租房建设，成功入选国家残疾人预防综合试验区创建名单，实施“基本医疗保险＋大病保险＋医疗救助＋超大额保险”新模式，实现“先诊疗后付费”和“一站式”即时结算，城乡居民住院报销时限缩短至5个工作日。

（旦增达吉）

政 治

中共墨竹工卡县委员会

【概 况】 2020年，是墨竹工卡县决战决胜脱贫攻坚、完成“十三五”规划、与全国各地一道同步实现全面小康的收官年。全县上下坚持以习近平新时代中国特色社会主义思想为指导，全面贯彻中共十九大和十九届二中、三中、四中、五中全会及中央第六、七次西藏工作座谈会精神，坚决贯彻习近平总书记关于西藏工作的重要论述和新时代党的治藏方略，统筹推进新冠疫情防控和经济社会发展工作，完成国家第三方脱贫攻坚普查，全力推进“美丽乡村·幸福家园”建设，各项工作稳步推进，为决胜全面小康吹响了胜利的号角。

2020年，地区生产总值完成39.25亿元，同比增长7.4%，其中，第一产业完成3.55亿元，同比增长0.8%，第二产业完成28.85亿元，同比增长12.9%，第三产业完成6.85亿元，同比下降1.3%；公共财政预算完成5.85亿元；规模以上工业增加值同比增长19%；社会消费品零售总额完成5.05亿元，同比下降5.9%；社会固定资产投资同比下降30.91%；农牧民人均可支配收入完成18187元，同比增长12.6%。2020年，墨竹工卡县成功创建“国家农村产业融合发展示范园”。

围绕奋斗目标，在市委、市政府的正确领导下，在县人大、政府、政协的共同努力下，全县上下积极行动，攻坚克难，县委常委会发挥引领带动作用，截至目前，召开县委全体会议2次，召开县委常委会会议25次，围绕年度目标研究脱贫巩固、乡村振兴、经济发展、维护稳定、党的建设等议题150余项。

【从严治党】 年内，认真落实新时代党的建设总要求和组织路线，坚持标准化建设，划拨基层党建活动专项经费475万元，申请中央集体经济发展扶持项目2个，

2020年9月10日，墨竹工卡县委书记劳明伟参加“厉行勤俭节约、制止餐饮浪费”系列活动启动仪式并在承诺版上签字

巩固扩大村集体经济发展成效，稳步推进4个软弱涣散党组织整顿工作。

创新基层治理模式，探索打造“1+4+N”党建+基层治理赤康样本，使党建工作有样可循，基层治理更加有序，基层战斗堡垒作用发挥更加明显。强化党员教育管理，组织各级各类培训16期900余人次，开展各类宣讲实践活动3000余场次，实现县乡村三级党员包片包户包人全覆盖，十九届五中全会精神和中央第七次西藏工作座谈会精神宣讲实现全覆盖。

2020年12月30日，县委书记劳明伟（左一），县委副书记、县长旦增尼玛（左二）一行考察墨竹工卡县年货市场

【思想建设】 年内，牢牢把握正确政治方向，严格落实意识形态工作责任制，扎实推进“不忘初心、牢记使命”“四讲四爱”主题教育实践活动常态化制度化，实现党员干部和农牧民群众教育全覆盖。召开县委理论学习中心组学习会12次，组织各级各类培训16期900余人次，十九届五中全会精神和中央第七次西藏工作座谈会精神宣讲实现全覆盖；开展各类宣讲实践活动3000余场次、受教育群众累计20万人次，广大干部群众共同团结奋斗的思想基础更加牢固。

深入开展民族团结进步宣传教育和“五有五好”文明村镇创建活动，向“学习强国”推送短视频文稿40条，制作播出双语新闻78期，制作的音视频资料被上级主流新闻媒体采用274条，“微墨竹”“网信墨竹”等互联网宣传阵地不断夯实，传递了墨竹好声音，弘扬了时代正能量。

【作风建设】 年内，始终压实管党治党责任，认真开展中央“八项规定”及其实施细则精神自查整改，积极稳妥推进公车改革，开展“餐饮浪费”专项整治行动，持之以恒纠正“四风”，努力营造风清气正的良好政治生态。坚持以人民为中心的工作导向，持续开展扶贫、教育医疗、社会保障、扫黑除恶等重点领域专项整治，着力解决群众反映的热点、难点问题，促进党风政风和社会风气的持续好转。

认真配合做好区党委巡视工作，抓好区党委巡视二组反馈的14项问题以及区党委巡视一组反馈拉萨市涉及墨竹工卡县的5项问题整改工作；持续深化政治巡察，开展本级巡察2轮，巡察党组织16家，实现了本届任期内巡察工作全覆盖。

【新冠疫情防控】 年内，始终把新冠疫情防控工作作为压倒一切的头等大事，建立联防联控、日常排查、日报告等机制，层层压实疫情防控工作责任。落实监测制度、场所管理、隔离管控、医护人员和防疫物资保障、牲畜防疫、风险防范和宣传引导等防控措施，投入专项经费450万元用于疫情防控，组织为湖北捐款234.99万元，捐赠物资价值43.98万元；积极落实有关政策，减免工矿企业电费、社保费2993.85万元，鼓励商铺业主自发减免租金59.92万元；县医疗集团P2实验室已建成并投入使用，确保一有疫情能够及时反应、及时应对。

【环境保护】 年内，高标准完成中央环保督察反馈问题整改，斯布沟酸性水得到有效治理、金和唐加选厂已完成拆迁及闭库工作，所有挂牌督办问题已全部摘牌，在全区生态环境考核中获得环保奖励200万元；编制完成《墨竹工卡县甲玛矿区自治区绿色矿山示范县规划》，实施“两江四河”流域造林绿化工程，累计种植、补栽苗木4.8万余株，完成河道治理120余公里，河湖垃圾清理69吨，农村生活垃圾清运940余吨，设立集中式饮用水、大气、土壤等42个监测点位，全县空气质量达到二级以上，人居环境问题得到综合治理。

【三大攻坚战】 年内，聚焦“两不愁、三保障”，落实“四个不摘”，全面巩固脱贫成果。保障高海拔地区安全饮水，实施农村饮水提升改造项目15个。落实住房安全保障，实施61户农牧民住房提升改造工程。完成187户搬迁户拆旧复垦，加快推进嘎则易地扶贫搬迁点相关配套设施建设和产业发展。

推进中央环保督察反馈意见整改工作，加大生态环境保护力度，实施“两江四河”流域造林绿化工程，完成21个山水林田湖试点项目建设。持续推进国土绿化，全面清理重点区域“白色污染”。完成集中式饮用水、大气、土壤等42个点位监测工作，7个乡污水处理厂项目稳步推进，全县生活垃圾全部实现无害化处理。持续增强金融风险化解能力，坚决杜绝政府举债或隐性债务。

【深化改革】 年内，探索实施土地托管，建立全程托管、多环节托管和关键环节托管三种不同模式，解决“谁种地”“种好地”的问题。有序推进清产核资，完成全县41个村（居）和198个村民小组年度清产核资任务，清查农村集体资产16603.52万元，清查全县集体土地总面积为13.99万亩。

全面深化“放管服”改革，加快推进“互联网+政务服务”，县乡村三级便民服务中心建设全覆盖，共受理行政审批事项和便民事项34358件，办结率100%。有序推进县政务服务中心建设，持续深化县域综合医改，推动完善信息化建设。

【城乡面貌】 塔巴村一带创成拉萨市首个、自治区首批、第二批“国家农村产业融合发展示范区”。“十四五”发展规划、国土空间规划全面启动，城镇化水平持续提升，路网结构持续优化。深入开展城乡环境综合治理，治理河道120余公里。

农村环境不断改善，完成县域“十四五”发展规划和国土空间规划，加快城乡统筹步伐。投入1.18亿元，全县3个乡7个村“美丽乡村·幸福家园”整村试点建设有序推进，美丽乡村建设整体水平明显提升。户人均可支配收入从2015年1970元增长至2020年12746.37元。建成县乡污水处理厂9座，率先在全区实现县乡污水处理设施全覆盖。5个乡镇生活垃圾无害化处理设施建设工程正式启动，全县生活垃圾全部实现无害化处理，农村人居环境得到持续改善。国道349和省道507改扩建工程步伐加快，乡村道路通畅率、农村客运班线覆盖率均到达100%。首批25座便民“溪桥”集中建成投入使用，交通基础设施水平显著提升。实施3293户农牧区入户线路改造工程、15个高海拔地区季节性缺水提升改造项目、61户四类人员住房提升改造工程，农牧民居住条件不断改善。

【产业运营】 年内，积极引导和

2020年5月22日，县委书记劳明伟（右三）、县委副书记索朗多吉（右二）一行到门巴乡达珠村虫草采挖点为农牧民群众作示范宣讲

组织扶贫企业参加产品展和产品销售等活动，促进扶贫产品消费，县小油菜榨油厂累计生产菜籽油30余万公斤，依托“南京墨竹周”销售5万余公斤、销售额396.5万元，基本形成“产供销”一体完整产业链；帮助辖区内巨龙公司纾困重组，支持华泰龙公司疫情期间正常运营，保障企业持续健康发展；墨竹城市广场实现年租金226万元，带动36人就业和1523名建档立卡贫困户人员分红；“格桑花开产业园区”（一期）入驻企业6家，招商引资力度不断提升，经济活力不断增强。全县已完工运营54个扶贫产业项目，累计实现建档立卡群众分红8569人次、882.77万元。

2020年3月9日，县委副书记普布（左五）到城关区疫情防控工作点慰问墨竹工卡县疫情防控一线干部

【旅游文化】 年内，围绕全域旅游发展理念，着力改善德仲景区、直孔景区等旅游基础设施条件，逐步提升旅游知名度和服务质量。年内，全县接待游客8万余人次，增收600余万元；县乡村新时代文明实践中心和县级融媒体中心建成投入使用，41个村级文艺演出队完成组建，组织非物质文化遗产传承人培训和非遗产品展演，在南京设立“天边墨竹藏式生活馆”，干部群众的精神文化生活日益丰富，文化需求不断满足，幸福指数显著提升。

【民生保障】 年内，坚持把“惠民生、兜底线、救急难、促和谐”作为头等大事。投入民生领域资金7.06亿元，占公共财政预算支出58.43%。兑现124名残疾人护理和康复补贴44.25万元，兑现940户1578名低保户生活保障金814.44万元，落实1150户城乡低收入家庭物价补贴125.78万元。先后免费救治先心病、髋关节脱位、脊柱侧弯等患儿156名，白内障等眼病患者215名，群众幸福感、获得感、安全感不断增强。

【教育事业】 全区首个家门口的援藏市西藏班——墨竹南京班顺利开班，全市首个“互联网+教育”国家示范县建设稳步推进，学生健康体检及健康电子档案建设率先完成。相继实施校园温暖项目9个、续建新建双语幼儿园3个，教育教学条件持续改善，农牧区学前双语教育入园率达95%以上，适龄儿童入学率、初中毛入学率分别达99.98%、104.84%，义务教育巩固率达99.13%，控辍保学工作成效显著，教育现代化加速推进。

【医疗服务】 年内，持续巩固全国紧密型县域医共体试点县建设成果，在全区率先完成“二甲”医院创建，县卫生信息化建设全区领先，实现体检“云数据”、就医“零等候”、付费“秒支付”、救助“时共享”的智慧医疗体系，群众就医质量得到显著提升。2020年，全民免费体检率达到99.7%，孕妇建卡率、住院分娩率、产后访视率均达到100%，家庭医生签约率达97.8%，儿童基础免疫疫苗接种率保持在99%以上，群众看病难、就医难的现实问题得到有效解决。

【城乡居民医疗保险】 年内，城乡居民参保覆盖面达98%，扩面参保效果显著，本级投入147万元，为全县4.9万名城乡居民购买超大额医疗补充保险，同时针对经济困难群众建立大病爱心救助基金并预借医疗费222万元，不断提升特殊群体、低收入群体保障力度。

【就业创业】 年内，充分利用县域企业和援藏资源优势，多渠道开发岗位，多形式促进创业，有效提高就业服务质量。继续推出“格桑花开人才＋计划”和第二届格桑花开大学生就业创业特训营，助推大学生高质量就业创业，448名应届大学毕业生全部实现就业。全年累计开展农牧民转移就业培训22期，开发就业岗位823个，城镇新增就业683人，实现农牧民转移就业9945人，创收1.12亿元，城镇登记失业率控制在2.2%以内，全县就业形势持续向好，农牧群众就业观念不断转变，对美好生活的向往愈加强劲。

（龚华君）

【机构领导】

书 记

劳 明 伟

副书记、县长

旦增尼玛（藏族）

常务副书记、常务副县长

施 勇 君（江苏援藏）

副书记

索朗多吉（藏族）

普　　布（藏族）

办公室工作

【概况】 2020年，坚持解放思想，艰苦创业，争先进位，真抓实干，充分发挥综合协调和参谋助手职能作用，不断完善服务理念，全面提升服务水平，狠抓各项工作任务落实，使办公室与县委在决策上合谋，节奏上合拍，工作上合心，圆满完成全年各项工作任务，较好地发挥了参谋助手和综合协调作用，保证和促进了县委及全县各项工作快速高效运转。县委办公室人员通过集中学习与自学等多种方式，不断加强业务知识学习，强化自身建设，提高服务水平，较好地发挥了办公室综合协调作用，保证全县各项业务工作正常有序开展。坚持每月召开支委会、党员大会，加强党员干部纪律规矩意识，坚决维护党中央权威。

县委办公室党支部按照规定认真开展年度组织生活会1次，通过开展征求意见、谈心谈话、批评与自我批评等方式，共查摆问题14条，确定整改任务9项，定整改措施8条，建立制度2个，修改完善制度1个，现已全部整改落实到位并长期坚持。县委办公室党支部全年开展主题党日活动9次，开展集中学习9次，支部成员做交流发言27人次，撰写交流发言材料27份，支部书记带头讲党课4次。截至年底，共收缴党费4091元，坚持每月公示。

【党建促脱贫攻坚】 年内，县委办公室党员干部与贫困户结对子、“认亲戚”，每名党员干部每年至少走访4次。与此同时，坚持“扶贫需扶智，扶贫必扶志”原则，通过精神扶贫、智力扶贫、信心扶贫等形式，在入户走访中积极鼓舞困难群众，使其坚定脱贫信心，点燃脱贫致富希望，让贫困群众在思想认识上从被动的“要我脱贫”转变为主动的“我要脱贫”，破除贫困群众“等、靠、要”思想，坚定感党恩、跟党走的信心和决心。

【办文办会】 年内，坚持严把“三关”，确保文稿质量。对应由县委办公室起草的文件，认真拟稿，反复校对；对由部门代拟的文件，进行严格审核，仔细缮改，力求准确到位。所有文件必须经严格审稿、缮改后，再逐级经领导签发。

2020年5月15日，墨竹工卡县委办公室人员集体观看《网络密战》教育片

年内，共撰写领导讲话、各类文件、上报材料300余篇，其中起草各类公文140篇。对上级来文由办公室专人负责，及时登记传阅，及时整理存档。年内，共传阅上级文件500件次，回收500件次，杜绝文件丢失及泄密事件的发生。细致周到认真组织每一次会议和活动，确保会议和活动的规范有序，完成大小会务接待50余场次。

2020年3月28日，墨竹工卡县委办公室人员参加义务植树活动

【信息工作】 年内，充分发挥信息主渠道作用，实事求是地做好上级党委重大方针政策、决策部署的信息反馈工作，及时传达县委领导的决策和指示精神，准确、全面地反映全县各乡镇、各部门的工作成绩、典型经验、困难问题和发展态势，保证县委领导能够及时了解重要社情动态。在及时、准确、全面提供信息的前提下，县委办公室狠抓信息的收集和反馈工作，紧贴县委的中心工作，抓住重点、难点、热点、特点，突出超前性、苗头性、综合性、指导性，为领导决策参考提供高质量的信息。同时，积极向市委反馈文件、会议、决策的实施情况和全县经济社会的发展情况。

年内，共上报各类信息765期、65期专报。在信息报送工作中，还特别注重增强信息工作的针对性，把热点、难点问题作为首选题材，着力挖掘有一定深度的高层次信息，为县委、县政府了解重要工作动态，掌握社情民意，以及各乡镇、各部门之间交流工作，相互学习，起到了积极作用。

【督查督办】 年内，充分发挥职能作用，突出重点，把握关键，强化督导工作，在深入推动县委决策落实上下功夫，积极主动地开展督查工作，并对决策落实中带有普遍性、倾向性、政策性的问题及时反馈。

年内，共开展县委全会、全县领导干部大会等重要会议贯彻落实情况督查12次18项，及时下发督查通报，表扬先进、鞭策后进，使县委重大决策得到及时贯彻落实。全年共编发《督查通知》8期，向市委督查室报送《督查专报》13期。

先后围绕农民减负、行业不正之风、下岗职工再就业等社会问题主动进行查办，有效化解社会矛盾，理顺群众情绪，维护社会稳定。在督查工作中，县委办公室工作人员发扬知难而进、一竿子插到底的精神，不怕吃苦，不怕得罪人，关键时刻不手软，用大的力度寻求大的突破。采取上下、点面、调查与核实相结合，根据需要采用明察暗访、督查调研和回访核实等方法，出色地完成各项督查活动，大力推进了县委各项工作的落实。

【保密工作】 年内，严格按照《中华人民共和国保守国家秘密法》等有关法律、法规，不断加大保密宣传教育、监督管理和技术防范力度，健全各项管理制度和工作责任制，加强对涉密人员的管理，努力提高保密工作法制化和规范化水平，保密工作取得一定成效。高度重视，始终把保密工作作为一项政治任务来抓，列入办公室的重要议事日程，树立“保密工作无小事”的思想。

县委办公室党支部召开学习会、组织生活会等活动时都将保密工作作为重要内容进行学习和研究部署。认真组织，开展年度保密培训1次，参训人员70余人。开展保密检查2次，强化监管，突出抓好全县重点岗位涉密事项的保密管理，特别是对涉密文件严格执行全过程监管，确保从分发、传递、使用、管理、复制、保存等每一个环节都合乎规范，不出差错。

【档案工作】 年内，开展档案检查工作2次，征集并接受案卷19327卷、4702件。共接待查询利用人员30余人次，查（借）阅档案借阅利用73份。

【综合协调】 年内，定期召开会议，沟通思想，交流情况，协调力量，搞好综合服务，抓好工作落实。对日常事务性工作，进行周密安排、科学调度，做到环环相扣、上下衔接，防止出现纰漏；对全局性重点工作，发挥好参谋部、指挥部的作用，做到统揽全局、协调各方，科学摆布、全面落实。

坚持做到眼观六路、耳听八方，学会融入社会、联系群众，善于发现问题、分析问题、解决问题，为人民群众解难，替党委、政府排忧。通过增强协调能力，改进协调方法，充分听取方方面面的意见，掌握各个层面的情况，使各项预案更加科学合理，各个部门更加默契协调，有力推进了各级各部门工作高效运转。

【廉洁自律】 年内，认真落实“一岗双责”，签订党风廉政建设责任书，明确职责任务，紧紧抓住责任分解、责任考核、责任追究三个关键环节，健全党风廉政建设责任制的配套规定，切实提高党风廉政建设工作成效。

县委办公室负责人高度重视党风廉政建设工作，坚持把党风廉政建设工作纳入办公室重要议事日程，与办公室日常工作同部署、同落实、同检查、同考核，形成主要领导亲自抓、分管领导具体抓、具体工作人人抓的格局，确保党风廉政建设工作落到实处。凡事关党风廉政建设的工作安排，均以召开专题学习会的形式进行学习贯彻。全年共传达学习文件资料30余份。按照县委、县纪委要求，重点学习中央、自治区、市、县党风廉政建设会议精神文件资料40余份，不断加强干部职工的政治理论水平和政治素养能力。严格落实廉政准则等领导干部廉洁自律规定，坚决纠正谋取不正当利益问题。

（单增卓嘎）

【机构领导】

主　任

龚 华 君

副主任

益西查巴（藏族）

冯 晓 利（女）

墨竹工卡县人民代表大会

【概况】 2020年，墨竹工卡县人大常委会共召开人大常委会议6次，主任会议6次，常委会党组会议8次，听取和审议专项报告25次，组织专题调研视察6次，依法任免国家机关工作人员29人次，接受人大常委会委员辞职2人，补选委员3人，接受人大代表辞职3人，做出决议决定5项。

【人民代表大会】 2019年12月29日至2020年1月1日，墨竹工卡县第十三届人民代表大会第五次会议召开，县十三届人大代表出席会议，不是县十三届人大代表的县级领导、县（中）直部门负责人及出席政协墨竹工卡县二届五次会议的政协委员等列席大会。大会听取和审议墨竹工卡县人民政府工作报告；审查和批准墨竹工卡县2019年国民经济和社会发展计划执行情况与2020年计划草案的报告；审查墨竹工卡县2019年财政预算执行情况与2020年财政预算草案的报告，批准2019年墨竹工卡县本级财政预算执行情况与2020年墨竹工卡县本级财政预算；听取和审议墨竹工卡县人民代表大会常务委员会工作报告；听取和审议墨竹工卡县人民法院工作报告；听取和审议墨竹工卡县人民检察院工作报告。大会表决通过关于人大常委会报告、人民政府报告等6个报告决议，会议补选产生县人大常委会委员3名。

【人大常委会会议】 年内，共召开主任会议6次，常委会会议6次；接受人大代表辞职3人，依法任免国家机关工作人员29人，其中任命15人，免去职务14人，全面完成县十三届人大四次会议确定的各项目标任务。

4月1日，召开县十三届人大常委会第二十六次会议，听取

2020年4月10日，墨竹工卡县人大常委会党组书记、主任张尚福（前排右三）一行对全县新冠疫情防控和复学工作开展视察

县人民检察院关于推进认罪认罚从宽制度实施情况的报告以及扫黑除恶打非治乱工作开展情况报告，第一季度脱贫攻坚工作进展情况，行政事业单位国有资产管理工作开展情况的报告，疫情防控重点工作开展情况报告，审议通过县人民政府关于对2020年预算进行部分微调的请示和县人大常委会关于加强和改进基层人大代表履职活动保障工作的办法（建议稿）。

5月27日，召开县十三届人大常委会第二十七次会议，审议通过县人民政府关于盘活2020年收回结转结余资金的请示，新任命县人民政府副县长1名。

6月30日，召开县十三届人大常委会第二十八次会议，听取墨竹工卡县人民政府、县人民法院、县人民检察院、县公安局、县司法局关于扫黑除恶专项斗争工作报告，表决通过相关免职议案。

11月24日，召开县十三届人大常委会第二十九次会议，听取和审议县人民政府关于县十三届人大五次会议代表意见建议办理进展情况的报告，县人民政府国有资产管理情况专项报告——国有自然资源资产管理情况报告，2020年生态环境保护工作报告，2020年审计工作报告，表决通过相关人事任免。

12月10日，召开县十三届人大常委会第三十次会议，听取墨竹工卡县关于《宗教事务条例》及《西藏自治区民族团结进步模范区创建条例》贯彻执行情况的报告，县文化和旅游（文物）局关于文化软实力建设及淡化宗教消极影响工作开展情况的报告，表决通过县人民检察院检察长辞职事项及相关人事任免。

12月29日，召开县十三届人大常委会第三十一次会议，审议通过县人大常委会主任会议关于召开墨竹工卡县第十三届人民代表大会第六次会议的议案、县人民政府关于墨竹工卡县2020年预算调整方案的报告的议案、县十三届人大六次会议代表资格审查报告和人大常委会委员辞职事项；听取县人大、政府、计划、财政、法院、检察院工作报告和“十四五”时期规划和2035年远景目标纲要草案，研究通过十三届人大六次会议相关建议名单及会议议程、日程草案；表决通过相关人事任免，并安排部署十三届人大六次会议会务工作。

【人大代表工作】 年内，紧紧围绕县委决策部署和县域经济发展中的重要问题、人民群众普遍关心关注的热点问题，对全县疫情防控工作、扶贫产业、农村人居环境整治、复产复工复学、国有资产管理工作情况进行视察调研。组织64名基层人大代表开展集中培训，邀请市、县委党校专家教授专题授课，专题解读中央第七次西藏工作座谈会精神、中华人民共和国民法典、习近平生态文明思想、社会主义核心价值观等方面理论知识，组织代表观看爱国主义影片。

邀请代表参与常委会工作，全年列席常委会会议以及参与调研视察、执法检查等工作的代表分别为20人次、120余人次。组织代表40余人次参加常委会会议、巡视巡察、宪法宣传日、法院庭审旁听、检察院开放日等活动。切实保障代表工作经费，及时发放农牧民代表务工补贴4万余元，减轻代表履职经济负担。

【代表意见建议办理】 年内，墨竹工卡县人大常委会认真总结代表建议办理工作经验，将常年坚持的会议期间代表建议由大会主席团向政府交办、建议由政府分管领导领衔办理及常委会领导牵头督办，办公室具体落实，督办结果及时反馈给政府职能部门，督促办结，切实指导代表建议办理，有力提升了办理质效。县十三届人大五次会议期间收到的71件建议，代表意见建议办复率和满意率均达到100%，办结率达95.77%。在县人民政府和各级承办单位的重视下，代表建议由注重“办复率”向注重“办成率”转变，许多重点建议得到有效推进，一批民生领域热点问题得到有效解决。

【法治建设】 年内，积极配合自治区、拉萨市人大常委会及其专门委员会对《拉萨市民族团结进步条例》《中华人民共和国野生动物保护法》《拉萨市爱国卫生管理条例》《中华人民共和国环境保护法》等相关法律法规贯彻落实情况进行执法检查，对《中华人民共和国民法典》《西藏自治区民族团结进步模范区创建条例》等法律法规进行宣传，发放宣传资料1000余册，针对民族团结进步模范区创建条例贯彻实施向广大代表征求意见及调研，促进法律法规在墨竹工卡县范围内得到遵守和执行。

听取县人民法院工作开展情况的报告，督促县人民法院进一步加快化解群众反映强烈的问题。听取和审议县人民检察院关于《关于推进认罪认罚从宽制度实施情况的报告以及扫黑除恶打非治乱》工作开展情况报告，有力助推民主法治建设，维护社会公共利益，促进司法公正。督促开展送法下乡、入校等活动，进一步夯实依法治县基础。

2020年11月19日，墨竹工卡县人大常委会党组成员，副主任刘登贵（右排右三）、王应祥（右排右二）一行到华泰龙矿业公司开展生态环境保护法执法检查

【办实事解难事】 年内，墨竹工卡县人大常委会以用好办实事经费作为为民办实事的有力抓手，以“人大代表之家”和“村级代表联系群众工作室”为依托，以“联系群众、服务群众”为主题开展督办意见建议、学习座谈交流、调研视察等主题活动，激励广大代表主动履职，区市县乡四级人大代表共走访群众（贫困户）800余人次，接待群众300余人次，收集群众意见50余条，通过党组会议研究，解决扎西岗乡南京小学购买学生洗衣机、新建唐加乡卓尼村格桑水渠那组段水闸门、日多乡念村4个组购买运输垃圾拖拉机等24件民生问题，切实解决了群众所需所盼，赢得代表和群众的普遍好评。

【乡镇人大工作】 年内，墨竹工卡县人大常委会班子成员对一年一度的乡镇人大例会实行“一对一”工作联络指导，每个乡镇由1名常委会领导联系，全程跟踪指导乡镇例会工作。通过乡镇人大主席团组织代表培训为契机，不断加强自身学习，明确职责，切实增强工作的使命感和责任感，不断提升理论水平，进一步创新工作思路，积极探索乡镇人大工作的新途径、新方法，不断提高解决问题的能力，努力开创乡镇人大工作的新局面，促进全县各乡镇各项事业稳步健康发展。

巩固和深化乡镇人大规范化、制度化建设成果，继续筹措资金改善乡镇人大代表活动场所的办公条件和工作环境，不断

2020年11月24日，墨竹工卡县第十三届人大常委会第二十九次会议听取和审议墨竹工卡县人民政府关于第十三届人民代表大会第五次会议代表意见建议办理进展情况的报告

完善“人大代表之家”和“村级代表联系群众工作室”的制度建设，充分发挥代表活动阵地作用。注重加强政策法规、工作程序、制度建设、履行职责等方面的指导，帮助提升工作水平。开展乡镇人大依法履职活动，常委会领导带队对全县乡镇人大活动开展情况进行调研，推动乡镇人大工作平衡发展。围绕重要监督议题，推行县乡两级人大联动开展执法检查、调研视察，密切工作协同，形成工作合力，扩大全县人大一盘棋效应，提升全县人大工作整体水平。

【自身建设】 年内，墨竹工卡县人大常委会坚持把党的政治建设摆在首位，从党组和办公室党支部两个层面，健全并坚持学习制度、民主生活会制度，确保学习好政治理论，运用好批评和自我批评武器，增强政治自觉。深入开展“两学一做”学习教育常态化制度化，不断巩固“不忘初心、牢记使命”主题教育成果，坚持把政治规矩和政治纪律挺在前面，严格执行中央“八项规定”精神和党风廉政建设各项规定，驰而不息转作风，营造良好政治生态。坚持把主体责任扛在肩上，切实履行党建、意识形态、廉政建设主体责任，保持正确的政治方向。

坚持以党建为引领，全面推进党建工作和业务工作互促并进，深入扎实把中央第七次西藏工作座谈会精神贯彻落实到人大工作中，坚持学懂弄通做实，原原本本、原汁原味学，真正做到学深悟透、融会贯通，把思想和行动统一到习近平总书记重要讲话精神上来，统一到党中央关于西藏工作的战略部署上来，把力量凝聚到全会确定的各项目标任务上来，坚定坚决抓好稳定、发展、生态、强边四件大事，以实际行动体现坚持党的绝对领导、体现对总书记和党中央的绝对忠诚，为建设团结富裕文明和谐美丽的社会主义现代化新西藏，为新时代墨竹长治久安和高质量发展贡献人大力量。

（普布卓嘎）

【机构领导】

党组书记、主任

张尚福

党组成员、副主任

刘登贵

王应祥

次旦卓玛（女，藏族）

普　桑（藏族）

办公室工作

【概况】 2020年，墨竹工卡县人大常委会办公室以习近平新时代中国特色社会主义思想为指导，认真学习贯彻中共十九大和十九届二中、三中、四中、五中全会及中央第七次西藏工作座谈会精神，紧扣县委中心工作，服务大局，服务基层，围绕《墨竹工卡县人大常委会2020年度工作要点》，加强组织领导，转变工作作风，提升工作效能，提高服务水平，创新工作机制，认真贯彻落实县人大常委会的各项工作部署，按照各项制度要求，严格落实“三重一大”，积极发挥综合协调服务职能，以奋发有为的精神积极开展各项工作，保证了人大各项工作正常有序开展。

【综合性文稿起草】 年内，认真起

草好常委会年度工作计划，力求使常委会的工作紧扣全县发展大局和全县中心工作，推进办公室有条不紊地实施，为常委会充分行使监督、决定、任免等各项职权提供优质服务。认真起草好常委会工作报告，全面客观准确反映常委会过去一年所做的工作及提出今后一年工作思路，为常委会总结工作经验和谋划来年工作提供有益参考。认真做好常委会举行的各项重要会议、重大活动的文稿起草。在起草过程中，注重早谋划、早安排、早落实，加强学习，深入研究，努力提高文稿起草质量，使文稿更加紧密结合县委重大决策部署，更加符合常委会工作实际。

【会议服务】 年内，墨竹工卡县人大常委会办公室共为1次人民代表大会会议、6次常委会会议、6次常委会主任会议提供服务保障。在工作中，注意明确分工，多方协调，主动与有关单位沟通联系，及时完成各类文件和材料准备，提前做好会场布置，积极改进会务工作，注重抓早、抓实、抓快，对会议的每个环节进行仔细分析、认真安排，按照规定时间逐项抓好落实，认真做好会前筹备、会中服务、会后总结等各项工作，进一步提高办会质量，确保各次会议顺利进行。同时，扎实做好出席拉萨市人民代表大会墨竹工卡代表团的服务工作。

【服务人大代表】 年内，做好闭会期间代表服务工作，以“人大代表之家”和“村级代表联系群众工作室”为依托，以“联系群众、服务群众”为主题开展督办意见建议、学习座谈交流、调研视察等主题活动，完成常委会交给的代表组织协调和服务工作。坚持给县人大代表赠订《中国人大》《拉萨人大》等学习资料，为代表依法履职积极创造条件，有效地拓宽代表知情知政渠道。

在常委会分管领导的带领下，通过走访、座谈、实地查看、重点督办、邀请代表深入承办单位督办、电话催办等多种形式，加大对代表建议督办力度，着力提高代表建议的落实率。代表在十三届人大五次会议上所提的71件建议、批评和意见办复率和满意率均达到100%。

2020年4月29日，墨竹工卡县人大常委会办公室主任格桑巴珠（左一）对办实事项目开展调研

【办公室内部管理】 年内，认真贯彻落实民主集中制原则，对重大决策、重要人事任免、重大项目安排及大额资金使用等事项进行会商，并及时上报人大常委会党组审议研究，做到“集体领导、民主集中、个别酝酿、会议决定”。组织办公室工作人员进行业务学习，狠抓公文处理，不断提高办文质量。坚持公文处理的规范化，明确公文制发各个环节的责任，保证公文印制的质量和运转效率，并积极采用电子政务进行收发文件，大大提高办文效率。加强档案管理人员的学习和培训，完善档案管理制度，严格按照制度切实做好档案的收集、分类、整理、编目工作，保证档案的齐全完整，提高案卷质量，力争做到标准化、规范化。

【人大宣传工作】 年内，墨竹工卡县人大常委会办公室坚持把人大宣传工作摆上重要位置，提高认识、明确重点、强化领导，常抓不懈，呈现出全面推进，整体加强，为推进民主法治建设和人大工作顺利开展发挥了积极作用。给各乡镇人大主席团下发《关于开展宪法学习宣传活动的通知》，充分利用“12·4”宪法宣传日等加强对《中华人民共和国宪法》《中华人民共和国民法典》《西藏自治区民族团结进步模范区创建条例》及代表法、监督法等法律法规在全县范围内的宣传力度。

年内，共发放宣传资料5000余份、宣传品4000余份、总价值4万余元。同时，依托拉萨市人大期刊、“微墨竹”等各类媒介及时发布人大信息，扩大人大工作的社会知晓面和影响力。

2020年9月28—30日，举办基层人大代表履职能力提升培训班

【基层调查研究】 年内，墨竹工卡县人大常委会办公室围绕常委会审议议题，组织干部职工深入基层、深入群众、深入实际，开展深入细致的调查研究，掌握和收集民情民生的第一手资料，形成有情况、有问题、有分析、有对策的调研报告，为县人大常委会审议提供真实、可靠的依据，确保常委会的审议客观、公正，充分体现群众观点，集中民智，反映民意，发挥监督作用，推动常委会工作落实。

【人大常委会机关建设】 年内，墨竹工卡县人大常委会办公室以习近平新时代中国特色社会主义思想为指导，全面贯彻中共十九大精神，认真落实新时代党的建设的总体要求，以党的政治建设为统领，不断巩固“两学一做”学习教育和“不忘初心、牢记使命”主题教育成果，着力加强理论知识学习，重点学习习近平新时代中国特色社会主义思想、中共十九大和十九届四中、五中全会及中央第七次西藏工作座谈会精神、宪法法律等内容，组织集中学习20余次。支持干部参加各类业务培训，安排4名科级干部参加县委党校举办的党员政治教育培训班。鼓励党员使用“学习强国”、西藏党员教育等平台的学习，及时购买最新的学习书本，更新宣传栏、宣传展板和标语，从严从实落实“三会一课”、民主评议党员等制度，常委会领导坚持以普通党员身份参加党支部的“组织生活会”“支部主题党日”等活动，推动组织生活的常态化制度化开展。切实落实主体责任，坚持把党风廉政建设和反腐倡廉工作放在突出位置，列入重要议事日程，切实做到全面从严治党工作与开展人大常委会办公室各项工作同部署、同落实、同检查、同考核。

深入推进脱贫攻坚工作，将脱贫攻坚相关政策列入支部学习计划加强学习，办公室主要负责人到联系村了解脱贫攻坚工作开展情况对其提出意见建议。人大办支部成员结对帮扶18户建档立卡贫困户，坚持每季度进村入户开展慰问帮扶，开展慰问、宣传惠民政策30余次，送去慰问金8000余元。

自新冠肺炎发生以来，坚持把疫情防控作为当前重点工作任务来抓，认真传达学习党中央、国务院及区市县党委、政府新冠肺炎疫情防控相关精神。派驻3名党员干部到柳梧新区墨竹分流点、城关区疫情防控工作点开展工作，选派1名党员干部在县疫情防控领导小组办公室开展全县疫情防控工作，选派1名干部到检查站开展疫情防控工作。组织办公室和全体党员干部向湖北疫区捐款2次，共计8600元。办公室围绕“稳定、发展、生态、强边”四件大事，全力做好维护稳定、意识形态、决战决胜脱贫攻坚、疫情防控等中心工作，充分发挥基层党组织的战斗堡垒和党员先锋模范作用。

（普布卓嘎）

【机构领导】

主　任

格桑巴珠（藏族）

副主任

苍　　巴（藏族）

墨竹工卡县人民政府

【概况】 2020年，全县地区生产总值完成39.25亿元，同比增长7.4%；规模以上工业增加值同比增长19%；全社会固定资产投资同比下降30.91%；一般公共预算收入完成5.85亿元，同比增长67%，社会消费品零售总额完成5.05亿元；农村居民人均可支配收入达到18187元，同比增长12.6%。招商引资累计到位资金55.23亿元，同比增长507.63%。同时，投入新冠肺炎疫情防控经费2067.28万元，P2实验室建成并投入使用；为湖北捐款234.99万元、捐赠物资价值43.98万元，减免工矿企业电费、社保费2993.85万元，减免租金101.36万元，免费提供隔离场所62间，评选“墨竹好房东”76名。

【产业结构】 年内，成功创建国家农村产业融合发展示范园，农牧业总产值实现6.27亿元，完成“订单式”农业1.73万亩，粮食产量2.53万吨，采集虫草111.12万根，完成黄牛改良3000头，被拉萨市评为黄牛改良先进集体，打造“拉萨好油”，推动墨竹小油菜榨油厂、标准化奶牛养殖中心市场化运营。

年内，减免工矿企业电费、社保费2993.85万元，培育1家规模以上工业企业，积极推进华泰龙二期全面投产。招商引资累计到位资金55.23亿元、同比增长507.63%，紫金矿业出资38亿重组巨龙矿业。

年内，新增市场主体508户，稳步推进加油站、加气站建设，成功保障喜马拉雅自行车赛，扎实开展“万人探亲游”活动，打造“天边墨竹”旅游线路，全面启动沟域旅游规划编制，全年接待游客7.15万人次、收入574万元。

【改革开放】 年内，深入开展“减证便民”行动，压缩50%办理时限、网办深度达50%以上，优化整合国有企业，将20家国有企业整合为7家。实施建设用地增减挂钩226亩，完成扎西岗乡、唐加乡和甲玛乡0.51万亩耕地托管试点工作，完成全县40个村、198个村民小组年度清产核资任务以及建账工作。挂牌成立交通、文旅、农业农村、市场监管4个部门综合执法队，建立乡镇权责清单、公共服务事项清单、主体责任和配合责任清单。

2020年5月13日，县委副书记、县长旦增尼玛（左一）出席墨竹工卡县“美丽乡村·幸福家园”整村推进试点项目贷款发放仪式

【基础设施】 年内，科学编制“十四五”发展规划和国土空间规划，完成7个村庄规划。协调推进国道349项目，省道507、“门措”公路项目实现通车，农村客运班线实现乡村全覆盖；完成3个PSL水利项目，实施38个农村安全饮水巩固提升工程和15处水毁修复工程；稳步推进工卡镇一、二组棚户区基础设施改造，完成全县3293户农村入户线路改造。

【城乡面貌】 年内，成功实施“美丽乡村·幸福家园”建设试点项目，完成61户“四类”人员住房提升改造工程；持续深化垃圾分类，推进3个乡镇的生活垃圾无害化处理设施建设项目；率先实现县乡污水处理厂全覆盖，完成7个乡镇污水处理厂的验收使用，推进甲玛乡污水处理厂建设，推进林拉墨竹高速出口环境整治，堪巴林景观公园投入使用。

【就业创业】 年内，创新出台《支持大学生就业创业十条政策》，全县457名应届高校毕业生就业率实现100%，城镇新增就业696人，农牧民转移就业9945人，自主开发就业岗位832个，开展技能培训1620人，组织86名高中及以上学历群众参加专业技能委培，城镇失业登记率控制在2.2%以内。

【教育工作】 年内，创建全区第一个县区级“家门口援藏地西藏班”、建成中小学生健康档案和中学生视力检测跟踪档案，“互联网+教育”国家示范县建设稳步推进，深入巩固提升“五个100%”教育成果，自主组织教师培训13期，成立“格桑花开”奖教基金并筹集42万元。

【医疗卫生】 年内，全市率先创建县（区）级二级甲等医院，成功入选全区首批全国县域医共体试点县，率先实现乡镇卫生院标准化建设全覆盖，智慧医疗持续深化，全民健康体检稳步推进，免费救治200余名白内障等眼病患者，组织23名先心病、髋关节脱位等患者赴区外免费救治。

【社会保障】 年内，完成344套公租房建设，成功入选国家残疾人预防综合试验区创建名单，实施“基本医疗保险+大病保险+医疗救助+超大额保险”新模式，实现“先诊疗后付费”和“一站式”即时结算，城乡居民住院报销时限缩短至5个工作日。

2020年4月13日，县委副书记、县长旦增尼玛（右一）出席在藏苏商走进墨竹暨“格桑花开”墨竹工卡大学生就业创业特训营结营活动

【文化服务】 年内，组建村（居）文艺演出队42个，开展文艺演出60余场，全民健身室内篮球场开馆使用，2个公共足球场建设项目有序推进，在南京开展“宁墨非遗对话”，创办首个“天边墨竹·藏式生活馆”。

【生态环境】 年内，完成8个河（湖）“四乱”问题和8个水土保持问题整治，完成人工造林1927.35亩、封山育林1.92万亩，栽植沙棘苗木39.49万株、细叶红柳2000株。完成“三线一单”划定和自治区级生态文明建设示范县、乡创建，完成207处农村饮用水水源点水质监测。成立生态环境保护综合行政执法队，受理环境举报投诉案件7件、办结率100%，出动环境监察执法人员165人次。

【对口支援】 年内，实施援藏项目20个，总投资1.58亿元。格桑花开产业园区一期双创基地竣工，开沃新能源汽车、弥盛塔巴陶瓷等6家企业注册落地，25座便民溪桥建成使用；争取1‰以外资金915万元；选派4批74名干部群众到南京培训，组织15名农牧民群众看南京；成功举办以“1+14”系列活动为主要内容的第二届“格桑花开·南京墨竹周”活动，西藏印象墨竹净土产品六合区展销中心投入运营。创新实施“格桑花开人才+”计划，组织35名大学生到南京参加第二届特训营；南京8个行政区与墨竹工卡县8个乡镇签订“十四五”对口帮

2020年7月23日，拉萨电视台脱贫攻坚特别报道组采访县委副书记、县长旦增尼玛（左三）

扶计划。

【社会稳定】 年内，出台《墨竹工卡县安全生产专项整治三年行动计划》，妥善化解信访案件33件、调处矛盾纠纷54起，开展扫黑除恶线索摸排走访865次，查处办理治安案件10起，受理民事案件274件，受理刑事及起诉案件38件，法律援助200人次，妥善化解巨龙公司拖欠9000余名农民工工资、运输费等2.5亿元隐患。

【自身建设】 年内，墨竹工卡县政府发文数量减少30.5%、会议数量减少29%，政府部门发文数量减少70.6%、会议数量减少43%。办理人大代表议案建议71件、政协委员提案43件，回复率达100%、办结率达90.14%、满意率达100%。办结“12345”服务热线问题193件，办理率达100%。

（旦增达吉）

【机构领导】

县委副书记、县长

旦增尼玛（藏族）

县委常务副书记、常务副县长

施勇君（江苏援藏）

县委常委、副县长

陈　亮（江苏援藏）

汤官中

张家松

副县长

益　西（藏族）

谢雪梅（女，10免）

索朗多吉（藏族）

巴　桑（藏族）

雷青松（6月任）

任彦芳（女，10月任）

办公室工作

【概况】 2020年，墨竹工卡县政府办公室坚持以习近平新时代中国特色社会主义思想为指导，认真学习贯彻中共十九大及十九届二中、三中、四中、五中全会精神，持续巩固提升“不忘初心、牢记使命”主题教育成果，进一步加强统筹协调力度，较好地发挥参谋助手和综合协调作用，保证了全县各项业务工作正常有序开展。

【信息工作】 年内，墨竹工卡县政府办公室围绕全县各项工作，特别是密切关注全县经济社会发展、民生福祉改善、“三大”攻坚战，新冠疫情防控等重点工作，加大信息收集“加工”力度，试点推行信息考核机制，办公室共采用、编辑、上报乡镇和部门信息300余条。同时，通过政府网站加大信息公开力度。

【办文办会】 年内，墨竹工卡县政府办公室实行公文处理失误责任追究制度，专人监管、专簿登记、签字流转，急件及时办理，定期备份、存档，确保公文处理不延误、不泄密。同时，按照保密工作要求，进一步完善保密工作机制；严把文件起草关，突出当前工作重点、反映工作落实、体现领导意图；重大材料起草，工作人员集体讨论提纲和修改初稿；审核文稿时，对内容、文字、格式、时限严格把关，确保文稿质量。年内，严格落实基层减负各项要求，共办理政府红头报告（请示）27件、通知35件、函45件，全年县政府发文数量同比减少30.5%。办公室红头报告（请示）24件、通知34件，函11件。

年内，墨竹工卡县政府办公室带头落实精文简会，严格控制会议次数和规模，尽量开短会、开套会。

政府办对县政府全体会、常务会、县长办公会等高规格会议，坚持牵头做好会前准备工作，审核会议议题，并经县政府领导审定同意后提交会议研究，从源头上确保会议的权威性。办公室全年承办县长办公会议、县政府常务会议 19 次，及时整理、编辑、下发会议纪要 30 余期；承办专题会议 40 余次；承办各类视频会议 100 余次，会议数量同比减少 29%。

【便民服务】 年内，根据上级有关要求，进一步加强墨竹工卡县行政审批和便民服务局各项工作，规范 9 个窗口办理事项，继续落实人员基本固定和考勤制度，组织开展政务服务相关培训 10 余次，全年便民服务大厅办理行政审批和便民服务事项 10680 余件，全力提升一体化政务服务工作，上传电子证照 33000 余个，完成电子证照签发 2300 余个；协调办结“12345”服务热线问题 193 件，办理率达 100%。同时，完成新行政审批和便民服务局的建设工作。

【机关服务】 年内，根据人员调整等情况，及时调整办公室工作人员任务分工。及时传达上级党委政府、相关业务部门和县委、县政府的决策部署，及时将各乡（镇）、各部门、广大农牧民群众反映的情况反馈给领导。会议通知、文件收发、文件传阅、档案管理等工作做到高效、高质。利用西藏自治区乡镇党政信息网收发各类非涉密文件，提升文件传阅效率，降低公文交换成本。安排办公室工作人员联系政府县级领导，安排科级干部对接市政府办公厅各科室。同时，明确机关后勤服务人员的责任范围，创新加强监督机制。

【地方志工作】 年内，深入学习贯彻落实习近平总书记关于地方志工作重要讲话精神，根据“两全目标”要求，严格按照自治区地方志办公室在验收会上提出的整改要求，对《墨竹工卡县志（2001—2010）》（总编稿）进行修改完善，完成墨竹工卡县 2020 年鉴编纂、出版、印刷。

【党建工作】 年内，以习近平新时代中国特色社会主义思想为指导，全面贯彻落实中共十九届五中全会及中央第七次西藏工作座谈会精神，加强党的理论建设、思想建设、组织建设，积极开展 10 余期主题党日活动，组织党员干部集中学习 10 余次。

狠抓意识形态领域建设，不断提升新形势下党建工作水平，充分发挥党组织的核心作用和党员的先锋模范作用，并积极吸收优秀职工加入党员队伍。截至年底，共有 20 名正式党员（含编译局），3 名预备党员。办公室支部严格认真落实“三会一课”、民主评议等制度，特别是支部书记认真落实“班子”领头羊作用，工作中带头、生活中垂范。

【党风廉政建设】 年内，墨竹工卡县政府办公室主任带头落实党风廉政主体责任，组织办公室全体干部职工，深入学习中央八项规定精神和《中国共产党章程》、《中国共产党廉洁自律准则》等规定。同时，充分结合“三会一课”制度，认真学习违反中央“八项规定”精神和扶贫领域腐败问题等典型案例通报，紧盯节假日等重点节点，组织党员干部进行思想教育，进一步增强队伍拒腐防

2020年6月10日，副县长谢雪梅（中）主持召开墨竹工卡县政务服务和政府信息公开推进会

2020年3月28日，墨竹工卡县人民政府办公室党支部组织开展义务植树活动

变能力。

【综治工作】 年内，墨竹工卡县政府办公室始终坚持稳定第一，牢固树立忧患意识，不折不扣落实县委、县政府关于维稳工作的决策部署和政法委有关要求，扎实推进机关大院值班室搬迁、外来人员登记设备提升等工作，全力做好县政府大院值班安排，压实值班人员责任。同时，壮大县政府护院队伍，落实每次3次巡逻制度，并做好巡逻登记。

【后勤工作】 年内，坚持“为基层服务、为机关服务、为领导服务”的工作方针，积极协调干部职工的吃水、用电、住房、用餐等问题，实施B区住宿区环境提升，稳步推进县机关后勤食堂改革，全面提升机关食堂服务质量，增加停车位、规范整治机关大院乱停乱放，为干部职工安心工作提供优质服务。

（旦增达吉）

【机构领导】

主 任

洛桑加央（藏族）

副主任

王守军

何学志

欧珠群措（女，藏族）

中国人民政治协商会议墨竹工卡县委员会

【概况】 2020年，团结带领广大政协委员，深入学习贯彻习近平新时代中国特色社会主义思想和中共十九大和十九届二中、三中、四中、五中全会及中央第七次西藏工作座谈会精神，学习贯彻习近平总书记关于加强和改进人民政协工作重要思想、治边稳藏重要论述以及党的治藏方略、《中共西藏自治区委员会关于新时代加强和改进西藏政协工作的实施意见》，按照自治区九届八次全会、市委九届六次全会和县委九届十次全委会的安排部署，把加强思想政治引领，广泛凝聚共识作为中心环节，坚持团结和民主两大主题，提高政治协商、民主监督、参政议政水平，更加凝聚共识，充分发挥政协优势和作用，把提质增效贯穿履职工作全过程，为新时代墨竹长治久安和高质量发展展示了新担当，贡献了新力量。

2020年，政协墨竹工卡县委员会委员名额93名，共设6个界别：中共界、群团界、教体文卫界、工商界、农牧科技界、民族宗教界。其中主席1名、副主席3名，常务委员15名，办公室主任1名。

【重要会议】 12月29—31日，中国人民政治协商会议第二届墨竹工卡县委员会第五次会议开幕，应到委员93名，实到73名。会议批准索朗桑布代表政协第二届墨竹工卡县委员会第五次常务委员会所作的工作报告，批准桑旦平措代表政协第二届墨竹工卡县委会所作的关于第二届四次会议以来提案的工作情况报告。与会委员列席墨竹工卡县第十三届人民代表大会第五次会议，听取讨论并赞同县长旦增尼玛所作的政府工作报告和其他工作报告，一致同意政府工作及其他报告。审议通过《政协第二届墨竹工卡县委员会第五次会议关于常务委员会工作报告的决议》《政协第二届墨竹工卡县委员会第五次会议关于政协二届四次会议以来提案工作报告的决议》《政协第二届墨竹工卡县委员会提案委员会关于政

2020年11月23日，墨竹工卡县政协党组书记、主席索朗桑布（左二）一行到扎雪乡调研

协二届五次会议提案审查情况的报告》《政协第二届墨竹工卡县委员会第五次会议政治决议》。会议期间，收到委员提案43件，经提案委员会审查立案43件。

【团结稳定】 年内，墨竹工卡县政协常委会牢记习近平总书记“像石榴籽一样紧紧抱在一起”的重要指示，积极发挥人民政协统一战线组织的功能作用，扩大团结面、增强包容性，团结带领广大委员开展以“3·28”西藏百万农奴解放纪念日为载体，组织委员开展以“新旧西藏对比”和“各民族团结稳定发展”为主题的座谈交流活动，切实加强同各族各界的联系与交流，积极协调各方利益关系，进一步促进党群关系、民族关系、宗教关系、阶层关系和谐，不断巩固委员爱国统一战线，努力为墨竹的发展稳定凝聚了人心、汇聚了力量。

组织各界别委员代表和获得2019年县级民族团结进步模范集体单位代表召开第30个“民族团结进步月”座谈会；充分发挥“政协委员之家”职能作用，进一步做好全县政协“委员之家”工作，组织召开县、乡（镇）“委员之家”负责人工作交流座谈会，总结经验、发现问题，对全县政协工作的开展起到推动和促进作用；组织开展乡（镇）“政协委员之家”发挥作用专题调研工作，并对二届以来的政协委员从参加政协会议、参加各项活动、参与各项调研、撰写提案信息等履职情况进行摸底，各乡镇对继续留任的委员提出建议。通过调研指导充分发挥好各乡（镇）“政协委员之家”平台作用，真正把政协的触角延伸到基层和群众中，打通基层协商民主的“最后一公里”。

【提案办理】 政协二届五次会议以来，县政协委员把握新时代政协新方位新使命，聚焦县委、县政府工作大局，积极运用政协提案深入协商集中议政，强化监督助推落实。委员共提交提案43件，经审查，立案43件，占提案总数的100%。在立案的提案中，按类别划分，农牧水林类6件，占13.95%；交通类8件，占18.6%；文教卫体类8件，占18.6%；组织人社类3件，占6.98%；城建

2020年9月18日，墨竹工卡县政协召开“第30个民族团结进步月”座谈会

2020年10月12日，墨竹工卡县政协召开全县“政协委员之家”工作交流会

国土类5件，占11.63%；宗教类6件，占13.95%；环境类1件，占2.33%；其他类6件，占13.95%。

按政协提案交办程序和承办部门工作职责，43件提案由县委、县政府督查室交于县委、县政府18个部门办理。截至年底，所交提案全部办理完毕，答复率100%。提案所提问题已经解决和基本解决的15件，占提案总数的34.88%；正在解决和列入规划计划逐步解决的24件，占提案总数的55.81%；因客观条件所限暂不能解决的提案4件；提案办结率达90.69%。从委员对提案办理的反馈意见看，满意和基本满意率为100%。

【调研视察】 年内，墨竹工卡县政协调研组到各乡（镇）抽查建档立卡户，以走村入户、查阅资料、听取汇报等形式，围绕“两不愁、三保障”脱贫攻坚工作实地调研；组织5个界别的部分政协委员代表到各乡镇及县直单位围绕“乡村振兴战略及扫黑除恶”工作进行调研视察。截至年底，共撰写调研报告3篇，开展“河长制”督查4次。年内，形成视察调研报告3篇，督查报告4篇，将发现的问题和收集的意见建议形成视察报告提交县委、县政府决策参考。

【收集社情民意信息】 年内，墨竹工卡县政协常务委员会以“政协委员之家”为平台，发挥各乡（镇）政协联络员作用，将本辖区内群众关心的重点难点问题作为社情民意进行全面收集。年内，共收集社情民意信息17条，其中，农牧水电类6条、教体文卫类1条、经济交通类2条、环境卫生类4条、其他类4条。针对委员提出的问题，从中筛选出13项重点难点和急需解决的问题，由县政协委员会班子成员带队深入实地走访进行调研，并召开政协党组“三重一大”会议研究，同意从100万元政协委员办实事专项经费中给予解决。

【从严治党】 年内，墨竹工卡县政协认真落实“党要管党、从严治党”要求，严格履行“一岗双责”，坚决贯彻落实执行中央“八项规定”及其实施细则，严格落实“两个全覆盖”要求，按规定召开党风廉政建设会议，认真开展“集中整治不作为慢作为、文山会海等形式主义、官僚主义突出问题”自查，严格规范组织程序和会议流程。以继续巩固“不忘初心、牢记使命”主题教育成果，由党组书记为机关党员干部讲党课、观看警示教育片等。

（顿　珠）

【机构领导】

党组书记、主席

索朗桑布（藏族）

副主席

桑旦平措（藏族）

党组成员、副主席

郭 志 宏

索朗扎布（藏族）

办公室工作

【概况】 墨竹工卡县政协办公室为正科级建制，编制4人、其中，主任1名、副主任1名。县政协办深入学习习近平新时代中国特色社会主义思想和中共十九大、十九届二中、三中、四中、五中全会及中央第七次西藏工作座谈会精神。在县政协党组的领导下，认真贯彻落实县政协二届五次会

2020年8月29日，墨竹工卡县政协办集中收看新闻联播

议精神，根据2020年工作要点安排，围绕政协工作重点，结合自身实际，在抓好服务、提高效率上狠下功夫，进一步挖潜创新，充分调动干部的积极性，使机关工作水平和工作质量进一步提高，努力完成全年的各项工作。

【自身建设】 年内，坚持经常性教育，常态化管理，把全面从严的要求贯穿于机关建设全过程，始终用制度管人、管事，在强化队伍建设、完善制度建设、建言献策助发展、凝心聚力保稳定、推进生态文明建设上下功夫，着力深化理论武装、着力提升能力素质、着力加强作风建设，建设政治坚定、业务精良、作风过硬、纪律严明的机关队伍。

【学习教育】 年内，始终把政治纪律和政治规矩摆在首位，认真学习贯彻落实习近平新时代中国特色社会主义思想，中共十九大和十九届二中、三中、四中、五中全会精神及中共中央加强人民政协工作的意见和中共西藏自治区委员会关于新时代加强和改进人民政协工作的实施意见，学习贯彻区市县委重要会议精神，增强“四个意识”、坚定“四个自信”、做到“两个维护”，不断增强政治判断力、政治领悟力、政治执行力，为墨竹工卡县长治久安和高质量发展做出贡献。

【新冠疫情防控】 年内，认真贯彻习近平总书记重要讲话精神和县委决策部署，动员政协委员积极参与疫情防控工作。第一时间向全县93名政协委员传达疫情防控工作相关知识，并向全县政协委员发出藏语、汉语《众志成城，抗击疫情》的倡议书。充分发挥委员作用，引导政协委员有效开展宣传和加强自我防护，广大政协委员立足各自岗位，积极参与疫情防控工作，全县政协委员和政协机关干部对疫区捐款现金29000元、减免房租折合人民币65050元。

【委员培训】 年内，举办第二届政协委员2020年理论知识培训班（藏汉班）。此培训邀请拉萨市政协提案委员会主任巴次、市委党校副教授刘波、县委党校老师普布曲扎分别用藏汉双语通俗易懂的语言详细讲解《中共西藏自治区委员会关于新时代加强和改进西藏政协工作的实施意见》和《中华人民共和国民法典》专题辅导。

（顿　珠）

【机构领导】

主　任

顿　珠（藏族）

纪检监察

【概况】 2020年，墨竹工卡县纪委监委坚持不懈学懂弄通做实习近平新时代中国特色社会主义思想，团结带领全县纪检监察干部以高度的政治自觉将落实“两个维护”贯穿监督执纪执法全过程，在新冠疫情防控、决战脱贫攻坚、巡视巡察反馈问题整改等重点工作中积极发挥监督保障执行、促进完善发展作用，一体推进“三项改革”，深化推进“不敢腐、不能腐、不想腐”，全县党风廉政建设和反腐败工作取得新成效。

【政治监督】 年内，严格落实习近平总书记关于脱贫攻坚、疫情防控及“六稳”“六保”等重要指示批示精神，立足全县重点工作，强化落实监督保障作用。发现并反馈疫情防控工作落实不到位相关问题30余项，制定下发提醒督促函1份，办理疫情防控有关问题1起，组织处理1人，由县疫情办通报曝光1家单位。

持之以恒抓党员信仰宗教和参与宗教活动问题，坚持提醒教育、调查研究和严肃问责同步推进，办理涉及违反政治纪律问题线索1起，给予留党察看处分1人；向2家单位下达监察建议书，督促其对本行业2名违规购买违禁书籍或照片人员进行处理。整理汇编《关于违反政治纪律典型案例的通报》，组织全县各级党组织传达学习，强化警示震慑。

【作风建设】 年内，持续加强对执行中央“八项规定”及实施细则精神、执行维稳工作纪律以及作风建设等情况监督，通过自查和监督检查共梳理汇总有关问题160项，督促完成整改134项，正在整改26项，整改完成率达83.75%；办理涉及违反中央“八项规定”及实施细则精神有关问题线索5起，已办结4起，给予党纪处分2人，组织处理5人。坚决遏制不正之风，查处涉嫌组织参与赌博党员5人，对2人给予开除党籍处分，2人进行组织处理。

【专项整治】 年内，继续加强不作为慢作为等形式主义、官僚主义专项整治，办理涉及履职不到位问题线索3起，给予党纪处分1人，组织处理3人，下达监察建议书3份，通报曝光1起1人。开展“套牌车”专项整治，将全县177辆公车喷涂“公车”标志，有效解决公车私用或使用管理不规范问题。

开展“餐饮浪费”专项整治，下发《关于厉行勤俭节约、制止餐饮浪费的告知书》139份，向行业主管部门下发督促函1份，反馈问题9项。强化机关事业单位干部职工个人借款长期不还专项整治，共排查出37人存在个人借款情况，通过督促，已基本完成整改。

2020年9月28日，县委常委、纪委书记、监委主任张子成（左三）宣讲中央第七次西藏工作座谈会精神

【整治群众身边腐败】 年内，全力护航决胜脱贫攻坚，采取专项检查、乡际交叉监督、蹲点监督等方式强化对“四个不摘”政策落实、扶贫产业项目运营和监管、效益发挥等情况的监督，反馈问题173项，提出整改意见建议16条，下达督促整改函6份；查办扶贫问题线索7起，已办结5起，给予党纪处分1人，组织处理8人，点名道姓通报曝光1名党员干部、4家单位。

紧盯医保社保、教育卫生、惠民补贴等领域突出问题，对责任落实不到位的6名责任人进行组织处理；持续开展“打伞破网”行动，加大黑恶领域腐败和“保护伞”问题排查力度，健全扫黑除恶监督执纪问责工作机制，办结一起涉嫌降格处理问题线索，组织处理3人。

【政治巡察】 年内，优化组织架构，参照上级配置，由县委书记担任县委巡察工作领导小组组长，定期听取汇报、研究部署巡察工作；强化巡察监督与其他监督的有效结合，采取向组织、信访、审计等部门发函的方式，了解被巡察党组织信息，强化上下联动、信息互通共享；科学制定2020年度巡察工作计划，开展本级巡察3

轮,巡察党组织23家,发现问题758项,移交问题线索5起。夯实整改责任。全面梳理九届县委以来历次巡视巡察反馈问题,成立专项监督检查组,对各级党组织历届历次巡视巡察问题整改情况进行全面监督,向26家党组织反馈问题27项,通报曝光落实巡察整改责任不到位的典型案例1起1人。

【纪检监察体制改革】 年内,坚持党对纪检监察工作的统一领导,严格执行请示报告制度,主动向县委常委会汇报工作;健全联系指导乡镇工作机制,加强对乡镇纪检监察机关执纪执法、监督监察等方面的指导和监督;进一步深化“三转”,县乡纪委规范清理议事协调机构24个,主动拒绝参加与主责主业无关的议事协调机构。

持续加大人才交流,在县委的统筹安排下,2020年共提拔或交流纪检干部7名。进一步健全反腐败工作机制,更新完善《纪检监察机关与司法机关联系制度》,制定《县委反腐败协调小组议事规则、工作职责及各成员单位职责(试行)》,受理公检法等部门移交的问题线索13件,已对5人作出党纪处分(其中给予4人开除党籍,1人留党察看),4人进行组织处理。

【惩腐高压态势】 年内,加大审查调查分析研判和指导督促力度,常态化开展线索讨论会提升审查调查质效,全年累计召开纪委常委会29次,问题线索推进会、交办会32次。对线索办理推行“书记主抓”“班子牵头”模式,以书面、口头、会议等形式强化线索督办,着力提升办理质量。

年内,共受理问题线索40件,办结32件,立案15件(其中13件已结案),给予党纪或政务处分13人次,组织处理30人次。做实警示治本工作,对处分执行、审查调查质量进行“回头看”,做实回访教育工作,采取电话回访和面对面回访相结合方式回访教育5人;针对突出问题,向案发单位制发“两书”11份,到案发单位开展宣讲3次,组织相关部门党员干部参观廉政警示教育基地3次,观看廉政警示教育片1次,利用“廉洁墨竹”平台发布消息520余条。

2020年11月4日,墨竹工卡县纪委监委组织统战民宗系统干部参观拉萨市廉政警示教育基地

【自身建设】 年内,深化机关作风建设,响应市纪委“机关作风提升年”活动,制订本级活动方案,自查本级机关岗位风险点、风险等级并完善防控措施;规范开展本级“三会一课”、理论中心组学习、主题党日等活动提升干部党性修养和担当意识。多样化采取集中学习、科室研讨、交流发言、跟班跟案培训等方式提升纪检监察干部业务本领,积极选派44名县乡纪检干部到本级或上级开展跟案培训或专题培训,提升实战本领。健全内控机制3个,健全纪检监察干部廉政档案51份,严格加强纪检监察干部和巡察干部监督管理。

(平慧琴)

【机构领导】

县委常委、纪委书记、监委主任

张 子 成

纪委副书记、监委副主任

占堆曲杰(藏族)

牟 仁 青(藏族,8月任)

纪委常委、监委委员

尼玛欧珠(藏族)

何　　晶(女)

纪委常委、县委巡察办主任

扎西旺堆(藏族)

组织工作

2020年1月10日，拉萨市委副书记、组织部部长庄红翔（右一）一行到墨竹工卡县日多乡调研

【概况】 2020年，墨竹工卡县委组织部坚持以习近平新时代中国特色社会主义思想为指导，深入学习贯彻落实中共十九大和十九届二中、三中、四中全会及中央第七次西藏工作座谈会精神，各级党组织紧紧围绕全县改革发展稳定大局，忠实践行新时代党的建设总要求和新时代党的组织路线，务实创新、锐意进取，担当作为、真抓实干，推动组织工作取得新进展新成效，为促进墨竹长足发展和长治久安提供坚强组织保证。

2020年，全县共有党组织349个，其中党委35个，党总支16个，党支部298个；2020年新发展党员74名，吸收积极分子116名。

【基层党建】 年内，成立由836名党员干部组成的墨竹工卡县党员冲锋战“疫”先锋队，广泛动员农牧民党员自愿自发参与抗新冠疫情防控工作。扎实推进区党委巡视组反馈问题整改，着力解决重点领域和关键环节问题。打造赤康村、孜孜荣村、达珠村3个示范点，为墨竹工卡基层社会治理创新、实现乡村振兴提供新的理论与实践指引，创新基层治理模式探索打造“1+4+N”“党建＋基层治理”赤康样本。全面消除集体经济收入10万元以下村（居），申请2020年中央村集体经济发展扶持项目2个，巩固扩大村集体经济发展成效。

坚持“一村一策”，落实好“四个一”整顿措施，完成4个软弱涣散党组织整顿工作。进一步提高村干部薪酬待遇，实现村“两委”年人均薪酬41731元、村（居）务监督委员会年人均薪酬20571元、小组长年人均薪酬12000元。整建制转出党支部1个，撤销党支部1个。设立中国共产党墨竹工卡县人民政府机关党组等13个党组，建立“两新”领域党组织9个，覆盖企业21家，吸纳党员75人。深入推进党员“三包”工作，切实发挥党员先锋模范作用，实现党员包片包户包人县乡村三级、各行业系统全覆盖。在农牧民党员中全面开展党员信仰宗教和供奉十四世达赖问题排查工作，覆盖全县农牧民党员家庭。组织党支部与全县5507名党员签订《党员不信仰宗教承诺书》，引导党员将不信仰宗教的政治要求转化为行动自觉。

6月，在全县党组织中开展“深挖根治再加力、长效长治不松懈”主题党日活动，并签订《共产党员扫黑除恶承诺书》。抓实村干部县级资格联审，会同民政等8家单位，全面开展联审工作，净化村干部队伍，对全县394名村（居）干部进行2次资格联审。选派164名“1+3”村级组织专干、164名驻村工作队成员，招录59名乡村振兴专干，指导、支持、配合村（居）“两委”班子开展工作。

【机构编制】 年内，按照权责匹配、有权必有责的要求，县委编办根据拉萨市关于乡镇权责清单和公共服务清单等3个指导清单精神，聚焦基层持续反映的县直部门、乡镇政府两级职责不清和基层反映比较集中的自然资源、生态环境、城乡建设、应急管理、市场监管、综合执法及其他重点工作等方面的问题，立足实际，编制权责清单、公共服务事项清单和乡镇政府“属地管理”主体责任和配合责任清单。共审核确认权

2020年12月6日，县委常委，组织部部长靳小卉（左一）到拉萨搬迁点调研

责清单68项，公共服务事项清单98项，主体责任和配合责任清单97项。

全面贯彻落实中央、自治区、市关于交通运输等6个领域综合行政执法体制改革的政策要求，立足县情，分析研判交通、农业、文化、市场监管等四大领域综合行政执法机构职责、人员、编制、执法证和运行情况。积极稳妥推进交通、农业、文化、市场监管等四大领域综合行政执法改革工作。最终形成四大领域综合行政执法改革方案，于12月完成挂牌，实行“局队合一”体制，负责日常执法。为更好地满足墨竹工卡县参保单位及参保人员服务需求，全面提升医保保障服务能力，经县委编办研究，设立县医疗保障服务中心，进一步提高为民服务水平和效率。

【严管厚爱干部】 年内，坚持以习近平新时代中国特色社会主义思想为指导，认真贯彻新时代党的组织路线和党的干部路线方针政策，始终坚持严管厚爱并重，教育和激励广大干部干事创业精神。在思想上关心、工作上帮带、生活上关怀。严格按照《关于规范拉萨市干部职工正常福利发放工作的实施方案》，规范落实干部职工补贴补助，用好公务员职务与职级激励措施，确保干部休假、体检、离退休待遇政策落到实处。

年内，先后转发干部职工各类补助补贴、休假、差旅费、培训待遇等相关规范性文件。参照《拉萨市本级机关事业单位慰问经费管理实施办法（暂行）》，慰问生病住院干部39名，发放慰问金4.64万元，真正把组织的关怀温暖送到广大干部的心坎上。新冠肺炎疫情期间，将一线防控主战场作为锻炼考验干部的“试金石”，向拉萨市推荐报送在疫情防控工作中表现优秀的干部6名，推荐报送“优秀共产党员”1名、“人民群众最满意的公务员”1名。提前谋划，适时开展干部任期期满考核和日常考核等，了解掌握一批优秀干部，并向拉萨市推荐报送任期期满优秀村党组织第一书记5名、优秀专招生5名、优秀正科级干部14名。

按照分类施策，彻底整改的原则，结合对口援藏医生和原单位提出的初步意见，逐人进行整改。通过四个一批，督促返岗2人，限期返岗3人，批准退休2名、自愿辞职2名，规范管理14人，全面完成长期病假人员规范管理、“小病大养”或无正当理由长期“泡病假”问题的清理整改工作。

全面贯彻落实中组部、区市党委组织部关于清理党政领导干部违规在企业兼（任）职问题的意见和要求，及时成立墨竹工卡县清理规范国有企业领导小组，召开4次工作推进会议，清理消化违规在企业兼（任）职党政干部77名。

坚持把八小时之内的管理和八小时之外的管理、把工作上的监督和生活上的监督、把党内监督和群众监督贯通起来，探索建立县一级干部监督举报平台。加强与纪委、巡察、审计等相关职能部门间的沟通衔接，综合运用考核考察、巡视巡察和信访举报等成果，加大组织提醒函询诫勉力度。年内，对2名乡科级领导干部进行提醒谈话、批评教育和诫勉谈话，让红脸出汗成为常态。

【干部教育培训】 年内，为进一

步宣传贯彻中共十九届四中全会精神，强化政治理论教育，提高理论素养，举办县处级干部集中学习中共十九届四中全会专题培训班1期、学习贯彻中共十九届四中全会暨党员政治教育培训班5期，279人参训；为进一步把严党员入口关，提高入党人员党性修养，举办入党积极分子专题培训班2期、发展对象专题培训班2期，211人参训；为进一步强化基层党组织书记政治站位和履职能力，举办基层党组织书记专题培训班暨全县农牧民党员政治教育示范培训班3期，195人参训；为深入学习贯彻中共十九届五中全会精神，举办学习贯彻中共十九届五中全会精神培训班4期，256人参训。此外，县强基办联合县委党校举办2020年拉萨市强基办第九批驻村工作队“送教上门”培训1期，164人参训；县公安局为加强公安干警思想建设在县委党校举办政治培训1期，56人参训；县委组织部联合县委党校举办墨竹工卡县党务工作者培训班2期，119人参训。

年内，县委党校累计举办各类培训班21期，受训党员干部1280人次。选派235人次干部参加开发性金融支持西藏深度贫困地区脱贫攻坚暨乡村振兴研讨班、全区党员教育培训班、西藏县（区）党政领导干部脱贫攻坚暨乡村振兴专题培训班、全区村级青年党员后备干部培训示范班等。明确重点任务，选派干部参加拉萨市县处级干部学习贯彻中共十九届五中全会和中央第七次西藏工作座谈会精神专题研讨班、全市党员政治教育暨乡镇（街道）党政正职学习贯彻十九届四中全会精神专题研讨示范培训班、全市村（居）党组织书记能力提升培训、拉萨市村级组织“1+3”专干培训、“三岩”片区搬迁安置点脱贫攻坚示范培训班等重点班次的培训。

2020年5月14日，墨竹工卡县2019年基层党建工作总结暨2020年工作部署会议召开

【关心关爱老干部】 年内，组织2批125名离退休干部参加“我心向党‘七一’主题活动暨‘1+4+N’党建加基层治理赤康样本现场会活动”和“县老干部活动中心揭牌仪式活动”；为10名离退休老干部发放生病住院慰问金1万元；组织离退休老干部开展积极健康的文娱活动和主题党日活动，促进老干部身心健康发展；同时，多次深入困难老干部家中看望慰问，及时研究解决存在的困难和问题，帮助老干部排忧解难。

【档案管理】 截至年底，档案室存有包括县直党群部门、人民团体、人大、政协、公安、检察院、法院、医院、学校等部门档案共计2268卷。其中在职干部档案1921卷（公务员档案817卷，事业档案1104卷），离、退休干部档案335卷，已故干部档案12卷。

【强基惠民】 年内，按照区、市、县开展创先争优强基础惠民生驻村工作统一安排部署，各驻村（居）工作队组织中共十九大精神宣讲112场次，受教育群众1.2万余人次；举办专题讲座83次，发放宣传材料5200余份，开辟专题宣传栏82期；向群众宣讲习近平总书记治边稳藏重要战略思想在西藏的成功实践93场次，受教育群众6300余人次；向群众宣讲以习近平同志为核心的党中央为西藏制定的一系列特殊优惠政策和对西藏各族群众的关心关怀86场次，受教育群众9000余人次，发放宣传资料7100余份。派驻单位党委（党组）负责人（班子成员）到驻村点宣传习近平新时代中国特色社会主义思想和中共十九大精神115场次，受教育群众9800余人次；驻村工作队组织开展学习宣传贯彻习近平新时代中国特色社会主义思想和中共十九大精神94余次。

向群众宣传精准扶贫、精准脱贫政策130余场次，受教育群众1.2万余人次，印发扶贫宣传资料1.1万余份，开辟宣传栏82期。进一步健全完善帮扶措施、发展思路，落实“六个精准”，协助开展产业扶贫、易地搬迁扶贫、生态补偿扶贫、培训就业扶贫、教育扶贫、健康扶贫、社保兜底等工作。因地制宜，通过外出务工、汽车运输、零售等方式，努力拓宽群众增收渠道，实现转移就业100余人次；本县区各派驻单位、驻村工作队在开展消费扶贫行动中，建立有效销售渠道5个，销售村（居）、农牧民生产的各类产品总额36.25万元。市县派驻村工作队164人，结对帮扶贫困户232户987人。

（李居龙）

【机构领导】

县委常委、组织部部长

平措朗杰（藏族，10月免）

靳 小 卉（女，10月任）

副部长

德　　曲（女，藏族）

拉巴罗布（藏族）

老干部局局长

德　　曲（女，藏族）

宣传工作

【概况】 中共墨竹工卡县委员会宣传部是中共墨竹工卡县委主管全县意识形态方面工作的综合职能部门，正科级建制。管理科级单位2个，为文化市场综合执法大队（于2020年12月7日转至县文旅局管理）和县电视台。所属事业单位1个（互联网评论中心）。核定编制7名，其中行政编制4名、机关事业编制3名；管理机构县文化市场综合执法大队，副科级建制，核定事业编制3名，科级领导职数1名；县电视台，正科级建制，政府直属事业单位，归宣传部管理，核定事业编制3名；县互联网评论中心，副科级建制，核定事业编制3名。科级领导职数1名。

【理论武装】 年内，坚持把学习宣传贯彻习近平新时代中国特色社会主义思想摆在最重要的位置，每月至少安排1次理论中心组学习，及时学习领会习近平总书记系列重要讲话精神，中央和自治区、市决策部署，认真研究贯彻落实的具体举措。制定并印发《全县各级党委（党组）理论学习中心组2020年专题学习重点内容安排》。截至年底，共组织开展理论学习中心组学习25次，其中参加自治区党委理论中心组分会场学习1次，市委理论中心组分会场学习12次，组织开展县委理论学习中心组学习12次。全县各级党员干部理想信念更加坚定，理论基础更加扎实，政治觉悟稳步提高，对中国特色社会主义的道路自信、理论自信和制度自信不断增强。此外，为规范乡（镇）党组理论学习中心组学习，开展督导检查2次。

积极帮助本地党员利用手机APP和PC端下载登录“学习强国”学习平台，以支部为单位创建

2020年12月3日，县委书记劳明伟到尼玛江热乡宣讲中共十九届五中全会和中央第七次西藏工作座谈会精神

2020年12月7日，县委副书记、县长旦增尼玛（中排右一）到扎雪乡宣讲中共十九届五中全会和中央第七次西藏工作座谈会精神

学习组织，发挥各支部学习组织管理员作用，推动各级党组织积极利用“学习强国”平台资源开展学习，做到领导干部带头用、党员干部积极用、查阅资料首先用、学习知识经常用。截至年底，注册用户达1607人，人均每日积分40分以上。

围绕新冠疫情防控、脱贫攻坚工作，以科学普及疫情防控知识和各条战线涌现的先进人物为主要内容，开展短视频制作，并向“学习强国”平台推送短视频36个，文稿4篇，被采用视频11个，文稿2篇。

按照上级部门关于党报党刊征订工作的统一部署要求，2020年投入48万余元为全县干部群众积极征订并发放《人民日报》《西藏日报》《拉萨日报》《党委中心组学习》《时事报告》等党报党刊，为全县干部群众提供丰富的理论学习读物。

【“四讲四爱”群众教育实践活动】

年内，将反分裂斗争、脱贫攻坚、生态环境保护、“扫黑除恶”宣讲贯穿“四讲四爱”群众教育实践活动始终，依托《“四讲四爱”宣讲提纲》（2020年版），发挥全县161名宣讲员作用。截至年底，在农牧民群众、寺庙僧尼、中小学生、企业员工中共开展宣讲活动729场，受众近5.3万人次。县委书记劳明伟，县委副书记、县长旦增尼玛深入虫草采挖点、乡村田间地头开展示范宣讲活动，进一步压实乡村两级书记、各级宣讲骨干宣讲工作责任。同时，严格执行宣讲工作日报周报机制和督查检查机制，动态掌握基层宣讲覆盖面。

截至年底，开展系列实践活动391场次，受众3.9万人次。新冠肺炎期间开展“微宣讲”活动40场，进一步凝聚人民群众共同抗击疫情的强大合力。在西藏民主改革61周年之际，全县各乡（镇）、各村（居）、各单位、各中小学校、各寺庙精心策划部署开展“升国旗、唱国歌”“与国旗合影”“向国旗敬礼”及参观网上民主改革纪念馆等网络系列庆祝活动，切实营造良好的庆祝氛围，进一步激发广大干部群众的爱国主义情怀。结合“七一”建党、脱贫攻坚等重点工作，深入开展“我心向党”七一主题活动暨“党建+基层治理”赤康样本文艺会演、“揭批十四世达赖真实面目，感受拉萨伟大发展跨越”宣讲活动、青少年思想道德建设“银发”讲堂、“热爱党、热爱祖国、热爱人民”主题班会、嘎则新区易地扶贫搬迁点“五下乡”“三送”、第三届万亩小油菜花文化旅游节等活动，进一步营造良好社会氛围。

【精神文明建设】 年内，根据区市相关工作要求，县文明办制定并印发《墨竹工卡县新时代文明实践中心（所、站）建设工作细化方案》。制作下发统一铭牌51块，实现乡（镇）、村（居）新时代文明实践所、站挂牌全覆盖。县新时代文明实践中心正式挂牌运行。为进一步规范相关工作要求，县委宣传部组织工作人员到8个乡（镇）、41个行政村（居）调研指导新时代文明实践所、站建设工作，帮助实践所、站完善基本情况统计表内容，实现基础数据归档。认真落实《关于乡镇综合文化站（服务中心）在编人员返岗就位的通知》精神，制定并印发《关于组建墨竹工卡县新时代文明实践志愿服务队的通知》《2020年

2020年1月9日，墨竹工卡县委宣传部组织开展百万农奴解放纪念馆巡展活动

新时代文明实践中心工作要点》，进一步整合基层宣传思想文化工作力量，着手组建县、乡两级宣传宣讲、文艺、科技、法律、卫生健康5支志愿服务队。截至年底，除调岗、调出人员外，均已返岗，志愿服队成员共1074人。

充分发挥基层党组织组织群众、宣传群众、凝聚群众、服务群众的职能，发挥全县72名文明引导员作用，通过开展“五有五好”文明村镇创建活动，深入推进农牧区精神文明建设。在全县8个乡（镇）、41个行政村、9所中小学校、13个寺管会长期设立“精神文明建设宣传栏”、善行义举榜，并及时更新内容；以习近平总书记关于加强精神文明建设的重要指示精神、社会主义核心价值观、“讲文明树新风”公益广告、“遵德守礼”提示语等藏汉文为主要内容，在乡（镇）主干路、居民小区、公园广场、学校、寺庙广泛设立公益广告牌；依托道德讲堂、“善行义举榜”等阵地，进一步在基层凝聚正能量、弘扬主旋律；依托墨竹工卡县70个志愿服务站点1.6万余名志愿者，开展新时代文明实践活动共计2137场次，受众达到13万余人次，参与志愿者2.5万余人次。

各级各部门积极行动、各族各界干部群众广泛参与爱国卫生运动、“我们的节日”春节、藏历新年及清明活动、雷锋纪念日、文明上网、文明交通、文明旅游、疫情防控志愿服务等精神文明建设活动；进一步强化典型选树工作，积极推选申报全国文明家庭1户、新时代好少年1个、时代楷模1个、岗位学雷锋先进典型4个；加强对现有6个乡村学校少年宫，2个文明校园工作指导，持续开展校园精神文明创建活动，为进一步巩固文明城市创建工作成效奠定良好基础。

【意识形态工作】 年内，成立以县委书记劳明伟为第一主任（组长）的墨竹工卡县意识形态工作领导小组，并将意识形态目标责任考核纳入年终目标绩效考核检查内容，进一步加强对意识形态工作的统一领导，形成党委统一领导、各部门齐抓共管、宣传部门组织协调、有关部门分工负责的工作格局。

为进一步规范县直各单位、各乡镇意识形态工作相关台账，选派工作人员到各乡镇、各单位指导相关工作，进一步明确党政“一把手”第一责任人责任，并对照近3年意识形态工作相关责任分解表进行讲解指导，确保意识形态工作责任制有效落实，将意识形态工作纳入九届县委第八轮巡察。

【互联网管理】 年内，全面贯彻落实中央和自治区、市县关于网络安全和信息化工作的指示批示，建立健全《墨竹工卡县互联网管理、舆情引导工作机制》《墨竹工卡县信息发布“三审三校”制度》等相关制度，有效预防、及时控制和最大限度地消除信息安全各类突发事件的危害和影响。进一步加强墨竹工卡县政务新媒体管理，规范政务新媒体备案工作，对已备案的网站每周开展一次巡查，暂未发现问题网站。紧紧围绕群众最关心、最关注的热点难点问题，充分发挥网络媒体宣传报道阵地作用，在“微墨竹”“网信墨竹”及政务网平台报道民生、经济、卫生、社会、疫情防控、扶贫、环保、教育、旅游、扫黑除恶等相关新闻1503条。为将党员干部学习教育引向新常态，在“微墨竹”中开设“跟我学”专栏。截至年底，专栏共计刊登党建专题学习81篇，为进一步打造网络空间风清气朗起到积极助推作用。

【广播电视管理服务】 年内，完成县广播电视台搬迁、国家应急广播体系建设，覆盖全县各乡（镇）、自然村（组）。严格执行安全播出各项规章制度，转播机房实行24小时值班，重要保障期实行24小时双人值班、技术带班，圆满完成全国“两会”期间安全播出任务。日常维护实行每周二例行检修制，对县城内有线电视主干线路进行安全隐患排查，切实保障人民群众清晰收听收看电视节目。全面实施易地扶贫搬迁点有线数字电视安装覆盖工作，已完成956户。

实现广播电视“村村通”“户户通”和“舍舍通”广播电视综合人口覆盖率99.6%（0.4%为每年新增户）；5月，邀请自治区相关部门技术人员为基层运维人员开展为期2天的中央广播电视节目无线数字化覆盖工程项目系统运维培训；县村村通管理站积极为全县干部群众、僧尼更换及维修直播卫星设备，更换支架15950个、高频头3770个、遥控器640个、电源板470个、维修主板320个、维修电视40寸4个、维修机顶盒5148台、天线面172套。

【文化市场管理】 年内，根据《西藏自治区推进“扫黄打非”基层站点规范化标准建设实施方案》要求，已基本建立108个基层站点。针对全县35家文化经营场所，强化日常巡查、联合执法、专项行动等工作机制，深入开展文化市场专项整治工作，持续开展“扫黄打非、护苗、净网、清源、固边、秋风、珠峰工程”等专项行动。严格落实新冠肺炎疫情防控各项工作职责，对恢复营业的文化经营场所进行专项联合复工复产检查。

截至年底，共检查87次，其中日常检查36次，联合检查51次。出动执法人员198人次，检查经营单位253家次，出动执法车辆62台次，立即整改3家，限期整改4家，警告2家，没收盗版书籍12本、删除违禁歌曲6首。充分利用“3·18”百万农奴解放纪念日、“3月综治宣传月”、网络安全宣传周、“9·16”平安宣传日等时间节点，开展主题鲜明的文化市场法治宣传活动，发放安全温馨提示牌9块、宣传品130个，宣传海报200余份、宣传品160个，制作横幅3条，接受群众咨询120余人次。通过新区、老区LED平台滚动播放以“生命至上、安全第一”为主题的安全宣传标语，起到良好的宣传效果。

【主流舆论】 年内，及时录制《墨竹工卡县疫情防控知识音频》（藏汉双语），并为全县41个村（居）、7个乡卫生院制作发放疫情防控知识音频100个U盘及30个光盘，利用村组广播设备和流动小喇叭在县城主干道、各村（居）循环播放《墨竹工卡县疫情防控知识》音频，引导群众科学防护，做好防护措施；利用全县45个LED电子显示屏、宣传栏、微信群等媒介在各乡镇、县直各企事业单位大力宣传新型冠状病毒感染肺炎疫情防护相关公益广告、宣传标语、《倡议书》；为全县41个行政村（居）、13个寺管会以及全县8个临时检查点制作并发放2.5万

2020年4月22日，为391户嘎则新区易地扶贫搬迁户免费安装有线数字机顶盒

份温馨提示卡，3800册《新型冠状病毒感染的肺炎公众预防指南》（宣传册），1万份《新型冠状病毒感染的肺炎公众预防指南》（宣传单），教育引导群众减少出行、暂缓进藏，避免交叉感染；借助微信群、朋友圈等迅捷社交软件，向村居民群众及时发布各类关于新冠肺炎疫情相关情况，避免群众被谣言误导，造成不必要的恐慌；发挥新媒体传播优势，制作《墨竹工卡疫情防控宣传歌》《卓嘎医生告诉你、废弃口罩怎么处理》《勤洗手、常通风、少聚会、戴口罩》等防护知识短视频，并通过新媒体传播手段在全县广泛传播，确保疫情防控知识人人知晓、人人践行。

紧紧围绕县委、县政府中心工作，充分发挥主持、记者、编辑人员作用。截至年底，制作并播出《墨竹汉语新闻》39期、《墨竹藏语新闻》39期。围绕交通、水利、卫生、教育、住建5个方面精心策划推出“百姓关心的那些事儿”系列片，并深入基层把镜头对准群众，摄制幸福墨竹人系列片之《森林卫士》《环卫工人》《大学生创业梦》《致富带头人》《铿锵玫瑰》《索朗顿珠老人的幸福新生活》《墨竹扶贫温室带动百姓就业增收》等视频。在新冠肺炎疫情防控期间，用藏语摄制公益广告《抗击疫情从你我做起》，微视频《卓嘎医生告诉你：废弃口罩怎么处理》《武汉加油！中国加油！》《@墨竹父老乡亲有人给您点歌啦！》《让党旗在防控疫情斗争第一线高高飘扬》《同学们线上教学第一课开课啦！》《小茶馆大担当》《疫情防控知识（藏汉）》，在重大节庆日期间制作微视频《墨竹工卡县热烈庆祝中华人民共和国成立71周年》《墨竹喜迎丰收节》《墨竹工卡县55名白内障患者重见光明啦！》《墨竹养护人是这样把桥和路修到群众心坎上的》《墨竹工卡县热烈庆祝第36个教师节》《欢快的舞蹈跳起来幸福的歌声唱起来》等内容，在新华网、人民网、学习强国、西藏广播电视台、拉萨广播电视台、西藏日报、拉萨日报、西藏阳光公众号、悦享拉萨、微墨竹、墨竹视讯等平台刊播。

此外，不断加大与中央、自治区、市主流新闻媒体的沟通联系，积极推送反映墨竹工卡县经济发展、民生改善、生态向好、文化繁荣相关文稿及音视频资料，共被上级主流新闻媒体采用274条，其中自治区电视台采用3条，西藏日报采用95条，拉萨电视台采用84条，拉萨日报采用92条。《西藏首个县区级援藏初中班在拉萨开班、启动小组团式教育援藏》在央视新闻客户端刊载，《西藏墨竹工卡：青稞铺就致富路》在CCTV17频道、《第三届跨喜马拉雅自行车极限赛（第二赛段）》在CCTV5频道播出；第二届“格桑花开·南京墨竹周”共有90家媒体参与报道，其中，中央媒体11家，省级媒体14家，地方媒体8家，网络媒体57家。墨竹周主题创意视频《呼唤》在新华社客户端点击量达93.9万人次，其他媒体客户端累计点击量超5万人次。

（四朗达措）

【机构领导】

县委常委、宣传部部长

丁　剑

常务副部长

达瓦次仁（藏族）

副部长

秦　鑫

武继斌（彝族）

统一战线（宗教事务）

【概况】 2020年，墨竹工卡县委统战部（县宗教事务局、县工商联）在习近平新时代中国特色社会主义思想的统领下，在区市党委的坚强领导和上级业务部门的精心指导下，在县委、县政府有力推动下，全县统一战线、民族宗教、工商联工作紧紧围绕县委中心工作，聚焦发展、稳定、生态三件大事，主动作为、持续用力，狠抓落实、攻坚克难，做了大量调查研究、教育引导、理顺情绪、化解矛盾、民族团结和凝心聚力的工作。

【新冠疫情防控】 年内，根据《西藏自治区人民政府关于启动重大突发公共卫生事件Ⅰ级响应公告》要求，第一时间成立涉宗领域疫情防控工作领导小组，先后召开专题会议5次，及时落实宗教场所“三停一关闭”、劝导信教群众等行之有效的各项措施，特别是有信教群众参与的惯例佛事活动始终坚持特事特办的原则年内一律取消。

坚决贯彻习近平总书记重要

2020年12月14日，拉萨市委副书记、市长果果（中）一行到直孔替寺宣讲中央第七次西藏工作座谈会精神

指示精神，认真落实区、市、县委、县政府的部署安排，把有效防控疫情作为当前压倒一切的首要任务，按照“三落实一确保”的原则，全力做好各项防控工作，确保企业复工有序可控，全力打好疫情防控阻击战。

积极与县疫情防控指挥中心以及上级业务部门沟通，全力争取物资，先后对各寺庙统筹发放各类体温计41个、消毒片(粉)1090余袋、口罩4760副、喷雾器1套、防疫香囊1030包、84消毒液204桶、速干洗手液80余瓶，发放疫情防控宣传册300余份；特别是疫情防控关键时期配合县净土公司定期向寺庙供应蔬菜等生活必需品，并对偏远寺庙统筹发放压缩干粮10箱、蔬菜罐头10箱等物资，全力保障僧尼防疫物资和生活物资。同时，本单位统筹资金6.8万余元，购买生活物资，慰问20座偏远寺庙和基层一线医护部门，为全县疫情防控工作发挥应有作用。

广大寺庙僧尼积极配合各级党委、政府疫情防控各项决策部署，并主动发挥社会责任，向灾区踊跃捐款40余万元，有力传承了历代高僧大德优良传统，充分展示关键时发挥作用的要求，得到区市党委政府的充分肯定，充分显现“四条标准”教育实践活动成果。

【学习宣传】 年内，按照区、市、县深入开展“遵行四条标准、争做先进僧尼”教育实践活动实施方案要求，将活佛转世政策法规宣讲作为2020年教育实践活动的重要组成部分，层层压实责任，县统战宗教部门牵头组织驻寺干部开展政治纪律专题教育培训班2期106人，组织县级寺庙教职人员培训班2期108人、组织涉宗人员观看活佛转世纪录片20余次，组织各级书记寺庙宣讲6场次，组织“法律进寺庙”宣讲活动60余次，邀请专家学者开展专题讲座3期、巡回宣讲4场次，各寺庙管理机构组织例行宣讲活动累计950余场次，受众僧尼4200余人次，发放各种宣讲提纲及资料3480余册，撰写心得体会300余篇。

同时，积极配合区市“两个规划”要求，先后选派60余名驻寺干部和20余名宗教教职人员参加政策学习和能力提升培训班次，让广大驻寺干部和僧尼比较系统地学习党和国家的大政方针、政策法规，系统掌握活佛转世管理政策法规，系统地经历了一次政治纪律、组织纪律和寺规僧约、教规戒律的严格教育，使每位驻寺干部和僧尼切实增强“四个意识”、坚定“四个自信”、做到“两个维护”。此外，还充分利用“3·28”百万农奴解放纪念日、“十一”等重要节庆纪念日，组织僧尼开展“新旧西藏对比”座谈会、知识竞赛、升国旗等活动60余场，让广大僧尼切身感受到改革开放带来的福利，进一步增进爱国意识。

【民族团结创建】 年内，及时成立墨竹工卡县进一步深化民族团结进步创建活动领导小组，制定实施《墨竹工卡县关于深入学习宣传〈西藏自治区民族团结进步模范区创建条例〉工作方案》和《甲玛乡赤康村党建“1+4+N”民族团结进步创建工作方案》，进一步建立和完善工作机制，形成责任明确、工作具体、领导主管、副职主抓的良好格局。

从县民族团结专项经费中统筹预算13万元，制作《西藏自治区民族团结进步模范区创建条例》双语版宣传册子1万本，并向各寺庙、村委会、学校发放1600余册；在国道、省道、县城道路两侧，以及医院、商场、银行、宾馆、餐馆、便民服务中心、客运站等群众集中场所悬挂横幅100余副，张贴标语1000余副。同时，在县机关楼房电梯、走廊等显眼位置摆放展板50余副，全力营造全民学习宣传条例的浓厚氛围。

结合《墨竹工卡县“三岩”片区易地扶贫搬迁群众教育引导工作方案》和《墨竹工卡县创新“1+4+N”“党建＋基层治理”赤康样板实施方案》要求，制订相应的工作方案，先后4次深入搬迁点，对群众专项宣传民族、宗教相关法律法规，发放《西藏自治区民族团结进步模范区创建条例》等宣传资料900余份，张贴宣传标语180余份，不断提高群众的“五个认同感”。

【党外人士座谈会】 1月15日，全县党外知识分子界、工商界、教育界、宗教界、党外干部等党外爱国人士代表齐聚一堂、敞开心扉、畅所欲言，共庆春节和藏历新年。座谈会上，传达学习中共十九届五中全会和中央第七次西藏工作座谈会精神；听取全县知识分子、宗教界、民营企业家等无党派代表人士对“十三五”期间全县社会稳定、经济形势和“十四五”期间工作的意见和建议；党外代表人士担当起县委、县政府的好参谋、好帮手、好同事的政治责任，继续为防疫情、保稳定、促发展发挥关键作用，主动协助党和政府做好解疑释惑、理顺情绪、化解矛盾、凝聚共识工作，在努力建设团结富裕文明和谐美丽的社会主义现代化新墨竹中展现自身风采，以优异的成绩向中国共产党成立100周年和西藏和平解放70周年献礼。

【非公有制企业】 年内，全县共有个体商户305家，其中非公有制企业49家，就2020年在原有23名会员企业的基础上新培养加入6家企业，不断加强自身建设。积极组织非公有制企业助力全县脱贫攻坚工作，先后捐助资金达1800万元、带动建档立卡贫困户86户，344人，解决就业292人。开展技能培训133人次、带动扶贫934人次、扶贫助资241万元。

继续深入开展好“百企帮百村”活动，引导民营企业通过资金帮扶、项目拉动、公益帮扶、产业带动和就业帮扶等措施，推进墨竹工卡县脱贫攻坚工作。同时，民营企业转型升级的方向和途径，拓展企业家的视野，提高综合管理素养和能力水平，打造一支具有国际战略思维和创新意识的企业家队伍，从而助力墨竹经济高质量发展。

【走访慰问】 年内，在春节、藏历新年期间，县委统战部、县宗教事务局组织牵头，同联系寺庙县级领导先后到各寺庙，对寺管委会（专职特派员）驻寺派出所、寺庙高僧大德和老弱病残僧尼进行走访慰问活动，累计落实慰问金6.04万元，充分体现党和政府对驻寺干部和宗教人士的关心关爱。

（尼玛多吉）

【机构领导】

县委常委、统战部部长

扎巴桑珠（藏族）

副部长

尼玛次仁（藏族）

德吉白玛（女，藏族）

2020年4月28日，墨竹工卡县召开“遵行四条标准、争做先进僧尼”教育实践活动动员部署会

2020年2月8日，县委统战部、宗教局在新冠疫情防控期间为偏远寺庙发放物资

宗教事务局局长

尼玛次仁（藏族）

宗教局副局长

次仁旺旦（藏族）

郎卡洛追（藏族）

次仁顿珠（藏族）

工商联主席

顿珠次仁（藏族）

工商联副主席

尼玛多吉（藏族）

巡察工作

【概况】 2020年，县委巡察办始终以习近平新时代中国特色社会主义思想为指导，深入贯彻落实中共十九大和十九届二中、三中、四中、五中全会以及中央第七次西藏工作座谈会精神，坚持政治巡视定位，严格按照区市县委对巡察工作的部署要求，推动全面从严治党向基层延伸，不断推进县委巡察工作规范化、高质量。墨竹工卡县委巡察机构一办二组均为正科级建制，核定编制7人。2020年，配备在编正式党员干部7人（巡察办1正1副，正科级专职组长2名、工作人员3名），调配办公室5间。

【巡察工作举措】 年内，县委把巡察工作作为落实全面从严治党主体责任的具体措施，县委书记作为第一责任人、领导小组组长做到重要工作亲自部署、重要事项亲自过问、重要环节亲自协调、重要问题亲自督办。分别召开2次书记专题会，研究审议巡察工作方案，做出安排部署；召开3次书记专题会，听取巡察情况汇报，立场鲜明、点人点事，并提出具体要求和处置意见；及时跟进巡察工作进度，召开县委巡察工作领导小组会议6次，听取阶段性汇报，研究解决巡察期间遇到的困难和问题；坚持巡察办与巡察组联系指导机制，分享好的经验做法，对不确定归类问题及时与办公室沟通，进一步规范问题归类，全年共计交流20余次。

在巡察进驻、反馈环节，严格执行县委巡察工作领导小组成员出席指导制，要求全县各级党组织主要负责人参加每轮巡察动员会，助推全县各级党组织及广大党员干部牢固树立主动接受“政治体检”的意识。

【巡察全覆盖】 年内，已完成三轮常规巡察（九届县委第六轮、第七轮、第八轮巡察），巡察全覆盖率达已达100%，圆满完成“全覆盖”任务；科学制订九届县委巡察工作方案，从巡察组长库和人才库中抽调64人，组成10个巡察组（包含达孜区委派出的交叉巡察组和本级的扶贫领域专项巡察组），对23家党组织开展政治巡察（其中22家为常规巡察，1家为“回头看”），发现问题线索5件4人，反馈问题431个（包含188个立行立改问题）；围绕“三个聚焦”内容，推动县（区）巡察向村（社区）党组织延伸，走好全面从严治党“最后一公里”，切实发挥巡察利剑作用，推动解决基层突出问题，强化基层党的领导。

全面开展好第六轮、第七轮、第八轮巡察后期工作。对被巡察的23家党组织及时反馈巡察意见，层层把关、审核整改方案和整改报告、主要负责人组织落实情况报告、整改专题民主（组织）生活会相关材料，提高被巡察单位整改责任意识，对整改落实不及时不到位的，及时督促完善整改工作，努力做好巡察“后半篇文章”。

【监督贯通融合】 年内，针对区党委巡视反馈问题，提高整改责任意识。按照整改工作要求，建立完整、规范的整改专项台账，推动整改落实落细并长期坚持，同时结合实际制定完善规章制度，形成整改长效机制；不断探索巡察监督与其他监督的有效结合，推动形成上下联动工作格局，现已初步建立协调协作机制。

年内，向纪委监委、组织部、政法委、信访、审计、检察院、统战民宗等有关部门和单位发出征求意见函20份；配合县纪委监委、组织部开展日常监督检查，通过查看历届巡视巡察整改台账和实地走访，了解整改情况，压实被巡察单位整改主体责任。

【巡察人才队伍建设】 年内，坚持把巡察岗位作为发现、培养、锻炼干部的重要平台，不断梳理巡察对象、调整充实巡察"组长库"和"人才库"，参照市委巡察办"两库"建设标准，组建本级巡察"组长库"38人、"人才库"72人。结合县情实际，针对巡察人员能力素质参差不齐的问题，选配党性强、业务精，有较强组织协调能力、群众工作能力、谈话能力和发现问题能力等综合素质过硬的干部从事巡察工作，结合巡察工作重点以及被巡察单位业务工作的不同，有针对性地组织巡察干部接受培训，通过培训使巡察组人员了解被巡察单位工作性质及流程，以便查找问题更快更准。

年内，择优选派2名优秀巡察专职干部配合自治区党委巡视工作，本级巡察机构组织培训3批58人次，参加上级培训3批28人次。

【巡察机构党组织建设】 年内，严格落实党建工作责任制，围绕巡察工作，制订党建工作计划，将党建工作纳入全面重点工作，保障党建工作正常、有序开展。抓学习，提素质。把学习贯彻习近平新时代中国特色社会主义思想作为最重要政治任务。

年内，共组织集中学习10次，召开支部会议18次，开展书记讲党课活动4次，主题党日活动12次，参加单位部门各类培训12人次；抓班子，带队伍。努力加强党员干部队伍建设，认真做好发展党员工作，加强党员教育、管理、监督和服务工作。用心推进党内民主建设，大力推行"三务"公开制度，保障党员对党内事务的广泛参与和有效监督。

【党风廉政建设】 年内，结合巡察工作实际，坚持把党风廉政建设"两个责任"抓在手上、扛在肩上、落实到行动上，以"严"字当头，管理好巡察干部，在日常巡察工作中，着重强调要严格遵守工作纪律，严禁接受被巡察单位的各类宴请、娱乐等活动，不得以巡谋私，厉行勤俭节约，严格落实中央"八项规定"及其实施细则要求，依规依纪开展巡察工作；加强廉洁教育，筑牢思想防线。

坚持以党员干部和关键岗位人员为重点，开展形式多样的廉洁教育活动。组织党员干部认真学习《中国共产党廉洁自律准则》《中国共产党纪律处分条例》等一系列党内法规和条例，组织党员干部观看《永远在路上》《巡视利剑》等警示教育片，增强廉洁教育的针对性和实效性，确保党风廉政教育效果落实。

（张国洋）

2020年10月26日，九届县委第八轮巡察动员部署会议召开，县委书记劳明伟（后排左一）参加会议并作动员讲话

2020年9月25日，书记专题会听取九届县委第七轮巡察情况汇报

【机构领导】

主 任

扎西旺堆（藏族）

副主任

张 国 洋

县委巡察一组组长

钟 其 荣

县委巡察二组组长

普布卓嘎（女，藏族）

党校

【概况】 2020年，中共墨竹工卡县委党校核定编制7人，实有人员7人；副高级职称1人，中级职称4人，初级职称2人；中央党校研究生学历2人，本科5人。南京市第九批援藏干部领队、县委常务副书记、常务副县长施勇君兼任党校校长，县委常委、组织部部长靳小卉直接领导党校工作，县委配备一名副校长全面负责党校日常工作。

2020年，县委党校高举习近平新时代中国特色社会主义思想的伟大旗帜，认真贯彻落实中共十九大和十九届二中、三中、四中、五中全会及中央第七次西藏工作座谈会精神，学习贯彻自治区九届八次、九次全会和拉萨市九届六次全会精神，认真贯彻落实区市县党委、政府的决策部署，围绕中心工作、服务全县大局，踏实认真地开展工作，圆满完成了各项工作。

【党员干部教育培训】 年内，先后举办各级各类主题培训班18期，主要包括党员政治教育、党员发展对象、入党积极分子、驻村工作队队长及队员、基层党组织书记培训（包括县直部门、乡镇机关、各行政村所属党支部书记）、十九届五中全会暨中央第七次西藏工作座谈会等班次，参训学员1075人次，其中县级干部21人次，科级干部476人次，县直机关和乡镇机关支部书记72人、驻村干部164人、村级组织负责人155人，党员发展对象73人，入党积极分子114人。

年内，先后邀请自治区党委讲师团成员、自治区党委党校党史党建教研部副主任曲宗教授，自治区党委讲师团成员、历史学博士、拉萨市委党校专家陈乐，自治区党委讲师团成员、市委党校马列教研室主任、高级讲师巴桑卓玛，自治区党委讲师团成员、市委党校讲师格桑次仁，市委讲师团成员、市委党校理研科副科长、高级讲师刘培勇，市委讲师团成员、市委党校高级讲师刘波等区市党校系统的知名专家进行授课。

【新冠肺炎疫情防控】 年内，按照墨竹工卡县疫情防控领导小组统一安排，县委党校指派1名教师参与全县疫情防控工作，与组织部、县疾控中心、县人民医院相关人员一道做好内地返墨人员的登记、分流、集中转运、集中定点隔离、居家隔离、体温检测、防疫物资发放、常态化防控等各项工作，及时参加相关会议，落实各项任务，为全县的疫情防控工作做出应有贡献。

【巡察整改】 10月27日至12月26日，按照县委统一部署，九届县委第八轮巡察三组对县委党校党支部进行为期60天的集中巡察。12月29日，县委巡察三组举行反馈会，共反馈8个问题，县委党校照单全收，认真制订整改方案，细化分解任务，逐一落实整改，各项整改工作正在有条不紊地进行，可在计划期限内完成整改，进一步促进县委党校不断发展。

【脱贫攻坚】 年内，根据自身实际，按照墨竹工卡县脱贫攻坚指挥部安排，县委党校全体人员定期、不定期到结对帮扶对象家中，全年共深入结对帮扶对象家中6次，进行政策宣讲、物资慰问、交流谈心，帮助贫困户树立信心，贫困户的精神面貌得到进一步改善，在脱贫奔小康的路上稳步前行。

【自身建设】 年内，按照党建工作的总要求，进一步明确党支部的成员分工，及时安排集中学习、自学，落实“三会一课”制度，加强意识形态和党风廉政建设工作。县委党校在清明节、“七一”等节点先后开展主题党日活动，持续巩固深化“不忘初心、牢记使命”主题教育成果。

年内，按照上级安排，先后安排1人次参加全区党员教育师资培训班，先后安排2人次参加拉萨市第三期党校系统师资培训班，1人次参加全市党校系统科研能力提升专题研修班。

【外出宣讲】 年内，着力助推县委党校教师参加专题班授课和宣讲。截至年底，县委党校有3名教师可承担授课、宣讲任务，其中2名为藏语授课，先后到城关区、林周、达孜、曲水、尼木、当雄等县（区）及自治区公安厅科信总队、拉萨市科技局等单位开展宣讲。按照《墨竹工卡县“三岩”搬迁工作协调领导小组职责》的要求，县委党校安排1人到嘎则居委会“夜校”授课4场次，重点讲解新旧西藏对比、感党恩跟党走、西藏党史等内容，受教育人数达160余人次。

5月，根据上级安排，县委党校副校长任松涛为全县“1+3”专干培训班录制墨竹工卡县县情授课视频并及时下发。8月，录制党课视频《原生态的初心和使命—党的一大代表的不同人生归宿》并按要求呈报上级组织部门。

（普布曲扎）

2020年12月1日，县委副书记普布（左二）在学习贯彻十九届五中全会暨中央第七次西藏工作座谈会第一期培训班开班仪式上讲话

【机构领导】

副校长

任松涛（主持工作）

藏语言及编译工作

【概况】 2017年9月墨竹工卡县藏语委办（编译局）设为独立正科级建制，2020年核定事业编制3名（参照公务员），其中科级领导职数2名；实有工作人员3名（1名科级干部、2名四级主任科员）。2020年，副主任、副局长担任工作队队长，一名工作人员休产假，办公室留守一人负责日常各项工作。2020年，安排专项业务经费5万元，公用经费6.13万元，共计11.13万元。

【自身建设】 年内，为切实抓好藏语文的规范化、标准化、信息化以及编译工作大众化等重要任务，着力做好自身建设上下功夫，使藏语文和翻译工作更好地为党的中心工作服务，始终贯彻执行《西藏自治区学习、使用和发展藏语文规定》和民族语言政策，积极进行交流、讨论、分析、相互学习等。

2020年4月27日，西藏自治区藏语委办（编译局）党组成员、巡视员普布桑珠（左二）一行到墨竹工卡县调研藏语文社会用字整改工作开展情况

【翻译工作】 年内，先后高质量完成“两会”期间的《人大工作报告》《政府工作报告》等5份“两会”报告翻译工作；《村社会经济基本情况》《拉萨市关于健康扶贫医疗保障方面特殊优惠政策》《墨竹工卡县农村饮水安全工程建后运行管理办法》《巡察公告》《村规民约》，特别是县委书记和县长的所有讲话稿、“四讲四爱”宣讲稿、“中央第七次西藏工作座谈会”“第七次全国人口普查”宣传标语及新冠病毒疫情、新时代的相关内容等各类文件10余份、会议材料10余份、公告5份、制度7份、协议书4份、承诺书3份，翻译字数达10.9万余字。

同时，高标准完成横幅、会标、广告牌、商铺门牌等短语翻译工作，翻译字数达4233余字。做好全县大型会议会标翻译，县政府各类会议坐签翻译等工作。特别是担任墨竹工卡县“美丽乡村·幸福家园”建设现场观摩会筹备领导小组成员，负责各类制度、怎村2020年党建工作开展情况等7个文件起草及翻译工作。

【地名释义】 根据2019年拉萨市人民政府关于地名文化释义第三次推进会议精神和拉萨市藏语委办相关要求，及时召开《拉萨市地名文化释义》编纂工作专题会议，全力开展各项工作。印发《关于开展地名文化释义工作的通知》及《墨竹工卡县乡(镇)地名释义摸底调查表》，精准收集各类资料。

在前期收集资料的基础上，调阅历史文献，认真研讨汇总，并初步形成整体地名文化释义的框架。2019年9月6日起，组织人员到各乡镇、行政村、寺庙、拉康、日追、名胜古迹及旅游景点，通过咨询长辈、学者等认真开展核实、核查地名释义及录制工作，利用近3个月的时间顺利完成全县地名文化释义收集及录入工作，已形成初稿。

【新词术语】 随着社会的发展与进步，新词术语随之不断涌现，为全县范围内统一使用规范的新词术语，墨竹工卡县藏语委办(编译局)利用半年的时间汇集近7000条的《汉藏对照常用新词术语汇编》一书，此书根据《自治区新词术语藏文翻译规范委员会办公室》与《西藏日报》等部门规定的新词术语收集而编，共印制780本，分别发放至县直相关部门、各乡(镇)、村委会、各寺庙。

【社会用字专项检查】 年内，为营造良好的社会用字环境，深入贯彻落实《拉萨市社会用字管理办法(试行)》，按照年初工作计划，结合2020年“中央第七次西藏工作座谈会”“第七次全国人口普查”“新时代文明实践”“第30个民族团结宣传月活动”等宣传标语，并重点检查活动内容，开展7次社会用字规范化检查活动，主要对县城内沿街店铺名称牌、宣传标语以及横幅加强指导检查力度，及时整改用字不规范、不标准问题(例如扎西岗乡某商户门牌存在藏汉用字不规范的问题及时整改)。

4月27日，迎接自治区藏语委办(编译局)党组成员、巡视员普布桑珠一行到墨竹工卡县普查调研藏语文社会用字整改工作开展情况，巡视员普布桑珠充分肯定了墨竹工卡县藏语文社会用字检查整改工作。

【宣传工作】 6月29日，墨竹工卡县藏语委办（编译局）工作人员在老县城街道开展以“规范社会用字、推动经济发展、建设和谐社会”为主题的学习使用藏语文宣传活动。同时，重点围绕《（2019年第二次修正版）藏汉双语的西藏自治区学习、使用和发展藏语文的规定资料》《汉藏对照术语规范明镜（第一期）》《汉藏对照术语规范明镜（第三期）》《2019年汉藏对照术语规范明镜》《语言文字规范宣传手册》等重要内容，精心制作宣传手册和宣传册子200余份，共发放宣传手册120余份，并在现场向群众解答疑惑。

【规范社会用字】 年内，为从源头治理宣传横幅以及商户门牌上藏汉翻译不规范、比例失调、顺序颠倒等现象，先后与县城内9家广告店签订《制作标准门牌协议书》，要求各广告店严格按照《西藏自治区学习、使用和发展藏语文的规定》和《拉萨市社会用字管理办法（试行）》规定，并与9家广告店建立“墨竹编译工作微信群”，为广告店提供免费的校对服务，从而进一步理清工作思路，创新工作方法，为推动墨竹工卡县藏语文科学发展奠定了良好的基础。

（扎 桑）

【机构领导】

副局长

卓 嘎（女，藏族，主持工作）

信访工作

【概况】 2020年，墨竹工卡县开展矛盾纠纷排查49余次，发现矛盾隐患62起，涉及人数310人，已全部化解，兑现拖欠资金2826.99万元；接待群众来信来访40件69人次，已全部化解，兑现拖欠资金425.53万元；在开展集中治理重复信访、化解积案专项工作和大督查大接访大调研大回访活动工作中，墨竹工卡县共认领重复信访事项7件，其中国家交办3件、自治区交办4件，现已全部化解并按照程序录入完毕；根据西藏自治区党委第一巡视组巡视要求，经排查巨龙公司拖欠甲玛乡运输费及机械租赁费1984.07万元，已全部化解，其中无争议的1837.7762万元于10月支付完成，存在争议的146.2938正通过司法途径解决；2020年11月16日、12月14日，中央第十巡视组分别转给墨竹工卡县信访案件4件，墨竹工卡县信访局在接到转办案件后高度重视，立即查找责任单位，及时将案件转至责任单位，每周进行督办，现4件转办案件已全部化解。

【主要做法】 年内，加大矛盾纠纷排查化解力度，确保矛盾发现在基层，解决在萌芽状态。严格按照“变上访为下访”的工作方法，借助乡镇、村委会、驻村工作队、联户长等基层组织的力量，采取定期排查与不定期排查相结合，切实深入排查基层矛盾纠纷，确保矛盾发现在基层，解决在萌芽状态。

墨竹工卡县8名县级领导参与协调信访事项及矛盾纠纷10件。3月，墨竹工卡县级领导下访联系乡（镇）开展矛盾纠纷排查工作，充分发挥县级领导接访下访的作用，在受理信访疑难、复杂

2020年8月10日，墨竹工卡县信访局联合县人社局一行到矿山领域检查“双拖欠”问题

2020年7月30日，墨竹工卡县信访局联合相关部门开展信访事项调解工作

案件时，由县级领导进行接访，确保疑难、复杂信访案件在第一时间有人抓、有人管，并得到有效的化解。

为加强企业的项目劳务管理，规避劳务使用风险，有效推进劳务实名制管理，维护劳务人员权益，规范项目劳务信息分级管理，促使项目劳务内部按月办理农民工工资发放，劳务公司内部及时债权债务，确保农民工工资发放。墨竹工卡县于2019年年底在西藏银行设立并实行农民工工资实名制登记管理，有效降低劳资纠纷。

在墨竹工卡县城及各乡（镇）开展信访宣传工作共11次，发放《信访条例》《非法上访、缠访、闹房处置依据》等法律法规方面的宣传资料共5万余册，引导教育广大群众以及在墨农民工，通过合理合法途径表达诉求，做到理性维权，更好地运用法律维护自身权益。6月，特邀请拉萨市信访局3名业务骨干为墨竹工卡县直单位及乡（镇）信访专干人员授课，提高信访工作人员的业务能力。通过微信平台让信访人足不出户得到信访答复意见书，提高信访结案率。

（扎　桑）

【机构领导】

局　长

史秀玉（女，藏族）

副局长

扎　桑（女，藏族）

人民团体

工会

【概况】 2020年，墨竹工卡县驻县企业34家（含国有企业4家）。已建工会组织132家（其中企业工会16家、乡镇工会8家、村级工会小组41家、行业工会联合会3家、县直机关工会42家、专业合作社工会小组15家、运输车队工会联合会8家），现有会员10686人（其中干部会员2275人，企业会员2277人，农民工会员6434人），全县外出务工人员4963人，其中工会会员2805人；全县41个行政村（居）均已完成村级工会组建。基层工会涵盖法人单位157家，企业规范化建设达到一级标准2家，示范企业1家，乡镇工会规范建设达标率100%。已建“职工书屋”9个（企业2个，乡镇2个，村委会1个，寺庙4个）。

【提升队伍自身素质】 年内，为提升工会干部队伍自身素质，结合新形势下工会工作的新要求，注重政治理论和业务知识的培训的同时，更注重“创新”理念的培养。结合新形势下工会工作的新要求，引导工会干部跳出传统的思维和工作模式，正视当前工会运行机制、工作方法和工会干部队伍不适应的问题，结合单位和自身的实际，培养服务发展、服务群众的工会工作人员。让基层工会干部认真学习领会中共十九大精神，组织全县8个乡镇工会主席和专干以及企业工会负责人通过自学、工会小组会议形式学习中共十九届五中全会精神及中央第七次西藏工作座谈会精神。

年内，组织工会干部积极参加区、市两级总工会举办的各种培训，进一步更新工会干部的思想观念，进一步增强工作的事业心、责任感，提高工作协调能力和水平。

【保障职工权益】 年内，为增强广

2020年11月4日，拉萨市政协副主席、市总工会主席张勤（左四）到墨竹工卡县扎西岗乡出席以“遵法守法、携手筑梦、服务在农民工公益法律”为主题的“五送”活动

大职工的法律意识和维权意识，创造和谐劳动关系，营造良好的社会环境，制作2万余册宣传册，并以“3·5”学雷锋志愿服务活动，“3·20”日维权综治宣传，“3·25”禁毒宣传活动，“3·28”百万农奴解放纪念日、安全生产月、民族团结宣传日、宪法宣传日等宣传活动契机，为提高干部职工及群众的安全意识和法律意识，在墨竹工卡县318国道沿线开展宣传《中华人民共和国工会法》《中华人民共和国劳动法》《中华人民共和国劳动合同法》《安全生产手册》《女职工劳动保护特殊规定》等法律法规宣传活动，发放“藏汉”双语普法资料2000余份、环保购物袋500多个。

2020年10月25日，墨竹工卡县总工会开展离退休干部职工“迎重阳、话发展、颂党恩”座谈会及文艺演出

【帮扶工作】 年内，墨竹工卡县总工会围绕全县精准扶贫工作总体部署，积极开展困难职工帮扶工作，不断完善职工帮困援助制度。积极整合社会资源，共同推进帮困援助工作，进一步叫响做实“农民工有困难找工会”“职工有困难找工会”，带着责任，带着感情，积极解决困难职工和农民工在就业、就医、子女就学等方面的实际困难。

在“三大节日”（元旦、藏历新年、春节）来临之际，对全县开展藏历新年“送温暖”慰问活动，慰问活动以县级困难职工、驻寺、驻村点、公安、医护人员以及一线职工等为对象，共慰问300人送去慰问金30万元，其中市总拨款20万元。同时市总领导集中慰问29名市级困难职工，送去慰问金2.9万元。迎接全国总工会城市困难职工解困脱困工作第三方评估，认真做好困难职工解困脱困工作，墨竹工卡县41户全国级困难职工中38人实现脱困、2人实现解困。

在“五一”劳动节来临之际，开展劳动模范走访慰问活动，为全县7名劳模每人送去价值800元的慰问品。开展“六一”慰问活动，为甲玛乡困难职工及农牧民子女29人和困难环卫工子女6人，共计35人，赠送价值4725元的文具礼包。9月，与全国劳模、墨竹工卡县甲玛赤康祥和商贸有限公司负责人旺堆开展资助贫困家庭高校生仪式，为50名贫困大学生献哈达、每人发放2000元的助学金。举行离退休干部职工“迎重阳、话发展、颂党恩”座谈会及文艺演出，同时为2019年、2020年退休干部职工敬献哈达，并发放价值5880元的慰问品。2020年，为扶持扶贫产业，职工节日福利中3次购买本县扶贫产品，共计消费约180万元。

【新冠疫情防控】 年内，不断强化工会干部的使命担当，在新冠肺炎疫情防控期间，墨竹工卡县总工会干部积极投身疫情防控党员志愿活动，3人参与协助县卡点疫情防控，2人投身到疫情一线支援城关区疫情防控工作，其中1人担任组长，充分彰显工会干部的使命担当；工会干部2次踊跃为湖北省捐款共计2350元；在工会公众号中发出“墨竹工卡县总工会关于抗击新冠肺炎疫情倡议书”及推送疫情相关知识11个；充分发挥劳模作用，劳模旺堆将口罩等重要防疫物资降价销售，采取限购措施，保障更多群众购得口罩，并为一线执勤人员、医务工作者送去价值6万元物资；扎西岗乡工会慰问39名参与疫情一线人员，送去19500元慰问金。

【丰富职工文化生活】 年内，联合县公安局开展首届公安系统“SUPER 墨竹”杯系列比赛，更好地发挥工会组织的桥梁纽带作用，进一步丰富民辅警的业余生活。与县委统战部联合开展统战民宗系统首届“加强民族团结、建设美丽西藏”文体竞赛活动。

联合县委宣传部在甲玛乡赤康村开展“建功新时代、共筑中国梦”的“五送”活动。联合拉萨市总工会在扎西岗乡开展“遵法守法、携手筑梦”服务农民工公益法律为主题的“五送”活动。5 月，组织工青妇全体党员到县检察院开展警示教育主题党日参观活动。8 月，组织工青妇全体党员外出到拉萨市八廓街清政府驻藏大臣衙门旧址陈列馆开展民族团结主题党日活动。

（古桑旺姆）

【机构领导】

主 席

巴 桑（女，藏族）

副主席

尼 翻（女，藏族）

共青团

【概况】 2020 年，共青团墨竹工卡县委员会坚持以习近平新时代中国特色社会主义思想为指导，深入学习贯彻中共十九大和十九届二中、三中、四中、五中全会以及中央经济工作会议精神，认真贯彻落实习近平总书记关于青年工作的重要思想，进一步增强“四个意识”、坚定“四个自信”、做到“两个维护”，着力保持和增强团的政治性、先进性、群众性，较好地完成了全年各项工作任务。

2020年5月9日，共青团墨竹工卡县委员会举办“疫情当前、青春当先”演讲比赛

墨竹工卡县各乡镇现有 14—35 岁以下青年 15805 人，其中共青团员 1158 人，少先队 9 个，基层团组织 71 个，“青年文明号”9 家，青少年维权岗 8 家。

【党建带团建】 年内，要求团建工作围绕全县中心工作开展，县委主要领导在团建工作上给予很大的关心和支持，定期听取共青团工作汇报，对团的重大活动进行专题研究，积极出谋划策，解决活动经费。

【理论学习】 年内，组织干部职工学习十九大和十九届四中、五中全会精神及习近平系列重要讲话精神，始终保持干部职工思想与党中央高度统一，切实做到每周四集中学习，开展党员活动。

【基层团组织建设】 年内，开展违规任命团干部和违规发展团员核查，严格排查墨竹工卡县各级团组织任命团干和发展团员的各项流程；同时利用党支部会议、组织党员干部职工系统学习党章、条例、准则、中央“八项规定”，坚决反对“四风”，严格财务、用车、用人纪律。

【基层团覆盖】 年内，在巩固传统领域的同时，积极推进“两新”组织团建工作。在各乡镇成立青年工作委员会，建立健全青年组织，巩固党的青年群众基础。截至年底，7 家青年工作委员会共覆盖非公有制企业 23 家，加上已经成立的 1 家团委，2 家团支部，“两新”组织领域中非公有制企业，团组织覆盖率为 50%。

【青年政治引领】 年内，按照中央、自治区、市以及县委、县政府工作要求，出台《墨竹工卡县中长期青年发展规划》，为下一步开展共青团工作奠定基础，将优化青年成长环境，促进青年全面发展，团结带领全县广大团员青年高举团旗跟党走，确保规划落地之后能够切实推动共青团工作长效发展，扩大共青团的工作影响。

【青年就业创业】 年内，整合资金2万余元，开办农牧民服饰加工技能培训班，争取让每位参训学员都能够全面掌握服饰加工技能，为致富奔小康增添力量；组织并引导农牧民青年参加团市委举办的拉萨市第六届青年创新创业大赛海选比赛。同时带领墨竹工卡县16名创业青年以及有创业意愿的大学生到成都开展为期10天的参观培训，开阔了视野，为下一步创业和公司发展奠定了基础。

【志愿服务活动】 年内，招募抗击新冠疫情墨竹青年突击队队员61人，分批次、轮班制驻扎墨竹工卡县各宾馆，每日对宾馆进行消毒，对外来人员、返岗人员等进墨宾馆隔离人员进行体温测量，进行长达2月的志愿服务工作。在甲玛乡赤康村成立"甲玛先锋志愿服务队"，整合3个村乡村振兴专干、村协管员、返乡大学生等17名年轻人，开展法治宣传、保护环境等志愿服务，统一服装，形成一道流动的风景线。

开展"保卫思金拉措，守卫净水蓝天"义务清理垃圾活动，工青妇联合党支部全体成员以及志愿者在思金拉措环湖捡拾垃圾，带动大家对自然的热爱，增强环保意识、生态意识；发动单位干部和志愿者在县城内开展路段清扫工作，巩固墨竹工卡县环境整治成效。

【文化建设】 年内，在老干局揭牌仪式中，联合工会、妇联开展"护蕾行动"，捐赠书柜及图书200余册，宣传关心关爱青少年儿童健康成长，形成"尊老爱幼"的浓厚氛围。同时以"6·26"国际禁毒日、"七一"建党节、"12·1"世界艾滋病日等节点为契机，在318国道发放各类宣传手册5000余册，涉及禁毒、预青、疫情防控、大学生就业等等，进一步凝聚人心，引导农牧民群众特别是青年人感党恩、跟党走。

【奖助学工作】 年内，向上级团委、社会爱心人士争取"国酒茅台""碧桂园"等助学金，2020年累计发放助学金15.5万元，救助各类贫困学生达55人。

【关心关爱未成年人】 年内，认真贯彻《中华人民共和国未成年人保护法》和《中华人民共和国预防未成年人犯罪法》，结合青少年自身特点和学校工作实际，以"教育、感化、挽救"为主，积极开展预防青少年违法犯罪工作。团县委在南京实验小学和扎西岗乡南京希望小学组织表演预防青少年违法犯罪情景剧；团市委及西藏星光社会工作服务中心组织开展"2020年拉萨市共青团社会工作及预防青少年违法犯罪工作"培训，各乡镇教师共30余人参加，并全部取得结业证书；同时与南京爱心人士对接，统计1001个孩子的微心愿，为每个孩子送去200元的物资，涉及金额20余万元。从援藏资金中投入6万元，在尼玛江热乡中心小学设立"红领巾快乐空间站"，丰富孩子们的课余生活。

2020年7月8日，共青团墨竹工卡县委员会在县中学举办无锡—拉萨团市委助学金发放仪式

【经费保障】 年内，按照相关文件要求，为墨竹工卡县8个乡（镇）配备2万元基层团组织建设经费、1万元预防青少年违法犯罪经费。

（彭 琳）

【机构领导】

书 记

米玛措姆（女，藏族）

副书记

郭浩然

妇联

【概况】 2020年，墨竹工卡县各级党委和组织部门坚持“党建带妇建”，把妇建工作作为党建工作的重要组成部分，纳入党建和基层社会管理体制的配套组织建设。全县党政机关、教科文卫等事业单位建立妇委会16个、尼姑寺寺管会（民管会）建立妇委会5个、“两新”组织妇委会14个、建立妇女儿童维权站（岗）17个，家长学校10个、“妇女儿童之家”55个，“妇”字号企业12个、巾帼夜校17所。

【机关党建】 年内，工青妇党支部以更高的标准、更严的要求为目标，全力抓好党建工作，全面提升党的建设质量。召开“不忘初心、牢记使命”主题教育组织生活会议；加强党员干部学习教育，制定全县学习计划，组织开展集中学习27次，特别是针对中共十九届五中全会和中央第七次西藏工作座谈会精神以及习近平总书记在“不忘初心、牢记使命”主题教育总结大会上的重要讲话精神等重点学习内容，召开专题学习讨论会议；党风廉政建设部署推进会议4次，以参观学习爱国主义教育基地、观看教育片、开展集中学习等多种形式，开展主题党日活动8次，撰写心的体会10余篇，交流研讨3次。

【关爱妇女儿童】 年内，墨竹工卡县妇联对农牧民贫困母亲、农牧民残疾妇女、单亲母亲、农牧民贫困女党员、“两癌”患者、大病妇女、农牧民14岁以下残疾儿童、留守儿童、孤儿等共117人进行慰问，慰问金共计人民币93600元，用实际行动把温暖送到最需要关爱的困难群体的手中，为她们提供实实在在的帮助，让他们深切感受到党和政府的关怀。

5月21日，墨竹工卡县妇联到甲玛乡龙达村为2个身患尿血症的幼儿家庭进行走访慰问，为他们送上3000元的慰问金，使患者家里得到及时有效的救助。7月31日，县妇联对扎西岗村、吉古村、塔巴村、嘎则新区的2名身患疾病、2名残疾困难妇女送去慰问金共计7000元。

9月，由拉萨市恒大医院主办、墨竹工卡县妇联协办的“送医送药送健康”免费体检活动在墨竹工卡县各乡镇如期举行。义诊队伍对前来体检的村民免费提供内外常规检查、心电图、血常规、腹部彩超等项目；免费送相关药品，并宣讲预防常见病、多发病、健康饮食等相关知识，引导村民养成良好的健康生活习惯、卫生习惯，增强就诊群众的疾病预防和卫生健康意识。

11月，墨竹工卡县妇联以及各乡镇妇联工作人员走村入户将拉萨市妇联从浙江科澜信息技术有限公司和福建省泉州南琦鞋业

2020年11月9日，墨竹工卡县妇联组织妇字号合作社及农牧民妇女参加由拉萨市妇联主办、各县区妇联协办的首届“巾帼当自强、逐梦奔小康”妇女手工编织大赛

有限公司筹集到的爱心物资——儿童羽绒服、儿童棉鞋、儿童加绒裤送到墨竹工卡县8个乡镇200余名留守、单亲、残疾、孤儿、家庭困难儿童手中，让他们真切感受到党和政府、社会各界爱心人士以及妇联人的关怀。

12月3日，邀请到县人民医院2名医生为热旦寺僧尼进行义诊，为她们检测血压，询问病情，发放由县妇联出资3500元购买的20余种各类常见疾病药品。县妇联为僧尼发放价值5900余元的棉被以及床单、被套、枕套等物品，并为僧尼讲解民族团结、妇女常见疾病以及妇女权益保障等相关知识，发放《民族团结一家亲》《中华人民共和国妇女保障权益法》《妇女常见疾病预防手册》以及纪念品。

【妇联走进校园】 5月8日和12月2日，墨竹工卡县妇联在县中学开展南京市栖霞区妇联捐助墨竹工卡县中学春蕾班助学金发放仪式。此次春蕾班助学金为南京市栖霞区妇联多方筹款，由北京市润泽金松科技发展有限责任公司、江苏卡思迪莱有限公司出资72000万元为墨竹工卡县中学春蕾班40名学生每人资助1800元。

为更好地帮助少年儿童健康成长，让孤残、贫困、留守家庭的孩子度过一个快乐的“六一”儿童节，在“六一”国际儿童节，县妇联、妇儿工委办先后到县第一幼儿园、县南京实验小学开展“六一”儿童节慰问活动。在慰问活动中，县妇联为102名孤残儿童、留守儿童、困难儿童赠送价值6000余元的书包、彩笔、铅笔等学习用具，让孩子们感受到节日的气氛。

8月26日，县妇联在县南京实验小学开展“厉行勤俭节约、杜绝餐饮浪费”为主题的签名活动，并向全校师生发出倡议，倡议大家珍惜粮食，节约用水，节约用电，爱惜物品，低碳环保，合理消费。

10月29日，在墨竹工卡县中学开展“护蕾行动”自护教育活动。活动为到场的100余名同学从“我来自哪里”“男孩和女孩的不同”“认知性侵的危害”等方面普及相关知识。活动全程用藏语为各乡镇主席及妇联工作人员40余人从预防儿童性侵教育、如何对儿童进行自护教育、如何处理儿童侵害案件等方面进行培训。

【新冠疫情防控】 年内，妇女干部群众走村入户全面排查疫情隐患，宣传疫情预防知识；对重点部位、牲畜养殖场、办公地点、群众居住地等进行消毒工作；在各个村口设立排查登记卡点，对过往车辆、人员进行严格登记；为群众发放口罩、消毒液等工作。

墨竹工卡县妇联干部积极响应县委、县政府的号召，连续投入县域以及拉萨市城关区疫情防控工作中，为返藏在家隔离人员入户检测体温，协助社区不定时消毒，宣传新冠病毒肺炎的相关预防知识。

【“两癌”宣传和救助】 7月23日，为唐加乡“两癌”患者坚才曲吉发放市级“两癌”救助金1万元；11月25日，为扎西岗乡“两癌”患者米玛发放市级“两癌”救助金1万元；12月3日，为工卡镇“两癌”患者格桑曲珍、唐加乡“两癌”患者坚才曲吉发放全国“两癌”救助金1万元。

【创业创新】 年内，为进一步激发妇女创业、就业热情，墨竹工卡县妇联组织3家妇字号合作社以及2名个人，于11月9日参加由拉萨市妇联主办、各县区妇联协办的首届“巾帼当自强、逐梦奔小康”妇女手工编织大赛。此次比赛共分为项目组和技能组两个部分，尼玛江热乡朗霞传统针织加工合作社的桑旦以及扎西岗乡父子传统手工专业合作社的洛桑卓玛从项目组的28名选手中脱颖而出获得第二、三名的好成绩进入决赛；扎西岗乡妇女编织合作社的格桑央吉从技能组32名选手中获得第六名的成绩进入决赛，县妇联被拉萨市妇女联合会授予首届妇女手工编织大赛的“优秀组织奖”。

【宣传宣讲】 4月、10月，墨竹工卡县妇联党员干部到结对帮扶户开展扶贫政策宣讲活动。到扎雪乡塔杰村、甲玛乡赤康村走访慰问结对户。在结对户家中，详细了解他们的家庭收入来源、孩子入学、家中成员身体状况、掌握的劳动技能等情况，同时，向贫困户深入宣讲脱贫攻坚相关政策，结合贫困户自身实际，积极为他们

2020年9月25日，组织墨竹工卡县巾帼志愿者到思金拉措开展以“保护碧水蓝天，巾帼奉献力量”为主题的环湖捡垃圾活动

致富奔小康出谋划策，鼓励贫困群众坚定信心、积极发挥主观能动性，走向脱贫致富道路。

【“美丽乡村”建设】 6月5日，墨竹工卡县各级妇联组织妇女党员、群众、志愿者投身到村庄清洁活动，为建设“美丽家园、幸福人家”贡献自己的力量。县妇联组织墨竹工卡县8名巾帼志愿者，在思金拉措进行以“保护碧水蓝天，巾帼奉献力量”为主题、历时4个小时的环湖捡垃圾活动。

【拉萨市妇联调研】 4月27日，拉萨市妇联先后到尼玛江热乡羊日岗村直孔朗瑕传统针织加工专业合作社、扎西岗乡扎西岗村农民妇女卡垫制造专业合作社以及门巴乡直孔热色藏药香合作社墨竹销售点，了解他们的合作社发展情况、带动贫困妇女就业情况。以查阅、听取汇报的方式，详细了解县妇联“巾帼夜校”开办情况以及巾帼志愿者队伍建设及工作开展情况，并提出指导意见。

6月2日，拉萨市妇联到扎西岗乡巴洛村、嘎则居委会，走村入户调研“家家幸福安康工程”工作开展情况及成效。到墨竹工卡县40户家庭，以入户形式详细了解各家庭的基本情况、收入来源、存在的困难、妇女群众的思想动态以及县、乡、村三级妇联发挥作用等情况，并为40户家庭送去书包、围裙以及宣传手册。

【丰富干部文化生活】 8月17日，墨竹工卡县妇联开展“森系插花，回归自然”为主题的插花体验减压活动。旨在参与活动的过程中，丰富县直部门女干部职工的业余生活、减缓工作压力，与此同时，让大家掌握花艺艺术的基础知识，切身体验插花艺术的魅力，40余名女干部职工参与此次活动。

【家庭文明建设】 年内，积极推动社会主义核心价值观在家庭落细落小落实，发挥家庭在传承中华民族优秀传统美德、弘扬良好家风方面的重要作用，墨竹工卡县妇联根据评选条件从各单位、农牧民群众推选出部分家庭，并从中筛查、选优，请示分管领导审批。5月，墨竹工卡县甲玛乡赤康村洛桑群培家庭荣获拉萨市“抗疫最美家庭”美誉。

为推动全县农村人居家庭环境持续改善，打好乡村振兴战略“硬仗”，动员和组织广大妇女群众积极主动参与到爱国卫生运动和全县农村人居环境整治行动中。县妇联将甲玛乡赤康村作为墨竹工卡县“美丽家园、幸福人家”创建活动示范点，以“庭院美、室内美、厨厕美、品行美、村庄美”的“五美”为标准，评选出10户家庭进行表彰，并授予“美丽家园、幸福人家”示范户牌子。

【以宣传为载体】 年内，通过墨竹妇女儿童微信公众号宣传报道全年工作，累计发布各类信息80余篇，通过信息的发送，壮大了妇联组织的舆论宣传声势，提升了妇联工作的舆论影响力。

（马玉霞）

【机构领导】

主　席

旦增曲珍（女，藏族）

副主席

尼玛彭多（女，藏族）

军 事

人民武装

【概况】 2020年，墨竹工卡县人民武装部圆满完成以战备打仗为中心的各项任务，进一步向召之即来、来之能战、战之必胜的强军目标靠拢，业绩突出，国防动员建设取得了质的跃升。

【政治工作】 年内，坚持把学习贯彻习近平总书记重要讲话精神作为首要政治任务，贯穿于全年工作尤其是思想政治工作中。认真学习军区推进思想政治工作部创新发展座谈会会议纪要，认真参加警备区党委理论学习中心组带机关学习，大力开展两项重大主题教育。完善修订政治工作方案。细致进行党委抓教调研并梳理报告，搞好新冠疫情防控教育和隔离人员教育。开展《军队基层建设纲要》线上基础理论学习，按照城关人武部按纲抓建试点文本成果抓好落实。

开展涉网大教育大讨论大清理大整治活动，认真清理手机、网络安全隐患。按照民兵整组计划，完成民兵干部骨干任职和党组织预建工作，下发有关命令通知；联合县政府下发开展民兵“双争”活动通知，指导各乡镇抓好落实。上报民兵按纲抓建政治教案，采取多种方式灵活开展民兵政治教育。积极推进人武部营区政治文化建设，抓好形势政策教育，确保官兵坚决听党指挥、绝对忠诚可靠。

【军事工作】 年内，坚持按纲施训、依法治训，按照“训用一致、突出重点分类施训、严格规范、勤俭练兵”的原则，紧密结合作战和维稳任务，深入开展针对性训练，全面提高预备役力量快速动员和遂行多样化军事任务的能力。3—6月，县委、县政府与县人武部先后3次联合发文，对全县民兵组织整顿潜力调查、民兵组织整顿工作和民兵组织整顿检查验收进行规范。

2020年5月29日，西藏军区工作组一行到墨竹工卡县人民武装部检查指导工作

2020年6月13日，墨竹工卡县人民武装部拟在华泰龙矿业有限公司成立西藏首个国企基层人武部

8—9月，县征兵办进行一站式体检、阳光式定兵和役前教育训练，实现“零上访、零投诉、零责任退兵”，征集大专以上学历兵员。9—12月，县委召开常委会研究审议通过在“中国黄金华泰龙矿业开发有限公司成立基层人武部”和“国企编兵品牌创建活动实施方案”，县人武部同步双向上报在中国黄金华泰龙矿业开发有限公司成立基层人武部的拉萨市议军会提案。12月17日，正式批准成立中国黄金华泰龙矿业有限公司人民武装部。

【保障工作】 年内，按照上级的要求，结合本级的实际，狠抓后勤建设，不断提高后勤保障综合能力，后勤全面建设稳步发展。根据维稳执勤和抗震救灾的保障需求，积极向上级请领经费物资，努力配齐各类战备物资器材，进一步规范、完善各类库室，改善物资野外储备条件，确保应急处突各项后勤保障任务完成。坚持党委集体理财制度，强化党委理财权威，落实经费责任管理。根据上级要求指示，统一营产营具挂账管理办法，将资产落实到责任人身上，防止资产的流失损坏。

充分利用课余时间，组织官兵职工对温室外菜地进行整修、对土壤进行改良。全年菜地长势良好，夏季蔬菜能达到自给自足。开展管装爱装教育，增强依法管装意识。着眼战备需要，提升装备保障效能。按照《民兵武器装备仓库管理暂行规定》，严格落实各项规章制度，坚持不懈地抓民兵武器装备仓库的安全管理。

（古隆吉）

武警墨竹工卡县中队

【概况】 2020年，武警墨竹工卡中队高举习近平新时代中国特色社会主义思想伟大旗帜，牢固确立习近平强军思想根本指导地位，深入贯彻中共十九大和十九届二中、三中、四中、五中全会精神及中央第七次西藏工作座谈会精神，以新时代军事战略方针为指引，着眼有效履行“两个维护”“治边稳藏”使命任务，全面落实武警部队三级党委全体（扩大）会议精神，坚决维护核心，聚力练兵备战，强化改革创新，坚决围绕“奋斗决胜年”打好执勤维稳攻坚战。

【政治工作】 年内，武警墨竹工卡中队以习近平总书记人民警察授旗仪式上的训词为遵循，紧抓“两个维护”使命任务，扎实推进政治建军、改革强军、科技兴军、依法治军，坚定举旗铸魂、聚焦服务中心、持续严抓党建、统筹人才建设、着力稳固基层、推动创新发展，为推进部队全面发展进步、有效履行职责使命提供坚强政治保证。

年内，武警墨竹工卡中队深入开展“传承红色基因、担当强军重任”主题教育，扎实开展经常性思想教育，强化两本“纲要”、一个“读本”及《习近平谈治国理政》第三卷的理论学习，强化内部关系团结，共同促力推进中队建设新的突破，在“十三五”规划决胜之年打好攻坚仗。加强军民团结，积极推动“六共”活动开展，密切军政、军民关系，扎实推进与县看守所的共建活动。

【军事训练】 年内，武警墨竹工卡中队深入贯彻2020年开训动

2020年7月31日，县委书记劳明伟（前排右四）一行到武警中队慰问官兵

员令和习近平总书记在人民警察授旗仪式上的训词精神，坚定不移地将军事训练摆上战略位置，坚持任务牵引，严格按纲施训、依法治训，从难从严，从实战角度出发，突出基础训练和专业化训练，大抓军事训练热潮，大力提升军事训练实战化水平。

年内，武警墨竹工卡中队深入研究学习《军事训练大纲》，按照大纲要求，严格按照上级要求科学制定军事训练计划，抓好军事素质和作风纪律等基础训练，以实战化、专业化训练为牵引，科学组训，突出抓好军官和士官专业训练，严抓训练安全，正规训练秩序，确保年内无训练安全事故无训练伤发生。加强中队教练员队伍建设，以“四会”达标为基础，重点强化险难点科目教练员培训和指导，大力开展群众性练兵比武活动，有效提升官兵军事素质能力。

【战备执勤】 年内，武警墨竹工卡中队认真贯彻“十六字”执勤工作方针，以“五防一体化”建设为基础，着力打造科技支撑的“智慧磐石”工程，全面提高履行使命任务能力和部队现代化建设水平。着力维护墨竹工卡县社会面稳定，扎实开展联勤武装巡逻勤务，以及担负甲玛公安检查站警戒设卡任务，打好“以固定目标安全为保底、以社会面防控为支撑、以机动快反打击为保证、以重大活动安保为重点”的执勤维稳主动仗。

年内，武警墨竹工卡中队深入开展执勤教育，认真落实《战备工作规定》，进一步规范战备值班系统运行、应急响应程序和快速反应机制；提高常态化战备能力，突出日常战备方案演练，扎实抓好春节、藏历新年、拉萨雪顿节、全国“两会”等重要节点战备执勤，提高人员忧患意识和警惕意识，突出专勤专训和处突课题训练，深化训练成效转化，持续提升人员执勤能力，不断提升中队作战勤务值班员、执勤哨兵、应急小组、应急班（排）的情况处置能力，持续维护墨竹工卡县社会面稳定。

【后勤工作】 年内，武警墨竹工卡中队扎实后勤各项建设，提升后勤人员服务意识，保障好官兵生活需求，严格落实各项后勤制度，加强炊事人员业务技能的指导和培训，大力发扬民主，促进伙食质量有效提升，加强后勤督导和检查力度，对各项经费开展严格审议，做好账目公开透明，突出抓好后勤规范化建设。集思广益搞好两业生产建设，对接县内农副业生产专家，提升中队种养殖员业务水平。强化后勤专业训练，提高后勤人员专业能力，大力加强精细化保障水平，为官兵创造良好的物质条件。

（包晓宇）

法 治

政法委及综治

【概况】 2020年，墨竹工卡县委政法委认真贯彻党中央、自治区、市、县党委的决策部署，深入推进平安墨竹、法治墨竹、过硬队伍建设，始终加强和改进对政法部门工作的领导，不断提高政法队伍思想政治素质和履职能力，始终坚持从严治警，严守党的政治纪律和组织纪律，全年召开政法联席会议5次，公检法三长联席会议4次，深入开展队伍建设工作。坚决反对公器私用、司法腐败，着力维护社会大局稳定、促进社会公平正义、保障人民安居乐业，为全面建成小康社会创造安全稳定的社会环境、公平正义的法治环境、优质高效的服务环境。

【政法工作】 年内，针对不同时段、不同节点、不同领域存在的问题，在县委常委会和公检法“三长”联席会议上，对政法工作、市域社会治理工作、扫黑除恶专项斗争工作以及重大疑难问题进行专题研究部署，下发方案、意见、通知等各类文件75份，推送相关简报信息54期。墨竹工卡县委政法委严格落实区市党委、政府和区市党委政法委工作要求，确保全年各重要节点社会局势的持续和谐稳定，全力推动平安墨竹建设。

【队伍建设】 年内，结合“不忘初心、牢记使命”主题教育活动，政法各部门研究制订学习计划，并采取自学和集中学习的形式开展政法干警大学习活动，重点学习习近平新时代中国特色社会主义思想和中央第七次西藏工作座谈会精神，特别是关于党的政治建设和政法队伍建设方面的论述，以及中央和自治区、市、县党委关于政治纪律和政治规矩的刚性要求。

在政法干警招录选派等方面，严格落实相关条件，通过择优的方式录用思想过硬、作风优良、纪律严明等人员作为政法干警，使政法队伍各方面能力素质有效

2020年4月17日，西藏自治区党委常委、政法委书记何文浩（右一）一行到墨竹工卡县调研

2020年12月11日，墨竹工卡县召开“先进双联户”创建活动表彰大会

提升。

始终坚定不移地贯彻落实好党的基本路线、方针政策，牢固树立社会主义核心价值体系、政法干警核心价值观、走中国特色社会主义道路的理想信念，确保任何时候、任何情况下都与党中央和自治区、市党委保持高度一致，在反对分裂、维护祖国统一等大是大非问题上，坚决做到旗帜鲜明、立场坚定、行动自觉、表里如一、令行禁止。墨竹工卡县委政法委制作印发《墨竹工卡县“全面加强政治建警、打造过硬政法队伍”应知应会知识手册》800份，发放给全县政法干警熟读掌握，提高墨竹工卡县政法队伍思想建设水平。

【扫黑除恶打非治乱】 年内，深入推进全县扫黑除恶专项斗争向纵深发展，以宣传教育为根本，狠抓扫黑除恶宣传工作，宣传形式丰富多样。截至年底，开展宣传活动730余次，发放藏语和汉语宣传手册3500余册，发放线索举报卡10000余张，发放应知应会手册3100余本，悬挂大型横幅230余条，张贴通告1000余张、户外宣传广告1000余张；在各乡（镇）、各行政村所在地以及人员密集场所设立信息举报箱100个。截至年底，未接到群众来信来访。

始终按照一盘棋、一体化的运作模式，不断加强区域协作配合，部门联动，围绕22种恶势力违法行为，深入开展治安乱点、涉黑涉恶犯罪、保护伞的打击整治，其间县人民法院、检察院倒查案件1238件，县纪委监委倒查党员干部违纪线索45条。截至年底，墨竹工卡县共发现各类线索22条，均不属于涉黑涉恶线索，已全部办结并及时反馈给举报人，未发现黑恶势力和“保护伞”。

【网格和“双联户”服务管理】 年内，通过网格平台及“双联户”工作，开展矛盾纠纷1350余次，调解矛盾纠纷50余起；排查各类安全隐患1640余次，整治安全隐患40余处；卫生整治300余次；治安巡逻4800余次；搜集情报信息80余条，取得良好效果。通过三月综治宣传月、六月综治宣传周、九月综治宣传日，在乡（镇）、国道沿线设置宣传点，悬挂横幅，开展法律法规、扫黑除恶专项斗争、新冠疫情防控及“双联户”工作，努力营造“平安创建”良好氛围。疫情就是命令，防控就是责任，在对新型冠状病毒疫情和维护稳定工作形势严峻时期，墨竹工卡县及时召开各乡（镇）综治维稳办负责人会议，明确各项任务分工，积极引导各乡（镇）组织动员辖区“双联户”代表，开展各项疫情防控和维护稳定工作，全县联户长着实有效地开展各项工作，展现“墨竹双联—蓝色马甲守家园”的风采。

为更好地提高联户长的职责意识，切实提高全县联户长的工作责任性和工作主动性，对联户长进行培训，进一步规范联户长义务职责牌和联户家庭公约牌内容，特别是要求联户长统一着“墨竹双联”标志服装开展工作，以更好地体现墨竹联户长良好形象。

（旦增贡培）

【机构领导】

县委常委、政法委书记、公安局局长

其米多布杰（藏族）

副书记

扎　　仓（藏族）

张 银 华（女）

公安

【概况】 2020年，墨竹工卡县公安局认真贯彻落实中共十九大和十九届二中、三中、四中全会精神，深入贯彻落实学习习近平新时代中国特色社会主义思想，深入学习中央第七次西藏工作座谈会精神和习近平总书记在人民警察授旗仪式上的训词精神，认真做好各级党委政府巡视巡察整改工作，切实增强“四个意识”、坚定“四个自信”、坚决做到“两个维护”，践行“对党忠诚、服务人民、执法公正、纪律严明”总要求，紧紧围绕维护稳定工作大局，充分发挥职能作用，牢牢把握新常态下深化公安改革和主动服务发展的主动权，圆满完成各项任务，有效维护全县社会政治稳定和治安大局平稳，为全县改革开放、经济建设、人民群众安居乐业和公安事业长足发展贡献了积极的力量。

2020年6月19日，墨竹工卡县公安局组织民警参观拉萨市公安局警史馆并重温入警誓词

【道路安全】 7月24日，自治区公安厅党委副书记、常务副厅长吕涛在拉萨公安简报第214期《墨竹工卡县公安局全力做好汛期道路交通安全排查整治工作》上作批示：“请交管局转发推广该局的好做法，此事快办！”墨竹工卡县公安局道路交通安全排查整治工作得到各级领导的充分肯定。按照“平安交通·百日会战”、道路交通事故“减量控大”“一盔一带”安全守护行动、“文明交通拉萨行”“酒驾夜查行动”“非法运营整治行动”“货车专项整治行动”及道路包干要求，始终保持严查严管、严打严控的高压态势，道路交通违法行为的发案率明显下降，确保墨竹工卡县未发生任何一起重特大道路交通事故。严格按照“放管服”工作要求，主动争取县委、县政府、市局党委的支持，积极协调市交警支队和交安驾校落地运管中心建设，完成墨竹工卡县驾考中心建设和新车注册查验区，为群众提供驾考和五座以下小车新车注册上户业务，积极解决群众所盼、所想的难题。

【新冠疫情防控】 年内，强化组织领导，扎实推进防疫工作，充分发挥“关键少数”领导干部表率作用，成立疫情联防联控工作领导小组，统筹全局各部门疫情防控工作意见建议，研究制订工作方案，细化职责分工和工作措施，明确工作纪律和任务要求。召开专题工作会议5次，传达上级公安机关相关会议精神12次，维护社会稳定暨疫情防控工作统筹安排会议11次，重点对打击哄抬物价、造谣传谣等违法犯罪行为进行部署。

在全县设置疫情联合检测卡点8处，加强疫情高发区域人员的体温测量、人员筛查等工作。积极配合县市场监督管理局关停辖区内茶馆77家、娱乐场所12家、宾馆15家。采购疫情防护用品，为民(辅)警配发口罩、护目镜、执法记录仪等防护执法装备。利用LED滚动播放显示屏、微信公众号等大力普及相关防控知识，增强辖区群众的自我防控、自我保护意识。严格落实领导带班和24小时值班备勤制度，做好单位内部安全保障和消防安全工作，加大督导检查力度，及时发现、及时纠正队伍管理中出现的各类问题。

【队伍建设】 年内，坚持从严治警，全面加强党建工作，下发各类专项活动方案10余份，组织开展11次党委理论中心组集体学习会议，各部门累计学习460余次，组织全局各部门开展清明节公安英烈纪念活动。召开2020年党风廉政建设专题部署会议1次，逐级签订党风廉政建设责任书，形成逐级约谈机制，召开2次党风廉政建设推进会，深入学习全国“两会”、人民警察授旗仪式、第七次西藏工作座谈会、全区公安政治工作会议等精神，撰写学习心得体会1500余份。组织开展升国旗、重温入警、入党誓词、集体签名等系列活动，进一步增强党组织的凝聚力和战斗力，激发党员民警干事创业的热情和活力。组织召开纪律作风专项教育整顿活动部署、推进会4次，共组织各类学习69场次，观看主题电影32场次，组织全局民警参观廉政教育基地3次，以局党委名义向全县广大民(辅、协)警家属发出倡议信。全年完成27名领导干部任职就职、岗位交流工作，完善民警、警务辅助人员公安政治工作系统录入工作，转接党组织关系14份，梳理2020年下半年符合职级晋升人员名单，为职级晋升工作打下扎实基础。

完成5名退休职工的信息采集上报工作，及时了解退休老干部的思想动态；参加组织部及墨竹工卡县公安局开展的专项培训活动8期，共计培训116人；按照要求积极对接市局完成全区、全市公安机关全警实战大练兵交叉考核工作；选派8名符合晋升的同志参加司晋督培训，完成78人警衔晋升工作。结合各级党委巡视巡察反馈的问题清单，积极开展台账查漏补缺工作，分别建立党建工作台账，党风廉政建设台账、纪律作风专项教育整顿活动台账、保密工作台账、“坚持政治建警全面从严治警”教育整顿台账以及各类学习台账23册，完善全局民警公安政治工作系统的信息录入工作。重新审核装订民警人事档案，将民警的荣誉证书、学历，年度公安民警体检报告等个人资料统一归档，共整理核对档案信息3000余份，重点核查公务员年度考核、毕业证、党员干部入党材料等基础信息。选派8名优秀民辅警完成第九批驻村工作队轮换工作，积极对接县扶贫办完成民警结对帮扶工作，及时组织民警到结对户家中进行脱贫政策宣讲和帮扶工作。对各级党委政府巡视巡察反馈问题清单照单全收，县局党委高度重视，专门召开巡视巡察整改落实工作部署会、推进会2次，专题召开巡察整改专题民主生活会1次，组织谈心谈话75次，上报整改报告事项176条，完善各类台账70余册。

2020年8月31日，墨竹工卡县公安局组织开展多警种、多部门联合武装巡逻暨拉动演练行动

【打击各类违法犯罪】 年内，共受理刑事案件45起，不予立案3起，立案42起，已破22起，未破20起。受理电信网络诈骗案24起，已破4起，共追回资金99800元。抓获犯罪嫌疑人23人，刑事拘留23人、逮捕14人、获刑8人，移送审查起诉22人，挽回群众损失30万余元。

【宣传工作】 年内，始终将宣传发动作为专项行动的重要抓手，在矿区、学校、街面等人员密集场所先后共开展法制、防拐骗、防范经济犯罪、防电信网络诈骗宣传150次，采集上交DNA血样21790份，悬挂横幅300条，发放宣传单5000余张，发放毛巾、宣传手册、雨伞、笔记本、手机贴、笔等宣传品400余件,受教群众达6000余人。

【“扫黑除恶”专项斗争】 定期召开扫黑除恶专项斗争工作安排部署会议,研讨、制订相应工作方案,按照“打击利用网络实施涉黑涉恶等有组织违法犯罪”“蹲点带片”“回头看”“百日追逃”等专项工作要求,坚持疫情防控与扫黑除恶两手抓的工作机制,把扫黑除恶与主题党日活动相结合,坚持党员争做先锋、保持民警干净廉洁,做好“六清”、文件归档、迎备查检工作,圆满完成全国扫黑办2020年第一轮特派督导检查。共开展扫黑除恶宣传活动190余次,发放宣传单5900余张,发放问卷调查卷381份,通过微信群、公众号等新媒体平台发布宣传专刊8篇,开展线索摸排、走访865次,举报箱开箱检查765次。

【禁毒工作】 年内,在全县公安检查站、快递公司、邮局、客运站等醒目区域张贴《易制毒化学品识别海报》50余份,合理规划毒品查缉站点,明确易制毒化学品、药品使用单位和个人责任。与选矿厂、医院、诊所、县中学等易制毒化学品、药品使用单位签订易制毒化学品管理责任书。不定期检查易制毒化学品库存、使用台账等20余次,对诊所突击检查易制毒药品12次。对KTV、朗玛厅等娱乐场所张贴禁毒宣传海报80余份,进行禁毒检查10余次,尿检娱乐场所人员200人次,尿检涉毒人员10人,对娱乐场所签订禁毒责任书。开展禁毒宣传进校园活动3次,带领学生参观禁毒警示教育基地受教人数400余人,发放宣传材料800份,发放宣传物品400余件。在墨竹工卡县人流密集、重点场所开展禁毒宣传活动50余次,悬挂横幅80余条,发放宣传单6000余份,发放水杯、毛巾、年历等宣传品700余件,受教群众5000余人。

【治安管理】 年内,共查处办理治安案件10起,行政拘留17人,拘留并罚款4人,行政罚款9人,罚款50560元,转刑事案件2人。

【户政管理】 年内,办理身份证3785张,户口迁移证556张,临时居住服务登记卡14096张,接受群众户政咨询1300余人。在全市公安机关开展的户口清查整治工作中,注销重户及查无此人331人,补录信息7人,主项变更91人。

【特种行业管理】 年内,认真研究和摸索娱乐场所及复杂场所治安管理的特点和办法,进一步加大对特种行业的治安管理,加强对旅馆业的治安检查力度,严格落实各项管理制度,严格落实旅客住宿登记制度。共检查旅店业684家次。摸排汽车修理业956家次,摸排废旧物品收购业24家次。

【缉枪治爆管理】 年内,以“不丢失、不打响、不炸响”为目标,强推涉爆企业“闭环管控”信息系统,全面加强涉危、涉爆物品审批与监管,动态跟踪涉危、涉爆物品的使用情况和流向,有针对性地对全县5家矿山企业、5家营业性爆破服务公司进行2次集中整治,共检查涉爆企业180余次,现场责令整改隐患15次,下发隐患整改通知书7份。

【校园安全管理】 年内,结合“护校安园”行动,严格落实“校园内部安全管理、校园安全隐患排查整改、校园周边巡逻防控、涉校园高危人员排查管控、校园安全督导检查机制”等工作措施,重点对校园周边治安情况、内部保卫力量建设、技防物防设施、内部安全管理制度情况等进行实地检查,共出动警力310余人次,检查学校、幼儿园138家次,下发整改通知书15份,在上下学期间抽调民警负责校门、周边安全保卫工作,全面提升校园及周边治安防控能力和水平。

【矛盾纠纷排查】 年内,以重要节点和重要节假日安保为主线,按照“预防在先、发现在早、处置在小、化解在萌芽状态”的要求,开展矛盾纠纷滚动排查和调处工作,共出动警力2100余人次,排查化解各类社会矛盾纠纷21起,有力确保重要节点和重要节假日社会治安大局稳定。

【护城河检查站】 年内,共检查车辆120879台次,检查各类人员共294114人次,物品302039件。说服教育轻微违法37起,移交交通违法行为12起。收缴管制刀具

36把，散装成品油514升，烧香煨桑原料29袋。

【交通安全管理】 年内，墨竹工卡县检查车辆6000余辆次，现场处理交通违法行为449起，无证驾驶62起，准驾不符1起，行政拘留25人，逾期未年检125起，超员213起，非法改装1起，客货混装21起，违停568起，未粘贴检验合格标志4起，超长22起，不按导向行驶1起，未系安全带189起，货车非法载客2起，检查登记、整改重点车辆23辆，共罚款856400元，形成道路交通安全隐患整治意见和建议4份，向企业下发交通安全隐患整改通知书8份，督促企业加强驾驶员及车辆的监管力度。制定、修改、完善各类方案（预案）20余份，圆满完成春节、藏历新年、“五一”、2020年采挖虫草执勤护送、萨嘎达瓦、雪顿节、国庆节、中秋节等交通安保工作。

树立宣传先行的意识，借助县委宣传部“微墨竹”“墨竹警讯”公众平台和酒店、娱乐场所、餐饮、人员密集区场所等地区开展交通安全宣传，共开展交通安全宣传36场次，开展交通安全培训20场次。截至年底，共开展摩托车新车注册38辆，补换号牌186起，补换登记证书68本，核发检验合格标志1118辆，异地免检车辆审验37起，补换机动车驾驶证514起，机动车信息变更24起，驾驶人年审405起。为加强恶劣天气下的道路交通管控工作，共出动警力1500余人次，撒盐200余袋，同时购买应急救援储备工业盐40吨，为突发天气情况做好应急救援准备。

（张 瑞）

【机构领导】

县委常委、政法委书记、公安局党委书记、局长

其米多布杰（藏族）

党委副书记、副局长

赤列索朗（藏族，6月任党委副书记）

政 委

孙 雁 哲

党委委员、副局长

赤列索朗（藏族）

晋美多吉（藏族）

汤 金 伟

党委委员、特警大队大队长

土登次仁（藏族）

党委委员

龚 红 梅（女）

党委委员、日多公安一级检查站站长

加永曲培（藏族，6月任党委委员）

检察

【概况】 2020年，墨竹工卡县人民检察院受理提请批准逮捕各类刑事案件18件28人，案件数同比上升5.9%，人数同比上升33.3%；受理移送审查起诉案件31件44人，案件数同比上升33.3%，人数同比上升63%，已办理的审查起诉案件中，适用认罪认罚从宽制度审结24人，占同期审查起诉案件审结人数的80%。准确适用认罪认罚从宽制度，提出精准量刑建议24人，占提出总数的100%；法院采纳24人，占同期提出量刑建议数的100%。

【党建工作】 年内，墨竹工卡县人民检察院始终把党的政治建设摆在首位，坚持党对检察工作的绝对领导，全面推进“不忘初心、牢记使命”主题教育制度化常态化，着力增强“四个意识”、坚定“四个自信”、做到“两个维护”，确保检察工作的正确政治方向。

以强化政治理论学习为突破，将学习贯彻习近平新时代中国特色社会主义思想特别是习近平法治思想作为首要政治任务，依托党组理论中心组学习、党支部“三会一课”等基本制度，把意识形态工作融入日常、抓在经常。组织院党组学习42次，开展主题党日活动12次，发放学习书籍182册，党员干警撰写心得体会30余篇，达到相互启发、共同提高的预期效果。

严格贯彻落实《中国共产党政法工作条例》，主动向县委和市检察院党组报告工作，自觉做到重大事项一事一报、及时上报，全年就依法履职、司法改革等方面的重点工作向县委、市检察院请示报告工作10次，确保检察工作始终服从服务于全县经济社会发展大局和全市检察工作大局。

严格贯彻落实《中国共产党党组工作条例》，发挥党组把方向、管大局、保落实的政治领导作用，凡涉及“三重一大”等事项，均提交党组研究，并严格按照民主

2020年12月7日，墨竹工卡县人民检察院党组书记、代理检察长卢刚（后排左二）到拉龙村宣讲十九届五中全会精神

集中制原则集体决定。年内，召开29次党组会审议重大事项44项。以“三个规定”及重大事项记录报告制度落实为契机，强化党风廉政建设，填报记录报告表96份，党组专题研究党风廉政建设工作2次，对班子成员和关键岗位廉政谈话27次，确保全年无违纪违法问题发生。

【新冠疫情防控】 年内，墨竹工卡县人民检察院组织9名党员干部到社区、交通检查站参与一线联防联控，并突出维护防疫秩序和市场经济秩序，定期走访检查辖区内的门诊、药店和农贸市场，重点打击在疫情防控期间哄抬物价等违法犯罪行为。同时，通过网络、“12309”热线等平台，耐心细致地做好人民群众的诉求解答工作，当好群众的“贴心人”。

【专项工作】 年内，以习近平生态文明思想为根本遵循，奋力推进生态环境检察工作，助力打好污染防治攻坚战。办理生态环境和资源保护领域诉前程序案件9件，发出9份诉前检察建议，督促恢复被损毁林地69.2亩，治理被污染水源3亩，督促推进“禁白”工作，监督环保部门暂扣一次性塑料袋约3公斤，清理垃圾166车。

坚持以办案护民生，着力解决好人民群众的操心事、揪心事、烦心事，持续打好墨竹“舌尖保卫战”。发出食品药品安全领域行政诉前检察建议2件，督促3家实体餐饮店持证经营，责令网络餐饮第三方服务平台“美团”上入驻的4家商户依法公示相关证件，切实增强人民群众的获得感、幸福感和安全感。

持续推进高检院“一号检察建议”落实，由检察长担任县中学法治副校长，开展法治进校园活动8次，覆盖学生800余人，开展心理辅导讲座1次，实地走访调研5次，开展校舍安全检查2次，开展校园周边环境整治工作6次，向拉萨市人民检察院移交公益诉讼等外领域线索1件，为1名因案陷入困境的未成年人争取到民政救助金1万元，制作“关爱联系卡”600张和宣传海报60张。

【脱贫攻坚】 年内，墨竹工卡县人民检察院紧紧围绕脱贫攻坚工作大局，选派2名干警到加尔多村参与驻村帮扶工作，20名党员干部与21户群众结对，慰问贫困户和学生8次，发放慰问金、慰问品共计1万余元；开展中共十九大精神宣讲活动8场次，采取以案释法法治宣讲活动4次，入户宣讲十九大精神和各项惠民政策达200余户900余人，开展“四讲四爱”宣讲活动18场次，排查矛盾纠纷60余次，妥善处理加尔多村与格桑村放牧草地界线纠纷。同时，坚持“扶危济困、救急救困”的工作模式，将国家司法救助融入脱贫攻坚工作，主动对1名刑事案件被害人启动司法救助程序，向其发放救助金5000元。

【信访工作】 年内，推进涉法涉诉信访工作机制改革，积极引导当事人依法维权，努力践行“民有所呼，我有所应；民有所需，我有所为”的亲民理念。年内，办理群众来信来访3件，均在7日内告知“收到了、谁在办”；3个月内办理过程或结果答复率达到100%，做到件件回复不打折扣。

【法治宣传】 年内，按照“谁执

法、谁普法”要求，持续做好法治宣传全覆盖，全力满足新时期人民群众对法治产品的新期待。开展法治宣传教育活动 102 次，散发宣传资料 3000 余份，宣传制品 900 余份。

【扫黑除恶】　年内，认真落实中央、自治区、市、县扫黑办的部署要求，扛起政治责任，履职尽责，采取集中式、拉网式、滚动式摸排方式，拓展问题收集渠道，开展涉黑涉恶线索排查工作 12 次，完善分类台账 21 类，对扫黑除恶专项斗争最新动态进行实时宣传活动 22 次。同时，自查 2016 年以来县检察院案件办理、人员配置、工作开展、档案资料收集等方面的工作是否细化、档案化，全面整改 1 次。

【检察监督】　年内，为突出社区矫正监督实效，抓好关键环节和关键人员的检察监督工作，县检察院干警到全县各乡镇司法所进行督导检查，对社区矫正中可能存在的安全隐患进行全面排查，尤其是在疫情期间深入了解社区矫正人员的思想状况和身体情况，共开展社区矫正专项检察监督 10 次，口头提出纠正整改意见 8 条。2020 年，辖区内社区矫正人员共有 13 人，依法解除社区矫正人员 11 人，变更至城关区执行 1 人。

对民事执行活动开展监督 3 次，对“郑某某申请拉萨市某科技有限公司案”等共 9 件执行类案件进行监督，监督发放执行款 137 万余元，未发现执行违法情形。并根据最高检“二号检察建议”精神，对公告送达开展专项监督检察，调阅 2019 年以来民事公告送达的案卷 6 份，其中发现 3 起民事案件公告送达不规范，针对上述情况已制发检察建议，以监督法院规范公告送达环节，全力保障当事人诉讼权利。

【“案－件比”】　年内，为更好提升案件质量和检察机关执法形象及司法公信力，县检察院积极运用“案－件比”作为评估办案质效的重要指针，通过规范办案程序、提升办案能力、加强办案管理机制等多项措施，努力降低“案－件比”。2020 年，刑事案件“案－件比”为 1 ∶ 1.58，较 2019 年下降 23%，借此不断督促主要领导和业务部门及时调整工作规划与重点，将降低“案－件比”转化为提高自身履职能力的内在要求。

【公开听证】　年内，为深化履行法律监督职责，增强办理各类案件的透明度，切实促进以“看得见”的方式实现司法公正，县人民检察院召开公益诉讼监督公开听证会 1 次，召开未成年人旦某相对不起诉不公开听证会 1 次，让涉案人员及相关代表切实感受到检察机关对案件的重视、认真，感受到司法的公正与温度，让公平正义可触可感可信。

【队伍建设】　年内，突出实战、实用、实效，分层分类专项业务、岗位技能培训，每两周由一名检察官进行授课，举办法治宣讲能力业务技能竞赛 1 次，选派 1 名检察官参加拉萨市优秀公诉人辩论赛，选派 4 名干警到林芝市学习借鉴兄弟县院的先进经验。同时，坚持内部培训与外部培训相结合，副科级以上干部、入党积极分子、预备党员共计 17 人，分 6 批次到县委党校参加党员政治教育培训班学习。

2020年10月22日，墨竹工卡县人民检察院开展服务“六稳”“六保”护航民企发展检察开放日活动

2020年4月15日，墨竹工卡县人民检察院干警到318国道开展国家安全法治宣传活动

【接受监督】 年内，发挥检察长、检察委员会对案件的把关作用，建立健全案件质量评查、个案审查、流程监控等制度，对52件案件进行流程监控，对49件案件开展质量评查，在“两微一端”上发布检察信息247条，运用多媒体发布案件程序性信息64条，终结性法律文书38份，举办“检察开放日”活动4次，邀请人大代表来院指导4次。

（公桑更增）

【机构领导】

党组书记、检察长

索朗旺杰（藏族，10月免）

党组书记、代理检察长

卢　刚（10月任）

党组副书记、副检察长

索朗云登（藏族）

党组成员、副检察长

肖　静（女）

法院

【概况】 2020年，墨竹工卡县人民法院共受理民事、刑事、执行等各类案件669件，当场登记立案324件，当场立案率100%，立案标的100124672.96元，审执结640件，结案标的71066803.72元，综合结案率95.67%，结案率稳居全市前列，无超审限案件。

【民事审判】 年内，墨竹工卡县人民法院共受理民事案件329件，审结292件，结案率88.75%，调解撤诉199件，调撤率达66.44%。依托“妇女儿童维权合议庭”，审结33件离婚、抚养等家事案件，其中调解撤诉27件，家事案件的调撤率达82%。充分利用互联网开庭、线上调解的方式，促使91件双拖欠系列案调解结案，撤诉1件，执行到位涉案标的147万余元。

【刑事审判】 年内，墨竹工卡县人民法院共受理各类刑事案件22件，审结21件，结案率95.5%，服判息诉率达100%，主要为危险驾驶罪、盗窃罪、容留卖淫罪和赌博罪，此外县法院邀请人大代表旁听一起在本辖区影响较大的赌博罪。为深入贯彻落实“以审判为中心的刑事诉讼制度改革”精神，制定并落实《关于墨竹工卡县人民法院加强法律援助工作的意见》，认罪认罚程序审理案件19件，且认罪认罚案件实现辩护律师全覆盖，21件审结案件判处罚金10.35万元，已缴纳罚金4万元。

【执行工作】 年内，墨竹工卡县人民法院主持召开执行联动联席工作会议，全县26家执行联动成员单位参加会议，法院将以此次会议为契机，乘势而为，主动作为，奋发有为，为破解执行难做出积极贡献，切实巩固“基本解决执行难”成果，健全完善墨竹工卡县综合治理执行难工作大格局。

年内，共受理各类执行案件319件（含旧存11件），已结288件（含非诉保全审查4件），结案率达90.06%，如期完成“三个90%”的核心指标。建立“执行+保全”新模式，非诉保全审查4件，诉中保全105件，保全率为46.38%，推动执行指挥中心实体化运行，构建繁简分流、集约执行的办案机制。发布失信被执行人30人次，限制高消费32人次，申请公安布控21人，10名被执行人因拒执被罚款2.55万元。

2020年12月3日，墨竹工卡县人民法院召开第三批法官入额遴选人员和法警套转考察工作会议

【扫黑除恶】 年内，墨竹工卡县人民法院共梳理汇总扫黑除恶台账19册、开展扫黑除恶专项学习20余次、狠抓落实中央扫黑除恶第13督导组反馈的问题，确保整改到位。开展扫黑除恶专题法宣31次，悬挂宣传横幅17幅，放置宣传展板10个，发放宣传资料3700多份，受教育群众2.6万余人，发放礼品200余份。此外，按照“清到底、清干净”的要求，墨竹工卡县人民法院深入开展“六清”行动，通过翻阅卷宗、实地走访的方式对2017—2020年审理的共计1526件案件、县七乡一镇涉黑涉恶线索进行摸排，尚未发现涉黑涉恶线索。

【司法救助】 年内，墨竹工卡县人民法院力推“救助制度规范化”的改革理念，通过统一办案程序，规范案件审理，拓宽救助渠道，强化内外联动，让司法救助真正实现“雪中送炭”，温暖每一个人民群众。2020年，有司法救助案件3件，发放国家司法救助资金12.85万元，为保障救助过程公正透明，县法院邀请有关单位和村代表就司法救助案件召开听证会，会上就是否符合司法救助条件、证据材料是否完备、救助金额的确定等关键问题进行讨论。年内，共为经济困难的当事人办理减缓免案件41件，减、缓、免诉讼费87009.39元，真正地做到让困难群众也能打起官司，充分体现了司法为民的宗旨。

【党风廉政建设】 年内，墨竹工卡县人民法院深入贯彻落实中共十九大和十九届三中、四中、五中全会及中央第七次西藏工作座谈会精神，认真学习习近平新时代中国特色社会主义思想，结合“两学一做”学习教育及“不忘初心、牢记使命”“两教育一整治”主题教育活动，紧密结合“全面加强政治建警、打造过硬法院队伍”工作要求。

年内，组织全体干警开展“三个以案”警示教育、观看警示教育纪录片1次、重温入党誓词1次、开展张坚违纪违法典型案例专题学习研讨交流会议1次、领导干部讲廉政党课2次，及时传达中央“八项规定”精神及纪委各项违纪通报10份，干警每人撰写思想汇报4篇，民情日记4篇、学习心得3篇；召开院党风廉政建设及反腐败工作部署、推进会4次，把党风廉政建设及反腐败工作同法院审判执行工作结合起来同安排、同部署；多措并举，不断深化和探索基层法院党建工作的新路子，使得全院党建工作取得新突破。

【人才队伍建设】 年内，墨竹工卡县人民法院紧紧围绕“努力让人民群众在每一个司法案件中感受到公平正义”的目标，在狠抓执法办案同时，加快推进法院队伍革命化、正规化、专业化、职业化建设。逐步健全完善各项岗位培训机制，以疑难案件研讨、案件分析交流、跟案培训等多种形式，着力增强法官维护稳定、服务大局、保障民生、促进和谐四种综合能力和驾驭庭审、适用法律、裁判文书制作、化解矛盾四种审判实务能力。

年内，共组织干警参加业务、县市层级党校的各类培训34人次，完成3名法官晋升、2名法官择优选升工作，3名法官助理入额遴选报名、资格审查、业绩考核、考察等前期工作，同时经县委、县政府批准，招录4名聘用制书记员。建立每周二、四案件研讨及经验交流例会制度，要求经验丰富的法官进行业务指导，同时还利用审理疑难案件或新类型案件的有利时机，组织干警进行庭审观摩培训等措施，不断提高队伍的司法能力和水平。

2020年9月28日，墨竹工卡县人民法院邀请县委政法委、政协、检察院、民政局、财政局、尼玛江热乡政府、甲玛乡龙达村党代表就三起司法救助案件举行听证会

【智慧法院新模式】 年内，墨竹工卡县人民法院始终秉持不断创新的诉讼理念，依托巡回办案做到司法服务便捷化、依托科技法庭实现审判法庭数字化、依托三大平台确保司法公开常态化、依托执行指挥中心实现执行工作高效化、依托庭审网络直播实现正义可视化，等等，各项审判执行工作在智慧法院的大背景下都呈现出服务便捷化、庭审数字化、执行高效化、司法公开常态化的良好趋势，多种举措共推互联网时代诉讼新模式。

年内，依托“诉讼无忧网”和“西藏移动微法院”微信小程序两个平台，全面开通网上立案、跨域立案功能，真正实现“足不出户可立案”和“家门口法院能立案”两种便民诉讼服务。充分利用网络视频开庭审理案件，实现全路程网上裁判，年内，集中利用7天时间，通过互联网法庭开庭审理的方式成功调解涉及79人、涉案标的达157万元且在辖区内影响较大的77件系列案件，“互联网法庭”在疫情防控期间为审判工作提供极大便利，真正地做到疫情防控与执法办案两不误。此外，法官通过微信平台成功调解一起劳务合同纠纷案件和一起彩票、奖券纠纷案件，承办法官征求各方意见后添加各方当事人的微信，居中主持了调解。

【法院新闻舆论宣传】 年内，墨竹工卡县人民法院始终把新闻宣传作为一项重要工作来抓，积极派员参加新闻培训班，不断提高宣传队伍的整体素质。明确内部分工，提高信息报送率，扩大宣传面，按期对新闻宣传报道情况进行总结评估，促使全院干警做到“勤动眼、勤动脑”，捕捉日常工作中的亮点。

年内，充分发挥新媒体联动优势，向相关报社、西藏高院、拉萨中院、县委宣传等部共计投稿175篇，在拉萨市政府官网、院微信公众号和院官网共发布新闻稿件180余篇，被《西藏法制报》《西藏日报》采纳并报道共计3篇，被市级以上微信公众号采纳报道73篇。法院在新闻舆论工作中不断增强宣传工作主动性、时效性，在新闻宣传、舆论引导、意识形态、新媒体建设、普法宣传等方面取得了突出成绩。

【党组织政治建设】 年内，墨竹工卡县人民法院党支部班子发挥党员领导干部表率作用，带头学习《中国共产党支部工作条例》《中国共产党党员教育管理条例》等党规党纪精神，多措并举，法院政治建设取得了良好成效。全年开展领导干部学习教育灯下黑排查工作3次、领导干部讲党课4次，按质按量完成“三会一课”“主题党日”及基层党建七项重点任务相关工作，促成2名预备党员转正，另有2名新进干警被推选为入党积极分子。组织全院党员开展政治承诺活动以及党员不信仰宗教承诺活动，切实增强全体党员的政治信仰，将党支部建设成为“听党话、跟党走、善团结、会发展、能致富、保稳定、遇事不糊涂、关键时刻起作用”的基层党组织，牢固树立全院党员“四个意识”、坚定“四个自信”、自觉做到“两个维护”。

【驻村工作】 年内，墨竹工卡县人民法院选派2名作风扎实、群众工作能力强的干警入驻尼玛江热乡宗雪村，全力协助乡党委、政府及村“两委”聚焦新时代干部驻村“七项重点任务”兼顾开展直孔法庭工作。年内，共组织开展集中学习4次，宣传宣讲3次，县级包村领导宣讲1次，受教育群众达800余人次。工作队值带班共88人次，巡逻400人次，协助调解纠纷6起，开展安全隐患排查2次。开展国土绿化、河长制工作，提升农牧区人居环境，协助村“两委”开展卫生清理10次，组织500余人次清理街道、河道、卫生死角垃圾，修缮春耕前水渠2次，防汛河道清理1次，组内垃圾场清理1次，开展河长制巡逻6次。

协助村“两委”成立村级文艺演出队并制定规章制度，制定完善村规民约1次，新增村规民约1条，开展读书活动1次。开展党员违纪违法排查1次，党员不信仰宗教排查1次，入户规范领导画像、排查非法宗教物品2次，开展揭批十四世达赖真面目宣传2次。开展全国第七次人口普查工作，按时按质完成普查摸底工、正式登记、长表登记、比对复查、户籍补录、居住地补录等工作。

【精准脱贫】 年内，墨竹工卡县人民法院32名干警与36户贫困户结对，开展走村入户宣讲活动4次，投入资金1.14万元，深入了解结对户的家庭情况、收支情况以及实际困难，切实通过各方努力帮助群众解决困难。法院驻村工作队深入开展扶贫领域政策宣讲，注重“志智双扶”教育，累计开展惠民政策宣讲8次，覆盖宗雪村全村200余人，开展结对帮扶认亲戚活动，帮助村（居）落实惠民政策，协助村“两委”制定脱贫攻坚学习方案与计划表，充实六脱领导小组，完善各类台账，与村“两委”对全村84户开展入户核查基本信息、政策宣讲、现场核验等工作10次。

通过发放黑青稞种子及肥料，开展从草采挖动员与售票工作，开展拉萨市万达广场就业招聘工作推进会、开展宗雪村厨师技能培训等多项志智双扶措施，切实巩固提升脱贫攻坚成果。

【新冠疫情防控】 年内，墨竹工卡县人民法院召开紧急会议，传达上级有关指示精神，将疫情防控工作作为当下重要的政治任务并就疫情防控工作进行安排部署。疫情防控期间，县法院积极投身疫情防控工作中，组织全体干警为一线防控人员2次捐款共计15900元。充分发挥政法干警先锋模范带头作用，抽调5名党员参与拉萨市塔玛村疫情防控工作组工作40天，9人在县甲玛乡、墨竹段高速路口检查站值守，累计共派警力800余人次。县法院在强化依法防控意识的同时，充分发挥智慧法院的作用，利用电话、诉讼无忧网、中国移动微法院、微信小程序在线办理立案、调解等诉讼业务，做到疫情防控与审判工作两不误。

年内，首次通过互联网法庭审理一起案件，通过微信远程调解2起案件。梳理、归纳涉及新型冠状病毒的30个刑事罪名、2

2020年7月6日，墨竹工卡县人民法院宣讲团一行到县南京实验小学开展“谁执法谁普法”专项法制宣传

2020年11月5日，墨竹工卡县人民法院邀请县消防救援大队对全体干警开展消防安全知识培训和消防安全演练

篇案例，通过微信公众平台告知广大人民群众，切实为墨竹工卡县疫情防控做好法律宣传服务。法院做到思想认识到位、重视程度到位、内部防范到位、舆论宣传到位，集中一切力量打赢疫情防控这场没有硝烟的战争。

（王　洁）

【机构领导】

党组书记、院长

索朗多吉（藏族）

党组成员、副院长

廖　　江

索朗德吉（女，藏族）

司法行政

【概况】 2020年，墨竹工卡县司法局坚持以习近平新时代中国特色社会主义思想为指导，紧紧围绕全县中心工作，充分发挥普法教育、法律服务、法律保障三大职能，深入开展法治墨竹建设、法治宣传教育、人民调解、安置帮教、社区矫正、法律援助等各项工作，为维护全县社会稳定和经济发展做出了积极贡献。

2020年，以推进公共法律服务体系建设为抓手，统筹推进全县司法行政各项工作，全年共办理法律援助案件72件，接待群众来电来访法律咨询558人次，义务代写法律文书250余份；基层司法调处各类矛盾纠纷28起，涉及金额82.85万元，其中，婚姻家庭纠纷12起、邻里纠纷2起，合同纠纷2起、房屋宅基地纠纷1起、消费纠纷1起、劳动争议纠纷3起、征地拆迁2起、其他纠纷2起，调解成功率达93%。

【依法治县】 年内，全面落实党委理论中心组学习和政府党组集体学法制度和党政主要负责人履行第一责任人职责，及时成立中共墨竹工卡县委员会全面依法治县委员会及立法协调、执法协调、司法协调、守法普法协调等4个协调小组，县委依法治县委员会办公室设在县司法局，全面落实依法治县各项工作，推进司法行政工作上一个新台阶。

积极推进政府法律顾问工作，法律顾问团为政府及部门重大事项决策、重要合同签订及时提供精准高效的法律服务。组织开展全县行政执法主体和行政执法人员清理工作，组织52名行政执法人员参加全市执法资格考试，制定出台《墨竹工卡县全面推行行政执法公示制度执法全过程记录制度重大执法决定法制审核制度工作方案》，全面推行行政执法公示、执法全过程记录、重大执法决定法制审核制度，明确执法权限，规范执法标准，加强行政执法监督。严格落实权责清单等长效机制、“双随机”抽查机制，积极推动服务型政府建设，全面规范行政复议工作，依法办理行政复议、行政应诉案件。严格执行规范性文件制定过程中的合法审查制度，杜绝规范性文件与现行法律法规和政策相冲突，提升规范性文件的权威性、合法性、有效性。

【法治宣传教育】 年内，墨竹工卡县以落实国家机关“谁执法谁普法”普法责任制为抓手，大力实施法治文化润民行动，在全县组织开展宪法学习宣传活动、“民法典”宣传活动、扫黑除恶专项斗争、法治扶贫等主题法治宣传活动49场次，发放普法书籍、宣传资料等共计19800余本、册、份,各种宣传品17000余份,受众4.1万余人;在县主要交通路口、8个乡镇改造安装13个法治宣传栏,在县城、乡镇政府驻地悬挂各种内容宪法宣传标语横幅160多条,发放法律咨询热线电话卡片1800余份,通过悬挂横幅、展出展板、制作宣传栏、开通法律援助绿色通道电话、现场实例解说等多种形式,广泛宣传《中华人民共和国宪法》《新型冠状病毒感染肺炎防控法律知识》《婚姻法家庭篇》《中华人民共和国民法典》等相关法律法规,广泛开展全民普法活动,大力营造尊法学法守法用法的社会浓厚氛围。

深入推进普法“七进”活动,组织全县国家机关工作人员、事业单位工作人员、国有企业经营管理人员、村(居)“两委”班子成员进行在线答题考试,共1262人参加考试,考试成绩均达到60分以上;组织全县僧尼参加普法学法活动,参加普法考试,考试成绩均达到合格以上。同时,调整充实墨竹工卡县“高僧大德普法讲师团”“宗教领域讲师团”等组成人员的名单,并聘请法治副校长共计10人。截至年底,全县寺庙、学校累计共开展各类法治宣传教育活动40余次,发放普法书籍、宣传资料等共计1.1万余本(册、份),提供法律咨询近百人次,不断加强法治宣传教育,提升普法宣传工作实效。开展“七五”普法终期督导检查活动,推进“七五”普法规划全面落实、圆满收官,确保普法依法治理工作取得明显成效。

【人民调解】 年内,成立嘎则新区居委会人民调解委员会和甲玛乡赤康村洛桑群培调解室挂牌,进一步健全人民调解网络,实现41个村(居)委员会人民调解组织全覆盖。继续推进行业性、专业性人民调解组织建设,坚持发展“枫桥经验”,以更大力度推动人民调解工作不断升级,成立医患纠纷人民调解委员会、婚姻家庭纠纷人民、巨龙铜业有限公司人民调解委员会等4家人民调解委员会,打通企业纠纷、群众纠纷调处新渠道,进一步筑牢维护社会和谐稳定的“第一道防线”。

加强社会矛盾纠纷的排查化解,做到矛盾纠纷早发现、早化解、可控制,化解了一大批矛盾纠纷,消除了不和谐因素,做到小事不出村,中事不出乡,确保疫情期间、重大节庆日期间等社会局势的和谐稳定。加强基层人民调解员业务培训,通过以会代训、专题培训等多种途径,组织司法助理员、人民调解员等按时参加上级各级司法行政部门视频培训25期138余人次,举办培训班对基层人民调解员、司法助理员等进行法律知识、业务技能教育培训,使广大调解员的业务水平得到提高。全面落实人民调解案件“以案定补”,积极推动人民调解工作健康有序发展。

2020年9月16日，墨竹工卡县司法局工作人员到318国道开展法治宣传活动

【安置帮教】 年内,墨竹工卡县司法局强化刑满释放人员安置帮教工作,严格落实刑满释放人员必接必送工作制度,落实包帮教安置、包跟踪教育、包思想转化的“三包”责任,认真落实无缝衔接措施,及时造册建档、签订安置帮教协议书、建立安置帮教小组等工作,积极帮助生活困难的刑满释放人员解决实际困难、帮助刑满释放人员尽快融入社会。认真开展专项排查、摸底、评估、帮扶,

并按照要求，积极对墨竹工卡县易地扶贫搬迁点刑满释放人员进行摸底排查，进一步完善刑满释放人员信息库，对安置帮教对象实行动态化管理，实现帮教率达到100%、安置率达到98%。

【社区矫正】 年内，墨竹工卡县司法局致力于提高社区矫正对象的德行和素质，强化教育矫治理念，强化教育改造质量，严格落实《中华人民共和国社区矫正法》，深入开展矫正对象教育学习和公益劳动等集中教育活动。严格执行社区矫正对象请销假制度，积极推进教育矫正创新，拓展教育内容、载体和方法，进一步强化矫正对象在刑意识和改造意识，促进其早日融入社会。落实社区矫正对象定期不定期汇报制度，建立健全社区矫正对象工作档案，加强“春节”“两会”、重要时间节点期间社区矫正监管安全工作，开展隐患大排查专项活动，确保重要时期无脱管、漏管和再犯罪现象发生。

【司法所建设】年内，墨竹工卡司法局按照区党委组织部、司法厅等6部门联合印发的《关于进一步加强司法所建设的意见》，按照机构建设、队伍建设、业务能力建设、所务管理和基础设施建设等方面标准化建设要求，努力推进司法所规范化建设，新建墨竹工卡司法局工卡司法所独立业务用房，全县8个乡镇司法所完成统一制作的标牌、制度牌，配备相关硬件设施，并统一喷码标示登记造册、加强维护管理，做到司法所的外观、标识、上墙制度，加强司法所工作人员培训，规范基层工作信息管理，进一步推进司法所制度化、标准化、规范化建设。

【法律援助】 年内，墨竹工卡县法律援助中心大力推进法律援助惠民工程，强化法律援助案件质量管理，为加快推进法治墨竹建设提供坚实的法律服务保障。充分利用墨竹工卡县雨花台法律服务工作站和“互联网+律师”远程法律服务中心作用及北京援藏律师驻墨作用，为群众提供法律服务。全面落实“一村(居)一法律顾问”法律服务实体平台建设，完成拉萨市6个律师事务所以点对点的形式与全县41个行政村签订法律服务协议书，律师进村(居)担任法律顾问，为群众提供法律咨询、法治宣传等方便快捷的法律服务，实现法律服务群众“零距离”，使群众在最短时间获得最大帮助，促进农村基层的和谐与稳定。不断加大法援工作的宣传力度和办案力度，全面推进墨竹工卡县法律援助再上新台阶，使法援民生工程的社会知晓率和群众满意度得到不断提高。

(尼玛央金)

【机构领导】

局 长

汪 治 国

副局长

格桑玉珍(女，藏族)

经济管理

发展和改革

【概况】 2020年，墨竹工卡县发展和改革委员会共有干部职工8人，包括主任1人、副主任1人、一般干部6人。县发改委坚持以党的领导为统领，坚持新发展理念，准确把握“十个必须”新时代党的治藏方略，统筹推进常态化疫情防控和经济社会发展，牢牢把握稳中求进总基调，紧紧围绕墨竹工卡县经济社会发展工作大局和各项重点工作任务，不忘初心、牢记使命、真抓实干，认真做好全县项目统筹协调工作，有序推进项目开复工，保障全县经济持续稳中向好。

【重点项目】 年内，落实中央直达资金2.5亿元，其中抗疫特别国债1亿元。省道507、措门线改造项目建成通车，国道349、“美丽乡村·幸福家园”、溪桥工程、棚户区基础设施改造、塔巴产业园区地质灾害治理等一批重点项目顺利推进，民间投资较2019年增长80%以上。

着力加大招商引资，共引进项目46个，累计到位资金55.23亿元，较2019年增长5倍。新增各类市场主体551户，县城综合商场实现市场化运营。

组织辖区企业参加区内外各类消费展销活动，重点聚焦消费扶贫，在南京设立首个“格桑花开·高原直播间”，推销扶贫产品431.5万元，设立南京墨竹净土产品展销中心，围绕旅游推介发放墨竹游探亲证6000余本。

【受援工作】 年内，计划实施援藏项目共20个，总投资1.58亿元（1‰以外项目2个投资1413万元），2020年投资8338万元，其中续建项目16个，年度投资6425万元，新建项目4个，年度总投资1913万元。

【粮食工作】 年内，累计接受上级粮食部门指导检查5次，为扎实

2020年4月13日，江苏援藏项目暨墨竹工卡县重点项目集中开复工仪式

2020年12月14日，江苏援藏指挥部调研检查墨竹工卡县援藏项目工作座谈会召开

做好粮食工作提供了切实有力经验指导，墨竹工卡县粮食工作实现稳定良好发展。严格落实政府机构改革工作，完成“三定”方案编制、应急物资储备库清仓查库工作，聘请第三方储备物资盘盈盘亏资产的交接工作。按照“高效灵活、运作规范、监管到位、保障有力”的原则，实现全年粮食经营量 1600 吨，完成自治区级储备粮食 700 吨轮换任务。建立和完善粮食应急预案，加快推进应急物资储备、放心粮油配送保障体系，实现 6 个乡镇至少有 1 个应急供应网点。

健全粮食生产、流通、消费调查统计体系，落实粮食经营信息统计报告制度，加强粮食市场监测、分析和信息发布。通过相关部门联合执法，加强市场监管，严厉打击“转圈粮”“以陈顶新”等违法行为，墨竹工卡县全年未出现囤积居奇、哄抬粮价、以次充好、掺杂使假、计量作弊等扰乱市场行为。着力推进“放心粮油”工程，按照“政府主导、部门联动、示范引领、市场化运作”的模式。设立 6 个应急供应网点（现建有县粮库、扎西岗乡粮库、扎雪乡粮库、尼玛江热乡粮库、门巴乡粮库、唐加乡粮库），3 家企业挂牌为拉萨市应急供应网点。把粮食安全纳入政府目标管理考核体系，定期进行严格考核落实粮食专项经费。顺利完成 2020 年全国粮食清仓查库工作回头看整改工作。疫情防控期间立足本职加强粮食市场监控，实行日报告制度，确保全县粮食供应充足，为保障粮食价格稳定做出了积极贡献。

【价格监测监管】 年内，在重大节假日期间，对全县各大超市、蔬菜批发市场进行检查，并及时将价格监测情况报送县委、县政府。同时对客运票价、液化气等价格进行督查。为做好墨竹工卡县涉案物品价格认定工作，保证涉案物品估价公平、公正，发改委严格按照区、市、县有关规定及办理程序执行。

【项目服务】 年内，始终加大项目管理力度，千方百计推动项目进展，确保设计工作提质增效，纵深推进施工监理摇号机制，为全县项目招标、开标做好现场监管服务工作，规范权力运行流程，把简政放权、放管结合、优化服务推向深入，确保项目 2020 年开工建设。协调市发改委、市评审中心、评审公司、设计公司，完成项目评审及批复，召开基建会议 8 次。

【市场管理】 年内，在“三大节日”及“五一”、端午、“十一”、中秋等节日期间，对全县各大超市、蔬菜批发市场，街边零售商店进行检查，并及时将价格监测情况报送县委、县政府。同时，对客运票价、液化气等价格进行督查。

【党风廉政建设】 年内，全面落实党风廉政建设责任制，严格贯彻落实中央“八项规定”“两学一做”学习教育，依托“不忘初心、牢记使命”主题教育活动，深入开展廉政教育工作，切实能够把党风廉政建设工作和发改委各项工作同部署、同落实。截至年底，召开党风廉政形势报告专题会议 1 次，召开党风廉政专项会议 3 次、召开“不忘初心、牢记使命”主题教育学习会 5 次，开展为民办实事活动、重温入党誓词，集中学习党纪党规 6 次，签订党风廉政建设责任书 8 份，签订不参与赌博的承诺书8份。

（才 旺）

【机构领导】

主　任

王吉泽

副主任

次仁旺堆（藏族）

财政

【概况】 2020年，全县一般公共预算总财力为120880.17万元，其中，本级一般公共预算收入37100万元，税收返还7800万元，上级转移支付75980.17万元。全县一般公共预算支出为120880.17万元，其中，工资支出为23666.4万元、公用经费2063.52万元、小型专项69130.23万元、各项法定支出16280.79万元、其他项目支出3785.25万元、预备费1454万元、冲抵上年预拨款4500万元，全县一般公共预算收支平衡。

2020年，市级下达的总财力为103308.46万元，比2019年预算增长17%，其中本级公共财政预算收入37100万元；税收返还7800万元；上级转移性收入75980.17万元。政府性基金收入为2717.65万元（2019年结转结余1484.91万元、上级安排632.74万元、本级600万元）；为规范、合理使用财政预算，不断提高预算执行力度，根据当年的预算财力无法满足部门资金需求实际，有效对2年以上未使用的各项结余结转资金进行清理，并按规提交县政府常务会、县委常委会审议通过，盘活存量资金26119.75万元，用于县各项民生项目和基础设施建设。

【财政收入】 年内，县财政紧紧围绕中央和自治区、市党委经济工作会议精神和县委、县政府提出的总体工作部署，不断发挥财政协调监督职能，切实做好开源节流，狠抓落实，全面完成年初预算上级下达的地方财政收入目标。截至年底，完成本级财政收入为58511万元，其中税收收入24257万元、非税收入为34254万元。从收入结构分析，税收收入仍占到了主导地位。

2020年3月16日，墨竹工卡县副县长索朗多吉（中）安排业务工作

【优化支出结构】 年内，总计支出为148438万元，比2019年同期减少5255万元，降低3.42%，完成序时进度100%，排全市县区第七，其中一般公共服务支出30803万元，国防支出76万元，公共安全支出9851万元，教育支出31961万元，科学技术支出48万元，文化体育与传媒支出780万元，社会保障和就业支出11371万元，卫生健康支出15263万元，节能环保945万元，城乡社区事务支出7617万元，农林水事务支出31089万元，交通运输支出990万元，资源勘探信息等事务支出1164万元，自然资源海洋气象等事务支出372万元，灾害防治及应急管理支出465万元，住房保障支出4931万元，粮油物资储备支出5万元，其他支出542万元，债务付息支出165万元。

【政府性基金收支】 年内，墨竹工卡县政府性基金收入为949万元，支出13201万元（主要从上级补助收入中支出）。

【“三公经费”支出】 年内，为节约开支，提高资金的使用效率，切实把各项资金用在刀刃上，财政

2020年5月26日，墨竹工卡县财政局召开工作安排部署会

严格按照财务管理各项法规、制度，有效的遏制各部门利用公款进行宴请、送礼、公车私用等行为，并在年初预算编制时，根据上级下达的“三公”经费降低3%的要求，有效降低各部门“三公经费”预算，不断推动财政各项工作走向规范化、制度化。“三公经费”支出合计640.83万元，比2019年同期数847.03万元相比减少24.34%；一般性支出18968.35万元，比同期减少30.02%。

【资金管理】 年内，为保障墨竹工卡县各项资金得到有控制，切实提高资金使用效益，结合县委、县政府工作要求，在年初进一步将一般性公共支出预算压缩至50%以上的同时，强化资金管理，不断从制度上严格落实各项资金拨付，支出流程，及时取消县级制定各项干部职工正常福利及接待等相关管理办法，有效落实自治区《西藏自治区差旅费管理办法》《西藏自治区本级国内公务接待经费管理办法》和拉萨市《关于规范拉萨市干部职工正常福利发放工作的实施方案》，规范出差、下乡、值班、加班报销单，制定出台《墨竹工卡县1万元以下财政资金报销管理办法》，从而为墨竹工卡县各部门有效控制支出，合规落实各项报销制度起到了良好的推动作用。

【直达资金监控】 年内，为严格贯彻落实中央直达资金各项管理要求，切实按照“中央切块、省级细化、备案同意、快速直达”的原则和《特殊转移支付资金管理办法》《抗疫特别国债资金管理办法》的相关办法，及时根据各项中央直达资金指标文件，纳入财政监控系统的同时，有效合规分配各项资金，及时上报县政府常务会审议的同时，加强直达资金监控，确保中央直达资金全面用于惠企利民及“六稳”“六保”，为本县地方基础设施建设和推动经济发展提供坚实保障。

截至年底，墨竹工卡县共收到直达资金24957.29万元，其中抗疫特别国债资金10350万元（基础设施建设资金10000万元、抗疫特别国债350万元、抗疫相关支出1534.65万元）；正常转移支付资金9400.64万元；特殊转移支付3672万元。总计支出19665.44万元，执行进度94.07%，有效完成上级下达的资金支出执行进度。

【资金自查】 年内，为有效做好自治区巡视、党政领导干部经济责任、扶贫、高标准农田、自然资源及直达资金审计准备工作，县财政局按照县委、县政府工作部署，及时组织相关人员对2015—2019年各项资金管理情况进行认真的梳理，并积极配合巡视、审计工作，得到巡视组、审计组的一致认可。为确保巡视和审计过程中提出的问题，县财政局及时以相关文件为依据进行有效答复，并对可即知即改问题进行及时整改，保障财政各项工作进一步得到有效规范。及时对巡视反馈涉及财政的6个问题，进行有效整改。

【国有资产清理清查】 年内，为进一步规范固定资产管理，为有效盘活县属固定资产，避免资产因长期闲置而流失，确保资产发挥最大经济效益。财政积极做好固定资产清理清查工作，加强对老城区固定资产的盘活运用。

【资金清理】 年内，为进一步加强财政资金管理，提高资金使用效益，促进财政资金运行的安全性、规范性和有效性，以购买第三方服务形式对以前年度已竣工项目的结转结余资金进行全面清理，并由财政人员进行认真审核，并结合清查清理情况，按照闲置2年以上资金进行盘活的规定，及时进行盘活使用，在年初预算内盘活11400万元的基础上，经县委、县政府审议通过8月梳理盘活存量资金为14719.75万元，其中本级7041.34万元，上级7678.41万元，有利墨竹工卡县经济发展和提高资金使用效益提供了良好推动作用。

【脱贫攻坚制度建设】 年内，墨竹工卡县涉农整合方案资金安排7238.95万元（中央2685.11万元、自治区196.1万元、市147.74、县4210万元），其中，扶贫产业项目统筹整合资金为2803万元；农村基础设施类项目统筹整合资金为2242.15万元；生态保护建设资金1065万元；政策补助类（培训项目）24.19万元；其他类项目（含产业项目贴息及易地扶贫搬迁贷款贴息资金）1104.61万元。截至年底，支出共计6603.1万元，支出进度为92%。

【政策性补助资金落实】 年内，墨竹工卡县财政根据上级下达的指标，及时将各项财政政策性补助资金落实到各相关部门，及时要求各相关部门加快资金落实，为促进农牧民增收添砖加瓦，共计安排政策性补助资金7257.29万元。

【预、决算公开】 年内，切实按照公开、透明的财政财务管理理念，进一步加大对2020年财政决算、2021年财政预算公开力度，及时要求各乡镇、县直各部门在规定时间内对预、决算内容进行全面公开，并完善财政预、决算公开相关制度。切实落实《墨竹工卡县预算执行考核制度（暂行）》，不断提升各部门预、决算公开的自觉性，全面接受全社会的监督。

【预算绩效管理】 年内，为不断增强预算执行力，有效发挥财政预算资金的科学性、实效性，墨竹工卡县财政局将在2021年全面落实系统申报预算绩效目标管理工作，并组织相关人员对2020年预算绩效申报执行情况进行全面绩效评价，将评价结果运用于2021年预算编制。

【本级收入征缴】 年内，为确保完成墨竹工卡县本级一般公共财政收入任务，强化财政理财能力，墨竹工卡县财政局将进一步加强与税务、工信、发改、住建等相关部门协调沟通，从年初开始对各工矿企业、工程项目等税收情况进行调查研判，分析预判县财税任务完成情况，全面做好应收尽收，为县委、县政府决策提供正确的依据。

【业务培训】 年内，不断提升财政财务人员学习业务知识的紧迫感和开拓财务人员视野，强化更新观念、开创性开展工作的主动性。积极组织县、乡财务人员参加区财政厅组织的财务基础培训的同时，切实将县教体局财务纳入国库集中支付系统，进一步完善县级财政信息化系统建设，基本实现各项财政数据分析、数据管理系统直接查询。

2020年4月16日，九届县委第六轮巡察墨竹工卡县财政局动员部署会议召开

【资金监督】 年内，积极落实资金管理监督能力，切实按照职责权限，在加大对各乡镇、各部门财政资金收支情况进行一次全面督导检查的基础上，邀请第三方对扶贫资金管理、公安系统等进行督导检查，从而不断为墨竹工卡县财政各项工作的提升和强化监管力度奠定良好的基础。

（洛桑次仁）

【机构领导】

局 长

达瓦罗布（藏族，2 月免）

副局长

洛桑次仁（藏族，2 月主持工作）

陈 芳（女）

审计

2020年4月21日，县委副书记、县长旦增尼玛（右一）听取县审计工作汇报

【概况】 2020 年，墨竹工卡县审计局核定编制 3 人，其中科级领导职数 2 名、科员 1 名。现有人数 3 人，四级调研员局长 1 人、副科级副局长 1 人、四级主任科员 1 人，设审计委员会办公室和审计局办公室。

【审计成果】 年内，紧紧围绕全县工作大局，坚持“依法审计、服务大局、围绕中心、突出重点、求真务实”的工作方针，认真践行习近平新时代中国特色社会主义思想，狠抓审计队伍建设、制度建设、依法履行审计职责，圆满完成各项审计工作任务。

共完成审计项目 13 个，发现问题 9 个，提出 6 条整改意见，出具审计报告 12 篇，审计提出建议 9 条，被采纳 7 条。推动被审计单位制定整改措施 5 项；促进被审计单位建立、健全规章制度 4 项。审计成果水平有了明显提高，与 2019 年同期相比，提出和被采纳审计建议条数均增长 3%；被审计单位制定整改措施项数增长 10%；提交和被批示、采用的审计专题、综合性报告篇（次）数分别增长 8% 和 5%；重要审计信息篇（次）数分别增长 2% 和 6%。

【财政审计】 年内，根据《中华人民共和国审计法》第十六条和第三十九条规定，按照墨竹工卡县 2020 年县委、县政府工作计划要求，墨竹工卡县审计局派出审计组。对部分乡（镇）2019 年度财务收支执行情况审计，涉及资金 947.89 万元，提出 2 条审计意见，出具审计报告。发现问题3个，提出整改意见 3 条，进行整改“回头看”监督，整改率达到 100%；通过开展全县应急管理资金的收支情况审计，进一步加强应急物资的管理，提高物资统一调配和保障能力，完善应急资金管理分配制度，提高应急物资资金使用效益，为预防和处置各类突发安全事故提供了重要保障。

【经济责任审计】 年内，根据《中华人民共和国审计法》和《党政主要领导干部和国有企业领导人员经济责任审计规定》，对墨竹工卡县 2020 年调整的部门主要领导、国企主要负责人和 41 个村（居）换届班子成员任职期间经济责任的履行情况进行专项审计，主要抽查任职期间贯彻执行有关方针政策和决策部署、重大经济决策、财务管理、风险管理、对下属单位的管理和监督、遵守廉政规定等方面进行审计，主要采取审计调查和现场抽样相结合的方法。通过对领导干部的经济责任审计，使广大干部受到教育，有所警醒、有所借鉴，提高了依法行政的水平和能力。

【民生审计】 年内，为促进深化改革、保障和改善基本民生、维护人民利益，确保政策落实到位，根据自治区审计厅通知要求，开展对新冠肺炎疫情防控资金和捐赠款物专项审计，涉及资金790.11万元，出具审计报告，提出2条整改意见，通过组织接收、分配、使用和管理资金的真实、合法、效益进行审计监督，促进捐赠资金的规范和高效使用，确保疫情防治工作的顺利开展。

按照拉萨市藏传佛教寺庙财税试点工作要求，邀请会计师事务所对直孔替寺开展资产登记、财务管理及收支情况的审核工作，促进建立规范透明、制度健全、监管有力的寺庙财税监管体制机制。

邀请第三方审计公司对墨竹工卡县2个援藏项目（墨竹工卡县日多乡温泉小镇基础设施建设工程项目、墨竹工卡县政务服务中心工程项目），总投资2971.76万元，进行跟踪审计，提升项目资金监管效率，促进文明施工、安全施工，有效控制工程项目风险，确保建设项目投资效益.

委托第三方完成对2015—2017年度3个农业综合项目，共计总投资3776万元，进行竣工结算审计，并出具了审核报告，审减金额48.44万元，确保扶贫项目资金不浪费、不流失。

委托第三方完成对嘎则新区扶贫搬迁点配套连接2条道路工程项目跟踪审计，出具审核报告，审减金额达到49.5万元，确保财政投资建设项目资金的安全和有效使用。

【新冠疫情防控】 年内，为进一步贯彻落实墨竹工卡县委、县政府关于新型冠状病毒感染的肺炎疫情预防控制工作部署要求，切实做好疫情防控等相关工作。

年内，墨竹工卡县审计局组织全局人员积极为灾区捐款，先后派3人到城关区塔玛社区等疫情卡点工作。重点对办公区、生活区及防控卡点进出人员登记、体温检测、外来人员排查、车辆进出消毒登记等情况，做好应急预案，抓紧抓实常态化疫情防控工作，确保疫情防控各项要求和措施落到实处。

2020年7月7日，墨竹工卡县审计局联合相关单位开展“主题党日”活动

【结对帮扶】 年内，墨竹工卡县审计局组织5次党员干部，按照上级党组织部署要求，积极做好结对帮扶困难群众及对生活困难老党员的“送温暖、献爱心”活动。通过走访慰问，宣讲政策，积极寻找增加收入的新门路、送去党的温暖等措施，掌握困难群众基本情况，了解思想动态和诉求，进一步加强对党员、群众的思想引导，增进了情感交流。

【队伍建设】 年内，墨竹工卡县审计局把深入学习贯彻习近平新时代中国特色社会主义思想和习近平总书记关于治边稳藏重要论述及系列重要指示批示精神作为根本任务，把学习贯彻中共十九大和十九届二中、三中、四中、五中全会精神及中央第七次西藏工作座谈会精神作为重大任务。

年内，墨竹工卡县审计局充分利用现有的审计力量，把经济责任审计与收支审计、专项资金审计有机地结合起来，充分整合审计资源，提高工作效率；开展远程交流，与南京审计局建立固定联系人和互联网交流平台，将南京审计局集中培训的课件提供给墨竹工卡县审计局，及时进行业务交流；切实做好审计队伍政治素养和业务能力的提升，提高审计工作的政治自觉、思想自觉和行动自觉，确保审计工作始终沿着正确方向前进，以审计队伍自身过硬推动审计工作过硬。

（向 勇）

【机构领导】

局 长

尼玛曲珍（女，藏族）

副局长

向 勇

自然资源

【概况】 2020年，墨竹工卡县自然资源局有正式干部19人，其中行政编9人，事业编8人，工人2人。根据国土三调最新数据，墨竹工卡县国土面积549421.55公顷，现有耕地10616.53公顷、林地182765.53公顷，草地222497.24公顷，湿地5834.84公顷。

【供地能力增强】 年内，完成1批次城市建设用地供地，面积10亩，村镇建设用地1批次供地，面积25.35亩，有力保障墨竹工卡县重点扶贫领域和民生项目的用地。加大土地供应力度，提高土地使用率和效益，挂牌出让土地2宗，面积40.2497亩，成交价717万元。

【严守耕地红线】 年内，严格执行《土地利用总体规划（2006—2020）调整方案》，确定耕地保护和节约集约用地目标和要求，全面落实地方政府主要负责人对本行政区域内的耕地保有量和基本农田保护面积、签订土地管理和耕地保护责任书。同时结合“三调”最新成果，集中力量开展永久性基本农田、基本农田储备区划定、整改补划及耕地核查工作，重大项目占用耕地的严格按照占多少、垦多少、补多少的原则，确保占用的耕地面积和产能补充到位。

【国土空间规划科学编制】 年内，根据国土空间规划相关文件要求，墨竹工卡县自然资源局把此项工作作为首要任务，积极筹措推进国土空间规划编制工作。结合实际制定《墨竹工卡县国土空间规划工作实施方案》，召开部署动员会，明确各部门的工作任务目标，同时积极争取援藏力量支持，由南京市规划和自然资源局牵头，联合3家技术服务部门已开展前期工作，国土空间规划编制经费850万元，其中南京援藏资金650万元，本级配套资金200万元，科学开展国土空间规划编制工作。

【增减挂钩项目】 年内，为用活用好城乡建设用地，增减挂钩支持脱贫攻坚政策，结合全县土地利用总体规划、土地整治规划以及年度土地利用变更调查数据，积极开展各城乡建设用地增减挂钩项目调查，全力推进申报工作。2019年，增减挂钩项目最终确定地类图斑32宗，面积226.797亩，同时积极开展第二批城乡建设用地增减挂钩工作。

【村庄规划编制】 年内，根据区市县党委、政府关于乡村振兴的工作部署，墨竹工卡县自然资源

2020年2月15日，县委副书记、县长旦增尼玛（中）主持召开2020年植树造林安排部署会

局秉着专业务实编制、优化用地布局、尊重村民意见的原则，实施《2020年行政村村庄规划编制项目》，对第一批2个试点行政村和第二批“美丽乡村·幸福家园”涉及行政村开展村庄规划编制工作，并成功通过评审。

【不动产确权登记】 年内，在“放管服”改革的背景下，不动产登记机构积极投入优化营商环境服务改革行动中。采取“精简程序、压缩时间、网上办理”等一系列提升登记效能的措施后，实现办事体验明显提升、审批效率明显提高、成果应用明显优化的目标。累计办理各类报件362件，发放不动产权证书345本，登记证明17本，办理抵押融资金额3704万余元。完成8262宗农村宅基地“一户一档”资料归档整理工作，实现不动产登记档案管理规范化、标准化的目标。

【地质灾害防治】 年内，开展墨竹工卡县1∶5万地质灾害详细调查及地质灾害“三查”工作，其中1∶5万地质灾害详细调查野外调查和成果报告，经西藏自治区自然资源厅评审均被评为优秀项目；根据重大地质灾害治理项目入库指南，积极申报《墨竹工卡县唐加乡卓村3组旦朗岗泥石流治理工程》立项；开展防灾减灾培训工作；结合县安委会安全生产问题整改清单，安排专人对清单内容及县域内地质灾害隐患点进行拉网式排查，针对发现的问题及时取证研判，并针对灾害隐患逐一提出防治措施。

2020年4月23日，墨竹工卡县召开2020年耕地保护工作和违法违建专项整治工作会议

对全县非煤矿山在生产矿山进行综合安全生产检查，针对发现问题下达整改通知，严格落实企业自查、地方监管双重责任制度；开展全县非煤矿山2020年度矿山巡检工作和不定期安全生产抽检工作，重点检查在产矿山企业证照是否齐全、依法办矿、森林防火、防汛防灾、资源开发利用、生态恢复等方面问题，及时督促企业及时整改，同时严格按照绿色矿山建设做好矿区生态恢复。

【规范矿产资源】 年内，结合墨竹工卡县产业塔巴陶瓷特色产业结构，根据生产建设需求，综合研究县矿产资源布局，为塔巴陶瓷厂生产原料选址，对塔巴陶瓷生产原料矿产资源勘查，编制相关报告开展采矿权前置手续办理工作；检查在采矿山“三率”指标是否达标，对“三率”不合格矿山企业下达整改通知，并督查整改，提高矿产资源综合利用率、选矿回收率、开采回收率；规范矿产资源开发利用行为，重点督办甲玛龙达石灰厂矿山开采及依法办矿和产能扩建等手续办理。

【执法监察】 年内，组织人员对墨竹工卡县自然资源部下发土地卫星变更遥感监测图斑及矿产卫星变更遥感监测图斑进行核实整改并做好材料归档工作。

严格按照国家森林督查工作要求，全面落实墨竹工卡县森林督查违法图斑核实整改工作。组织召开森林督察安排部署会，安排专人负责2019年森林督查整改工作，同时对2020年森林督查图斑核实查证并做好森林资源管理“一张图”年度更新工作。

【扫黑除恶】 年内，召开2次专题会，及时传达学习上级扫黑除恶打非治乱会议精神和文件精神，快速落实部署。通过悬挂横幅、印发宣传单等多种形式进行大力宣传4次，增强人民群众知晓度。并结合年度卫片执法检查、整治“两违”等专项执法检查工作，严肃查处一批自然资源违法违规行为。

【冬虫夏草采集】 年内，为确保冬虫夏草采集工作稳定有序开展，再次细化《墨竹工卡县2020年冬虫夏草采集服务与管理工作实施方案》。先后组织召开3次虫草采集专题会议，就虫草采集工作安排部署。科学组织虫草采集人员集中进点，严格实行“一人一票”并全数测量体温。虫草采集期间实行每日一报工作制度，对排查出的问题和可能引发的群体性事件的苗头和隐患，及时解决。同时在生活区设置疫情防控隔离区和隔离观察帐篷，定期对生活区进行消毒，对采集人员不定期体温测量，做好疫情防控。2020年全县采集虫草人员4916人，采集虫草111.1198万根，增收6004.91万元，其中建档立卡户采集人数623人，采集虫草14.0139万根，增收748.135万元。

【国土绿化】 年内，对县城新建道路、扶贫搬迁点及五乡一镇（除门巴乡、日多乡）开展道路两旁绿化及义务植树工作，共计栽植各类苗木23588株。推进矿山生态隔离带建设，加快生态文明建设工作落到实处。年内，甲玛乡生态隔离带种植旱柳5520株。同时补植沙棘19300株并圆满组织机关干部义务植树活动。

【造林项目】 年内，实施“两江四河”流域造林绿化工程，完成人工造林1927.35亩，封山育林19200亩，共计栽植林沙棘苗木394851株，细叶红柳2000株。项目总投资为1140.88万元。

【森林防火】 年内，充分发挥护林员森林防火工作主力军作用，进一步加强对护林员的日常管理，完善相关制度，督促护林员做好管护片区的日常巡护、监管工作，与各乡（镇）签订《森林草原防火目标管理责任书》，明确森林草原防火责任目标，确保山有人管、林有人护、火有人防、责有人担，确保森林资源安全和林区社会稳定，实现无重特大森林火灾、重点林区无森林火灾和没有发生人员伤亡事故的“三无目标”。

为充实防火力量，墨竹工卡县自然资源局投入12万余元为各乡（镇）人民政府、村委会以及日多管护站、仁青林管护站配备灭火器、过滤式消防自救呼吸器、背负式灭火机、灭火弹等各类消防器材1020件。

2020年4月24日，墨竹工卡县组织召开2020年冬虫夏草采集协调会议

【病虫害防治】 青杨天牛、腐烂病、煤污病为墨竹工卡县主要病虫害。为全面了解掌握全县侵染情况，墨竹工卡县自然资源局与5个乡1个镇对接协调，对育苗点、行道树、集体林地等较集中种植林木的地块进行实地踏勘。发动全县专职护林员和生态补偿岗位护林员，将日常监测任务延伸到村、组，实现病虫害防治日常监控全覆盖。为有效防治和遏制病虫害蔓延扩散，发放甲基托布津、噻虫啉、氯氰菊酯、多菌灵等各类药物51箱，防护服23套、防护口罩80个、喷雾器15个，累计药物防治面积约50亩。

【野生动植物保护】 年内，充分调动公益林护林员、自然保护区专业管护员、野生动物疫源疫病监测员等力量，对野生动物集中分布区、集群活动区、候鸟越冬区、迁飞停歇地、迁飞通道等开展野生动物疫源疫病监测及巡护工作，累计巡护次数100余次。

同时，根据《全国人民代表大会常务委员会关于全面禁止非法野生动物交易、革除滥食野生动物陋习、切实保障人民群众生命健康安全的决定》，以及区市县各级党委、政府对野生动物保护相关工作安排部署，重点对墨竹工卡县辖区内的人工驯养斑头雁基地进行科学合理处置，经多次协商对接，墨竹工卡县人工养殖的192只斑头雁移交曲水县动物园，并按照自治区相关要求对该养殖场进行安置补偿。

【精准扶贫】 年内，生态补偿岗位4306人（上半年2165人、下半年2141人），"三岩"片区搬迁安排生态补偿岗位103人，全年发放生态岗位资金789.5417万元（"三岩"片区36.05万元）。组织各乡（镇）及涉及部门对生态岗位人员进行9次宣讲政策，逐级签订岗位责任书，明确岗位职责，划定岗位区域，持证上岗，严格落实考勤制度，全面实行群众代表常态化监督机制，确保生态岗位人员在岗履职。

（莫少飞）

【机构领导】

局　长

马发强

副局长

张　浩

阿旺晋美（藏族）

统计

【概况】 墨竹工卡县统计局自调整为县政府工作部门（正科级）并加挂社会经济调查队牌子以来，深入贯彻落实习近平新时代中国特色社会主义思想，围绕深化统计体制改革，以依法治统、以法执统为手段，着力提高统计数据及时性、准确性、完整性、真实性，各项工作有序推进。2020年，核定编制6人，行政编制3人，事业编制3人，现实有干部职工8人，正科级1人，副科级3人（事业编制副科级1人），科员1人，事业单位初级2人，临时工1人。

【基本职能】 承担组织领导和协调各乡镇统计工作，确保统计数据真实、准确、及时的责任。制定部门规章制度，指导各乡镇统计工作；组织实施全县人口、经济、农业等民情和经济实力普查，汇总、整理和提供相关统计数据；组织实施农林牧渔业、工业、建筑业、批发和零售业、住宿和餐饮业、房地产业、租赁和商务服务业、居民服务和其他服务业、文化体育和娱乐业以及装卸搬运和其他运输服务业、仓储业、计算机服务业、软件业、科技交流和推广服务业、社会福利业等统计调查，收集、汇总、整理和提供有关调查的统计数据，综合整理和提供地质勘查、旅游、交通运输、邮政、教育、卫生、社会保障、公用事业等全县基本统计数据；组织实施能源、投资、消费、价格、收入、科技、人口、劳动力、社会发展基本情况、环境基本状况等统计调查，收集、汇总、整理和提供有关调查的统计数据；依法制订全县统计调查计划；定期向县委、县政府以及各部门提供全县统计信息；指导各乡镇统计分管领导和专干，加强业务知识积累，分享工作经验。

2020年9月18日，墨竹工卡县召开第七次全国人口普查动员会暨"两员"培训会议

2020年9月16日，墨竹工卡县统计局工作人员开展普法宣传及统计法宣传活动

【基层统计规范化建设】 年内，深化基层统计规范化建设，从严督查统计调查制度、基础台账管理等工作，取得实效。统筹4.8万元资金修复七乡一镇统计专网，村卡、乡卡实现乡镇直报。兼职统计人员，办公设备等均已配齐。纸质台账收储得到规范，乡镇统计规范化建设纳入乡镇年底考核计划并得到落实。

【法制培训】 年内，组织乡镇人员参加南京市统计局开展的统计业务培训工作；组织乡镇开展统计法制、业务培训5期，参训人员500余人次；面向社会大众组织法制宣传3次，发放宣传资料、手册等共15000余份；将《防范和惩治统计造假、弄虚作假督查工作规定》纳入2020年的党委理论中心组学习中，在“微墨竹”上公布统计违法举报电话、宣传《中华人民共和国统计法》和《防范和惩治统计造假、弄虚作假督查工作规定》。

【依法依规监测指标】 年内，墨竹工卡县地区生产总值完成39.25亿元，同比增长7.4％，其中，第一产业完成3.55亿元，同比增长0.8％，第二产业完成28.85亿元，同比增长12.9％，第三产业完成6.85亿元，同比下降1.3％。规模以上工业增加值同比增长19％；全社会固定资产同比下降30.91%；社会消费品零售总额实现5.05亿元，同比下降5.9%；公共财政预算收入完成5.85亿元，同比增长67％；农牧民人均可支配收入实现18187元，同比增长12.6％。全县农作物总播种面积达7420.8公顷，其中粮食4790.85公顷，粮食总产量2.53万吨；牲畜存栏13.58万头(只、匹)；肉类总产量达到3687.02吨、奶产量达到12600.98吨、禽蛋达95.24吨。全年农林牧渔业增加值实现3.55亿元，同比增长0.8％。

【统计服务】 年内，制作统计月报9期，报送工业、固定资产投资等分析25篇，编印2019年统计年鉴500本，开展农牧民收支调查点调研、虫草量价调研、粮油测产、限下企业调研等专题调研工作，提供调研报告2篇，规上企业达到15家。

【落实报表制度】 年内，继续坚持以统计法为准绳，深化报表制度，报表质量及上报率达到新目标。按时完成规上工业、限上批零固投等各专业联网直报企业一套表2019年年报和2020年定报催报工作；精确完成规下服务业、限下批零、规下工业等专业抽样统计工作。同时，加大数据审核验收力度，进一步提高统计数据的精准性、有效性，全面清晰的反映全县经济社会的发展状况。

【统计普查、调查】 年内，第四次全国经济普查全面完成，获得市级先进集体荣誉称号。为加强对全县人口普查工作的组织领导，县政府印发《墨竹工卡县人民政府关于开展第七次人口普查的通知》，成立以墨竹工卡县统计局局长为组长、各乡(镇)及政府办、宣传部、公安局、发展和改革委员会、财政局等相关单位为成员的墨竹工卡县第七次全国人口普查领导小组，领导小组办公室设在县统计局，具体负责普查的组织实施。全县8个乡(镇)均成立普查领导小组及其办公室，41个行政村按照普查人数、户数要求，对应划分普查小区。

为推进人口普查工作开展，共落实经费10.4万元，其中：区市配套5.4万元、县级配套5万元。在全县150多名普查人员的共同努力下，于10月31日前完成清查摸底和底册导入工作，11月15日完成普查短表登记工作，12月1日完成普查长表登记工作。按照国家统一要求，高质量完成全县及第七次全国人口普查工作，并协助市调查队全面完成70户住户收支调查点的收支监测工作。

（张君著）

【机构领导】

局　长

次 卓 嘎（女，藏族）

副局长

次仁白玛（女，藏族）

社会经济调查队队长

唐 永 才

经济和信息化

【概况】 原墨竹工卡县工业和信息化局，2019年4月机构改革更名为墨竹工卡县经济和信息化局，挂墨竹工卡县经济和信息化局、墨竹工卡县矿产企业发展局、墨竹工卡县商务局、墨竹工卡县招商局牌子。核定编制6人，领导职数1正2副，实有9人，其中干部7人（含南京援藏干部1人）、工人2人。

2020年，墨竹工卡县经济和信息化局始终坚持“发展是第一要务，招商引资是第一要事，工业强县是第一方略，服务是第一职能”的要求，以习近平新时代中国特色社会主义思想为指导，紧紧围绕县委、县政府决策部署和重点任务，统筹推进常态化疫情防控和经济社会发展，认真履行工作职责，全力推进复工复产、招商引资、项目建设、企业培扶、园区开发等工作，较好的完成全年各项目标任务。

【工业经济】 完成规模以上企业培育1家——拉萨升航甲玛龙达工贸有限公司。2020年，全县7家规上工业企业实现总产值488562.8万元，同比增加34.76%；实现销售产值479152.20万元，同比增加29.14%；完成工业税收38847.81万元，同比增加36.69%；完成工业投入65072.6万元，同比减少9.37%。采原矿15284838.3吨，加工原矿15747832.5吨，生产精粉842227.730金吨，销售精粉839973.434金吨。

【招商引资】 年内，招商引资累计到位资金606443.5万元，其中固定资产投资99675万元、技改资金532.38万元、环保资金41024.3万元、安全生产资金12128.4万元、研发资金12675.64万元、扶贫资金90.78万元、其他资金440194.12万元，同比增长542.43%。

【新冠疫情防控】 年内，制定新冠疫情期间工业企业复工复产流程图和企业复工复产指南，下发指导性文件为企业复工复产提供指导帮助；加强与各企业的沟通交流，共实地走访各家企业20余次、组织召开2次矿企联席会议，共梳理解决企业生产经营困难问题24条；助力墨竹工卡县工矿企业及小微企业进一步拓宽融资渠道、线上线下产品销售渠道，达到银企双边互惠双赢的目的。

组织县域内企业和县农行、县邮政储蓄银行、区财信担保公

2020年4月3日，墨竹工卡县经济和信息化局联合涉矿部门到甲玛矿区召开新冠肺炎疫情防控专题工作会议

司开展2次“春风送暖、援企惠企”政银企对接会，助力企业健康发展，解决企业资金短缺燃眉之急，累计为墨竹工卡县工矿企业及小微企业争取贷款1.13亿元；及时收集梳理并印发各类应对新型冠状病毒肺炎疫情相关优惠政策资料300余册，涵盖企业用电、阶段性减免企业社会保险费、金融信贷等多方面内容。协调相关部门为全县11家工矿企业减免电费、社保费资金共计2993.84541万元。

2020年7月1日，墨竹工卡县经济和信息化局党支部组织党员到敬老院开展“牵手夕阳红、同庆建党节”主题党日活动

【工业经济】 年内，严格要求企业健全和规范统计制度，专职人员每月按时上报统计数据；对全县10家生产企业实施动态跟踪管理，通过分析工业经济运行数据，找出问题，并及时反馈县委、县政府，供领导参考决策；同时为下一步工作安排找准目标，并有针对性地开展工作。

【重点工业项目】 年内，紧扣国家产业政策和投资导向，坚持以项目建设为重点，以技术创新为主线，以优化服务为己任，按照“狠抓续建项目、着力新开工项目”的总要求，找准增点，主攻难点，慎重确定重点项目，全力以赴加快项目进度，千方百计协调解决项目落实难、落地难、推进难问题，力促拟建项目早启动、在建项目早竣工、已建项目早达产，不断培强工业经济发展后劲。

6月，紫金矿业全资子公司西藏紫金实业有限公司（以下简称“紫金实业”）和西藏巨龙铜业有限公司（以下简称“公司”）相关股东方签订股权转让协议，收购公司50.1%股权，并主导公司运营。墨竹工卡县经济和信息化局负责组织跟进该公司实施的驱龙（二期）采选项目于7月复工，该项目计划投资167亿元。截至年底，已完成投入107.2亿元，基建工程形象进度完成约69%；同时，积极推进西藏华泰龙矿业开发有限公司甲玛铜多金属矿“数字化矿山建设”项目，持续推动矿山“机械化换人、自动化减人”试点工作。截至年底，该公司已累计投入1.5亿元，让新技术的应用助力安全生产提质增效。此外，通过井下三维软件技术、VCR法一次成井技术、有轨运输机车无人驾驶远程控制系统等一系列措施的推广，墨竹工卡县矿山企业向更安全、更高效、更智能化方向迈出新的一步。

【工业经济增长点挖掘】 年内，到各矿区和各乡镇调查矿山企业发展情况，并督促各企业建立统计台账。通过掌握企业的生产经营情况，指导有条件的企业入规，着力培育工业经济新的增长点。指导企业进一步加强企业统计人员培训，完善规范规模以上工业企业统计填报制度，以避免出现漏报、误报、数据不统一等现象。年内，新增培育规上企业1家，为拉萨升航甲玛龙达工贸有限公司。

【高新数字产业建设】 年内，全县行政村宽带通畅率已达到100%，固定宽带家庭普及率已达到50.7%，移动宽带用户普及率比上年增长11.4%；完成10个5G基站建设（移动基站4座、电信基站6个）、“互联网+医疗健康”覆盖达到57.14%；积极推进电子政务外网建设及运维工作。

截至年底，全县建设并投入运营的点位共计100个（其中2018年前建成2019年投入运营使用的点位共计93个；2019年新增建设7个点位后，2020年投入运营的点位共计100个）。

【碘盐配送】 年内，为进一步宣传广大群众自我防治缺碘症状，提高群众食用碘盐覆盖率，实现消除碘缺乏病的目标，确保全县食盐市场供应安全、稳定、有序，让广大农牧民群众吃上安全盐、放心盐。积极协调西藏中兴盐业有限责任公司拉萨碘盐配送中心及七乡一镇为农牧民食用碘盐进行配送，累计配送食用碘盐280.95吨，总价值14.04万元。

【加油站管理】 年内，为强化成品油市场监管，规范成品油市场经营秩序，促进墨竹工卡县成品油市场健康有序发展，组织力量对辖区内成品油零售企业开展2020年度年检工作。截至年底，墨竹工卡县已取得自治区商务厅核发的成品油零售经营批准证书加油站共有4家，全部参检，参检率100%。经墨竹工卡县经济和信息化局初审，所有参加年检的加油站年检材料齐全，均为合格

年内，墨竹工卡县域4家加油站共实现销售汽油7373.93吨，柴油10105.34吨；积极跟进县域内2家拟新建加油站建设。截至年底，门巴乡加油站已确定拉萨中石油公司为主体合作运营公司，县自然资源部门对拟建设使用土地勘界地界请示已提交县委、县政府，正进行组报件程序，上报至区、市自然资源局审批；尼玛江热乡加油站已确定西藏昌忠商贸有限公司为合作运营公司，土地使用已获得区自然资源厅审批，下一步县自然资源部门开展土地招拍挂出让手续，待通过后将尽快办理后续开工手续。

【节能减排】 年内，加快完善节能环保领域法规制度，逐步加强污水垃圾项目建设运营管理、资源综合利用、促进循环经济和清洁生产、重点用能单位节能管理等制度建设。重点耗能行业能源利用效率和清洁化水平显著提高，规模以上工业企业单位增加值能耗对比2019年有所下降。通过整体设计、过程控制和深化管理，挖掘节能潜力，推动企业提升用能效率。严格高能耗行业能耗管控，杜绝以任何名义、任何方式核准或备案产能严重过剩行业的增加产能项目。强化节能环保标准约束，严格行业规范、准入管理和节能审查。

【行业安全监管】 年内，建立健全“党政同责、一岗双责”安全监管长效机制，完善应急保障，确保监管措施落到实处。及时督促非煤矿山从业人员按时参加区、市安全生产培训。适时开展以矿山、民爆物品、消防、食品、加油站等行业和领域为重点的安全生产及疫情防控专项检查，着力加强安全隐患排查和整治，提升危机意识，增加防范和应急处置能力。

年内，共组织开展矿山安全生产专项检查31次，新冠疫情防控及物资储备核查33次，民爆企业安全生产专项检查32次，加油站安全工作检查12次，复工验收10次。

【商贸流通领域工作】 年内，联合相关部门举办首届“金秋购物月”活动。主要以特色产品展销、优质商品下乡等形式，拉动本地消费，营造消费热点，掀起消费热潮，拉动经济增长，为墨竹工卡县实现2020年各项经济社会目标

2020年4月2日，墨竹工卡县经济和信息化局召开“春风送暖·援企惠企”政银企对接座谈会

添薪续力；以拉萨市委、市政府在全市范围内免费发放3000万元消费券活动为契机，开展“情满拉萨·惠享生活”活动，先后推送10家企业参加拉萨市消费券促销活动；促成宗穆厦传统艺术品加工有限公司与西藏中凯矿业股份有限公司两家企业吨袋供应合作，并签订供货合同，促进上下游企业互利互赢，共同发展。

紧紧围绕关系人民群众身体健康和生命安全切身利益的突出问题，开展好商务领域安全生产监督检查和改善消费环节工作，商务局先后出动47余人次，与县市场监管局、公安局、农业农村局检查农贸市场、大型超市等开展检查16次，确保广大人民群众吃上放心肉、放心菜。

【拓宽招商引资服务渠道】 年内，全面实行“领导带头招商、走出去请进来恳谈”，了解企业的心声，解决企业的实际困难。年初全面逐一走访落地企业，了解企业投资生产经营情况，及时掌握存在问题及困难。对存在困难的企业，做到积极协调，确保对正在洽谈的项目和续投企业做好服务保障工作；围绕“走出去、请进来、走下去、走进去”的工作方针，围绕签约项目跟踪推进，积极对接企业客商，邀请意向合作企业来县调研考察。通过“南京墨竹周”等各类渠道共实现“走出去”招商8次，主动创新招商方式，邀请区内外客商到墨竹工卡县考察，全力搭建招商引资平台，实现招商工作的新发展、新跨越。

年内，共接待企业单位8批26人次，与塔巴陶瓷合作、开沃新能源专用汽车、江宁福特捍路者汽车品牌发布及江宁溪桥工程合作和北京中关村环境联盟合作等4个项目进行对接合作。同时，通过网络视频会议、微信工作群等联系方式，与摩氧科技有限公司建立信息联络机制，协同推进摩氧科技便携式制氧机医用器械生产许可证申报工作。

【企业项目落地】 年内，全面启动双创产业基地（一期）项目暨格桑花开产业园区建设，已建设完毕等待验收，后期在“十四五”规划年间陆续开启双创产业基地（二期）项目。该项目将为墨竹工卡县招商引资企业、本地净土健康产业、民族手工业等提供新载体，为产业培育提供新契机，为产业融合发展搭建新平台。

【党建工作】 年内，认真开展学习贯彻习近平新时代中国特色社会主义思想，推动主题教育实践发展。将“不忘初心、牢记使命”主题教育作为坚定党员理想信念重要平台和抓手，始终坚持正确的舆论导向，正面宣传为主，壮大积极的向上主流思想，为全县经济社会全面发展营造良好的舆论环境和社会氛围；树牢党员干部“四个意识”、增强“四个自信”，以传达学习中央“第七次西藏座谈会”精神为契机，利用多媒体工具学习中央对西藏工作的方向及帮扶政策；以学习强国APP、微信学习群等载体和形式，帮助党员干部全面掌握党章的基本内容，通过不断创新方式方法，促进广大党员干部学深悟透，坚持把学习教育、调查研究、检视问题、整改落实贯穿全过程。

【党风廉政建设】 年内，严格执行党员领导干部廉洁从政若干准则，严格落实“三重一大”决策制度，严格执行《党政机关厉行节约反对铺张浪费条例》和中央、自治区、市、县若干改进工作作风，密切联系群众的相关规定要求，对照“八项规定”实施细则全面排查前期存在的各项问题全面进行整改，坚决不留后账。

（任雪洋）

【机构领导】

局　长

邓晓刚

副局长

宋立斌（江苏援藏）

春　芳（女，藏族）

张建福

税务

【概况】 2020年，墨竹工卡县税务局组织收入共52587.39万元，其中中央级21826.85万元；自治区级2899.48万元；地市级2991.29万元；县级24869.77万元。实现各项税款及时、足额入库。

【个人所得税汇算清缴】 年内，通过电话、微信通知其汇算时间，引导党政机关、国有企业、事业单

2020年4月14日，墨竹工卡县税务局党委书记、局长李树范（左二）一行到金和矿业开展复工复产税收政策宣传活动

位、民营企业及其他社会组织分批次序时办理年度汇算。充分利用自然人电子税务局征纳互动纳税咨询平台，通过征纳互动及时发现纳税人在个税汇算中出现的问题，实行实时回复，切实解决并反馈纳税人。

及时调配资源做好相应岗责配置，设置综合所得汇算退税分配岗、初审岗、复审岗及终审岗，主动与国库部门沟通协调，在退税资金保障、退税链路畅通等方面获取支持。对申请年度汇算退税的纳税人，按照“先机审、再抽检、后分类办理”的方式办理相关退税手续，对于通过机审进入抽检的退税申请及时进行抽检情况结果确认并发送国库，对于进入人工审核的退税申请及时联系纳税人了解情况进行处理。

根据国家税务总局、西藏自治区税务局、拉萨市税务局个人所得税汇算清缴工作领导小组关于在个人所得税汇算清缴期间进一步正确引导舆论方向，增强社会正向引导，增进社会各界对汇算清缴工作重要性的认同，及时成立国家税务总局墨竹工卡县税务局个人所得税汇算清缴工作舆情应急预案，成立舆情应急工作小组，切实做好个人所得税汇算清缴期间的信访意见收集、处理，切实提升应对网络媒体的能力，营造墨竹工卡税务良好网络舆论环境。

【税收政策宣传】 年内，在办税服务大厅的LED滚动播放个人所得税年度汇算清缴操作视频及相关文件，并向前来大厅的办税人员发放宣传手册，向纳税人解读年度汇算清缴的各项政策。通过微信“税企群”，打电话等方式，向纳税人解释个税政策及申报过程中的操作流程，及时解答纳税人的各种疑问。

对纳税人普遍关注的起征点、六项专项扣除等内容进行详细解读，同时对自然人税收系统扣缴客户端的使用方法、操作方式进行归纳讲解。做好新冠疫情期间各项防控知识宣传和应对疫情税收优惠政策宣传。组织县局党员义务宣传队对辖区商户、街道老百姓宣传疫情防控知识的宣传。组织县局业务骨干以“走出去”上街活动形式，为辖区个体工商户、医院、银行等宣传应对疫情税收优惠政策。

与墨竹工卡县电视台合作，在墨竹工卡县主流媒体及微信公众号等平台播放减税降费、应对疫情税收优惠政策及个人所得税年度汇算清缴各项政策。与墨竹工卡县物流快递公司合作，给快递配送员发放印有“税收优惠政策直通车二维码”马甲，通过物流配送覆盖面广泛的优势加强政策的宣传。采矿业作为墨竹工卡县的重点支柱行业，为墨竹工卡县的经济发展提供稳定有力的税源。年内，墨竹工卡县税务局共组织收入52587.39万元，其中采矿业入库37026.22万元，占全年总收入的70%，经过前半年对重点税源复工复产分析调查情况来看，虽然在新型冠状病毒疫情影响下，辖区采矿业整体行业税收波动影响较小，但个别矿企还是存在资金运转、税负压力等困难。

4月14日，墨竹工卡县税务局业务骨干在该局党委书记、局长李树范的带领下，携手墨竹工卡县工信部门赴西藏金和矿业有限公司进行相关税收政策宣传活动，活动期间县局业务骨干深入企业财务办公点，对企业财务人员宣传解读个人所得税汇算清缴政策、国家税务总局关于支持新型冠状病毒肺炎防控相关税收优惠政策和企业所得税税前扣除相关政策，同时向该企业财务人员发放税收优惠政策宣传资料，并针对税收政策难点进行一对一答疑解难。

2020年7月9日，墨竹工卡县税务局党支部与拉萨市税务局第二巡察组临时党支部开展主题党日共建活动

【社保征收】 年内，社保费入库金额为16159.6万元，其中企业职工基本养老费入库1431.71万元，失业保险费入库199.71万元，基本医疗保险费入库3555.99万元，工伤保险费入库119.2万元，生育保险费入库184.41万元，城乡居民基本养老保险费入库347.68万元，机关事业单位基本养老费入库7082.94万元。机关事业单位社保费征收开展情况。疫情期间，为切实落实国家税务总局“非接触”式办税服务工作要求，县局以微信视频会议形式为辖区各机关事业单位财务人员开展单位社保客户端操作培训，为缴费人提供方便快捷的费款申报渠道。

2020年是城乡居民医疗保险征收职责划转至墨竹工卡县税务局的开局之年。为确保落实城乡居民医疗保险征收工作有序开展。墨竹工卡县税务局多措并举，主动开展各项工作。为统筹部署城乡居民医疗保险征收工作，墨竹工卡县召开城乡居民基本医疗制度整合政策调整会议。会议由分管医保工作副县长谢雪梅主持召开，县财政局、人社局、医保局、各乡镇、税务局等15个部门的负责人及“三岩”片区易地搬迁的负责同志参加了会议。

墨竹工卡县税务局高度重视医保征收这一惠及民生的工作，成立工作专班，建立“一把手亲自抓，分管领导统筹抓”的责任体系，吃透政策、理清思路、抓好落实，切实将城乡居民医保征收工作作为当前一项重要政治任务，把这件群众期盼的民生大事抓紧抓实抓出成效；切实增强责任感和使命感，先后3次与墨竹工卡县医保局协调处理征缴过程中存在的问题和障碍。凝心聚力，精诚协作，各司其职，互通信息，对缴费人员名单逐个核对，逐笔核实，分类处理，明确征收人数和征收总额，协调解决工作中遇到的新情况、新问题。

【日常信息管理】 年内，日常监控异地协作平台和风险管理系统，按照规定及时处理异常发票信息。将辖区内75家行政事业单位纳入管理，对事业单位个人所得税申报、缴税等情况进行严格监督管理。

【制度建设】 年内，结合县局理论中心组传达学习习近平总书记、党中央十九届二中、三中、四中全会及党中央国务院“两会”精神，并针对学习情况部署学习心得及相关研讨材料。深入贯彻学习中纪委四次全会精神，压实从严治党“两个责任”；一体推进“不敢腐、不能腐、不想腐”体制机制建设，旗帜鲜明支持纪检机构履职尽责；着力解决突出问题，强化监督管理，积极构建“全面覆盖、全链防控、全员有责”的税务监督体系。

用好监督执纪“四种形态”特别是第一种形态，深入开展“一案双查”。加强作风建设，严格执行中央“八项规定”及其实施细则精神。扩大县局党务工作干部覆盖面，打造党建与业务双发展团队。根据县局2020年度“以党建引领税收”党建工作亮点，计划组织业务骨干与党务工作骨干定期调岗学习，促进干部党务、税收全面发展，增强县局党支部工作全面性和能动性。

新冠疫情期间，县局党支部积极响应党中央、国家税务总局、西藏自治区税务局、拉萨市税务局党委关于疫情防控的重要部署，及时成立基层党支部党员义务宣传队，并结合支部主题党日活动开展“环卫清洁我来担、优质环境给群众”的党员义务劳动和党员自主捐款活动，切实发挥基层党支部战斗堡垒作用，发挥党员干部先锋模范作用。结合支部党员大会学习传达习近平总书记全面从严治党重要讲话精神及国家税务总局党委书记、局长王军和中央纪委国家监委驻税务总局纪检监察组组长、税务总局党委委员张敏在“全国税务系统全面从严治党”会议上的讲话精神，并将全面从严治党主题深入党支部2020第一期党委书记讲党课活动中，切实增强“四个意识”、坚定“四个自信”、做到“两个维护”，坚决遏制腐败主义和官僚主义作风，从严加强干部教育管理和纪检监督职责。制定2020年党建工作计划、“三会一课”实施方案、“主题党日”方案、“讲党课”实施方案，确保2020年各项党建工作的有序开展。

（巴桑扎西）

【机构领导】

党委书记、局长

李树范

副局长

常建英

缪　琳（女）

纪检组长

丁　丽（女）

市场监督管理

【概况】 2020年，墨竹工卡县市场监督管理局共办结各类违法违规行政处罚案件9件，罚款金额累计4449元。开展过期、失效药品集中销毁1次，总价值近4万元，开展不合格食品销毁1次，价值3万余元。

【企业复工复产】 年内，协调新冠防疫物资，向商户发放消毒水900瓶及4000余幅口罩，开展复工复产商户全覆盖检查。张贴《致广大商户一封信》370余份，张贴新冠疫情防控措施宣传海报1000余份。检查督促企业复工复产及各项惠企政策落实，共减免各类房租100余万元，减免电费30余万元。

【新冠疫情防控监管】 年内，建立活禽交易、野生动物违法违规交易周报告制度。对野生动物养殖场、农贸市场、餐饮单位进行定期检查，全年未发现野生动物违法违规交易行为。

重点监管防控药品、医疗器械及疫苗，保障人民群众的用药用械安全。建立零售药店销售退烧药、止咳药品实名登记和日报告制度；定期开展口罩、医疗器械、疫苗等医用防护物资专项检查工作。

制定下发《2020年墨竹工卡县农贸市场环境卫生整治百日攻坚行动方案》，并召开专题安排部署会，对县农贸市场从环境卫生、环境秩序、环境设施、食品安全4大方面32小项内容进行全面综合治理，取得阶段性成效。

2020年6月24日，县委常委、副县长汤官中（左二）带领县市场监督管理局工作人员开展端午节前食品安全检查工作

2020年5月24日，西藏自治区药监局一行到墨竹工卡县疾控中心调研

【商事制度改革】 年内，推进注册资本登记制度、“先照后证”“多证合一”、企业简易注销登记、简化住所登记等改革，推动工商注册登记便利化，实现各项改革措施在墨竹工卡县有效落地生根。

年内，墨竹工卡县各类市场主体总量达到3983户，增长率为16.3%，其中企业423户，增长率为16.2%；个体工商户3378户，增长率为17.2%；农牧民专业合作社180户，增长率为1.1%。结合“大众创业、万众创新”，开通“高校毕业生绿色通道”。年内，为创业大学生办理企业、个体营业执照17户，创业人数20人。

【“放管服”改革】 年内，受理全程电子化登记41户。持续推进“简易注销”改革，持续深化“放管服”改革。简化注销流程，将企业注销成立清算组的备案、登报发布债权人公告等，改为通过国家企业信用信息公示系统免费公示公告；压缩公告时间。将经营单位的注销公告时间由45天压至20天；放宽注销条件。允许被终止简易注销登记的企业在达到条件后再次申请简易注销，共受理登记简易注销企业共12户。特种设备受理35起，其中新办8起，补证换证27起，办理食品经营许可证185起。通过电话联系和实地走访，开展长期未经营活动和经营场所无法取得联系的7家企业、2户合作社、126户个体，已启用法定程序进行吊销。

【实施商标战略】 年内，从引导、培育、保护、宣传四个方面入手，大力实施商标品牌战略。共下发商标“四书五进”文书135份，注册商标28件。申报成功2件地理标志，正在申请商标4件。

【“双随机、一公开”抽查】 年内，不定向抽查9户企业，定向抽查85户，其中企业9户，农专3户，个体73户，列入异常名录23户，其余顺利完成抽查任务。

【保障校园食品安全】 年内，开展全县中小学（托幼机构）食品安全专项每月全覆盖检查2次，“回头看”检查1次，下达责令整改通知书4份，约谈2家学校负责人。开展食品进校园宣传12次，从业人员培训10次，发放各类宣传资料5000余份。落实校园食品安全陪餐制度，强化学生用餐监管。基于校园食堂食品从业人员文化程度低、法律意识淡薄、业务能力不强等实际情况，墨竹工卡县市场监督管理局率先在校园食堂推行“红黄绿白”色标管理制度。为确保色标管理的有效推行，在借鉴全国推行色标管理制度企业的经验基础上，根据实际情况丰富和完善色标管理内容，并采取流动课堂、集中授课等方式给学校校长（园长）、安委会成员、从业人员全面系统普及色标管理制度相关规定、做法、要求，切实降低食品安全风险。

【药品安全监管】 年内，深化药品、医疗器械、化妆品日常监管，开展“保健品”百日行动、专项检查等工作，开展疫苗专项检查工作、疫苗管理法集中宣传等活动，开展药品流通环节检查20次，下发责令整改通知书2份。

【特种设备安全监管】 年内，主要针对液化气站、医院、矿场、商超等人群密集场所的安全主体责任落实、设备检验和日常维护、作业人员持证上岗及执行操作规程等情况进行检查。下达责令整改通知书1份，督促整改各类安全隐患32条。

【市场监管】 年内，规范虫草交易市场秩序，先后4次到门巴虫草交易点开展以食品安全、虫草交易市场专项检查、新冠疫情防控知识宣传为重点的监督检查；净化全县文化市场，排查各类打印店、网吧、KTV等经营主体123家次，暂未发现违禁图书、音像制品；保障农业生产安全，开展2020年春季农资专项执法打假工作，入户了解农资情况，未发现违法情况。

开展计量器具专项监督检查工作，提高产品质量安全，维护广大消费者的合法权益。开展旅游市场专项检查6次，责令禁止虚假宣传、诱导销售、高价销售等行为，维护旅游市场秩序，处理各类投诉12件，挽回经济损失6万余元。开展烟草专项检查，张贴未成年禁烟标识。开展电动车安全帽专项检查，重点对价格、资质进行检查，未发现涨价和“三无”产品。开展违法广告大整治，对2起涉嫌违法广告要求及时下架，消除影响。

【企业监管】 年内，通过微信、LED、微信公众号、电话短信等媒介的作用，提醒市场主体按时年报。截至年底，全县应年报2174户，年报率94.9%。未年报的32户企业，8户合作社，65户个体列入经营异常名录。

【审查机制建设】 年内，统筹协调开展妨碍统一市场和公平竞争的政策措施清理工作。完善公平竞争各项机制，审查政策措施文件104份、规章50部，规范性文件293份。对2份文件存在影响市场公平竞争的予以废止，1份文件停止使用，并参加自治区第三方公平竞争督查考核。

2020年8月31日，墨竹工卡县市场监督管理局工作人员开展广告专项检查活动

【维护消费者合法权益】 年内，通过发放宣传资料，广泛宣传新消法，增强广大消费者的自我维权意识，结合日常的窗口登记工作，引导和教育经营者提高依法、诚信经营意识。

依托“12315”申诉举报电话优势，把各类市场的监管和消费维权工作有机结合起来，积极调解消费纠纷，主动维护农牧民和广大消费者合法权益。

召开全县消费者维权站联席会议，发放消费者维权联络站牌，完善七乡一镇农牧区消费维权站及消费维权联络员职能。

【亮点工作】 年内，全面贯彻落实习近平总书记对勤俭节约、厉行节约重要指示批示精神，加大餐饮经营单位培训力度，共举办8场从业人员集中培训，学习贯彻落实习近平总书记重要批示精神，学习餐饮相关法律法规和操作规程；发布《厉行勤俭节约、制止餐饮浪费倡议书》，举行全县干部厉行勤俭节约、制止餐饮浪费集中签字承诺仪式；推动餐饮质量安全提升工作，提高餐饮领域操作过程中的节约；建立校园食堂节约用餐制度，节约粮食纳入德育教育内容和文明家庭评选内容内，成立校园食堂文明就餐监督员；社会面推行“半份、半价”“小份、适价”“拼盘”及“N-1”点餐等服务方式，主动向消费者提供打包服务，共张贴各类勤俭节约和文明就餐提示牌、海报等3000余张。

全面推动以餐饮业“明厨亮

灶”“量化分级”等为重点的餐饮业质量提升工作，设立20余万元以奖代补资金，召开8场餐饮业质量提升工作动员部署会议，制定下发墨竹工卡县餐饮业质量安全提升标准细则500余册，该项工作已完成初验阶段。

（郭　添）

【机构领导】

局　长

宗　吉（女，藏族）

副局长

扎西吉（女，藏族）

墨竹工卡县思金拉措旅游发展有限公司

【概况】 西藏墨竹工卡县思金拉措旅游发展有限公司于2018年8月成立，注册资金5000万元。属县国有独资企业。公司业务范围涵盖组织、招揽、接待旅游者，旅游会展服务，旅游资源整合，旅游景区投资、开发、运营，旅游文化咨询，交通客运，旅游班线，旅游线路开发，旅游客运及相关配套服务设施、旅游观光服务，旅游餐饮服务及其他旅游服务（酒店经营开发、旅游民宿、温泉开发经营）。文化传播，文艺表演，非遗文化保护传承，体育项目策划运营，舞台灯光音响设计安装，全媒体运营，文艺创作，文创产品研发、制作、销售，文化传播及艺术交流活动策划，展览展示，文艺演出和大型活动策划，藏文化挖掘与推广。依法须经批准的项目，经相关部门批准后方可开展经营活动，基本形成集旅游全要素为一体的产业链，公司现有工作人员共5人。

【主要负责景区】 思金拉措景区（日多片区）：该景区于2018年5月由西藏墨竹工卡县思金拉措旅游发展有限公司接管进行经营，景区现有工作人员4名，均为墨竹工卡县高校毕业生。

甲玛景区（甲玛片区）：甲玛景区现有景点霍尔康庄园和松赞干布纪念馆。霍尔康庄园已挂牌为爱国主义教育基地。一方面展示霍尔康家族历史和如何资助更登群培的相关资料；另一方面用于阿沛·阿旺晋美生平事迹展。景区现有工作人员3人，为高校毕业生和甲玛乡建档立卡贫困户。

【领导调研】 5月26日，西藏藏语广播电视台一行到墨竹工卡县甲玛霍尔康庄园及思金拉措实地采访。

6月9日，西藏自治区党委宣传部部长一行到墨竹工卡县甲玛霍尔康庄园考察景区建设情况。县委书记劳伟明，县委常委、宣传部部长季武斌，旅游公司经理梅子、甲玛乡党委书记平措旺堆等陪同。

7月，中央政治局委员、国务院副总理胡春华一行到墨竹工卡县甲玛霍尔康庄园考察，指出为促进民族经济发展，全力打造民主文明和谐美丽富强的乡镇文化。

【社会效益】 思金拉措景区初营运期间，旅游公司联系乡政府、村委会、村小组，从当地贫困户中雇佣景区管理员4名。7月27日，旅游公司重新在全县范围内招录大学生4名作为景区工作人员。旅游公司每年支付日多乡念村4组，13户农牧民环境整治费，2019

思金拉措

年支付 57608.95 元。

【推广宣传】 年内，西藏墨竹工卡县思金拉措旅游发展有限公司联合相关部门先后举办“第三届墨竹万亩油菜花旅游文化节”“格桑花开·南京墨竹周活动”等。

【党建工作】 年内，西藏墨竹工卡县思金拉措旅游发展有限公司组织党员干部健全制度，增强党建工作合力、围绕目标，夯实党建基础、为更好地提高党员干部整体素质，充分发挥党委班子的龙头作用，多措并举强化落实，指导基层党员党组织优先开展工作，为旅游公司全面发展提供有力的组织保障。

【经济效益】 年内，思金拉措景区共接待区内外游客 32467 人次，其中区外 11933 游客人次，区内 20534 游客人次；旅游业总收入 699709 元。

霍尔康庄园

（次仁曲珍）

【机构领导】

经　理

梅　　子（女，藏族，11 月免）

扎西旺堆（藏族，11 月任）

社会事业

墨竹工卡县应对新冠肺炎疫情领导小组办公室

【概况】 2020年,墨竹工卡县新冠肺炎疫情防控实现0输入、0感染、0确诊,疫情防控工作取得阶段性胜利,实现疫情防控和经济社会发展两手抓、两手硬、两手赢。

【建立完善工作体系】 1月22日,召开紧急会议筹备成立由劳明伟书记,县委副书记、县长旦增尼玛为组长的疫情防控工作领导小组。

1月25日,墨竹工卡县疫情防控工作领导小组办公室11名成员全部抽调完成,并召开办公室第一次工作会议,全面启动墨竹工卡县疫情防控工作,同步研究制定《墨竹工卡县新型冠状病毒感染的肺炎疫情防控工作方案》(第一版),确定12个工作小组和七大职能部门,明确驻村工作队、村"两委"、小组长、联户长、基层党员的工作职责,并建立县级领导包乡督导检查制度等。

随着疫情防控工作深入开展,先后制定下发《墨竹工卡县应对新冠肺炎疫情分区分级精准防控工作指导方案》《墨竹工卡县防疫物资管理办法》《墨竹工卡县关于强化做好今冬明春新冠肺炎疫情防控工作的实施方案》等指导性工作文件。结合防控工作开展实际,县委、县政府组织召开疫情防控领导小组会议6次,县委常委会议5次,政府常务会议7次,领导小组办公室工作会议19次,并由县疫情办牵头,开展疫情防控联合专项检查20余次。

【统筹管理】 年内,加强人员管控方面,先后设置疫情监测公安检查点10个、村(居)出入口检查点21个,对进藏人员、进出拉萨市及县城内流动人员进行严格监测管理。制定隔离人员"两承诺、一协议",确定隔离人员"1+3"保管责任,确定返墨人员"14+2""14+3"解除隔离管理措施。设置人员集中隔离点10处530间房,累计完

2020年1月30日,县委副书记、县长旦增尼玛(中)主持召开墨竹工卡县新冠肺炎疫情防控解答疑问解决困难解决问题"三解"专题会议

成居家(定点)隔离6500余人次,开展人员落地核查4700余人次。

确保食品安全方面,对糌粑、酥油、米、面、粮、油、肉等生活重点物资进行监管,保障生活物资价格平稳,对全县各学校、集中供餐单位、农贸市场、商场超市等开展食品(设备)安全专项检查10余次,下达整改通知书1份,约谈负责人2次,排查出进口冷链食品1起,不明来源冷链食品1起。

落实牲畜防疫方面,累计开展重大动物疫情排查、监测、消毒209场次、46734户、1144607头(只),采集送检畜禽样品160份,均达到国家防疫标准,从源头上最大程度阻断病毒传染源。

2020年2月1日,墨竹工卡县新冠疫情防控工作人员在318国道沿线为群众发放口罩和疫情宣传手册

【参战备战】 年内,全县共设置疫情防控工作医疗专家团队1个、出诊组13个、救治组4个、流调采样组20个、消毒组1个、后勤保障组1个、司机班2个、救护车4辆,投入医护力量400余人;在全县各公安检查站、村组检查点、集中隔离点等合理布置警务力量,累计投入警力1774人次,排查人员57467人次,车辆39774台次;全力支持拉萨市疫情防控工作,在疫情防控关键时期,累计派驻、抽调工作人员和医护人员200余人次,协助完成到拉萨人员核查、分流、隔离,以及社区人员排查监测等工作。

【防控举措】 年内,墨竹工卡县疾病预防控制中心规范设置疫情防控物资应急仓库2间,制定仓库管理制度,规范出入库台账、过期物资台账等,有序推进防疫物资采购、储备及配发。积极组织县乡两级医务人员开展发热人员处置、流行病学调查、咽拭子采样等专业知识学习培训共13次,累计受训630余人次。

墨竹工卡县教育体育局实行局领导包校、校级领导包中层、中层包班主任、班主任包教师、教师包学生的“五级防控”工作机制,积极开展师生员工摸底排查、落实校园防控、压实人员管理,安排教育经费用于疫情防控150万元,解决各学校疫情防控急需物资配备,确保学校安全。

墨竹工卡县经济和信息化局指导各企业建立完善防控体系,成立疫情防控工作组,细化工作措施,明确责任分工,建立排查制度,对11家矿山企业及下属施工队从业人员展开全面摸底排查,详细掌握人员动态信息,累计排查从业人员6500余人次,隔离管理1300余人次,健康管理2600余人次,确保企业安全。

墨竹工卡县市场监督管理局对各经营单位、主体进行全面监管,疫情防控关键时期全面关停市场营业场所,并根据上级工作安排逐步恢复正常营业茶馆、餐饮店、商超等3557余家,并对县域内经营场所进行全面现场核查,开展价格监管、食品安全检查等累计1920家次,确保市场安全。

墨竹工卡县文化和旅游局对全县17处景点(区)和15家文化娱乐场所进行全面监督管理,严格把关重点部位、重点场所,累计开展督导检查20余次,严格要求文娱场所落实人员信息登记、体温检测、场所消杀、口罩佩戴等疫情防控措施,确保场所安全。

墨竹工卡县宗教事务局深入推进教育实践活动,进行疫情防控知识宣传和反分裂斗争教育,在采取口罩佩戴、间隔间距、分次分流等有效措施前提下,合理安排寺庙日常例行事务,消除人员

2020年3月8日，墨竹工卡县向南京市援鄂医疗队捐赠生活物资

聚集风险。同时，严格场所管理，落实入寺人员身份信息核实、健康码查验、体温检测、口罩佩戴等防控措施，确保寺庙安全。

【干群一心】 年内，为8个乡镇、41个村（居）、独家独院单位、个体商户等配发红外线体温测量仪、水银体温计、84消毒液等物资，同时，在全县市场投放一次性口罩共计3.12万只；累计完成326栋温室大棚蔬菜种植，派出12辆蔬菜直销车确保城乡蔬菜供应，采取定点销售、设立乡（镇）、村（居）销售点等形式保障群众基本生活物资需求；全县机关、企事业单位、干部群众、寺庙僧尼等共计捐款234.99万元，接受捐赠物资折合人民币43.98万元，76名“墨竹好房东”为871间房屋商户减免租金共计101.36万元。

【资金保障】 年内，在各级党委、政府的帮助和支持下，全年累计投入疫情防控资金2546.7万元。进行医疗卫生体系建设，年内，投入230万元建设核酸检测实验室，规范设置、合理改造县医院和乡镇卫生院发热门诊，落实预检分诊要求；年内，累计开展核酸检测4871人次；年内，累计投入1600余万元用于购买医疗救治所需器材器械，以及保障疫情防控所需防护物资、消毒消杀用品等，确保满足全县疫情防控物资需求。

（李素梅）

民政

【概况】 2020年，墨竹工卡县民政局共办理结婚登记646对，离婚登记104对，补办登记111对。对县城新增的16条道路命名和4条原有道路名称变更，县本级投资69.82万元设立二级道路地名标志牌245个。对墨达（拉萨市达孜区）线和墨嘉（那曲市嘉黎县）线行政区域界线开展联合检查；全面推进撤县设市，加快了推进新型工业化和城镇化进程。

【社会救助】 年内，对城镇月人均收入低于911元标准补差，实施城镇最低生活保障资金，为669户724名城镇低保对象落实最低生活保障金606.58万元；继续推进农村低保制度与扶贫开发政策的有效衔接，实现稳定脱贫、有序退出、兜底保障，对农村年人均收入小于4813元标准实施补差农村最低生活保障资金，全年为271户854名农村低保对象发放低保资金207.86万元；规范临时救助制度，确保困难对象得到及时救助，向各乡镇按每年5万元的标准下拨临时救助备用金，确保困难群众得到及时救助，有效发挥临时救助托底线、救急难的作用。通过县乡村三级排查和日常走访，及时了解、掌握、核实建档立卡贫困户遭遇突发事件、意外事故、罹患重病等特殊情况，全年为19户生活困难群众发放临时救助资金17.95万元；按照区、市对城乡低收入家庭实施物价联动补贴的要求，为全县1150户城乡低收入家庭落实物价补贴125.78万元。

年内，“三大节日”期间对困难群体和特殊群体开展扶贫济困送温暖慰问活动，发放大米、面粉、砖茶、酥油等慰问物资和慰问金32.197万元，为群众创造一个祥和安定的节日气氛。按照拉萨市民政局、拉萨市财政局和拉萨市人社局2020年度购买社会救助服务加强基层救助经办服务能力的方案，安排8名基层救助经办工作人员，负责乡镇民政事务政策服务对象排查、家庭调查、政策宣传工作，切实提高社会救助服务的质量和效率。

【农村特困供养】 截至年底，全县特困人员对象共205名，已集中供养符合条件的特困集中供养对象154人，意愿集中供养率达100%。分散特困人员供养每人年标准为7070元，为51名特困分散对象落实全年供养金140.86万元，集中特困人员供养每人年标准为13213元，县政府在区市特困供养经费配套的基础上追加每人每日15元的标准，特困集中供养对象人均月生活补助标准为18613元。年内，积极推进标准化建设，编制MZ系列墨竹工卡特困人员集中供养服务中心供养服务标准，多次组织全员职工通过PPT投影形式，详细解读标准制度；对院内的文化建设进行全面规划，对院内房间、食堂、风雨长廊、走道等处设计宣传图画、匾牌等，安装相关提示类信息6000余个。

按照自治区福利机构消防提升改造的要求，投入100万元集中采购微型消防站、防火门监控系统、消防设备电源监控系统、电器火灾监控系统、安防监控系统、门禁系统等消防设施设备，完善消防安全设施，加强和改进福利机构消防工作；投入资金337万元提升改造公共浴室和无障碍设施，定制衣柜鞋柜和更换木质地板，新建老年公寓楼阳光棚和花架防护栏等福利机构硬件设施。强化安全落实，坚持“谁主管谁负责，谁操作谁负责”的原则，层层签订安全责任书，建立安全责任追究并严格安全责任考核制度，组织开展消防安全、紧急安全疏散培训演练会32次，认真落实安全管理“严、细、实”。

2020年10月21日，江苏省南京市民政局副局长谈德荣（前排左一）一行到墨竹工卡县特困人员集中供养服务中心调研

【社会福利】 年内，按照县委、县政府“三大民生项目”安排部署，大力实施幸福养老补贴工程，为全县4256名农牧区60周岁以上老人发放养老补贴1864.12万元。按照自治区《五保集中供养和孤儿集中收养方案》要求，协调将扎西岗乡仁青林村2名新增孤儿移交市儿童福利院收养。投资57.72万元在尼玛江热乡和扎西岗乡吉古村设立留守儿童“快乐之家”，确保留守儿童健康成长。墨竹工卡县老年人日间照料中心项目于年内建设完工，设有老年人生活服务、保健康复、娱乐以及辅助附属设施，县本级财政投入15万元运营经费，用于强化老年日间照料中心的软件建设和日常管理。

【村（居）建设】 3月8日，为嘎则居民委员会村民委员会赋予村民委员会基层群众性自治组织特别法人统一社会信用代码。在县委组织部和县财政局的配合下，为全县123名村监委成员提高薪酬标准并落实年度误工补贴254.44万元；进一步强化村（居）干部队伍建设，深入推进扫黑除恶专项斗争，对全县41个村（居）级组织班子394名成员围绕工作业绩实绩、违法违纪情况、群众反映线索、经济责任评价等方面进行审查。加强各村（居）委会精神文明建设，召开村（居）民公约修订工作推进会，帮助乡镇和各村修订完善村规民约和居民公约，规范日常行为、维护公共秩序、保障群众权益、调解群众纠纷、引导民

2020年7月14日，墨竹工卡县民政局工作人员到唐加乡开展贫困家庭社会救助入户调查

风民俗。

【社团管理】 年内，依据国务院《社会团体登记管理条例》规定，开展社会组织年检和打击整治非法社会组织专项行动，依法注销13家社会团体组织法人登记，并在政府网站予以公告。

【残疾人事业】 年内，全县有持证残疾人1385名，其中，视力残144名、听力残146名、言语残74名、智力残25名、肢体残695名、精神残89名，多重残疾212名；建档立卡户中残疾人450名，农村低保户中残疾人42名，城镇低保户中残疾人19名，残疾特困供养人员16名；全县瘫痪在床残疾人73名。为加快推进残疾人社会保障和服务体系建设，做到残疾人社会保障体系制度全面覆盖，为1044名残疾人落实年度两项补贴资金153.78万元，为73名重点关爱及瘫痪在床残疾人落实护理补贴44.25万元，为51名0—16岁残疾儿童落实康复补贴14.9万元；为充分发挥残疾人创业实体带动残疾人脱贫致富的载体作用，投入20万元资金扶持工卡镇次旦残疾缝纫店；在县残联设立残疾人创业技能培训基地，带动帮扶残疾人脱贫，以改善贫困残疾人基本生产生活状况。

墨竹工卡县残联工作人员通过下乡筛查评估和定点医院评估等多种形式，为126名残疾人开展精准康复服务，免费轮椅、三轮车、腋杖、防褥疮垫、盲杖、语音指针报时表、坐便器等适配辅助器具126件。推进残疾预防综合试验区创建试点工作，结合助残日等活动发放价值10.86万元宣传物品，落实产筛、儿筛补贴6.48万元。

【机关建设管理】 年内，以习近平新时代中国特色社会主义思想为指导，持之以恒的贯彻执行中央“八项规定”，以党的政治建设为统领，加强支部建设，持之以恒正风肃纪，扎实推进全面从严治党各项工作。将1名预备党员转为中共正式党员，充分发挥党组织的战斗堡垒作用，深入推进党员“三会一课”、主题党日活动、党费收缴、党员三包、党务公开等制度的规范化建设，不断提升党支部建设标准。

认真开展信访和矛盾纠纷排解工作，实行24小时信访值班制度，确保群众来访能及时有效的化解；开展廉政文化“六进”活动，组织党员干部职工学习《中国共产党廉洁自律准则》和《中国共产党纪律处分条例》等规定，观看警示教育片4次；进一步加大监督检查力度，对公务用车、办公用房等进行清理，促使干部职工增强纪律观念、改进工作作风、规范公务行为、创优工作环境。

（吴 敏）

【机构领导】

局 长

向巴卓玛（女，藏族）

副局长

索朗白玛（女，藏族）

人力资源和社会保障

【概况】 2020年，实现城镇新增就业696人，完成全年任务目标650人的107.07%，城镇失业登记率控制在3.3%以内；职业介绍成功526人，完成全年任务目标400人的131.5%；开发就业岗位823个，完成全年任务目标700个的117.57%；完成农牧民转移就业10027人、创收1.12亿元，分别完成目标任务的101.28%和121.73%。完成农牧民职业技能培训26期1670人。在县城举办2020年转移就业专场招聘会，共提供250个就业岗位，达成就业意向169人（其中高校毕业生159人，农牧民群众10人）。此外，积极开展小型精品对接会，共开展6期、提供岗位600余个。

【社会保险】 年内，工伤保险参保5420人；城乡居民养老保险参保26232人；失业保险参保990人；机关事业单位基本养老保险参保2104人；企业职工基本养老保险参保317人。

【工资福利】 年内，全县机关事业单位工作人员（除教育系统）共完成职务职级（职称）、级别等级（薪级）、固定、浮动等各项工资变动共1337人、近2600人次。完成22名新录用干部工资定级审批执行工作；38名调入调出干部的工资档案审核归档以及转移工作；15名长期病假干部、7名受处分干部工资调整执行工作。统计并审核上报公务员在职人员工资情况登记表，统计人数880人，含40项统计项目。另按照正规程序和流程完成劳动合同制工人退休11人，其中正常退休7人，提前退休4人。

【劳动监察】 年内，墨竹工卡县劳动监察对全县工矿企业开展专项检查15次（其中联合执法5次）。全面实施工矿领域以及政府在建项目分账管理和农民工实名登记制度，共计开工资专户73户，维护原有专户16户，专户总金额为1.38亿元。受理劳资纠纷案件共计97起，涉及人数426人，涉及资金1966.93万元，查处举报投诉结案率98%以上。

2020年4月10日，墨竹工卡县人社局局长阿旺曲珍（左一）一行到“三岩”搬迁群众家中走访，摸排群众就业意愿

【专业技术人员管理】 年内，墨竹工卡县专业技术人员共有1062人（其中管理岗位5人，高级专业技术人员93人、中级专业技术人员246人、初级专业技术人员402人、未聘人员290人，26名工勤人员）。完成职称评聘176人，其中高级43人（含上报），中级40人（其中25人已上报未评审），初级93人。

【高校毕业生就业创业】 年内，系统划转应届高校毕业生457人（建档立卡高校毕业生42人），已实现就业448人（建档立卡就业42人），9人暂未毕业，就业率100%。

【劳务输出】 年内，依托墨竹工卡县人力资源公司、务工联队等劳务输出组织，积极与拉萨市城投公司对接，提高劳务输出组织化程度，组织近300名群众在市城投建筑工地务工。同时，搭建转移就业基地，稳步推动家门口就业，共认定10家转移就业基地（其中1家为自治区级转移就业基地，3家为市级转移就业基地，6家为县级转移就业基地），为本地群众解决993个就业岗位，实现增收1790.93万元。

【未就业高校毕业生就业】 年内，严格落实“一对一”“多对一”领导干部结对制度，为428名干部结对高校毕业生1248人次，帮扶实现就业96人。积极实施“格桑花开人才+”计划，成功举办第二届“格桑花开”就业创业特训营。制定出台墨竹工卡县《墨竹

2020年7月4日，墨竹工卡县人社局组织农牧民群众参加万达广场专场招聘会

工卡县关于支持大学生就业创业十条政策（暂行）》，促进墨竹籍大学生区外就业、区内市场就业以及创业，拓宽就业创业渠道，提高就业创业质量。为实现就近就便就业，协调辖区内矿企吸纳墨竹工卡县应往届高校毕业生就业。年内，为63名高校毕业生成功解决就业，主要包括磨浮、选矿、化验等岗位。

【事业单位岗位设置】 年内，积极开展事业单位优化岗位设置工作，全县已核准事业单位岗位设置方案11家单位，共核准1062个岗位，其中核准管理人员岗位34个；核准专业技术岗位1028个。在核准的1028个专业技术岗位中，共核准高级岗位165个，占16.1%；核准中级岗位484个，占47.1%；核准初级岗位379个，占36.8%。9月，墨竹工卡县开展进一步优化岗位设置结构比例岗位认定工作。截至年底，已完成全县认定，11月已上报市局。

（嘎玛拉姆）

【机构领导】

局　长

阿旺曲珍（女，藏族）

副局长

杨　勇

应急管理

【概况】 2020年，墨竹工卡县共发生各类安全事故3起，死亡3人，其中，工矿商贸领域1起，死亡1人，占事故总起数的33.3%，占总死亡人数的33.3%；道路工程建设领域2起，死亡2人，占事故总起数的66.7%，占总死亡人数的66.7%；其他领域未发生事故。与2019年同期相比事故起数下降25%，死亡人数比2019下降50%。汛期受持续强降雨天气影响，墨竹工卡县唐加乡拉东村出现泥石流、日多乡境内318国道2处被冲垮。同时，农牧区6处路桥边坡受损，未造成人员伤亡。

【党政同责】 年内，组织召开全县安全生产暨安委会成员单位会议4次，重要时期专题会议3次，县委常委会及政府常务会议各3次，听取并汇报全县安全生产工作开展情况。同时，县安委办以持续开展全年安全生产大检查行动为根本，组织开展以重要节日、重大活动及专项整治行动等4轮次安全生产大检查、大排查、大整治工作行动，各行业监管部门均认真开展各项专项整治工作。

【属地管理】 年内，按照“党政同责、一岗双责、齐抓共管、失职追责”的要求，明确各级党委总揽安全生产全局的职责和各级政府属地监管责任。及时调整充实由县政府主要领导任主任的县安全生产委员会，从工作分工、工作部署、工作检查、工作总结等各环节入手，层层落实安全生产责任，做到有职有责、失职追责。

【安全生产】 年内，按照“管行业必须管安全、管业务必须管安全、管生产经营必须管安全”的要求，及时制定下发《墨竹工卡县安全生产集中整治工作方案》《中共墨竹工卡县委办公室墨竹工卡县人民政府办公室关于印发〈墨竹工卡县深入开展拉网式安全生产大检查大排查大整治工作实施方案〉的通知》《关于切实做好“两节、两会”期间安全检查工作方案及今冬明春火灾防控工作、中小学生产寒假期间安全防范工作和雨雪天气道路交通安全的通知》《关于做好雪顿节期间安全生产工作的通知》《关于切实开展全县安全生产和消防安全大排查大整治工作的紧急通知》等一系列工作方案,明确重点领域的监管检查目标任务,严格落实安全生产监管主体责任。

【非煤矿山领域监管】 年内,严格按照《安全生产事故隐患排查治理暂行规定》,重点检查在建和生产的6家非煤矿山企业安全隐患、安全生产主体责任落实、安全操作规程执行和从业人员安全教育、特种作业人员持证上岗情况。

截至年底,共检查66场次,查出各类安全隐患276处,已整改270处,正在整改6处,下发责令整改指令书29份。

【危化品和烟花爆竹领域监管】 年内,重点围绕重大危险源和经营企业的储存、运输、经营、使用以及矿山施工、建筑施工、道路修建施工临时储油点进行专项检查26次,排查安全隐患127处,已整改126处。

按照《烟花爆竹安全管理条例》有关规定,县委、县政府结合组织县应急管理局、县经信局、县市场监管局、县治安大队等部门,创建新的烟花爆竹零售的资格审查和名额分配模式,统一实行集中报名,考试筛选、摇号分配,资格审查、点位规划工作,切实将烟花爆竹销售点数量控制在4家,并对该4家严格落实烟花爆竹零售点的审批、岗前培训、办证及收回等工作职责,避免了该领域各类事故的发生。

【提升基础,强化应急】 为提高安全生产专业化、技术化水平,连续3年每年投入75万元,聘请内地第三方安全专家开展矿山安全隐患问题排查整治,并在此基础上,每月组织开展安全生产联合大检查,确保安全隐患问题整治到位;投入96万元为应急、消防、特警配备应急装备。并加强企业安全生产投入的监督指导,确保均达到规定标准(井下每吨矿石10元、露天每吨矿石5元、尾矿库每吨矿石1元)。华泰龙公司引进59台凿岩台车、撬毛台车、铲运机,井下人员从1500人减少到600人;巨龙公司全面推行紫金矿业安全管理理念,中层以上干部实行安全文化桌面推演,全体员工建立安全考评机制;华泰龙、巨龙两家企业双重预防机制取得明显成效。组建以公安特警、消防救援、武警中队、民兵预备役为主的200人县级应急力量和每个乡(镇)20人、村(居)30人的基层应急队伍。

2020年6月3日,县委副书记、县长旦增尼玛(后排中)主持召开迎接国务院安全生产和消防考核工作部署会

12月30日,全市应急物资和粮食调运演练在墨竹工卡县开展期间,县应急管理局联合发改(粮食储备局)以及所属乡政府共同参与,组织开展物资调运、分发、帐篷搭建等工作,通过演练进一步梳理自身职责和应急物资流程。为做好矿山企业冬季应急保障措施,2家重点矿山企业已储备150余吨融雪剂(工业盐)、20余台装载机等除雪设备以及其他应急物资。

【宣传培训】 年内,结合第19个全国安全生产月宣传活动,制作以公共安全、非煤矿山、危化品以及安全生产行业职责内容为题材的水杯、指甲刀、雨衣、环保袋等

2020年6月12日，墨竹工卡县应急管理局一行对非煤矿山开展安全生产宣传活动

宣传用品，共计6000个，免费向全县范围内各企业、农牧民群众、社会公众发放。

5月，从华泰龙矿业开发有限公司聘请一名选矿厂安全工程师和一名采矿工程师对运行的中凯选矿厂、鑫茂选矿厂、元泽选矿厂、金和矿山及宁玛矿山进行上门服务宣传教育工作。共开展宣传服务教育5次，宣传教育700余人次，发放宣传资料560余份，悬挂横幅60余条。11月24日，组织开展为期4天的"墨竹工卡县2020年安全生产业务知识培训"，通过聘请3名区外安全专家讲授危险化学品及矿山化学药剂安全、尾矿库安全监管与技术规程、非煤矿山安全生产业务知识等内容，切实增强参加培训人员的综合业务能力。

【借助外力，强化整改】 5月、9月，墨竹工卡县应急管理局聘请区外专家团队以隐患排查—建立台账—督促整改—复查销账的闭环管理形式，对全县所有矿山企业开展2轮次的"专家"会诊检查，排查出192条隐患，已完成整改。

12月4—24日，区、市、县三级应急管理部门抽调安全生产执法人员，联合区外2名专家，对华泰龙公司井下、露天、尾矿库、排土场、机动部、变电站等重点场所进行为期20天的全覆盖检查。通过检查共发现问题隐患359条，截至年底，已完成308条整改。整改成效明显。

【作风建设】 年内，按照上级部署要求，制定《县应急管理局理论学习计划表》，并利用"三会一课"、理论学习日等时机，按计划开展相关内容的学习。截至年底，共开展集中学习10余次，个人自学12学时。同时，大力开展党员引领脱贫攻坚行动，引导各党员干部结合"结对帮扶"活动，推动党员干部联系贫困户，年内，墨竹工卡县应急管理局7名干部分别与甲玛乡、扎雪乡、"三岩"搬迁户等乡镇8户群众结成结对帮扶。年内，共计慰问4次/1人，为贫困户送去慰问资金与慰问品数次，累计7000余元。

（边巴旺堆）

【机构领导】

局　长

拉　　巴（藏族）

副局长

旦增贡嘎（藏族）

消防救援

【概况】 2020年，墨竹工卡县消防救援大队现有执勤车辆5辆，担负着全县5492平方千米、8个乡镇（街道场）的防火、灭火和抢险救援任务。

【政治素质】 年内，墨竹工卡县消防救援大队先后学习"践行训词精神、担当神圣使命、坚持五个不动摇"教育实践活动内容，深入贯彻中共十九大和十九届二中、三中、四中、五中全会精神及十九届中央纪委三次全会等文件精神，加强队伍建设专题教育活动。通过学习教育，大大提高指战员思想政治素质，增强了队伍的凝聚力和战斗力。

【文明建设】 年内，经常性开展"队站开放日""消防知识宣讲九进""党员先锋服务"等共建活动。持续深化消防监督检查"双随机、

2020年1月1日，墨竹工卡县消防救援大队举行挂牌仪式

一公开”，保障服务经济发展，创新完善服务管理，让群众少跑腿、不跑腿也能办成事，有效提升指战员为民爱民的践行能力，树立良好的党员队伍形象。

【政治教育】 年内，针对队伍执勤备战时间跨度大、任务艰巨的实际，墨竹工卡县消防救援大队多次与执勤指战员开展交心谈心和心理疏导工作；组织指战员学习先进事迹，以先进典型有力地激发指战员爱岗敬业、求真务实的工作热情，在“两会”和“萨嘎达瓦”执勤等活动任务中，政治工作保障作用得到了有力体现。

【岗位练兵全员化】 年内，墨竹工卡县消防救援大队党支部为岗位练兵活动积极想办法、出点子，始终坚持主官带训。体能训练上，大队适当加大训练量，单杠、俯卧撑等成倍增加，组合训练项目等增加训练次数，采取形式多样的练兵方法，积极营造“比”“学”“赶”“帮”“超”的良好氛围。操法训练上，大队始终坚持严格按照规程训练九个操法，做到每练一次就有一次的样子，每练一次就总结一次经验，每练一次就有一次提高，营造一个岗位大练兵的良好氛围，不断掀起练兵高潮，全面提高操法的速战能力。

同时，大队以全员岗位练兵为抓手，紧密结合队伍人员、装备、处置对象的特点，制订详细体能、技能和实战演练训练计划。结合辖区情况，围绕辖区灾害特点，先后到加油站、超市、养老院等场所开展安全行进、紧急撤离、逃生避险等作战安全训练，助推全员岗位练兵工作向纵深开展。

【实战演练日常化】 年内，坚持以“练为战”为指导方针，结合辖区灭火救援特点，深入开展演练活动，组织对辖区重点单位和重要目标逐个开展实地实战演练，强化初战控制、内攻救人、强攻近战等战术、技术训练，确实做到明职责、清程序，进一步提高队伍协同作战能力和实战能力，深化练兵的针对性和实效性。年内，大队共出警18次，共出动消防车辆34台次，出动警力120人次，抢救被困人员9人，疏散被困群众20人，抢救财产价值23.1万元，死亡0人，受伤0人。

【严格落实管酒治酒】 年内，全体指战员严格执行消防救援局提出的管酒治酒“十个严禁”，进一步强化饮酒报备制度，切实提高遵纪守法的自觉性、主动性，坚决树起管酒治酒的高压线，严格落实饮酒报备、酒精检测制度，把节日期间管酒治酒工作抓紧、抓实、抓出成效。全体指战员和消防文员要充分认识违规饮酒和酒驾问题的危害，时刻严守消防救援局从严管酒治酒“十个严禁”要求，确保队伍高度稳定。

【安全管理】 年内，组织开展“条令条例学习月”、安全大检查活动，“百日安全专项”。开展自查普查，加大对队伍“八小时外”和人、车、酒等关键环节的管理力度，从根源上杜绝和防范安全风险。由于大队较大部分灭火力量是政府专职消防员，针对队员思想素质、身体素质的差异性进行因人施教，抓好队员的学习、工作和日常生活，并严格落实。并且完善指战员月考评考勤制度、请销假制度等，增强了全队人员遵纪守法观念。

【整治火灾隐患】 年内，以今冬明春火灾防控安全大检查为契机，紧盯“控制增量，减少存量”目标，全面加强对易燃易爆场所、人员密集场所、寺庙文物古建筑、居民社区、商业综合体的火灾隐患综合治理。加大人员密集场所的检查整治力度。

截至年底，共检查单位213家次，下发责令改正通知书86份，发现火灾隐患120余处，并对政府和住建部门上报火灾隐患整改报告2份，开展矿山和寺庙联合检查20余次，确保辖区的消防安全。

【消防宣传】 年内，在县里宣传做好新冠疫情防控工作的同时，做好火灾防控工作。11月，按照“关注消防、生命至上”的宣传主题，根据大队方案从11月1日起在全县范围内密集开展“119”消防宣传系列活动，全面推动全县消防常识的普及，增强全民消防法制观念，强化各级机关、团体、企事业单位消防安全管理的主体意识，推动消防工作社会化的进程，达到了预期的效果。

【党风廉政建设】 年内，墨竹工卡县消防救援大队党支部召开专题会议，对大队廉政建设和反腐败工作进行研究部署，根据支队2020年党风廉政建设工作要点，结合大队实际，确定大队2020年党风廉政建设工作重点。

大队按照集体领导与个人分工负责相结合，谁主管谁负责，一级抓一级，层层抓落实的原则，明确在抓党风廉政建设中的各项责任目标、责任范围。年内，大队每名干部签订《党风廉政建设承诺书》。特别是抓好廉政准则学习内容，组织党员干部认真学习理解廉政准则的指导思想、基本精神、主要内容和具体要求。通过干部集中学习、学习交流会、进行廉政准则书面测试等形式。不断将学习宣传廉政准则活动引向深入。通过学习，使党员干部切实增强廉洁从政意识，讲党性、重品行、作表率，永葆先进性。

2020年6月23日，墨竹工卡县消防救援大队指战员一行到县南京实验小学开展灭火演练

【反腐倡廉教育】 年内，组织学习党和国家重要会议精神、应急管理部、消防救援局系列廉政会议精神，深入贯彻落实新制定出台的消防救援队伍条令条例和纪律规矩，落实“会前普法、会前学纪”制度，推动学纪议廉常态化。开展警示教育周活动，通过组织开展“三个学习”、廉政党课、案例警示、专题研讨等一系列警示教育，使指战员心灵受到洗礼。

年内，为全体指战员上廉政党课4次，逐级组织对《以案示警》典型案例进行学习，逐人撰写心得体会；组织观看《国家监察》警示教育片；专题召开队伍管理警示教育会议4次，和指战员座谈6次。制定大队禁令铁规，引导指战员时刻做到严于律己、警钟长鸣。

【经费保障】 年内，积极协调地方党委、政府，充分利用现行的政策和文件精神，2020年业务经费为201万元，政府采购46万元器材装备。

【财经管理】 年内，严格落实中央“八项规定”精神，坚持党支部理财、集体议财、科学用财，严格财务监督管理，做到账目清楚，按时公布，在财务开支方面，达到“三好五无”的标准，按照经费审批程序进行经费支出，做到财务公开透明，坚决杜绝设置“账外账”“小金库”的问题。

【伙食保障】 年内，为使指战员们有良好的伙食保障，大队聘请地方厨师进行后勤伙食保障，保证伙食质量。同时，严格伙食管理监督制度，每周公布一周食谱，每月向指战员公布经费、伙食、粮秣帐的收付情况。

（央　宗）

【机构领导】

大队长

巴桑顿珠（藏族）

副队长

索朗旺扎（藏族）

墨竹工卡农牧业净土产业发展有限公司

【概况】 墨竹工卡农牧业净土产业发展有限公司成立于2014年3月12日，办公场所位于墨竹工卡县净土健康产业园，下设3个扶贫产业（分别为墨竹工卡县现代农业示范园、墨竹工卡县小油菜榨油厂、墨竹工卡县标准化奶牛养殖中心），现有员工76名（其中，党员12名）。公司主营业务为农业生产，畜牧生产，农畜产品生产、加工、销售，民族手工艺品生产、加工、销售，旅游接待。

【展销活动】 年内，参加由拉萨市净土公司牵头的雪顿节名优商品交易暨展示展销会、自治区政府举办的“2020年西藏脱贫攻坚产业扶贫成果展览会”等。参加展销的产品主要以菜籽油、糌粑、民族手工艺品、藏鸡蛋、牦牛肉、陶瓷、茶叶、藏香等名优产品为主。11月，《宁听·墨竹》第二届“格桑花开·南京墨竹周”开幕，墨竹工卡农牧业净土产业发展有限公司以消费扶贫产品“墨竹小菜籽油”参展。

2020年5月27日，拉萨市委副书记、市长、城关区委书记果果（中）一行到墨竹工卡县现代农业示范园调研

年内，为增强群众的致富信心，推动墨竹工卡县经济发展，按照市农业农村局的要求，墨竹工卡农牧业净土产业发展有限公司在扎西岗乡斯布村举行牦牛肉收购活动。净土公司按18元/公斤的价格从斯布村村民手中收购牦牛360头，前腿+后腿180个，共收购牦牛肉7200公斤，收购金额达1363238元，平均每户增收17256元。

【现代农业示范园】 年内，现代农业示范园积极推动产业扶贫产销对接，助推农业经济实现快速发展，不仅在项目的建设中充分利用转移就业、土地流转、收益分红等形式帮助农牧民群众实现增收，更在后续的运营和发展中，吸纳不少群众就业，帮助他们学习现代农业种植技术。现代农业园区也通过进一步推进“菜篮子”工程，实现种植规模化、基地化和标准化，切实保障墨竹工卡县基本农产品的供给。

年内，现代农业示范园土地流转面积共1595.8182亩，土地流转额达177万元，带动塔巴村、章达村贫困户1000多户，平均每户增收1700元，其中，建档立卡户共48户，每户分红2000元。群众用工次数达2300人次，截至年底，实发民工劳务费共计1104780元。

【小油菜榨油厂】 4月，墨竹工卡县小油菜榨油厂开始运营。2020

2020年7月3日，墨竹工卡县现代农业示范园技术人员为当地村民讲解种植技术

年，墨竹工卡县油菜种植面积达2.1万亩，比2019年增加4531.37亩。在增加油菜种植面积的基础上，净土公司与种植户另外签订1.7万亩油菜籽收购协议，按照亩产145公斤测算，能收购250.125万公斤菜籽，带动本地4000余名种植户增收，每户增收金额达4627余元。

年内，《宁听·墨竹》第二届"格桑花开·南京墨竹周"开幕式在南京举行，墨竹小菜籽油以68元/盒和235元/箱的价格进行展销，共产生订单70吨，销售额达396万元。

【标准化奶牛养殖中心】 年内，根据县委、县政府相关会议精神，奶牛养殖场于6月开始分3个批次在山南、曲水、达孜等地区购买奶牛共516头(其中，第一批奶牛专项资金2479400元，第二批奶牛专项资金2310150元，第三批奶牛专项资金2921800元，三批共计支出7711350元)。截至年底，养殖场完成改良母牛150多头，新生犊牛24头(母牛15头，公牛9头)。现已为所有奶牛购买相应的商业保险，保费金额达557280元。

年内，标准化奶牛养殖中心向唐加乡81户农牧民收购饲草和燕麦草共155200公斤，收购金额达372480元；向工卡镇50户农牧民收购饲草和燕麦草共91440公斤，收购金额达219456元。此次饲草收购，使唐加乡和工卡镇的农户每户增收4503元。

【"万户百场十中心"工程】 年内，依托"万户百场+中心"工程，为推进墨竹工卡县奶牛养殖业奶牛良种化、养殖设施化、生产规模化、防疫制度化、粪污无害化建设，打造养殖、销售为一体的产业链，力争将奶牛产业建设成为墨竹净土产业的支柱产业，切实解决群众困难，帮助群众的牲畜安全度春，净土公司联合唐加乡政府为100户奶牛养殖示范户发放牲畜饲料共140吨(2800袋)，受益群众达100户400余人。

【党建工作】 年内，为使净土公司的12名党员积极向党组织靠拢，便于开展党务工作和过组织生活，充分发挥党员在企业中的先锋模范作用和党支部战斗堡垒作用，12月21日，通过向县委组织部申请，中共墨竹工卡农牧业净土产业发展有限公司支部正式成立。党支部成立后，严格按照年度党建工作任务，以"两学一做"主题教育常态化为主线，扎实开展班子队伍建设、党员队伍建设，及时开展书记讲党课、主题党日等系列活动，深入学习习近平新时代中国特色社会主义思想，贯彻落实中共十九大，十九届二中、三中、四中、五中全会和中央第七次西藏工作座谈会精神，进一步增强"四个意识"、坚定"四个自信"、做到"两个维护"。

(杨　怡)

【机构领导】

董事长

索朗加措(藏族，10月任)

总经理

扎　　西(藏族，10月免)

斯塔欧珠(藏族，10月任)

卫生健康

【概况】 2020年，墨竹工卡县卫生健康委员会在岗工作人员13

人，其中在编8人，借调2人，公益性岗位3人。全县共有各级各类医疗卫生服务机构47家，卫生技术人员333人，其中每千人口执业（助理）医师数为1.5人，每千人口注册护士数为0.6人，实际开放床位139张，每千人口实际拥有床位2.3张。

2020年，全县卫生健康工作以习近平新时代中国特色社会主义思想为指导，围绕区、市卫生健康工作总体部署，完善重大疫情防控体制机制，持续深化综合医改，加强医疗信息化水平，强化医疗人才队伍建设，着力提升县域卫生健康服务能力。

【健康扶贫】 年内，精准实施健康扶贫“三个一批”行动计划，慢病签约服务管理290人，组织救治23名先心病、髋关节脱位等患者和192名白内障等眼病患者；持续落实基本医疗有保障工作标准，实现医疗卫生机构“三个一”、医疗技术人员“三合格”、医疗服务能力“三条线”。

主动做好易地扶贫搬迁点医疗卫生服务工作，通过健康宣讲、义诊巡诊、家庭医生入户、政策宣传等活动的开展，切实满足搬迁点群众健康需求；持续开展“先诊疗、后付费”和“一站式结算”服务，全年做好健康扶贫动态管理系统数据维护工作；完成脱贫攻坚各级各类发现问题的针对性整改工作，并长期坚持整改成效，配合完成7月国家脱贫攻坚普查期间的医疗保障和实地核查工作。

【县域医共体建设】 年内，继续推动医疗集团内部机构逐步建立健全，设立人力资源、医教、财务、后勤等11个中心部门，建立上下转诊和业务帮扶机制，制定《墨竹工卡县人民医院医疗集团医疗骨干下沉实施方案》，选派8名优质医疗骨干下沉帮扶乡镇卫生院，制定《基层巡回诊疗提升医疗服务保障能力实施方案》，由40名医生组建8个基层巡回诊疗责任团队，推行开展4次巡回诊疗和14次义诊活动，免费发放50种药物，价值6万余元。全县分级诊疗体系建设成熟，医疗卫生机构分工协作机制基本形成，吸引区内60余家县（区）医疗考察队到墨竹工卡县交流学习。

2020年8月12日，拉萨市卫健委副主任叶晓梅（左二）一行到墨竹工卡县督导健康扶贫工作

【信息化建设】 年内，完成所有乡卫生院信息化平台建设，实现信息化系统建设全覆盖和县乡医疗机构互联互通，进而通过信息系统建立双向转诊绿色通道，梳理制定疾病谱并规范乡（镇）卫生院的诊疗科目，完成县域内中小学生电子健康档案建立，以健康档案和电子病历为支撑，完善基层远程医疗服务体系，发挥远程医疗服务平台指导作用。

【家庭医生签约服务】 年内，组建以村医为核心、乡（镇）医生为重点、县医作指导的家庭医生团队41个，融合县乡村三级139名医生力量，制定2020年度《墨竹工卡县家庭医生签约服务协议书》，按照“应签尽签”的原则，完成签订52247人，签约率98%，其中重点人群签约率100%，县级层面组织对履约服务情况督导检查4次，强化家庭医生服务质量，更好地满足签约居民多样化服务需求。

【全民健康体检】 年内，按照“全民覆盖、城乡均等、免费提供、自愿享有、方便群众、就近体检”的原则，组织开展全民健康体检工作。制定《2020年墨竹工卡县农牧民和在编僧尼标准化健康体检工作实施方案》，成立以分管副县长为组长，县卫健委、教体局、宗教局、医疗集团负责人为副组长，县疾控、各乡镇政府、乡镇卫生院院长为成员的工作领导小组。组织召开2次动员部署会议，制定宣传横幅7条和大型宣传展板1个，加强宣传力度，调动群众参与积极性，抽调32名医护人员，进村入户，有序实施体检工作，落实专项经费1297.836万元，完成体检36051人（其中僧尼579人）。做好疾病分布分析、体检结论反馈、更新健康档案及后续的针对性治疗工作。

【爱国卫生运动】 年内，以健康中国理念和区、市爱国卫生工作的总体要求为指导，积极开展自治区卫生县城（村居）创建活动，组织动员全县开展环境卫生整治等各类爱国卫生活动4次，有力改善城乡村（居）环境整体面貌。制定《墨竹工卡县卫生城镇创建工作实施方案》，成立以分管副县长为组长、相关部门负责人为成员的专项工作领导小组，从县容县貌管理、传染病防治、食品安全、公共场所卫生、病媒生物防治、健康教育、环境保护等方面入手，推进创建工作取得有效成绩。经自治区初步评审，墨竹工卡县达到《西藏自治区卫生乡镇（县城）标准》要求，扎西岗村和孜孜荣村达到《西藏自治区卫生村（居）标准》要求。

【优生优育】 年内，落实“一孩双女”和伤残死亡扶助政策资金104.58万元，确认奖励扶助对象610人；落实西藏特殊子女家庭扶助资金46.02万元，确认奖励扶助对象87人；完成出生缺陷一级干预97对夫妇，计划生育特殊家庭签约服务率达到100%，生育服务行政审批77人，计划生育综合免费技术服务1425人次，兑现技术服务费用11余万元。

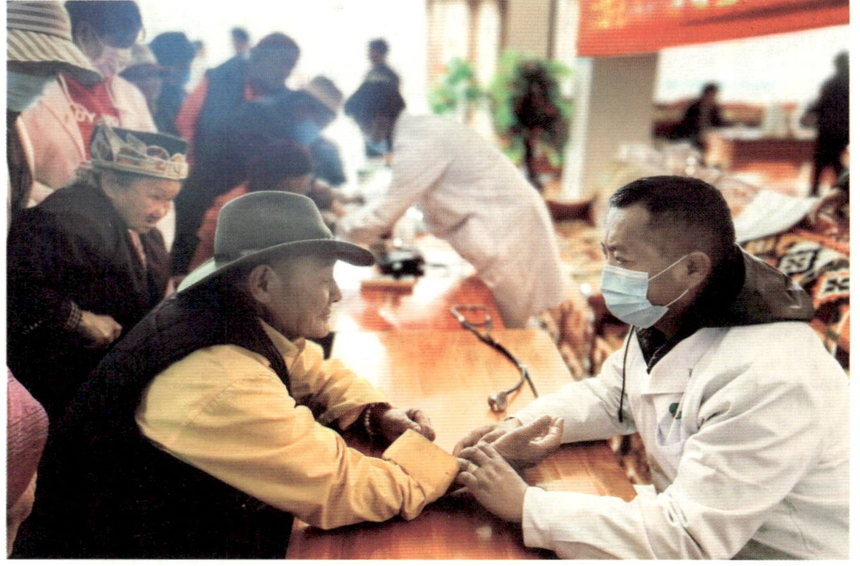

2020年11月5日，墨竹工卡县卫健委一行到县敬老院组织开展“关爱老人、情暖重阳”爱心义诊活动

【妇幼健康】 年内，为经考核合格的20名母婴保健技术从业人员发放母婴保健技术人员合格证；兑现住院分娩奖励补助721人，82.664万元，投入20万元用于孕妇住院待产期间的营养供给；高危孕产妇筛查和住院分娩率达100%，无孕产妇死亡，婴儿死亡率和5岁以下儿童死亡率均控制在7.25‰；适龄妇女宫颈癌和乳腺癌分别完成筛查5480人和5405人，未发现确诊患者。

【老龄健康】 年内，为2213名老年人发放高龄健康补贴174.67万元，办理老年人优待证65个，以敬老月为契机开展“关爱老人，情暖重阳”爱心义诊和慰问活动，为169名老人送去价值12011元的慰问品（其中含慰问金4500元）。根据《拉萨市老年健康和医养结合工作实施方案》的工作要求，选取唐加乡先行开展试点工作，以家庭医生签约服务为基础探索推行老年健康和医养结合工作。

【职业病监测】 年内，组建职业病监测人才队伍，针对全县范围内所有矿山等行业领域用人单位，严格落实职业健康管理措施，纳入职业病防治管理系统并督导进行申报及备案管理，县域内矿企申报率100%，职业病危害现状调查完成率100%。

【医疗人才队伍建设】 年内，制

2020年12月5日，甲玛乡卫生院组织开展突发公共卫生事件应急演练活动

定《墨竹工卡县人民医院医疗集团人才培训计划与实施方案》，完成医务人员县级培训600余人次，安排78名人员落实网络、远程及外出派遣等上级学习任务，为18名医务人员登记注册乡村医生执业证书，5名援藏医生与县医院13名医生建立帮带结对关系，发挥师带徒、传帮带作用，大力培养本地医疗骨干。

录用大学生村医6名，研究形成《墨竹工卡县乡村医技人员请销假管理办法》，由基层医疗机构参照执行，加强乡村医生队伍管理。8月19日，举办“中国医师节”表彰活动，对推选出的3个先进集体、16名抗疫先进个人和7名优秀医师进行嘉奖，激励广大医师奋发向上、团结创新，促进构建和谐医患关系。

【卫生基础设施建设】 年内，投入1590万元（援藏资金）新建门巴乡、唐加乡和日多乡3所标准化卫生院已完工并投入使用，标志着全县乡镇卫生院标准化建设工作顺利完成；县医院消毒供应室和液氧中心建设项目已完工验收并投入使用；研究申报县人民医院生活区提升改造项目和县医院住院综合楼项目，医疗卫生设施条件不断健全，群众就医环境明显改善。

【党建工作】 年内，完成墨竹工卡县卫健委党支部换届，严格落实“三会一课”“三重一大”制度，合理制定党支部理论学习计划，采取多种方式组织开展集中学习12次、主题党日活动12次、书记讲党课4次、组织生活会1次。引导8名干部与尼玛江热乡仲达村的12名群众开展结对帮扶活动，年内，累计慰问4次/人，送去价值5000元的慰问品及慰问金，不断加强基层党组织战斗力，充分发挥党员干部先锋模范作用。

（刘娟娟）

【机构领导】

主　任

曹　　伟（藏族）

副主任

巴桑卓玛（女，藏族）

医疗保障

【概况】 2020年，墨竹工卡县医疗保障局坚持以习近平新时代中国特色社会主义思想为指导，坚持“以人民为中心”的发展思想，按照“保基本、可持续、惠民生、推改革”的总体要求，聚焦“两不愁三保障”，紧紧围绕城镇职工、城乡居民基本医疗保险制度整合重点工作，联系实际、开拓创新、多措并举、积极推进全年各项工作。

墨竹工卡县医疗保障局共有工作人员15人（含在编6人、西部计划志愿者1人、公益性岗位1人、县财政购买服务3人、借调事业编制3人、临时工1人），全面履行基本医疗保险、生育保险、大病保险、城乡医疗救助、药品和医疗服务价格管理等职能。

【医疗保障惠民】 年内，《拉萨市城乡居民基本医疗保险实施办法（试行）》出台后，县医疗保障局统筹推进城乡居民医保制度整合工作，实现城乡居民公平享有基本医疗保险权益。根据新冠肺炎疫情特殊事件，灵活调整工作方式。针对疫情期间的特殊性，墨竹工卡县医疗保障局按照县委、县政府主要领导大力创新服务方式的要求，灵活调整医保报销方式，为

2020年6月5日，墨竹工卡县副县长谢雪梅（左三）为群众宣讲医保政策

最大限度减少因人员流动造成疫情传播的安全风险，针对一季度疫情期间城乡居民到区市及跨省定点医疗机构住院产生的医疗费用，深入七乡一镇、拉萨搬迁点上门开展了住院合规费用的测算及报销工作。

年内，成立县医保服务中心，组织县人保财险公司、人寿公司入驻医保服务中心开展城乡居民基本医疗保险、大病保险、干部职工基本医疗保险、生育保险经办工作。城乡居民住院报销时限缩短至5个工作日，干部职工基本医疗保险、生育保险报销时限缩短至20个工作日。有效整合全县医疗保障资源，不断优化报销流程，实现城乡居民在市级、县域内定点医疗机构住院，使基本医疗保险、大病保险、医疗救助“一站式服务、一窗口办理、一单制结算”。

年内，严格落实建档立卡贫困人口报销比例提高5%和医疗救助70%的政策实施，不仅实现贫困人口医疗报销救助无缝隙、全覆盖，也解决了群众自己报销难、不知如何报销的问题。以城乡居民医保制度整合为契机，积极推进城镇职工医疗保险、生育保险整合制度，指定专人提高服务效率，缩短报销时间，解决城镇职工居民提出的报销时间过长问题，严格按照“四个统一、两个确保”的主要政策推进合并实施工作，开展全县干部职工生育保险报销及住院费用报销工作。

【脱贫攻坚】 年内，墨竹工卡县医疗保障局重点聚焦因病致贫返贫等特殊贫困人口，精准施策、综合保障，充分发挥基本医保、大病保险、医疗救助以及县政府购买的城乡居民超大额补充医疗保险等各项制度作用，实现“参保缴费有资助、待遇支付有倾斜、基本保障有边界、管理服务更高效、就医结算更便捷”，以切实提高贫困人口医疗保障受益水平，为实现农村贫困人口脱贫提供坚强保障。将建档立卡贫困人口全部纳入基本医保、大病保险、医疗救助“三重保障”覆盖范围，全县建档立卡贫困人口全部参保，实现“应保尽保”。

针对贫困户或因病造成家庭生活困难的城乡居民设立“大病爱心救助”基金，作为应急、救急

2020年12月17日，拉萨市医疗保障局一行到墨竹工卡县定点医药机构检查指导工作

资金，按照定点医疗机构诊断情况，垫付住院治疗费用保障及时救治，待出院报销扣款。县政府投入147万元，为全县49000名城乡居民购买超大额医疗补充保险，每人保额22万元，最大程度降低了群众看病负担。

【基金监管】 年内，墨竹工卡县医疗保障局积极动员县直单位、各乡（镇）和定点医疗机构，开展以“加强规范执法，维护基金安全”为主题的宣传医保基金监管暨医疗保障新政策集中宣传月活动。

在宣传月期间，全县各单位在人员密集场所、交通要道、定点医疗机构门口悬挂宣传横幅10多幅，发放医保知识宣传资料1000多份；在县城及七乡一镇为3000多人提供医疗保障新政策的咨询服务。加大对县域内医疗机构及定点零售药店的检查力度，切实维护医保基金安全。

（路春侠）

【机构领导】

局　长

德　吉（女，藏族）

副局长

路春侠（女）

墨竹工卡县人民医院

【概况】 墨竹工卡县人民医院是一所集医疗、教学、科研、保健、预防、健康管理为一体的综合性二级甲等医院。医院占地面积45383.3平方米，总建筑面积22000平方米。医院编制床位90张，实际开放床位103张。

2020年，墨竹工卡县人民医院工作人员共239人（在编115人，公益性17人，乡村振兴专干2人，三支一扶2人，聘用103人）。本科学历82人，专科学历71人，中专及以下86人，其中，卫生技术人员177人，行政职能（财务、挂号室、供应室）、后勤工作人员62人。卫技人员技术职称结构：高级职称7人，中级职称27人，初级、助理级职称64人，员级79人。

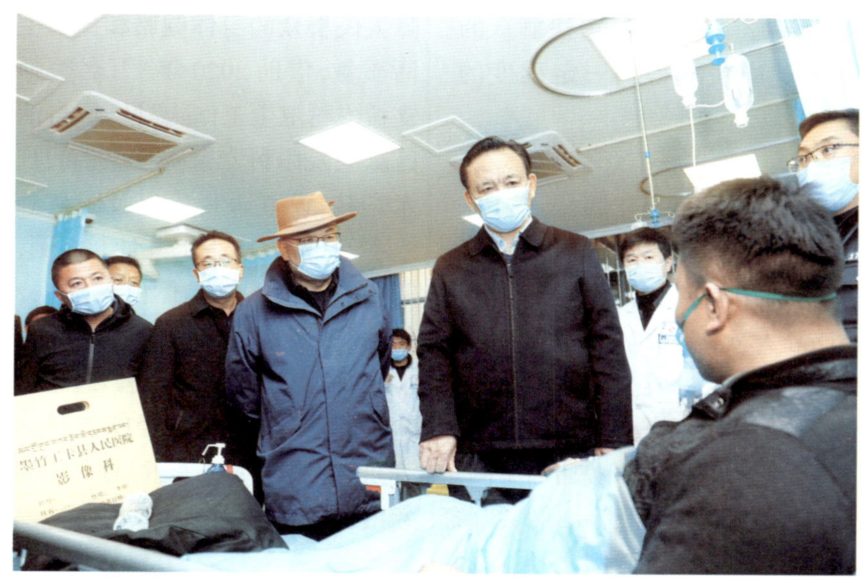

2020年4月23日，西藏自治区党委常委、常务副主席罗布顿珠（前排右二）一行到墨竹工卡县人民医院调研

【党建工作】 5月，完成党支部换届选举工作，并安排一名同志专抓党建工作，确保党建工作落到实处。采取多种方式、多种渠道加强全体党员党建业务知识培训，认真落实党支部“三会一课”、组织生活会等党内生活制度，严格按照“重质量，不重数量”的原则，发展党员3名。

【义诊送药】 年内，组织援藏医生、区藏医院专家、医院骨干医生到各乡镇、各驻村工作队、驻寺工作队、学校、养老院等，开展各类健康宣教、巡诊、下乡义诊等21次，共计免费发放价值118000元药品；“六一”期间，县医院党支部45名党员（含3名援藏医生）自行筹措经费9000元，为唐加乡卓村幼儿园的学生购置书包、文具盒、彩笔等学习用品。

【健康帮扶】 年内，墨竹工卡县建档立卡贫困人口“因病致（返）贫”人员一对一健康帮扶对象共37人。其中，县级18人，墨竹工卡县人民医院“一对一”服务队人员每月到结对帮扶对象家中进行走访或是通过电话、网络方式提供医疗问诊服务，在随访过程中，仔细问询患者近期身体状况、督促其注意饮食、指导用药知识，同时还为其家属讲解健康知识，并针对患者身体状况进行藏医熏蒸治疗或发放药品。通过提供针对性医疗健康服务，帮扶群众的身体健康状况得到一定程度的改善。

【医疗业务】 截至年底，墨竹工卡县人民医院门诊急诊量52730人次，其中，西医34751人次，藏医10266人次，急诊7713人次。住院2348人次，同比增长0.3%，出院2341人次。全年共报告传染病24例，其中乙肝及携带者2例，丙肝1例，感染性腹泻0例，细菌性痢疾1例，水痘8例，手足口病5例，流行性腮腺炎0例。梅毒携带者2例，流行性和地方性斑疹伤害1例，甲肝4例。

年内，转诊302人次，同比下降1.7%（内外儿转诊95人次、高危孕产妇转院37人次、急诊科转诊159人次、藏医科转诊11人次）。手术216台，同比增长62.6%（外科148台、妇产科68台）。

【眼科能力提升】 年内，为切实保障人民群众的身体健康和提高生活质量，借助2020年"万名医师支援农村卫生工作队"队长、自治区藏医院眼科专家次旦央吉的技术帮扶，设立眼科病房及眼科独立手术室，完成手术共计239例，其中白内障人工晶体植入术162例，翼状胬肉54例、泪道手术12例、睑内翻矫正术11例。通过一年的带教，县医院已经能够独立开展常规的外眼手术，预计在3年内可独立开展白内障手术。

【硬件改善】 年内，为进一步规范医院布局，按照"一次规划，分期实施"原则，完成总体改造规划，医院占地面积45383.3平方米，较2019年增加近2万平方米，用于新建综合住院楼和新建传染病房用地。

为降低医院运营成本，提高医用氧气浓度，医院新建液氧站项目已完工，运行状况良好。

根据疫情防控需求，新购置移动式DR机1台，呼吸机5台，负压救护车2辆（其中1辆为江苏援藏赠送）。

2020年6月24日，中国人民解放军总医院援藏医疗队专家一行到墨竹工卡县开展义诊巡诊工作座谈会

【人才培养】 年内，根据医院需要，通过长、短期培训、外出进修学习和专题讲座等多种形式培养人才，不断提高人员业务水平。2020年，共计选派43名医护人员参加各类进修、培训。培训县乡各级医务人员1600人次，有效提升墨竹工卡县医务人员医疗专业技能水平（培训县乡各级医务人员人次较2019年的500人次/年，增加1100人次）。

【"组团式"医疗援藏】 年内，充分依托南京"组团式"医疗援藏平台，2020年南京市卫生系统结合墨竹工卡县域医疗卫生发展实际，派出信息科、外科、妇产科、重症医学科、超声诊断专科骨干人才，到墨竹工卡县人民医院开展医疗援助工作。援藏帮扶专家以临床带教、操作示范为主，疑难病例讨论、会诊、科室讲课为辅的帮助方法，坚持每天带年轻医师查房，分析病情，并指导制订诊疗方案。

年内，开展全院业务学习20次，在科室内开展业务学习100余次。内容涉及心肺复苏培训和呼吸系统影像读片、皮下避孕埋植剂、异常子宫出血诊断与治疗等多个方面。在援藏专家的协助下，县医院疑难杂症救治能力大大提高，尤其在抗感染药物应用、超声诊断、营养支持、心肺复苏等技术方面，进步明显。

【重点学科建设】 年内，为促进医院发展，医院的生存和发展有赖于医疗质量不断的持续改进，有赖于医疗技术的不断创新和医疗水平的不断提高，而医疗技术的创新与医疗水平的提高又有赖于学科建设。2019 年，外科人员进修完成后，医院外科诊疗水平显著提高，不仅延伸了服务人群，提升了医院综合服务能力，更是让群众在家门口就能享受到优质的医疗服务。截至年底，由于医院房屋限制，内外科医生暂时共用一间办公室，预计 2021 年 4 月即可完成分科。

2020年8月4日，西藏藏医药大学与墨竹工卡县人民医院藏医科共建实习基地

【新冠疫情防控】 年内，制定新冠肺炎“医疗救治处置预案”“应急预案”、发热病人“处置流程”等工作方案，成立由 36 名医护人员组成的救治工作小组，并进一步建立完善县乡村 3 级医疗机构医疗防控体系。

建立完善预检分诊制度，落实首诊负责制，严格就诊人员信息登记。同时，规范设置发热门诊、三区两通道、隔离病房、留观病区。

加大医护人员防控知识培训，做好医护人员、病人及病人家属在接触中的防护工作，对发热病人收治区进行全方位消杀。同时，强化源头把控，防止发热病人在医院内走动，由发热病房医护人员全程负责完善相关诊治手续。

对县乡村医务人员开展医疗诊治、发热病人处置等培训，累计受训 600 人次。

【全民健康体检】 年内，根据《墨竹工卡县农牧民健康体检暨在编僧尼标准化健康体检工作实施方案》，墨竹工卡县人民医院按照“全民覆盖、城乡均等、免费提供、自愿享有、方便群众、就近体检”的原则，抽调含援藏专家在内的骨干医护人员 20 余人，深入各乡镇开展健康体检工作，共诊疗 36051 余人次。通过此次体检，墨竹工卡县全民健康数据大平台已基本建立，为下一步开展慢病筛查、家庭医师签约等工作奠定了基础，切实维护群众利益、保障群众健康水平。

【PCR 实验室运行】 年内，为提升传染病监测能力，做好新冠肺炎疫情常态化防控工作，墨竹工卡县人民医院于 4 月开始筹建新冠病毒核酸检测 PCR 实验室，历时 7 个月，实验室完全符合 BLS–2 生物安全等级，并于 11 月顺利通过自治区卫生健康委组织的专家组验收。截至年底，主要通过咽拭子为“应检尽检”“愿检尽检”人群进行检测，核酸检测人员已达 3726 人次。年内，检验科 60% 以上人员已具备核酸检测相关资质，其他人员正在培训中，单日单人核酸检测标本约为 300 人份。

【医共体建设】 年内，根据《墨竹工卡县医疗体制改革暨紧密型县域医疗卫生共同体建设工作实施方案》，成立由 7 人组成的医疗集团党委，下设 6 个支部（所有支部都已在 5 月完成选举工作），围绕推动落实“二十个统一”，建立 11 个中心（人力资源、财务、医教、药品管理、设备管理、信息、招采、公卫、后勤等），从而加大对医疗集团内部人、财、物的管理工作，各中心运行良好。

年内，落实医疗集团人事自主权，实行人员统一招录培养、调配使用，通过“县管乡用”的模式确保人员双向流动不受限制，对医疗集团内部专业技术人员岗位设置进行打包联合设置，协调划定各级岗位设置比例，初、中、高级岗位数量较开展医共体建设之前增加2倍；实行财务集中统一管理，独立核算，设立医疗集团总、分账户，乡卫生院财务由医疗集团统一管理，改变以往财务管理不规范现象；实行药品耗材集中采购，医疗集团负责全县药品耗材集中统一采购，改变以往乡村用药不统一、配送药品耗材慢、药品耗材浪费现象。

年内，以基层巡回诊疗和家庭医生签约服务为契机，推动优质医疗卫生资源下沉基层，先后制定《墨竹工卡县关于开展巡回诊疗提升医疗服务保障能力的实施方案》和《墨竹工卡县人民医院医疗集团医疗骨干下沉实施方案》。由县、乡、村共计40名医生组建8个基层巡回诊疗责任团队，服务范围覆盖全县8个乡（镇），服务人群达9000余人次；医院选派出8名医务人员下沉到乡卫生院进行蹲点帮扶工作，组织医院各科室高年资医师及有关职能科室开展巡回业务讲座15次，从院内感染、护理、常见病诊治、规范医疗服务行为等方面完成培训200人次，补充基层医技力量，带动提升基层医疗服务质量；医院16名医务人员与123名乡村医生组建“1+1+1”的家庭医生签约服务团队41个，实现签约医生团队的上下联动，落实家庭医生服务工作；另选派11名乡村医生到墨竹工卡县人民医院进修，进修专业涉及检验科、B超、住院部、放射科、急诊科。

年内，为进一步提高县域内基层就诊率，方便群众就医，墨竹工卡县积极探索构建“互联网+”智慧医疗新模式。通过各乡镇信息系统全覆盖，实现健康数据大平台信息上下贯通、检查结果互认；以县医院为纽带，对外连接南京三级医院和乡卫生院，真正发挥远程医疗作用；借助信息系统完善制定全县各级疾病目录，促进建立双向转诊通道，落实分级诊疗制度。

（吴玉姣）

【机构领导】

党支部书记、副院长
　　贡　嘎（藏族）
院　长
　　黄　丹
副院长
　　次旦顿珠（藏族）

疾病预防控制

【概况】墨竹工卡县疾病预防控制中心位于工卡镇（原）县小学院内。负责全县的疾病监测、预防接种、健康教育、地方病防治、慢性病调查、统计、分析、突发公共卫生事件的处置、各种传染病、流行病的预防监测、统计、分析、报告和处置、全县卫生（包括学校卫生）监督，传染病防治监督；负责全县妇幼保健工作、包括孕产妇建卡、产前产后访视的监督管理，0—14岁儿童的系统管理统计，全县孕产妇及儿童死因分析报告。

2020年，墨竹工卡县疾病预防控制中心共有职工15人，其中专业技术人员10人，工勤2名（其中驾驶员2人），公益性（后勤工作人员）1人，聘用1人；学历结构：本科6人、大专5人、中专2人，中专以下2人。专业结构：公共卫生5人、西医临床2人、临床检验1人、藏医2人，其他5人；

2020年12月15日，拉萨市卫健委党组书记宋留柱（左一）一行到墨竹工卡县疾控中心检查新冠疫情防控物资储备情况

职称结构:(专业技术)中级1人、初级8人,员级1人(工勤)高级2人、其他2人。科室分类:中心办公室、地方病防治科、传染病防治科、结核病防治科、卫生监督科、免疫规划科、慢性病防治科、健康教育科、妇幼保健科。

【传染病防控】 年内,全县共报告法定(均为乙、丙类)传染病9种125例,总报告发病率为207.9/10万(人口数57120人)。年内,无传染病死亡病例,无甲类传染病报告,无突发公共卫生事件发生。能够按时报告相关传染病疫情,未发生疫情漏报、瞒报和误报、重报等现象。

【结核病防治】 2019年11月1日至2020年10月31日,确诊病人登记总数42例,大疫情追踪收治35例,转诊病人1例,其中确诊新发阳性11例,复发阳性0例,无死亡病例,病原学检查阴性17例,无涂片结果8例,结核性胸膜炎2例,其他肺外结核4例。大疫情上报患者49例,其中重报患者2例,到位46例,外单位管理1例,追踪到位率96%。患者系统应管理数42例,实际管理数42例,管理率100%。

全县登记结核病人42例,其中治愈5例,完成疗程13例,其他专归1例,诊断变更1例,无自行停药病人,其余正在治疗。年内,无死亡病例,无不良反应病例。麻风病人监测跟踪及筛查密切接触者中未发现麻风疑似病人,年内,全县未发现新发麻风疑似病例。

2020年6月16日,墨竹工卡县疾控中心组织开展中小学学生包虫病防治知识讲座

【慢性病监测】 年内,全县高血压患者管理1995人,规范化管理人数1476人,规范管理率74.00%,新发8例、死亡10例;Ⅱ型糖尿病患者88人,规范化管理86人、规范管理率97.73%,新发1例,死亡2例;严重精神障碍确诊患者78例,疑似患者1例,79例病人建立健康档案、随访、管理,确诊78例患者信息上报国家重点精神障碍权限系统。

在9月1日第13个“全民健康生活方式行动日”,9月20日第31个“全国爱牙日”,10月8日第22个“全国高血压日”,10月29日第14个“世界卒中日”,11月14日第13个“联合国糖尿病日”,结合慢性病防控系列宣传日,紧紧围绕宣传主题,悬挂横幅5条,免费发放资料910份,现场测量血压420余人,受益人群300余人。墨竹工卡县为国家死因监测项目点,2020年全县总死亡人口271人,粗死亡率为4.75‰;全县活产799人、出生率为1.4‰,监测数据均已输入国家人口死亡信息登记管理系统。

【计划免疫】 年内,辖区内应建立预防接种证人数6641,已建立6641人,建证率100.00%;乙肝疫苗首针及时率98.85%。乙肝疫苗三剂次应种2035人;卡介苗应种556人,实种521人,接种率93.71%;脊灰疫苗应种865人,实种860人,接种率99.42%;百白破疫苗应种896人,实种886人,接种率98.88%;含麻疫苗(麻风、麻腮风)应种780人,实种778人,接种率99.74%;甲肝疫苗应种772人,实种765人,接种率99.09%;A+C流脑疫苗二剂次应种2532人,实种2485人,接种率98.14%。

年内,全县(1—5岁)脊灰疫苗查漏补种活动:两轮合计应种数 371 人，实种数 308 人，报告接种率 83.01%。2020 年墨竹工卡县昌都、“三岩” 搬迁户（2 月龄—5 岁）脊灰疫苗补充免疫活动：两轮合计应种儿童数 48 人，实种数 33 人，报告接种率 68.75%。

年内，新入托儿童应查验数 1040 人，实查验数 1040 人；持接种证人数 1029 人，补接种证人数 11 人；全程接种人数 659 人，完成补种人数 357 人，补种率达 93.7%；2020 年新入学儿童应查验数 842 人，实查验数 842 人；持接种证人数 842 人；补接种证人数 0 人；全程接种人数 570 人，完成补种人数 267 人，补种率达 98.16%。

2020年12月16日，墨竹工卡县疾控中心组织开展全县医务人员新冠疫情防护服穿脱培训

【碘缺乏病防治】 年内，墨竹工卡县划分 5 个抽样片区，随机抽取 300 户居民食用盐，进行半定量检测，碘盐食用率为 100%；采集孕妇尿样 43 份，学生尿样 201 份，进行尿碘检测。辖区内开展“众志成城战疫情，科学补碘保健康” 为主题知识宣传活动，发放宣传单 315 张，手册 70 余本，口罩 80 个，礼品 60 份（脸盆 30，毛巾 30），受益人达 600 余人。

【大骨节病监测】 年内，全县共有 70 例大骨节病人，均建立个人档案和治疗卡。5 月，共发放 4 种大骨节药物进行治疗。

【包虫病防治】 年内，按照《墨竹工卡县包虫病综合防治工作方案（2017—2020 年）》文件，结合全民精准体检完成筛查 36060 人，新发病例 21 例，现全县共有确诊病例 180 人，其中符合手术治疗患者 122 人，符合药物治疗患者 43 人，钙化（无需治疗）患者 17 人。截至年底，已完成治疗 143 人，其中手术治疗 103 人，药物治疗 40 人。因自身原因未进行治疗患者 19 人，其中拒绝手术 12 人，1 人手术禁忌证，4 人暂缓手术，2 人因不良反应拒绝服药。

【饮茶型地氟病】 年内，按照《关于加快推进饮茶型地氟病健康教育和地氟病流行现状调查工作的通知》，墨竹工卡县针对五大人群（青少年、农牧民、干部职工、城镇居民、僧尼）积极开展饮茶型地氟病预防知识宣传，同时开展饮茶型地氟病健康教育现况调查问卷。

【健康教育】 年内，利用各类宣传日、宣传周在人群较多的地方开展麻风病宣传、慢性病系列宣传周、计划免疫宣传周、结核病宣传日、世界卫生日宣传等共 16 期健康教育活动，将宣传活动进村（入户）、入乡、入学校、入矿企业，并发放各种藏汉为主的宣传资料 13 类 15153 余份，播放健康教育音像资料 4 种 26 次；设立宣传栏 36 个，更换宣传内容 6 次；举办健康教育讲座 9 次，参加讲座 741 人；展出宣传展板 5 种 15 张及 15 条横幅，发放宣传礼品 380 余份，发放安全套 7800 余个，受益人数达到 31629 人，开展健康教育专兼职人员培训 3 次，参加人数为 129 人；为中小学生、村民、城市居民等举办艾滋病、结核病等相关传染病防治知识、健康教育基础知识及学校健康教育的讲座共 6 次，参加人员数共计 1800 余人次。

年内，共制作宣传横幅 15 条，宣传册子 2 种（2800 张），藏汉双语读本传染病健康教育、麻疹预防知识、慢病保健手册、常见慢性病、艾滋病知识、健康促进知识读本等宣传资料1000余份，宣传栏共计10个。

【性病艾滋病】 年内，全县机关、企事业等职工住宿区及单位设立52个固定安全套投放点（安全套自取箱），共投放1330个安全套，宣传发放500个，共发放安全套1830个。实现居民门口领取安全套，安全套自取箱点覆盖全县。

【卫生监督】 年内，对全县辖区内所有学校生活饮用水、传染病防治和学校卫生开展定期或不定期的卫生监督检查，每学期不少于4次，其中联合监督检查1次，累计监督学校60多次，卫生监督覆盖率达100%，各所中小学及托幼机构食品从业人员体检率及两证持证率均达100%。

墨竹工卡县共计24家公共场所，对公共场所卫生监督检查至少4次，其中联合监督检查1次，卫生监督覆盖率达100%，对从业人员现场卫生法律法规知识讲解至少4次，从业人员体检率及两证持证率均达100%。按上级部门要求，全县职业申报9家矿企业，申报率达100%，通过多渠道，形式多样的途径开展职业病防治知识宣传共计4次，9家矿企均有职业病危害现状调查，调查完成率100%。为提高矿企业从业人员对《中华人民共和国职业病防治法》相关法律法规及职业病防治知识认知、职业人群健康意识和法律意识9家矿区进行职业卫生监督检查共计4次。

全县监测点的饮用水安全工程建设和运营时间、水源类型、供水方式、水处理方式、消毒情况、覆盖人口等情况进行调查。2020年枯、丰水期监测点共有14个监测点（其中城镇集中式供水3个监测点，农村集中式供水11个监测点），共计66份水样检测，66份水样检测结果均录入、分析、报告完成。

全县19个行政村收集监测点的人口学资料、环境卫生情况、环境卫生管理、村容村貌等基础信息；掌握90户农户的基本卫生情况，包括农户家庭生活垃圾、生活污水、户厕、室内外卫生等处理情况；掌握6所学校的基本情况、供水情况、厕所卫生等情况；检测土壤中寄生虫和重金属含量。90份农户的基本卫生情况问卷调查表、6份学校的基本情况问卷调查表和19份监测点问卷调查表已录入完成，19份蛔虫卵和重金属检测结果分析及报告已完成。

【孕产妇管理】 年内，发现孕产妇总数1529人，其中孕妇数695人，建卡数695人，建卡率100%。早建卡650人，早建卡率98.63%。产妇数834人，分娩数837人，其中双胎3对，产妇系统管理822人，系统管理率99.28%，其中住院分娩数834人，住院分娩率100%，新法接生数770人，新法接生率100%，剖宫产64例，剖腹产率7.73%。产前检查5次产妇数834人，产检率100%，产后访视三次数834人，访视率为100%。高危孕产妇数382人，其中高危产妇216人，产前检查6次以上216人，检查率100%，产后访视3次以上216人，访视率100%，高危住院分娩216人、住院分娩率100%。

【儿童系统管理】 年内，全县7岁以下儿童数6638人，应健康管理人数6638人，实际健康管理人数6480人，管理率97.62%。全县5岁以下儿童数4443人，应管理人数4443人，实际管理人数4347人，管理率97.84%，其中低体重人数137人、生长发育迟缓数40人、超重人数4人，肥胖1人，血红蛋白检测人数3539人，其中贫血人数14人，中重度贫血人数2人。

全县3岁以下儿童数2738人，应系统管理人数2738人，实际系统管理人数2703人，管理率98.72%。儿童死亡情况：分娩总数837人，其中双胎3对，出生活产数828人，死胎死产9例、七天内死亡2例、围产儿死亡率13.14‰；5岁以下儿童死亡6例、死亡率7.25‰；婴儿死亡6例、死亡率7.25‰；新生儿死亡3例、死亡率3.62‰。

【“两癌”筛查】 年内，墨竹工卡县卫健委、县人民医院、县疾控中心及各乡（镇）卫生院积极开展2020年全县35—64岁7601人（任务数）农牧区妇女宫颈癌和乳腺癌筛查工作，其中宫颈癌筛查5480人，筛查率72.1%，结果均未见癌细胞及上皮内病变；乳腺癌筛查5405人，筛查率71.1%，乳腺癌确诊2例，“两癌”系统录入100%。

（西　洛）

【机构领导】

主 任

普 琼（藏族，12月免）

旦 增（藏族，12月任）

文化和旅游（文物）

【概况】 墨竹工卡县文化和旅游局（文物局）业务范围涵盖文化、旅游、文物、非遗等四大类。2020年，墨竹工卡县旅游市场实现接待12.3万人次，旅游综合收入745.1万元，直接带动就业20余人。

【党的建设】 年内，坚决落实“三会一课”制度，对照党章党规检视整改，增强支部成员“守初心、担使命”的思想自觉和行动自觉。

年内，墨竹工卡县文化和旅游局（文物局）党支部共开展书记讲党课活动4次、支部委员会12次、党员大会4次；开展“主题党日”活动12次；年内，共交纳党费1646.5元；坚持开展“两学一做”学习教育，现已开展学习教育活动10次。

【弘扬创新公共文化】 年内，县级文化活动中心已全面建成，完成搬迁工作，多媒体演艺厅已全面对外开放。2020年，在县文体中心举办“迎国庆、庆丰收、话团结”暨村级艺术队组建汇报演出、三级文艺团队节前汇报演出等10余场次；为全县党员干部举办培训班4期；开展非遗传承人、文物看管人员、免费开放等培训4期；开展县“松赞”艺术团综合业务考核，以提升文化团队整体素质及业务水平。“松赞”艺术团自5月复工复产以来，已开展文艺下乡演出工作60余场，受益群众达29000余人。

顺利完成全县41个村（居）组建村级文艺演出队工作，每村配备资金9万元（自治区级、市级、县级），同时为同心苑文艺演出队配备资金3万元（县级资金），共372万元，演员人数795人，组织村级文艺演出队82名骨干人员，参加全市第一批文艺演出队培训工作。2020年村级文艺队演出场次60余场、观看人数6000余人次；9月29日，在新建综合文化活动中心多媒体演艺厅开展“迎国庆、庆丰收、话团结”暨县村级艺术队组建汇报演出工作；根据《关于印发〈2020年度拉萨市人才和智力援助计划〉的通知》，10月20日，组织墨竹工卡县松赞全体演出人员到南京参加集中培训。

2020年10月4日，墨竹工卡县文化和旅游局对野外文物点防水卷材进行验收

【文物非遗保护】 年内，充分利用文化遗产日、“五下乡”会演等宣传非物质文化遗产。组织非物质文化遗产传承人参与展演非遗产品10余次；争取非遗保护资金58万元，用于非遗传承保护工作；10月17日，组织羊日岗藏戏队参加拉萨市文化局组织的藏戏演出季活动。第二届“南京·墨竹周”于11月10日在南京顺利开幕，非遗产品塔巴陶瓷引入南京社会资本共同开发，“天边墨竹·藏式生活馆”正式开馆。坚持“保护为主、抢救第一、合理利用、加强管理”的方针，加大对文物的保护力度。开展文物消防安全专项检查工作，成立文物保护工作领导小组，负责全县文物保护工作的统筹协调；创新方式方法，加强文物保护宣传力度。加大对《中华人民共和国文物保护法》和《西藏自治区文物安全管理办法》的宣传力度，利用

2020年7月20日，墨竹工卡县文旅局局长黄洋（后排左二）带队检查旅游市场

“5·18”博物馆日和文化遗产保护日开展文物保护宣传活动，增强干部群众的文物保护意识，促进了文物保护工作。

把加强管护与严格执法相结合，联合县民宗局不定期到各寺庙开展文物监督检查工作。年内，共巡查重点大小寺庙、拉康等40余座，累计巡查70余次，出动检查人员150余人次，现场指出存在的安全隐患并督促相关单位进行整改；2020年本级财政投入资金100万元，对墨竹工卡县48座寺庙、拉康、日追等文保单位的监控设备进行维修更新，对15座区文保单位进行防水断漏维修，新建羊日岗寺大门及附属设施，对门巴乡野外文物点“拉康钦慕”进行原址维修（含新建挡墙）；投入35万元对67处县级野外文物点进行立碑保护；邀请自治区文物专家对麦孜寺5个可移动文物进行鉴定。

【旅游发展】 年内，墨竹工卡县文化和旅游局（文物局）完成总投资各1000万元的德仲景区建设项目及直孔景区建设项目；制定《文化旅游安全生产专项整治三年行动实施方案》，根据区、市、县关于新冠疫情防控工作的各项指示要求，联合相关县直部门加大对景区（点）、宾馆及家庭旅馆、旅游购物点的防疫检查力度。积极协助配合县应急管理局拉网式安全生产检查，共计对旅游市场开展安全生产检查30余次，排出隐患6处，整改完成6处。

为进一步规范旅游市场秩序，提升旅游服务质量，对旅游购物点、米拉山垭口摊贩等开展市场整治20余次，办结旅游投诉2件。并在辖区内开展文明旅游宣传工作，通过发放旅游宣传册、旅游纪念品、张贴文明出行横幅等形式提高游客、旅游从业者的素质。

为不断提高旅游业整体管理与服务水平，优化旅游服务环境，县文旅局充分利用德仲温泉及米拉山10名景区环卫工人及松赞艺术团、文化志愿者等，做好对旅游景区的环境卫生整治。年内，共计对旅游景区开展环境卫生清扫及整治30余次。年内，墨竹工卡县农牧民群众通过参与旅游项目建设、旅游服务业等形式实现142万余元的现金收入。

（次旦旺姆）

【机构领导】

局　长

黄　洋

副局长

袁　瑜（江苏援藏）

次旦旺姆（女，藏族）

农业农村

【概况】 2020年是全面建成小康社会和“十三五”规划收官之年，也是脱贫攻坚决战决胜之年，面对新冠肺炎疫情给“三农”工作带来的挑战，墨竹工卡县农业农村局牢牢把握稳中求进工作总基调，扎实做好“六稳”工作，落实“六保”任务，变压力为动力，赢得发展主动。一方面确保“米袋子”“菜篮子”“肉盘子”供给稳定、价格合理；另一方面赢得“三农”领域大发展。

2020年，全县粮食总产可达2.4万吨。农牧业总产值实现6.27亿元，落实播种面积11.11万亩，其中粮食作物6.6万亩，经济作物3.3万亩，饲草作物1.2万亩。肉蛋奶产量分别达到3687.02吨、95.24吨和12600.98吨。上半年农牧民人均增收5730元。黄牛改良工作被评为拉萨市先进集体，黄牛改良和牦牛（犏牛）经济杂交配种点被评为拉萨市市级优秀。同时，人居环境整治、“美丽乡村·幸福家园”建设稳步推进，为乡村振兴开启了新篇章。

【粮食生产】 年内，调运青稞良种41.61万公斤，购买墨竹小油菜种子6.945万公斤、脱毒马铃薯种子3.29万公斤；调运春播化肥817.5吨、农药13.69吨；积造农家肥16万吨；安排县农业技术推广站干部全程参与种植业各环节技术指导。种植业产前做到统一选种、统一种子包衣、统一机械化耕作、统一播种、统一播量。产中针对病虫草鼠害，实现常态化督导检查。及时召开“三秋”工作安排部署会，充分调动全县各级力量投入秋收、秋耕和秋播工作，确保颗粒归仓、丰产丰收。

【新技术示范应用】 年内，扎西岗乡、唐加乡、甲玛乡、尼玛江热乡实施0.81万亩耕地托管服务试点，按照全程托管、多环节托管和关键环节托管三种不同模式托管给3家作业公司。在土地托管试点过程中，根据播种时间不同，提供差别化技术服务，狠抓服务对接，解决了“谁种地”“种好地”的问题。

【动植物品种推广改良】 年内，推广良种“喜拉22号”2万亩、直孔白青稞0.25万亩；订单式油菜种植1.72万亩，实施良种繁育基地0.35万亩，不误农时，提前调运到位良种41.61万公斤、化肥817.5吨、农药使用量13.69吨，购买墨竹小油菜种子6.945万公斤、脱毒马铃薯种子1.645万公斤；强化全县牦牛配种工作，扎实做好牲畜良种推广，以调整和优化畜牧业结构为出发点，有序推进黄牛改良及牦牛（犏牛）经济杂交工作。年内，完成黄牛改良3000头、牦牛（犏牛）经济杂交200头。

2020年2月10日，墨竹工卡县农业农村局局长达瓦次仁（中）主持召开新冠疫情防控工作安排会议

【畜牧业】 年内，开展全县强制免疫牲畜共计18.94万头（只、匹），免疫率达到99.71%。严格落实24小时值班和重大动物疫情日报告、零报告制度，全年投入工作人员4624人次、消毒药品0.74吨，对养殖场进行消杀229场次、4.78万户次。逐级签订牲畜清点责任书，按期完成牲畜清点及数据录入、统计工作。兑现农牧民补助奖励政策资金1263.06万元，其中，封顶保底后享受补助奖励资金1178.82万元，村级草原监督员补助资金84.24万元。

【整村推进项目】 年内，成立以县委书记为组长，县委副书记、县长为常务副组长的“美丽乡村·幸福家园”建设领导小组，高位推动工作开展。第一批总投资1.18亿元，于日多乡、扎西岗乡、扎雪乡3个乡6个村13个村民小组，开展涉及151户873人、以住房拆除、新建为主的住房改造提升工程；涉及143户738人、以“五改”为主的环境提升工程；涉及125户739人、以完善公共设施为主的人居环境整治工程。

【农机及深松整地】 年内，落实农机购置补贴，购置农机具290台，落实补贴525.548万元。年初召开专题会议与各乡（镇）签订农机安全目标责任书，全县全年未出现农机具安全事故。农机深松整

2020年7月15日，墨竹工卡县农业农村局发放人大、政协议案农机具

地任务为2万亩，完成率100%。

【防抗灾】 年内，根据区、市有关防抗灾文件要求，做好防抗灾物资储备。年内，市级调拨饲草250吨、县级储备饲料286吨，分别向高海拔牧区及易灾乡(镇)调拨饲草299.63吨、饲料189吨，确保牲畜能够越冬寒、度春荒。

【农牧民增收】 年内，墨竹工卡县农牧民人均可支配收入达18187元，同比增长12.6%。

【兑现惠民资金】 年内，种植粮食补贴以“一卡通”方式兑现，共计资金154.15万元。

【项目带动】 年内，尼玛江热乡帮达村、扎西岗乡扎西岗村高标准农田建设任务3400亩全面完工。总投资6000万元、建设规模2万亩的2020年高标准农田建设项目已完成初设和前置手续，相关工作陆续启动。经排查，全县可利用温室326栋，均已全部安排种植蔬菜。

奶牛养殖“万户工程”完成验收合格示范户88户；县标准化奶牛养殖场存栏达到515头，建设工作稳步推进。扎雪乡牦牛养殖基地建设项目完成房建部分，并已同步开展牦牛采购工作。

加强项目前期论证，提前完成部分可行性强的项目立项、用地、环评、风评等前置手续办理，做好项目储备，初步谋划“十四五”重点农牧业项目6个。同时，由净土公司主导，加大墨竹小油菜榨油厂、农业示范园区的市场化运营，辐射带动效应得到进一步发挥。

【科技工作】 年内，全县共有科技特派员99人，其中自治区级科技特派员80人、市级科技特派员19人。年内，墨竹工卡县农业农村局结合工作实际，紧紧围绕“科技下乡、促民增收”这条主线，积极组织单位专技人员及科技特派员开展春防、春耕、技术指导、病虫害防治等工作，全面提升农牧民技能水平，提高群众转移就业与科学种养能力，开展科技服务1500余次，组织90名农牧民到拉萨蓝翔技校参加新型职业农民培训，主要学习动物疫病防治和农机具维修知识，联合农业推广站和兽防站开展农牧民实用技术培训600余人次。

【清产核资】 年内，实行六步工作法(成立清产核资小组、制定清产核资办法、实地清查盘点、出具清产核资报告、结果公示、台账管理)全面开展清产核资，重点清理核实村集体各类资产、资源、债权、债务等，摸清村集体家底，建立资产、资源、债权债务等台账，为资产量化奠定坚实基础。自2018年墨竹工卡县清产核资工作开展以来，在县委、县政府高度重视下，聘请第三方会计师事务所协同墨竹工卡县清产核资工作专班人员共同完成2017—2019年清产核资建账工作。截至2019年全县已完成40个行政村，198个村小组的清产核资报表填报、全国农村集体清产核资系统录入、建账(银行日记账、现金日记账、三栏明细账、固定资产日记账、总账)工作，全县清产核资农村集体资产总额为1.66亿元，其中货币资金3267万元、农业资产1732万元、长期投资资产361.3万元、固定资产11242.87万元(经营性固定资产970.22万元、非经营性固定资产10272.64万元)，资源性资产13.9

万亩，其中耕地11万亩、林地1.3万亩、建设用地1.6万亩、待界定未利用地0.023万亩。2020年清产核资工作已聘请四川农业科学院遥感与数字农业研究院专业人员，开展清产核资工作。按照区、市相关文件要求，县、乡一级出台农村集体经济组织成员身份界定工作指导意见，各村在充分征求群众意见基础上，结合本村实际出台相关工作办法、工作方案，成立成员身份界定工作小组，对符合条件的村民进行全面排查、登记造册，参照县、乡级成员身份指导意见，逐一确认成员身份。全县40个行政村已完成摸底登记工作，确定成员户数11847户、人数为50326人。

对全县各畜禽养殖场施行每月监督检查，覆盖养殖场养殖档案建立、动物防疫、兽药饲料使用、污染防治、场区环境消毒等全部环节，并对重点区域"瘦肉精""生鲜乳违禁物"进行专项检查。截至10月10日，全县累计开展动物及动物产品检疫117件，共检疫禽类18392只、马35匹、骡36匹、牛1629头；检疫牛肉70243千克、猪肉50千克。

（旦增英色）

【机构领导】

局　长

达瓦次仁（藏族）

副局长

李求超（江苏援藏）

洛旦扎西（藏族）

代贵彬

扶贫开发

【概况】墨竹工卡县辖7个乡1个镇，40个行政村，1个居委会，全县人口1.66万户6.01万人，其中农村人口11974户、50755人。2015年识别建档立卡户1690户7236人，经过9次动态调整后，建档立卡户现为1644户7591人，2020年度动态调整工作已完成。按照"一申请、两评议、两审核、三公示、县审定"脱贫程序，其中2016年脱贫483户2231人，2017年脱贫1165户5112人，2018年脱贫35户117人，2019年脱贫4户7人。

截至年底，全县贫困发生率从2015年年底识别之初的14.88%降至零，建档立卡户农村居民人均可支配收入从2015年1970元增长到2020年13370.33元，建档立卡户群众全面实现不愁吃、不愁穿，住房安全、基本医疗、义务教育有保障，基础设施、基本公共服务、产业发展等显著提升。

【聚焦产业】2016—2020年，实施扶贫产业项目累计57个，已完工55个，已运营项目55个，累计投入资金6.72亿元。涉及固定资产确权的扶贫产业项目47个，完成登记43个。同时，落实扶贫小额信贷政策，支持建档立卡群众发展自营产业，2016年以来，共为1424户次，发放小额信贷资金共计6456万元，其中2016年313笔1244万元，2017年374笔1705万元，2018年318笔1509.5万元，2019年228笔1097万元；2020年办理小额信贷191笔，共计900.5万元。

【医疗援藏】依托南京医疗人才、技术等援藏优势，先后投入9000余万元实施乡卫生院全覆盖建设、移动医院等21个项目，优化提升县域医疗软硬件设施。通

2020年4月7日，墨竹工卡县召开决战决胜脱贫攻坚巩固提升"百日行动"暨脱贫攻坚普查核查动员部署会议

过“互联网+”，优化“宁墨远程会诊平台”，创新实施智慧医疗、“诊间支付”等。稳步推动建设医疗集团、县乡医疗一体化建设工作，县人民医院已在全区县（区）医院中率先通过“二甲”终验，实现创新发展的历史性成就。

2020年8月28日，墨竹工卡县脱贫攻坚普查组入户核实

【教育援藏】 2016—2020年，按照自治区建档立卡贫困户家庭子女接受高等教育实施免费教育补助政策，自治区全额承担（上限7000元）、县级差额补助的标准，为大学生发放资金740.07万元。2019—2020学年，1356名大学生，发放资金568.7万元，其中建档立卡、农村低保大学生223名，自治区资金72.66万元，县级差额补助资金共35.62万元。

2015—2020年，县本级财政非教育配套以外投入资金，实施墨竹籍农牧民大学生全额报销学杂费政策，共发放资金4740.31万元，其中，2015年，1332名大学生，发放资金884.73万元；2016年，1504名大学生，发放资金1009.82万元，其中建档立卡大学生153名，发放资金107.83万元；2017年，1163名大学生，发放资金1123万元，其中建档立卡大学生167名，发放资金132.11万元。2018年，1219名大学生，发放资金1154.06万元，其中建档立卡大学生211名，发放资金185.14万元。2019年开始，按照《拉萨市人民政府办公室关于印发拉萨市高等教育阶段家庭经济困难学生资助政策实施办法（试行）的通知》，墨竹工卡县按照困难户大学生报销学杂费的80%、发放生活补助2400元/年、农户大学生报销学杂费得60%、发放生活补助1800元/年的标准，按学年落实资助政策。2019—2020学年，1356名大学生，发放资金568.7万元，其中建档立卡大学生223名，发放资金35.62万元。

【就业培训】 2016年以来，累计培训建档立卡贫困人口2094人次，特别是2020年培训建档立卡贫困人口376人，实现稳定就业1577人。

【推进搬迁】 2016年以来，全县累计完成县域内搬迁662户2789人，接收“三岩”片区搬迁48户256人，所有搬迁群众已基本适应城镇生活，同时，墨竹工卡县全面推进生产资料处置、安置超面积整改等后续工作。全县662户易地扶贫搬迁户中，在原籍有旧宅的共565户、无旧宅的97户、连体户43户，属于特色传统村落11户。截至年底，已签订旧宅基地腾退协议496份，签约率达到87%，搬迁户旧房拆除完成187户。慈觉林搬迁安置点于2020年9月在全市率先开展房屋超面积回购工作。

【落实政策】 2020年上半年，安排生态岗位2163个，兑现资金378.47万元，建档立卡2029人，兑现资金355.07万元；下半年落实生态岗位2141人，兑现岗位资金374.675万元，建档立卡1992人，兑现资金348.6万元。

【水网健全】 年内，完成集中式饮用水、大气、土壤等42个点位监测工作，7个乡污水处理厂项目稳步推进。

【电力提升】 2016年以来，投资3.46亿元实施新一轮农网改造，新建和改建变电站6座（其中新建3座），新建和改造高低压线路共计685.38公里，农牧区通电率100%。2017年，农牧区年用电总量达1163.09万千瓦。

【通讯面广】 年内，建设32个村级邮站（8个乡政府所在地行政村不单设邮站），乡村通邮率达到100%。40个行政村移动、电信网络覆盖率达到100%，广播、电视覆盖率99.6%。

【网络完善】 截至年底，全县移动电话用户4.05万户、固定电话用户3329户，计算机互联网用户6628户。40个行政村宽带资源、金融机构助农POS机覆盖率达到100%，自然村网络信号覆盖率达到98%以上。

（韩 超）

【机构领导】

主 任

伦 珠（藏族）

副主任

巴 桑（藏族）

崔华贵

退役军人事务

【概况】 2020年，墨竹工卡县退役军人事务局认真学习和准确把握新时代退役军人事务工作的特点、要求，紧紧围绕“维护广大退役军人合法权益，推动军人成为全社会尊崇职业”的工作目标，着力在建立制度、落实政策、营造氛围、维护稳定和提升能力等方面加强单位基础建设，团结拼搏，锐意进取，扎实高效，圆满完成各项任务，推动退役军人事务全面发展，全面提升双拥工作的质量和水平。

【党建工作】 年内，深入学习贯彻习近平总书记系列重要讲话精神和中共十九大、十九届二中、三中、四中、五中全会以及中央第七次西藏工作座谈会精神，积极适应退役军人事务发展和党建工作新常态，以从严治党为主线，坚持不懈地抓好党的思想、组织、作风、制度和党风廉政建设，有力地提升党建工作的科学化水平。

持续推进“两学一做”学习教育常态化制度化，广泛组织党员干部集中学习《习近平谈治国理政》第三卷、党章党规、疫情防控、精准扶贫和生态保护等共30次，有效地教育党员干部切实加强党性修养，守纪律讲规矩，当先锋做贡献。充分利用“互联网+”学习模式。支部3名党员全部参加“学习强国”的学习，年度学习积分共计42207分，日平均42.12分/人；2名干部完成西藏干部教育网在线学习平台培训班的学习；所有干部通过《党员领导干部政治理论学习》《中华人民共和国公职人员政务处分法》及《习近平谈治国理政》第三卷等线上答题共计10次。

【优待抚恤】 年内，严格执行各类优抚对象抚恤补助政策要求，依法依规保证优抚对象应有待遇按时发放，让退役军人和其他优抚对象感受到党和政府的关心温暖。

【就业创业】 年内，积极探索实践退役军人就业创业新模式，直面贴近退役军人群体，拓展退役军人就业渠道，将退役军人就业创业工作作为创新工作和亮点工作来抓。

年内，结合西藏华泰龙矿业、西藏巨龙铜业员工招聘计划，与

2020年5月8日，墨竹工卡县退役军人事务局联合县武装部为立功受奖家庭送喜报

县人社局联合强力推进墨竹籍退役军人就业工作。鼓励退役军人积极参加区市开展的各类招聘活动，同时积极宣传并协助2020年退役士兵报读西藏技师学院，墨竹籍退役士兵被成功录取。

【双拥共建】 年内，坚持以“军民融合式发展”总要求为出发点和落脚点，以促进拉萨市创建全国双拥模范城、墨竹工卡县创建自治区双拥模范城（县）为目标，深入贯彻落实双拥工作的一系列文件要求和各级领导的批示指示精神，本着军地所需、群众所盼、军地所能、共建共享的原则，立足基层，服务大局，注重建设，在提供优先优待服务的窗口，设置规范、醒目的“军人、退役军人优先”服务窗口标识标牌，充分调动社会各界拥军的积极性，引导全县机关、企事业单位和社会各界人士广泛参与拥军，为官兵送爱心、送服务，极大融洽地方政府、企业和驻墨部队以及辖区退役军人的情谊关系，努力营造“拥军优属、拥政爱民”的浓厚氛围。

在春节、藏历新年期间，县“四大班子”领导带着全县人民的深情厚谊，慰问各驻墨部队，给官兵送去节日的问候和祝福，发放慰问金；在“八一”建军节期间，印发《致驻墨部队全体官兵和全县广大退役军人的慰问信》，走访慰问驻墨官兵、军转干部和困难现役军人家属，发放慰问金，对城乡退役军人发放慰问品；在欢送墨竹籍应征入伍新兵和驻墨退伍老兵期间，发放慰问金；常态化组织开展送立功喜报拥军仪式，为荣立三等功的现役军人悬挂“三等功臣”牌匾，并送上奖励金。

【维护权益】 年内，全面“解”退役军人之忧，坚持以政策落实为基础，以解决问题为导向，以综合施策为办法，积极帮助退役军人在子女入学方面表达诉求，推动问题解决。注重“访”退役军人之情，健全常态化联系制度，墨竹工卡县退役军人事务局干部采取结对联系的方式，与退役军人建立常态化联系制度，并健全工作机制和联系工作台账，及时掌握、帮助解决退役军人现实困难。坚持“听”退役军人之声，推行“开门接访”，做到退役军人来访“无门槛”，落深、落细来访接待的各项工作要求，真正做到不回避、不懈怠、不推诿、不留死角，推动退役军人权益保障工作有新成效。年内，未接到来信来访信访件。

【征兵宣传】 年内，针对征兵新政策、新情况较多的实际，在全县加大征兵宣传力度，全面宣传《中华人民共和国兵役法》和各项优惠政策等，发放《2020年征兵政策解读》，在人口密集的地方开展集中宣传讲解2次，进一步扩大群众对征兵条件和各项优惠政策的知晓率，引导广大适龄青年树立正确的国防观念，依法服兵役观念。

【新冠疫情防控】 年内，墨竹工卡县退役军人系统坚决落实习近平总书记重要指示精神，广泛发动本系统工作人员和广大退役军人，要求他们迎难而上，勇挑重担。上半年退役军人事务局抽出2名人员参加拉萨市疫情防控工作，始终坚守防疫一线；全局干部党员积极响应，分别以党员身份和干部身份，踊跃为支持新冠肺炎疫情防控工作自愿捐款2次，共计1500元。

（彭连峰）

【机构领导】

局　长

次旺格列（藏族，6月免）

副局长

廖　　凡

水利

【概况】 针对墨竹工卡县部分农牧区饮水设施老化，3个高海拔乡镇存在季节性冻管等现象，墨竹工卡县水利局多方筹集资金实施一批农村安全饮水巩固提升工程：2018年投资1100余万元，实施五乡一镇安全饮水巩固提升工程，已完成验收，已安排施工单位进行全面检修，确保正常供水。2019年，整合扶贫资金733.24万元，实施安全饮水项目6个，提灌站项目1个，5个项目已完成建设并完成自验；援藏投资400万元的扶贫二期供水项目及上级投资100万元的门巴乡德仲村饮水巩固提升工程已完工，已完成自验，年底前完成终验及财政评审工作。2020年整合1477万元，实施六乡一镇安全饮水巩固提升工程，已全部完成工，处于项目收尾阶段，年底前完成验收工作，为切实解决高海拔乡镇季节性冻管问题，对6个点位实施电热带保温试点工作；对排查出的19个点位，争取上级资金76万元，实施饮水工程维修养护，已全部完工。根据要求，2020年对全县207处水源点进行检测全覆盖，拉萨市海关已检测25处水源，2020年新实施项目涉及的34处水源已完成检测。市水利局检测55个水源点，已送检。剩余93处水源点，以政府技术采购的形式，委托第三方进行检测，已完成检测，实现墨竹工卡县水源点检测全覆盖，圆满完成了脱贫攻坚国家普查验收工作。

2020年4月9日，西藏自治区水土保持局局长易云飞（右排右二）一行到墨竹工卡县水利局检查指导工作

【"河长制"工作】 年内，墨竹工卡县全面推行河（湖）制工作持续深入开展。墨竹工卡县列入县级河（湖）长制管理的主要河湖4个，分别是拉萨河墨竹工卡段、墨竹玛曲、雪绒藏布及思金拉措湖。编制完成8条重要河流（沟系）的《一河一策实施方案》，正在着手推进河湖管理保护范围划定工作。

根据墨竹工卡县全面推行河长制督导检查方案，坚持每季度组织开展一次河（湖）长制督导检查工作，对存在问题的单位及时下发限期整改通知。截至年底，共开展督查11次。根据区、市关于开展"清四乱"行动的系列文件要求，墨竹工卡县及时成立工作领导小组并下发实施方案，在全县范围内开展"清四乱"专项行动。截至年底，共整治销号完成8个"四乱"问题，累计清理河湖垃圾69吨。

【小型农田水利基本建设】 年内，争取资金实施墨达灌区进水闸门及进水口维修工程；安排本级预算资金38万元，实施工卡镇旁麦村提灌站项目，已完成项目建设；政府本级安排预算，继续实施尼玛江热乡灌区工程（PSL贷款项目），总投资2949.28万元，现已完成项目总量的98%。工程实施完成后可有效改善当地农牧民群众农田灌溉问题，切实提高当地农田灌溉保障程度，进一步改善农牧民群众生产生活条件，促进当地农产品增收。

【防洪堤项目建设】 年内，针对排查出的汛期安全隐患，按照轻重缓急、重点优先的原则，本级财政投入305.76万元，实施县城防洪堤及扎西岗乡吉古村防洪工程，委托城投进行代建，已完成。安排本级预算资金，对唐加乡东布岗优组、冲尼村、卓村山洪沟、甲玛乡龙达村同步山水沟、赤康村防洪设施，工卡镇旁麦村以及日多乡维巴组防洪设施等进行维修加固，确保安全度汛。

甲玛曲甲玛乡防洪工程（PSL）贷款项目，总投资1903.8万元，已完工95%；新城区防洪堤项目（PSL）贷款项目，总投资2789.56万元，已全部完工，待验收。2个项目11月全部完工并按照程序完成项目初验。

【防汛抗旱】 年内，墨竹工卡县防汛准备各项工作做到早安排、早动手、早落实，汛前，县防指及时调整充实县防汛抗旱指挥部领导小组，修订完善并下发《墨竹工卡县县城防洪预案》《墨竹工卡县防汛应急预案》《墨竹工卡县山洪灾害防御预案》等各类应急预案，明确防指各成员单位职责分工。6月11日，召开全县防汛抗旱工作会议。同时从6月1日起全面执行24小时值班制度和领导带班制度。2020年，墨竹工卡县财政预算防汛抗旱资金100万元，投入资金35万元，通过政府采购形式完成防汛抗旱物资储备工作：共采购防汛抗旱物资铅丝笼600圈、编织袋5万条、吨袋300个、铁丝35圈、彩条布50条等，并向各乡镇防汛抗旱指挥部发放铅丝笼310圈、编织袋33000条，并结合乡（镇）防汛任务及隐患点实际发放防汛抗旱物资。截至年底，累计储备防汛抗旱抢险物资，铅丝笼380圈、编织袋6.8万个、吨袋360个、铁丝126圈、彩条布61条，铁锹50把，抽水泵4台，雨鞋45双，抢险照明强光灯2台、强光手电筒4台等。

年内，从县本级资金中解决305.63万元，用于维修加固墨竹工卡县新区县城防洪堤和吉古村防洪堤，同时对拉萨河新区县城防洪段和工卡镇旁麦村和甲玛乡龙达村交界处河道进行疏浚清淤工作。县水利局从2020年防汛抗旱专项经费中解决部分资金，用于全县13处隐患点整治工作，确保2020年汛期安全度汛。

完成全县汛前隐患大排查工作，共排查出25处防汛隐患点，涉及全县七乡一镇和三大矿山企业，并结合隐患点实际制定解决方案，明确责任主体和治理期限；要求各乡（镇）、矿山企业、在建涉河工程建设单位于6月15日之前成立领导小组、编制应急预案、组建抢险队伍、储备防汛抗旱物资和机械设备。

【安全生产】 年内，墨竹工卡县水利局共组织水利行业安全生产检查13次。重点对全县重要防洪堤、山塘等各类水利工程及山洪地质灾害隐患点、矿山企业尾矿库等防汛重点部位的督促检查和指导。对检查过程中发现的汛期安全隐患点，及时采取工程措施，极大消除安全隐患，全力确保人民群众的生命财产安全。组织人员及相关部门对中央环保转办案件进行现场督促检查6次，对发现的问题，及时向矿山企业提出整改意见。

【“十四五”规划重点项目】 年内，积极对接上级部门，按照轻重缓急，重点罗列出一批重点项目进行申报。年内，扎雪灌区工程预算投资2000万元，已完成可研、初设，预计资金2021年年初可下达；同时，年底前完成6个乡镇水厂的前期可研初设，尽力争取2021年2个水厂项目；墨达灌区工程由水利局牵头开展相关工作；墨达灌区唐家段维修加固工程已争取资金，正在办理保护区手续，年底前完成前期及招投标工作。

【精准扶贫】 年内，高度重视扶贫工作，把帮扶扎雪乡扎雪村作为一项重要工作。成立以主要负责人为组长的帮扶工作领导小组，组织干部职工到结对村组及结对户，以开展精准帮扶活动为手段，改善结对户思想生活状态为目标，向结对户宣传党的各项富民惠民政策，结合户中实际情况提出了发展思路。

【扫黑除恶】 年内，根据县委政法委统一安排部署，通过在主要场所悬挂横幅，发放宣传资料等宣传方式，开展宣传，发动广大群众，营造良好的水利系统扫黑除恶专项斗争宣传氛围。定期不定期安排部门执法巡查人员每天对

2020年7月21日，拉萨市水利局一行到县城防洪堤抢险现场检查指导工作

2020年5月20日，拉萨市级河长制督查组一行到墨竹工卡县检查指导工作

河道巡查，对河道滥采盗采砂石资源、水利工程招投标和违法水事行为进行重点排查。

全面执行河长制湖长制的河湖执法监管要求，以清“四乱”现象为重点，结合河湖专项整治、河道非法采砂整治、防汛检查、专项执法等活动，实现河湖执法监管体系完善，河湖管理秩序稳定。鼓励群众主动检举揭发黑恶势力，形成全民参与的工作合力，精确打击各类黑恶势力犯罪。进一步建立健全扫黑除恶工作台账，及时收集、汇总、报送工作进展情况，原则上数据、信息随时上报。

（张文波）

【机构领导】

局　长

许晓菲

副局长

斯朗拥宗（女，藏族）

教育（体育）

【概况】 2020年，墨竹工卡县有各级各类学校49所，其中初中1所，中心小学8所，幼儿园40所。义务教育阶段学生6940名，其中初中学生1906人，小学学生5034人；在园幼儿2731名。全县现有教职工694人（含援藏教师6名），专任教师671人，其中初中专任教师166人，小学专任教师317人，学前专任教师188人，教师学历合格率达100%。2020年，小学适龄儿童净入学率达99.98%，初中毛入学率达104.48%，义务教育巩固率达99%；学前三年毛入园率达95.16%，共有23名学生考上内地西藏初中班（校）。

【党建工作】 年内，墨竹工卡县教育系统各党组织始终以习近平新时代中国特色社会主义思想为指导，结合“两学一做”“三会一课”及主题党日活动等制度，制订学习中共十九大精神学习计划，做到党组织集中学习不少于20次、讲党课不少于2次、党员学时不少于28学时、心得体会不少于2次。年内，各党组织通过集中学、自学等形式，学习宣传贯彻习近平总书记在全国教育工作上的讲话、致西藏民族大学建校60周年的贺信、中央第七次西藏工作座谈会及全国、全区、全市教育工作会议精神。结合提升教育教学质量、“四讲四爱”、“不忘初心、牢记使命”主题教育，积极开展主题党日活动12次。

年内，教育系统共吸收入党积极分子3名，转预备党员13名，转正式党员23名。每名党员干部与结对帮扶的贫困户面对面交心谈心，零距离接触，有效推进结对帮扶工作，同时宣传《中华人民共和国义务教育法》《中华人民共和国未成年人保护法》及党的教育方针政策，解决结对户就业和争取相关政策资助等实事，发挥了教育系统党员干部战斗堡垒和先锋模范作用。

【教育教学】 年内，墨竹工卡县积极推进教研工作，稳步实施《中共墨竹工卡县委员会墨竹工卡县人民政府关于教育教学质量提升工程实施意见（2017—2020）》，安排教研工作专项经费150万元。面对新冠疫情，结合教育系统实际先后制定《墨竹工卡县教育系统关于做好疫情防控期间全县中小学“停课不停教、停课不停学”线上教学工作预案》《墨竹工卡县学校复课后“教与学”工作方案》,通过线上教学稳步推进教学进度。截至年底,已开展县级教研员蹲校视导及骨干教师送教活动四轮,听课共计 50 余节、说课 50 余节、评课 50 余节、县级骨干教师送课 8 节、查阅教案 160 余本、作业 2400 余本;开展主题教研活动 7 期、举办教学质量分析研讨会议 4 场;深入各级各类学校开展教学常规管理检查指导 10 余次,组织片区教研活动 3 次。

截至年底,组织教师参加区、市安排培训共 11 期,参训教师达 352 人次;组织县级培训 13 期,参训教师达 390 余人次。此外,积极组织开展“世界读书日”、书法比赛等活动,提升教师业务能力。隆重举行第 36 个教师节表彰活动,共表彰先进集体 4 个,优秀个人 97 人。9 月 12 日,组织全县教师参加拉萨市“一考三评”业务考试,并严格落实约谈制度。

【德育体育建设】 年内,紧紧围绕习近平总书记“加强民族团结,建设美丽西藏”的重要指示,以国旗下讲话、主题班会、课前 5 分钟德育教育为抓手,在青少年学生中积极组织“扣好人生第一粒扣子”各项主题活动,扎实推动德育进课堂、进师生头脑。充分结合墨竹工卡县教育系统德育教育实践活动系列要求,面向全县青少年学生,围绕“培养什么样的人、怎样培养人、为谁培养人”这一根本问题和习近平总书记在全国教育大会上的讲话精神,组织各学校相继开展“听习爷爷的话、做合格的接班人”和“过好当下幸福生活”主题班会、新旧西藏对比故事会、“厉害了,我的国”演讲比赛、“唱支山歌给党听”师生微拍活动以及“释放压力,放飞心情”主题“六一”儿童节文艺会演、“共产党来了苦变甜”校园文艺会演等系列活动,教育引导师生牢固树立正确的历史观、民族观、国家观、文化观、宗教观,切实营造良好的社会风尚。

2020年4月10日,拉萨市政协副主席、市总工会主席张勤(前排左三)一行到墨竹工卡县中学调研

结合实际、挖掘亮点,确保“四讲四爱”群众教育实践活动入脑入心。利用课前 5 分钟,通过讲述身边事、典型实例,进一步规范学生日常行为及养成教育,立足“四讲四爱”融入课堂教学。通过开展“四讲四爱大家唱”学唱比赛活动、开展“改陋习从我做起”主题班会等形式,让“四讲四爱”真正融入校园生活中。积极组织学生利用周末放假时间,通过“大手拉小手”的方式,让家长参与主题实践活动,让学生和家长以实际行动践行“四讲四爱”,确保将“四讲四爱”实践活动内化于心,外化于行,并立足融入家长心田。

【学前三年藏、汉语教育】 年内,全县新增幼儿园 2 所,配备配齐师资队伍及后勤辅助人员,积极开展学区划分及招生工作。深化农牧区学前教育规范化管理,借助国培、区培、拉萨教育学前双语云平台远程培训等平台,以县级培训为重点,组织园长培训、骨干教师培训以及送教下乡交流学习,参训教师达 150 余人次。按照《西藏自治区幼儿园基本办学条件标准》,逐步完善设施设备,全年划拨 30 万余元完善各类藏、汉语幼儿园教学用具、学具。结合自治区、拉萨市关于推进县域学前教育普及普惠有关文件精神,积极推进相关工作。

年内,已成立墨竹工卡县迎接自治区学前教育普及普惠督导评估工作领导小组,制定《墨竹工

2020年7月6日，江苏省南京市六合区委教工委书记许迎新（前排右二）一行到墨竹工卡县中学考察“墨竹南京班”办班事宜

卡县迎接自治区学前教育普及普惠督导评估工作实施方案》，并督促指导各级各类幼儿园开展园所规章制度健全、档案资料规范等工作。2020 年，组织本县中小学、学前教师参加普通话培训及测试工作，64 名教师取得普通话资格等级证书。以“推普周”为契机，开展普通话知识咨询，宣传进街道、进机关、进学校等活动。

【教师队伍】 年内，墨竹工卡县加强师资培训工作，组织教师参加区、市安排培训共 11 期，参训教师达 352 人次；组织县级培训 13 期，参训教师达 390 余人次。此外，积极组织开展“世界读书日”、书法比赛等活动，提升教师业务能力。隆重举行第 36 个教师节表彰活动，共表彰先进集体 4 个，优秀个人 97 人。9 月 12 日，组织全县教师参加拉萨市“一考三评”业务考试，并严格落实约谈制度。

【教育基础建设】 年内，坚持“相对集中、方便入学、改善条件、确保质量”的原则，统筹规划，调整优化义务教育学校布局。截至年底，墨竹工卡县教育基础建设重点面向薄弱学校改造，学前教育设施设备提升，补齐办学条件短板。完成续建日多乡怎村哈姆组双语幼儿园、扎雪乡期朗村西玛组幼儿园、提升改扩建尼玛江热乡芒热村牧村双语幼儿园共 3 个项目，项目总投资 723.37 万元，项目已竣工投入使用，有力改善了偏远牧区农牧民子女就近入园的问题。

新建国家投资南京实验小学教学辅助用房项目及南京援藏投资南京实验小学教学辅助用房项目、扎雪乡中心小学总体附属工程项目、日多乡中心小学教工食堂项目、门巴乡中心小学教学楼改造及学生宿舍扩建项目、门巴乡巴日卡村双语幼儿园提升改造项目和南京实验幼儿园（唐加乡中心小学、扎西岗乡南京希望小学、甲玛乡中心小学）等温暖校园供暖项目共 10 个，项目总投资 4615.67 万元。同时积极到各项目审批单位申请中央预算内和自治区、拉萨市配套资金，更好地推进规划“十四五”项目建设，根据年份提前做好“十四五”规划项目所有前期工作。

【以教脱贫】 年内，严格落实十五年免费教育政策，严格落实“三包”及营养改善计划。截至年底，共支出“三包”经费 31810362.21 元，享受学生 9495 人，支出营养改善经费 5326000 元，享受学生 6815 人。为加强规范化管理，开展财务人员业务提升专题培训 4 次。积极协调联合乡镇党委政府，圆满完成小升初、幼升小整班移交工作。截至年底，中小学入学率、巩固率、学前三年毛入园率均已达到要求。全县适龄残疾儿童少年入学率达到 100%。有效开展“送教上门”工作，邀请拉萨市特殊学校专家组织开展全县特殊教育学生“送教上门”工作专题培训，按照每月 2 次要求，组织各学校开展送教上门服务。接受拉萨市义务教育控辍保学工作考核，墨竹工卡县考核成绩位列各县区第三名。

安排专人协同学校开展“易地搬迁”学生学习状况调研工作，根据“三岩”片区学生学习情况，墨竹工卡县中学和南京实验小学根据学生学习情况，采取教师一对一、一对多的方式，进行“培优补差”，通过党员教师与学生、学生与学生之间的结对,着力提升随迁学生学习成绩。

稳步推进2019—2020学年资助金预算、学生票据收集、审核、录入工作,召开局办公会议,集中研究通过预算全年教育经费,并与县财政局积极沟通单独核算预留年度资助金。2019—2020学年,共发放县级大学生资助金569.52万元,受助大学生共1357名,其中建档立卡、农村低保类大学生共223名,发放资金35.62万元,农村及城镇困难户大学生79名,发放资金51.33万元,农户大学生共1055名,发放资金482.57万元;兑现自治区"建档立卡大学生"免费教育补助资金72.66万元;兑现拉萨市家庭经济困难新生资助金0.3万元,受助学生3名;兑现2020年高校毕业生学费代偿和国家助学贷款代偿资金23.61万元,受助干部职工共15名。深入各乡镇积极开展资助政策宣讲活动,发放各级各类资助政落实情况台账资料7套、藏汉宣传手册、明白卡770余册。

【校园安全】 年内,做好开学前各项筹备工作,投入新冠疫情防控专项资金64.37万元,有序解决口罩、体温计、消毒液、一次性手套等防控物资短缺的问题。积极配合自治区教育厅、拉萨市教育局全力做好湖北省市返墨大学生的信息摸排、收集、核查、汇总、填报工作;联合县卫健委、各乡镇、村委会,利用为期10天的时间组织专人分组深入全县七乡一镇,逐村逐户摸排调研及回访工作2次,入户率达100%;全面了解摸排从重疫区湖北省市返墨大学生状况,并发放就医卡及送去价值17.06万元的大米、菜籽油等慰问品。常态化开展疫情防控工作,严把校园第一道关,加强外来人员的管控,严格按照疫情防控要求对师生员工进行体温监测,强化宣传教育,并做好数据上报工作。

年内,召开校园安全专题会议10余次,县委教育工作领导小组组织召开校园安全、校园饮水、疫情防控等专题会议4次。出动75名检查人员深入各学校专项检查安全、卫生、维稳工作235次;积极妥善处理校园安全事件,并全面分析研究校园安全事故多发的原因,深入查摆问题,找准短板弱点,完善体制机制,落实解决措施,举一反三,通过与卫健委、疾控、市监、消防等单位联合治理以及聘请专家开展讲座等形式,多层面开展校园安全隐患排查整治、学生心理健康疏导等工作,全力保障校园安全稳定局势。

【"互联网+教育"国家示范县创建】 年内,投入教育信息化建设经费523万元,主要用于实施"互联网+教育"信息化设施设备配备更新、各学校宽带网络费用以及设备运维费、县完小远程电子图书项目、各学校一键报警系统及监控系统项目等。为更好地推进墨竹工卡县"互联网+教育"工作,结合本县实际制定《墨竹工卡县"互联网+教育"实施方案》,通过自查整改推进"三通两平台"、改善基础环境、利用信息设备开展教育教学活动等过程中薄弱环节,及时调整工作思路,改进工作方法,有效填补缺口,有序补齐短板,促进信息化可持续、健康发展。

5月9—14日,邀请市电教馆专家到墨竹工卡县调研指导教育信息化现状、发展思路及进展情况。完成南京实验小学、唐加乡中心小学2所小学智慧教室示范点前期工作,并同步完成县完小远程电子图书项目、各学校一键报警系统及监控系统的招投标工作。加大信息化培训力度。以线上线下方式开展"西藏珠峰旗云平台""拉萨教育云平台"的应用培训,教师参训率达到98%。

【"墨竹南京班"开班】 2019年8月至2020年7月,在墨竹工卡县委、县政府的高度重视下,利用为期一年的时间,在南京市委、市政府、南京市六合区委教育工委的大力支持下,在南京第九批援藏干部的积极协调下,经过有关领导、专家和教师的反复考察和协商,结合墨竹实际教育情况与需求,8月10日6名支教教师到墨竹工卡县任教,有序安排支教教师住宿、用餐、接送等生活问题。9月8日,墨竹工卡县举行"墨竹南京班"开班仪式,共设立2个班级,招录学生91名。通过制作宣传册等方式,大力宣传"墨竹南京班"及支教教师。

通过设立"墨竹南京班",直接引进优质教师资源,发挥"组团式"教育援藏作用,在学校管理、教育教学、教研教改、示范带

2020年10月28日，拉萨市教育局党组成员、副局长向宗（中）一行到日多乡小学考察“五个100%”教育目标落实情况

动方面加大帮扶指导，推进优质资源共享机制，“移植嫁接”援藏地先进教学理念和方法，将有力提升墨竹工卡县教育教学质量，满足当地群众对高质量优质教育的诉求，落实政府优先发展教育的需求，并促进两地的交流、交往和交融。

【援藏工作】 年内，墨竹工卡县接受江苏省统战代表团、南京市教育局、南京市圆梦青少年发展基金会及各爱心企业捐助援助款共93万元，主要用于教育发展及教师奖教，另外接受爱心企业捐助的价值20万元的课桌椅。

2019年，南京援藏团队通过爱心企业捐助，设置“格桑花开教师助困基金”和“格桑花开爱心奖教基金”，帮助困难教师及家属，并鼓励在教学中取得优异成绩的教师。截至年底，共筹集资金42万元。年内，以庆祝第36个教师节为契机，墨竹工卡县颁发首批“格桑花开”教师助困基金4.7万元，共资助困难教职工12人。此外，2020“为爱西行·决胜小康”全媒体行动暨墨竹工卡爱心助学公益行活动在唐加乡中心小学举办，并设立“为爱西行·格桑花开”爱心奖教基金，签订援助协议。

1月4—12日，由县委常务副书记、常务副县长施勇君，县委常委、副县长陈亮带队，组织县教育局负责人、局相关科室负责人及部分学校校长、电教员共15人到南京交流学习信息化教育及智慧校园建设工作。9月25日，江苏省教育厅副厅长顾月华带领的江苏省教育厅代表团一行7人到墨竹工卡县调研教育援藏工作情况，并召开援藏教师座谈会，双方就进一步加强两地交流、共同提升经济社会发展以及教育教学改革等方面进行了深入交流。

【学生健康体检】 年内，为进一步加强和改进墨竹工卡县学校健康管理工作，制定并下发《墨竹工卡县中小学幼儿园建立健康档案实施方案》，联合县卫健委、各乡（镇）卫生院，积极组织开展学生健康体检工作，促进墨竹工卡县中小学幼儿园体质健康的科学化管理。截至年底，已全面完成所有学校学生健康体检工作，健康电子档案同步制作录入。

（曲　珍）

【机构领导】

负责人

拉巴穷达（藏族）

副局长

张　丽　丽（女）

李　天　龙（满族）

墨竹工卡县中学

【概况】 2020—2021学年，墨竹工卡县中学有37个教学班级（均为双语教学班），在校学生1906名；教职员工共173人，其中专任教师170人，中级职称98人。

【基层党员发展】 年内，召开庆祝建党99周年党日活动和党员转正表彰大会1次，在转正大会上有2位同志转为正式党员，2位同志转为预备党员，2020年共有101名正式党员（包括南京援藏党员教师2名），2名预备党员。

【党风廉政建设】 年内，墨竹工卡县中学党组组织全校老师观看“两会”开幕式，庆祝反法西斯胜利75周年，组织师生观看《八佰》等多部视频，同时撰写心得体会。在学习先进的同时，组织教师先后利用党组集中学习的时间认真学习西藏自治区腐败案例，做到警钟长鸣，保持党员队伍的纯洁性。

【基层党组织建设】 年内，认真定期召开党组会议、支部委员会、党小组会。共召开党组民主生活会议、各党支部组织生活会，加强意识形态教育。其中召开党组会议、党组扩大会议共计50余次，各支部召开支部委员会共计8次。

【"四讲四爱"群众教育实践活动】 年内，墨竹工卡县中学党组继续开展"四讲四爱"主题教育活动，牢记党恩，不忘使命。为了使主题教育更加深入人心，利用LED电子屏、黑板报、主题宣讲、宣传栏、横幅等宣传载体大力宣传，在学生中共进行14次宣讲，宣讲人次达到1万人以上，在老师中共进行2次宣讲，宣讲人次约为240人。

【精准扶贫】 年内，墨竹工卡县中学实行"一帮一"结对帮扶计划，每个贫困家庭都有一名党员教师进行帮扶，按照工卡镇人民政府要求，组织党员教师每个季度下乡到精准扶贫家庭中，给他们带去慰问金和扶贫慰问品，了解各家庭近期的生活情况，为他们排忧解难，同时宣传学校的"三包"政策和党的优惠政策。共接收16名"三岩"片区的学生随班就读，根据学生的学习情况，安排任课老师辅导学生，提高他们的学习成绩，现在学生已经能够跟上学校的教学进度，适应了学校生活，逐渐融入墨竹工卡县中学这个大家庭中。

2020年9月26日，江苏省南京市秦淮区委书记林涛（中）一行到墨竹工卡县中学调研

【德育工作】 年内，发挥德育领导小组的核心作用，形成各部门密切配合，班主任和任课教师共同承担的纵向连接的德育工作体系。德育领导小组成员增强"教书育人""服务育人""管理育人"的意识，并能以身作则，努力工作，带领全员积极探索学校德育工作的新途径。注意加强德育队伍建设，特别是班主任队伍建设。坚持开展主题班会活动，让班主任在实践中互学互进，共同提高，由于长期开展这项活动，使学校班会课质量得以较大的提高。定期举行班主任例会，通过学习有关经验文章、经验介绍等方式，努力提高班主任的工作能力，学校则采用"帮、扶、带"的方式，以使他们尽快胜任班主任工作。

德育处根据学校德育工作计划，认真组织开展德育工作。加强学生行为习惯管理，组织人员不定期对学生行为习惯进行监督检查，对于查摆出的问题做到及时通报，并要求限期整改。在班主任们的通力协作下很大程度地改善学生的行为习惯。本学期由校长尼玛次仁组织召开全校班级的家长会，强调学生在校期间各项情况，以及家长需要知晓的各项事宜，为今后班主任开展工作扫清了障碍。

【校园文化建设】 年内，加强对板报等文化阵地的指导管理，在把好舆论导向的同时，力求主题突出，图文并茂，充分发挥宣传教育功能。抓好安全、法制及心理健康主题教育。通过安全、法制讲座及心理健康教育专题讲座，以真实的典型案例教育学生，积极疏导化解学生心理上出现的各种问题；通过举办图片展，观看法制教育影片等形式展开“珍爱生命，远离毒品”宣传教育活动。

【学生养成教育】 年内，加强建设未成年思想道德政治建设是学校德育工作的核心和重要内容。做到因人而异，考虑不同年级学生在受思想道德水平方面的差异，使得思想道德活动更加具体深入化。丰富的活动作为加强学生养成教育和规范行为习惯的主要渠道，不仅丰富学生的课余生活，而且对学生思想道德建设起到很好的作用。

2020年6月15日，墨竹工卡县中学举办第二十二届田径运动会

【教务教研】 年内，根据新冠肺炎疫情防疫工作实行错峰开学开课，及时调整教师和线上线下教学安排；结合学校实际情况，按照“择优竞聘、公平竞争”的原则，除部分专业缺口外，严格按照专业对口进行竞聘，力求达到提高教学质量及班级管理的效果。根据学校部署，定期公布教师课时量化考核结果，促进教师提高绩效，调动教师工作积极性，促进教师发展。按照上级要求学校及时更新《全国教师系统》和《专业技术人员管理系统》；对于毕业班的教师配备，优先考虑竞聘责任心强、专业过硬的老师，以便把好毕业班的教学质量关，促进教育教学水平提升。对毕业班的任课教师，每2个月召开一次座谈会议，及时掌握、解决毕业班的教学情况，组织召开2020届学生的中考报名、体育达标测试以及2021届学生的学考报名工作、生物实验操作模拟考试和生物、地理的理论考试工作。

年内，进一步规范教师教学行为，夯实教师教学基本功，推动教学管理规范化、科学化、精细化、提高教学质量。进一步制定并完善《墨竹工卡县中学教职工请假考勤管理办法》和《墨竹工卡县中学教育教学常规管理办法》等制度，严格落实《拉萨市教育局关于教学五环节的实施方案》。

【青少年活动中心】 年内，青少年活动中心为更好地服务墨竹工卡县中学学生的课外实践活动，活动中心针对学生实际情况开展丰富多彩的课外实践活动。其中中央彩票公益金支持青少年校外教育事业发展项目资金50万元，已顺利结项，各项设施设备已全部投入使用。争取墨竹工卡县科技局项目，科普中国校园科普e站等多种科普资源放到墨竹工卡县中学，并在墨竹工卡县中学教学楼一楼走廊布置“科技长廊”。举办墨竹工卡县中学学生社团作品展示活动，共展出800多幅作品。邀请全体师生参观。组织学生参加“一带一路手拉手，共奏和鸣心连心”——2020年“金陵杯”中小学生科技创意制作挑战赛，获诸多奖项。

【总务后勤工作】 年内，组织人员及时发放学生的生活用品，保证学生准时使用。对班级扫帚、拖把等卫生、劳动工具及时更新并分发到班。对教学楼、食堂、宿舍区的水电进行排查，食堂内对所有厨房设备进行消毒打扫，宿舍内进行通风打扫消毒，保证师生饮水卫生和身心健康。及时采购、维修已损坏的和需更换的设备，确保学生在学校的日常生活正常进行。

年内，根据校委会的要求，总务处不断规范物品采购和保管制度。学校需要添置的教学用品、办公用品或维修零配件等经批准后，再操作。购买时多了解市场信息、货比三家，同等商品比价格，同等价格比质量，选择质量好、价廉的购买，并索要正规的销货单及发票。采购的物品及时入库进行登记，物品的领用必须填写领取单。认真组织食堂从业人员学习与食品安全相关的法律法规，做好食品卫生知识的培训。

【财务财产管理】 年内，严格落实财务、会计规章制度，依法照章做好财务管理工作，管理好教育经费的收支。在资金使用上，严格执行审批制度，坚持按计划行事，合理使用资金，保证专款专用，坚持以“少花钱，多办事，办好事”为原则，用好学校每一分钱，提高资金的使用效率。在重大的资金使用上，学校通过行政会议讨论，并向全体教师公示，接受群众监督，加强校产管理、提高使用效率。在财产管理上，按规定的管理制度执行，做好财产记账和报损调整工作。加大设备使用率，使其更好地为教育教学服务。

（郑作良）

【机构领导】

副校长

尼玛次仁（藏族，主持工作）

党委副书记

旦增格桑（藏族）

副校长

周 文 泉

罗松措姆（女，藏族）

罗 星 敏

王 广 臻（江苏援藏，8月任）

中国人民财产保险股份有限公司西藏分公司墨竹工卡县公司

【概况】 中国人民财产保险股份有限公司西藏分公司墨竹工卡县公司（以下简称人保财险墨竹工卡县公司）位于墨竹工卡县工卡路18号，是中国人民财产保险股份有限公司的一家县域综合性保险服务机构。

2020年，人保财险墨竹工卡县公司始终以“人民保险、服务人民”为使命，坚持“以客户为中心”的经营理念，以服务县域人民为首要任务，主要经营各类财产损失保险、责任保险、信用保险、意外伤害保险、短期健康险、种、养殖等保险业务；与上述相关的再保险业务；向客户提供咨询服务；国家法律规定的业务。

【机构建设】 年内，人保财险墨竹工卡县公司有墨竹工卡营销服务部1个、县级“三农”保险服务站1个、乡镇级“三农”保险服务站8个，实现全县范围内，县、乡机构全覆盖。机构有工作人员19人，为全面落实县委、县政府关于促进本地待业青年就近就便就业和精准扶贫有关要求，机构工作人员19人中16人为墨竹籍青年，其中建档立卡户6人。为更好地服务当地农牧民，安排13人从事农业保险工作，其中，墨竹工卡县网点2人、乡镇级网点11人，确保农牧民在出险后能及时报案，方便及时查勘和处理相关理赔事宜。

随着保险发展的不断深入，保险为墨竹工卡县的农业生产和其他产业保驾护航的作用和效果越来越明显，越来越受到广大县域人民的欢迎，真正发挥保险社会稳定器、经济助推器的作用。

【新冠疫情防控】 年内，人保财险墨竹工卡县公司主动承担国企

2020年8月9日，人保财险墨竹工卡县公司组织工作人员到扎雪乡开展牲畜防疫防控工作

社会责任，向墨竹工卡县疫情防控一线工作人员捐赠法定传染病保险216份，累计提供保障额度6780余万元，为奋战在一线的工作人员筑起了多重保障。

【承保理赔】 年内，墨竹工卡县政策性涉农保险保费收入16698202.36元，承保青稞63263.54亩、小麦2755.87亩、油菜34492.79亩、马铃薯857.26亩、牛174463头、羊11672只、能繁母猪103头、农房8336户；除政策性涉农保险外，年内，还分别承保县域超大额补充医疗保险、人身意外伤害保险、车辆保险、各类企业财产险、责任险、保证险等，为墨竹工卡县人民保驾护航提供了保险保障。

年内，墨竹工卡县各类保险累计赔付共计4300余万元。

【服务承诺】 中国人民保险公司服务网络遍布全国，有4500多家分支机构和24小时服务热线"95518"可随时随地为您提供多功能、全方位的优质服务。人保财险墨竹工卡县公司将以雄厚实力和优质的服务，竭诚为县域人民提供高质量、充分可靠的保险保障，充分发挥专业技术和服务优势，认真履行社会责任，切实做到为政府分忧，为群众解难，充分体现"人民保险、服务人民"的服务宗旨。

（胡 琴）

【机构领导】

副经理

胡 琴（女，主持工作）

气象

【概况】 2020年，墨竹工卡县气象局编制为7个，下设气象台、防灾减灾科、综合办公室、财务科等机构。2020年，实有人数7名。其中，正科级2名，科员1名，事业编制4名。

【党建工作】 年内，墨竹工卡县气象局党支部以习近平新时代中国特色社会主义思想为指导，根据西藏自治区气象局党组、拉萨市气象局党组和墨竹工卡县机关工作委员会相关要求部署，各项工作开展有序。其中，开展理论学习42次，警示案例学习9次，主题党日活动12次，"两学一做"学习教育4次，专题党课4次，支部党员大会6次，专题组织生活会1次，民主评议党员1次。

【亮点工作】 年内，墨竹工卡县气象局秉持"智慧气象、安全气象"发展理念，在现有工作基础上开拓创新，完成墨竹工卡县人工影响天气灯控作业指挥系统建设项目，该项目为全区首创，对全县人影安全生产工作具有重大意义。该项目的完成一方面解决因作业人员指令接收不明确问题导致的重大人影安全生产隐患，另一方面进一步保护人影作业炮手的人身安全；为深入贯彻落实中国气象局关于印发《研究型业务试点建设指导意见》的通知，建立符合县气象局实际的定常合作交流机制，推进"局企合作"新方式。

年内，墨竹工卡县气象局与西藏巨龙矿业股份有限公司开展合作，建设完成墨竹工卡县甲玛乡巨龙矿山气象自动监测站2套，矿山气象监测站为六要素（风向、风速、气温、相对湿度、气压、降水）气象观测站，可有效监

2020年8月26日，全国政协常委、人口资源环境委员会委员、中国气象局副局长宇如聪（一排右四）一行到墨竹工卡县气象局检查指导工作

测矿山周围气象要素信息，为下一步精细化矿山气象预报服务提供有力的数据支撑；年内，墨竹工卡县气象局完成气象观测装备训练场建设，该训练场为全区第一个室外气象装备维护训练基地，场内所有气象观测设备均为在用设备，可有效模拟日常业务工作中遇到的各类设备故障、软件故障等问题，通过日常故障排除训练，进一步提高了县局工作人员设备维护能力，对县局更好完成“传帮带”工作起到了促进作用。

2020年9月8日，墨竹工卡县气象局党支部全体党员以主题党日活动形式完成甲玛乡矿山自动站建设工作

【基本业务】 年内，墨竹工卡县气象局进一步加大全县气象观测站网建设，完成甲玛乡、扎西岗乡、唐加乡、扎雪乡等4个乡的六要素气象观测站的部分建设工作。截至年底，墨竹工卡县下辖国家气象观测站1个，国家级无人自动站2个，区域无人自动站6个，交通气象站1个，泥石流监测站1个，矿山站2个。随着气象观测要求的不断提高，年内，完成业务观测软件升级工作2次，开展全县自动站巡检12次，气象装备维护维修10余次，雨量设备标校156次，开展业务集体学习48次，开展气象观测业务安全大检查2次。

【气象服务】 年内，墨竹工卡县气象局以习近平总书记关于气象工作的重要批示精神为指导，围绕“监测精密、预报精准、服务精细”要求，认真开展全县气象服务工作，努力为地方各部门提供所需的气象资料，及时主动报送各类气象服务材料。

年内，墨竹工卡县气象局共计发送气象预报信息短信182500余条，制作节日专题预报8期、周预报52期、虫草采挖专题预报4期、重要气象报告1期、天气公报2期、天气消息12期、发布山洪地质灾害预警6期、地质灾害预警26期、强降雨蓝色预警5期、雷电橙色预警1期。汛期内，墨竹工卡县气象局积极开展气象服务工作，主动进行灾害隐患点排查，局内人员24小时轮班，确保全县各级领导能够在第一时间了解雨情实况，为墨竹工卡县防灾减灾领导小组的决策工作和部署提供科学依据。此外，墨竹工卡县气象局还提供气象证明材料，为气象灾害导致的农田、牲畜、房屋等财产损失的保险办理提供依据。

【气象科普宣传】 年内，墨竹工卡县气象局深入贯彻落实《全面科学素质行动计划纲要实施方案（2016—2020年）》《气象科普发展规划（2019—2025年）》等文件要求，围绕公众与社会需求，加强气象科普基地的设施建设，提高服务能力、管理水平，推动气象科技创新。

年内，开展室外气象科普宣传3次，室内宣传20余次，共计发放气象防灾减灾宣传手册18000余册，参加活动人次达13000余人。年内，先后有来自中国气象局和西藏自治区内各地区气象局等10余家兄弟单位前来参观、学习交流科普工作。

【人工影响天气】 自墨竹工卡县开展人工影响天气作业工作以来，在农业防雹、抗旱、水库蓄水等方面发挥应有的作用，产生较好的社会和经济效益。为进一步确保人影安全，年内，墨竹工卡县气象局开展人工影响天气安全生产大检查6次，开展人影作业炮手安全培训2次。年内，开展人工影响天气作业97次，作业高炮弹、火箭弹共计948发，通过各乡镇人民政府气象信息站统计，2020年全县人影工作保护村庄40余个，保护面积达到70342亩，为墨竹工卡县粮食安全生产提供了强有力的气象保障服务。

【防雷减灾】 年内，墨竹工卡县气象局认真贯彻落实拉萨市气象局和县安委会关于气象安全生产工作部署要求，对全县开展防雷安全检查4次，检查加油站、加气站、矿区炸药库等危化场所10余个，提出整改意见20余条。

（甘臣龙）

【机构领导】

拉萨市气象局二级调研员、县气象局局长

尼玛次仁（藏族，9月免）

负责人

刘　　勇（9月任）

副局长

永　　红（女，藏族）

气象台台长

邹 芳 娥（女）

供电

【概况】 墨竹工卡县供电有限公司于2013年12月25日正式挂牌成立，由国网拉萨供电公司代管，是由墨竹工卡县人民政府出资设立的一家国有独资企业。2020年6月30日，国网西藏电力有限公司与墨竹工卡县人民政府顺利完成《关于墨竹工卡县供电有限公司无偿划转协议》签订，墨竹工卡县供电有限公司成功实现直管上划。主要负责墨竹工卡县七乡一镇的电力供应、销售和输变电、配电设施的建设、运维检修，担负着为墨竹工卡县工农业生产、居民生活、市政公用建设供电的职责。

2020年2月14日，墨竹工卡县供电公司经理扎西次仁（中）一行慰问易地扶贫搬迁户

2020年，公司现有职工64人。正式职工共46人，占总人数的68.66%，其中，国网统招大学生20人；劳务派遣13人，业务外包6人。公司设经理1人。公司下设4个部门，分别为营销部、运维检修部、综合管理部及安全监察部。办公楼3幢，占地2600平方米，建筑面积2105.81平方米，办公面积1473.8平方米，设有营业大厅一处及18间办公室，公司现有工作用车18辆。

公司现辖35千伏变电站共6座，总容量为70600千伏安；35千伏线路7条，总长度278.7公里；10千伏配电线路20条，总长度为770.971公里；配变771台，总容量129.78兆千伏安。此外，公司共有1座水电站，总装机容量为1500千瓦。公司电网覆盖5万余人15864户，供电面积5492平方公里，2020年全县新增用户236户，新增容量22564千伏安，2020年全社会用电量（购电量）为8494.56万千瓦时。

【新冠疫情防控】 年内，坚定贯彻落实习近平总书记疫情防控重要指示精神，墨竹工卡县供电有限公司为有效应对疫情防控，召开疫情防控专题会议，成立疫情防控领导小组，明确领导小组工作职责，层层压实责任，全力抓好防疫情、保供电工作；先后多次采购口罩、消毒液、测温等保障物资，购置12000个口罩；为全体员工发放（每人）近200个口罩，发放洗手液、消毒水等必需品。同时自筹资金11万余元，购置2台智能全自动红外测温仪；疫情防控期间，十分关心困难群众，为保障群众基本生活，先后到易地扶贫搬迁户710户、扎雪乡、扎西岗乡等42户贫困户家中进行慰问，分别为他们送上价值28万余元的米、面、砖茶、糌粑等慰问品；为确保疫情防控工作整体平稳运行，全公司职工未出现人员感染和疑似病例，对10余名外省返藏人员均实施隔离措施，严格执行“零报告”制度。

【担当作为】 年内，义务为各乡镇和县城的用户资产免费抢修771次，共出动人员1542人次，出动车辆771次。为日多乡曲坚牧区、拉拢牧区、曲噶塘牧区，扎西岗乡卡加村，东部岗2组，扎雪乡热朗村水磨坊，工卡镇格桑村知索7组水磨坊，门巴乡仁多岗牧区、邦多牧区、顶杰寺，华泰龙住宿区，塔巴村陶瓷厂等地更换、安装变压器或新建、改造线路共计花费161万余元。农村户内线路改造1174户，全面彻底地解决村民用电安全隐患。

【党建工作】 年内，全面落实国家电网公司关于加强“党的建设、企业文化建设和职工队伍建设”的有关要求。党支部书记带头读原著、悟原理，认真落实年度学习计划，全年组织召开大会3次，集中学习11次，开展2次集体活动。年内，转正4名党员、发展党员6名培养(其中发展对象3名)、入党积极分子3名。

组织全体党员干部开展志愿服务活动3次，积极响应党员干部、迅速行动，向疫情严重地区捐款。共捐款1.3万余元，为打赢这场防疫战贡献一份绵薄之力。2020年疫情防控工作正处于关键时期，为墨竹小区11户贫困户送去米、面、油、茶、糌粑，共计价值5940元慰问品；前往墨竹工卡县敬老院，为157名老人包牛肉包子、检修生活用电设备，打扫卫生、洗衣服及送去慰问品。

2020年5月17日，墨竹工卡县供电公司服务小组一行到虫草采挖点为农牧民帐篷接电，提供24小时优质供电抢修服务

【安全生产】 年内，逐级签订安全责任目标书，将安全生产责任压紧压实。各部门及全员签订安全目标责任书、消防安全目标责任书、交通安全目标责任书、安全生产重点知晓书，将本年度各项安全责任目标落到实处。组织员工开展学习安全考试共计5次，考试合格率平均为96%。以318国道沿线、易地扶贫搬迁户、虫草采挖点、各所学校、美丽乡村建设施工点以及华泰龙大型机械车队为宣传点开展安全用电及电力设施保护宣传活动，共发放安全用电及电力设施保护宣传材料2100份，发放雨伞、文件包共计1500余份，全年累计开展9次宣传。

年内，贯彻落实春季、秋季、重大节前安全大检查及三年专项整治行动工作部署，监督隐患排查106项，整改完成101项，整改率95%。开展电力设施防外破检查，下发隐患告知书15份；督促整改15份。安监部全年针对停车场、车辆密集处的电杆进行装设防撞桶和拉线防护套，累计共装设52个电杆防撞桶、拉线防护套64个。

【队伍素质】 年内，组织或参加安规、技能等各类培训50余次以及利用每周四晚上时间，设立并开展“墨电微课堂”，由公司一把手、部门主任主讲，对员工常态化开展安全、党建、运检等专业知识教育。2020年考取专业技术职称4人，截至年底，有17人已成功考取初级职称证书，占总人数的26.15%；2020年考取中级工人数9人、高级工3人、技师1人，截至年底，共计29人已成功考取中级技能等级证书，占总人数的44.61%，14人已考取高级技能等级证书，占总人数的36.92%。

根据国网拉萨供电公司党委组织部《关于开展学历提升工作的通知》内容，组织员工传达通知内容并鼓励员工积极参与到学历提升工作中，最终公司有33人成功申报学历提升；针对历届新进大学生实际操作能力薄弱的现象，公司专门建立“师带徒”的培训模式，由资深老员工对新进大学生培训，以实际操作为主，充分交流学习，培养年轻一代人才队伍。

【电力惠民】 年内，决策部署乡村街道低压线路及表计表箱改造工程，自筹资金150余万元，对318国道沿街商户和8个乡镇1043户商业用户开展低压线路及一户一表改造工作，有力消除线路私拉乱接、杂乱无序、陈旧老化而存在的用电安全隐患，改造后街容街貌焕然一新，提升乡镇整体形象。

7月，连续强降雨天气致使唐加乡拉东村真布组遭遇山洪、泥石流、山体滑坡等自然灾害，为保障9户受灾较严重的群众在临时安置点安全可靠用电，公司第一时间赶往受灾现场免费为救灾点安装电力设施设备，此次行动共计投入4500元。为满足贫困群众、乡村小组公用磨面房、抽水灌溉、打麦场的用电需求，公司免费为106户贫困户、43组乡村小组提供安装电力设备和接电服务，为农牧民增收提供安全可靠的绿色电力。

【电力扶贫】 虫草采挖作为农牧民的一项重要的经济来源，同时也是巩固脱贫成果的有效手段。5月、6月，组织保电人员在虫草采挖点提供24小时的优质供电抢修服务，带动全县4000多名贫困人口和农牧民实现脱贫增收。

【降低企业用电成本】 年内，按照《国家发展改革委关于阶段性降低企业用电成本支持企业复工复产的通知》，自2月1日起对1500多家工商业户执行电费降费5%的政策。截至年底，累计为客户减少电费支出154余万元，减免电量270余万千瓦时；同时认真落实县扶贫办的工作要求和部署，全面践行“产业扶贫，电力先行”的理念，对墨竹城投、各乡镇合作社、墨竹小油菜榨油厂、扎雪乡县城物流园、城投扶贫商场等县域扶贫产业项目减免电费38万余元。

【提质增效】 年内，创新运用慧代维软件、线路通道可视化技术、高精度暂态录波型故障指示器等科技手段提高县域供电可靠性，投入资金217万元。完成9个工程项目，解决日多乡、扎雪乡等4台配变重过载问题、10千伏门德线巴尔卡村低电压问题，实现嘎则双电源供电、10千伏江仲线羊日岗支线、10千伏墨罗线、10千伏甲拉线、扎雪乡格老窝村4组400伏线路、日多乡拉龙村二组中低压线路供电能力和可靠性的提升，总计投入资金688万余元。

【争优创优】 年内，在上级正确领导和全体员工努力拼搏下，12月4日，创造发明带电紧固螺栓专用工具，获拉萨市供电公司创新创意大赛三等奖。

（强巴卓玛）

【机构领导】

支部书记、经理

扎西次仁（藏族）

副经理

徐　涛（江苏援藏，4月免）

城市建设·环保

住房和城乡建设

【概况】 2020年，墨竹工卡县住房和城乡建设局共完成各类项目投资34330.75万元。全市率先试点实施"美丽乡村·幸福家园"住房提升改造与人居环境整治工程，持续改善农村人居环境和住房条件，受益户数达到279户；进一步提升墨竹工卡县农村住房综合质量，实施61户四类人员住房提升改造，贫困群众住房安全得到持续保障；实施3个乡镇乡村振兴人居环境整治工程，有效改善国道沿线人居环境整治水平；实施偏远3个乡镇政府院内提升改造工程，进一步改善基层干部居住环境。

推进"一乡一特"，打造日多乡实施温泉小镇基础设施改造；为方便精准扶贫搬迁群众出行及完善县城市政基础设施，新建2条市政道路；提高便民服务环境，实施政府政务服务中心工程；结合塔巴产业园区规划，以及更好落地招商引资企业，提高园区避灾能力，实施塔巴产业园地质灾害应急治理工程；为进一步提升县城市容市貌，为游客和行人创造一个舒适的环境，实施高速路出口生态修复及环境提升工程；为推动城市发展，完善公共服务设施，实施堪巴林公园建设工程；为方便基层群众日常出行，补齐短板，有效解决当地出行"最初一公里"，实施日多乡哈姆组桥梁改造等工程。

2020年11月25日，西藏自治区党委常委、拉萨市委书记白玛旺堆（左四）一行到墨竹工卡县调研"美丽乡村·幸福家园"建设情况

【住房保障】 年内，保障性住房建设稳步推进，住房保障体系不断完善，住房保障能力持续增强，为加快保障性住房建设，改善居住条件，大力实施保障性安居工程，续建、新建公共租赁住房442套及棚户区基础设施改造263户；实物配租38户108人及发放租赁住房补贴金额52020元。

【垃圾分类】 年内，为深入贯彻落实中共十九大精神，坚持绿色发展的理念，加快城市生态文明建设，改善城镇人居生态环境，强化城市生活垃圾分类处理，累计投入垃圾分类资金350万元，设立5个垃圾积分兑换超市并搭建微信公众号，推出“积分商城”功能，鼓励农牧民群众养成垃圾分类好习惯。年内，共有900余人关注微信公众号，生活用品类兑换总计为35556个；食、饮品类兑换总计为2750个；文具类兑换总计为29个，总计已使用积分1213678.5分，约121367.8元。

【基础设施建设管理】 截至年底，共有环卫工人213人，其中本地环卫工45人，易地搬迁户168人（其中包含“三岩”片区），县城区域划分为老区和新区；规范运行垃圾填埋场，2021年预算投入250万元，实施垃圾填埋厂维护工程，完善消防设施、防渗膜、监测井等，将填埋厂服务年限延长至5—6年，实现全县40个村（居）垃圾均由各乡镇垃圾车运至垃圾填埋场进行处理，90%的村（居）垃圾得到有效处理，余下10%进行分类收集。

【生活污水收集和处理】 年内，加快推进已建成8座污水处理厂环评验收及排污许可论证等工作，确保规范运行、达标运行；老城区雨污合流和管网年久失修漏损问题，投入3500万元，实施老城区排水管网改造工程，新建污水管道9326米、污水入户管道6285米、新建污水管网4560米。

【工程质量监督站】 年内，墨竹工卡县住房和城乡建设局加大建筑施工安全生产监管力度，保证安全生产形势的持续平稳，建筑市场秩序不断规范。推行建筑市场执法检查机制，运用建筑市场监管与诚信一体化平台开展施工、监理企业综合信用评价，优化审批程序，提高工作效率。进一步规范施工许可证的办理程序，制定《墨竹工卡县建筑工程施工许可证处罚办法》。

2020年5月20日，拉萨市住房和城乡建设局副局长苏伟（左二）一行到墨竹工卡县检查指导住房提升改造工作

加大建筑工程质量监督管理，所有重大质量问题、安全隐患均跟踪落实整改，工程质量安全形势可防可控。年内，出具建设工程质量监督报告44份，监管面积达71831.01平方米。累计组织开展建筑工程领域安全文明检查85次，发现安全隐患56条，现场整改41条，限期整改16条，开具行政处罚51.434万元。

【便民服务】 年内，为深入推进审批服务便民化，实现群众办事简便化，墨竹工卡县住房和城乡建设局围绕“减少审批环节、缩短审批时限、优化审批流程、提高审批效率”的原则，努力营造高效、便捷的便民服务环境，对较纷繁的程序和手续进行简化，使各项业务更加流畅，切实增强企业和群众的幸福感与获得感。

加强施工技能培训和施工现场管理人员培训，通过岗培中心上岗考试等方式，完成150余名施工现场管理人员、技能人员证书核发工作。行政审批效率不断提速提效，始终严格把控、依法审批，全年出具施工许可51本。为加强房屋权属管理，保障房屋权利人的合法权益，全年办理房产抵押16件，房屋权属交易登记3件。

【饮水安全】 年内，加强水厂饮水安全运行管护，确保良性运行和持续发挥效益，县城供水面积达5.2平方公里，给水管网长度达12.4公里，受益人数约1.8万人，全年出动140余次应急抢修，每季度开展水质监测，确保饮水安全和正常运行。截至年底，老城区水厂日累计供水量约为2880吨，嘎则新区水厂日供水量约为10320吨。

（董乃瑕）

【机构领导】

局　长

旦增罗布（藏族）

2020年4月8日，拉萨市生态环境局局长格桑巴珠（右二）一行到拉萨河源头项目点调研

生态环境保护

【概况】 2020年，墨竹工卡县财政局结合生态环境保护工作实际，共计保障生态环境保护各项工作经费935.15万元，生态环境保护财政资金投入同比增加13.6%，为生态环境保护工作提供资金保障。2019年以来在全区率先实施7个乡镇污水处理厂设施及收集管网建设项目；实施墨竹工卡“美丽乡村·幸福家园”整村推进试点建设工程；强化乡镇基础设施建设，为7个乡镇采购7辆垃圾压缩车等生态环境保护项目。

【生态环境】 年内，全力推进实施“环境立县”战略，认真履行生态文明建设主力军职责，确保全县生态环境质量持续保持良好，出台实施《墨竹工卡县环境质量监测方案》《墨竹工卡县重点流域（领域）水质监测工作任务分解表》。县本级财政预算安排专项监测经费60万元，对县域重点流域（领域）及县城建成区集中式饮用水、大气、土壤等42个点位开展监测工作。完成全部监测及公示工作，同时责成6家重点排污单位开展自行监测并将监测数据报相关职能部门分析备案，监测数据显示县域环境质量良好。

【生态创建】 年内，墨竹工卡县按照《中共西藏自治区委员会西藏自治区人民政府关于创建国家生态文明建设示范区加快建设美丽西藏的决定》文件精神，投入90万元聘请第三方编制自治区级“生态文明建设示范县、乡”工作申报材料，已完成资料申报并于11月4日通过现场核查，待自治区生态环境厅终审命名。

【污染防治】 年内，按照区、市有关部门要求，墨竹工卡县积极组织相关部门开展“散乱污”企业全面排查工作。截至年底，县域内无“散乱污”企业。落实属地管理责任，综合运用日常巡查、随机抽查等方式，对城市建成区施工扬尘开展综合治理工作，按照安全文明标准化工地相关要求，建立健全有效的施工扬尘防治措施。制定《墨竹工卡县建筑领域施工扬尘防治实施方案》，建立施工工地管理清单，对全县建筑领域开展巡查抽查85余次，发现隐患56条，现场改正41条，限期改正16条。督促各施工工地严格按照安全文明标准化工地相关要求，全面落实“六个百分之百”要求，确保县域内扬尘污染防治工作取得实效；经排查墨竹工卡县无每小时10蒸吨以下燃煤锅炉，全面落实去煤化工作目标任务。

【环评工作】 年内，加强环评项目审批监管，落实环境影响评价工作要求，严格执行环境保护前置审查制度，依法、科学、公开、廉洁、高效履行环评审批职责。

年内，确认建设项目环境影响评价登记表网上备案114个，出具建设项目环境影响报告(表)预审意见18个，无一例违法，违规、违纪审批。严格落实环境准入清单，严禁“三高”项目落地墨竹，加强建设项目环境保护和污染防治措施，将工作重心向“重监管、严审批、保服务”转变。

【行政执法】 年内，结合中央环保督察反馈问题整改“回头看”工作、集中式饮用水水源地排查整治、建设项目环评“未批先建”排查整治、“禁白”监督检查等专项行动，联合县相关职能部门对县域内重点行业(领域)开展地毯式的清查，完成2020年三轮“环保管家”环保监管现场指导工作，全面掌握全县突出环境问题，并按照问题导向原则，依法进行查处。出动执法人员165人次，下达各类执法文书24份，受理环境投诉案件10件，处理办结率100%，群众满意度较高。

【危险废物】 年内，对县域内15家产废企业共开展8次监督检查工作并建立名录，督促15家产废企业落实危险废物申报登记制度，督促指导产废单位规范收集、贮存和依法依规处理处置危险废物，建立健全内部管理制度，建立管理台账，规范危险废物收集、贮存和处理处置，严格执行危险废物转移联单制度，规范设置危险废物(含医疗废物)暂存设施，县医院医疗废水处置设施正常运行且达标排放。

年内，配合区、市生态环境部门开展辐射安全专项检查，督促指导3家核技术利用单位及时办理(更新)辐射安全许可证，要求核技术利用单位严格执行辐射安全许可制度、落实辐射安全防护措施，并及时报送年度辐射安全评估报告。并按照普通核技术利用现场监督检查表开展实地检查，共出动执法人员16人次。

2020年2月10日，拉萨市生态环境局墨竹工卡县分局局长普布次仁(前排右四)一行到县医院检查医疗废物处置情况

【环保宣传】 年内，全县大力倡导生态文明理念，在悬挂横幅、张贴标语和发放资料等原有宣传形式上，充分结合综治宣传月、“6·5”世界环境日，利用电视、网络和微信公众平台等新媒体加大宣传力度，共发放环保宣传手册2400余册，环保宣传品850件，悬挂宣传横幅15条，LED播放环保宣传标语3次，不断提升全民环保意识。组织党政干部开展生态文明建设和生态环境保护培训5期，利用“微墨竹”微信公众平台开展生态环境保护公众宣传31次，利用广播电视开展生态环境保护公众宣传7次，未发现生态环境保护工作相关负面信息。

(泽仁卓玛)

【机构领导】

局　长

普布次仁(藏族)

副局长

巴桑旺堆(藏族)

城市管理和综合执法

【概况】 墨竹工卡县城市管理和综合执法局核定行政编制3名，其中科级领导职数2名，2020年有4人，正科级局长1人，副科级副局长1人，按照墨竹工卡县城市管理和综合执法局三定方案规定，全体干部积极探索，全面

2020年8月12日，墨竹工卡县城市管理和综合执法局局长赤列坚参（左二）带队对流动摊贩进行清理

落实城市管理和综合执法工作的职能。

【党建工作】 年内，通过参加县委、县政府安排的党课教育、党员统一活动日、党员干部自主选学、党员集中学和个人学等形式，不断创新党员干部队伍教育、管理、监督和服务的新途径。自主创新开展每月“主体党日”活动，提高了党员干部的政治素养。严格落实“三会一课”制度，适时召开党内组织生活会，做好民主评议党员，以支部为单位开展“两学一做”学习教育制度化、常态化。

【统一装备标识】 年内，根据住建部、西藏自治区住建厅文件统一要求，经墨竹工卡县政府会议通过，墨竹工卡县城市管理和综合执法局更换全国统一城管执法制式服装。规范执法人员服装、肩章、胸号，通过全国统一的形象标识营造城管新形象，增强城管队伍的凝聚力。

【占道经营全面整治】 年内，主抓县城区域内流动摊贩和占道经营现象，取缔临时占道摊点，纠正店面出店经营，收缴违规占道招牌。对商贩按照“一次劝导、二次警告、三次处罚”的方式进行管理，截至年底，清理占道经营402次，清理流动摊贩354次。积极配合县委统战部和民宗局开展塔巴寺和嘎则寺的正常佛事活动时，周边临时摊贩的清理工作，先后出动执法人员16人次，清理流动摊贩35家，为开展好佛事活动营造了良好的秩序。有力地打击遏制了各类非法占道经营行为，切实维护和提升了县城环境。

【规范户外广告牌】 年内，为切实加强户外广告牌匾及宣传横幅的管理，对临街设置的各类移动式灯箱、广告牌、横幅、气拱门进行清理取缔，共清理违规设置户外广告牌12处。

【整治夜市摊点】 年内，墨竹工卡县城市管理和综合执法局联合县市场监督管理局对辖区内夜间烧烤摊点进行重点清理整治。同时，督促城内所有烧烤摊点一律进入店内经营。共清理夜间烧烤摊贩5家，规范占道经营夜市烧烤店2家。

【新冠疫情防控】 2月，开始抽调2名干部到疫情最前沿参加疫情志愿者活动，一名干部到县唐加疫情检查站和高速出口疫情检查站对外来人员和车辆进行管控检查，一名干部抽调到拉萨市社区，进行社区内隔离人员的管控工作。根据疫情防控的总体要求，墨竹工卡县城市管理和综合执法局在管辖范围内进一步规范年货市场秩序，联合巴桑工贸有限公司设置年货市场的临时摆摊点，按照各项疫情要求合理调整摊位间距，并适度进行劝返。

【市政设施维护】 年内，按照每月排查一次市政设施，每季度维护一次市政设施的要求，改造全县城路灯线缆1432米，更换全县城路灯灯头23个、灯泡186个，更换路灯小型变压器43个，路灯户外箱2个，整流器56个，触发器33个，时控器2个，探照灯8个。维修更换雨水井和电缆井14座，新做雨水井8座。县城老城区318国道旁路灯修建于2006年，至今已使用14年，由于使用年限较长，路灯灯杆出现裂痕，灯管线

2020年9月3日，墨竹工卡县城管执法队联合县环保局、市场监督管理局对农贸市场进行检查

路老化，款式较旧，维修维护成本较高，很多路灯都存安全隐患，县政府共计投入资金91.27万元，其中拆除老路灯40盏，安装路灯60盏及路面恢复，于10月完成改造并使用。

【安全生产】 年内，6次对县域德旺加气站和65家餐馆进行检查、排查，在检查工作中发现德旺加气站存在部分安全隐患并现场要求德旺加气站及时整改，现已整改完毕。在检查餐馆时发现部分餐馆在使用过期煤气罐，已让餐馆老板立即更换过期煤气罐，并指示德旺加气站禁止给过期煤气罐加气的要求。

（格桑云单）

【机构领导】

局　长

赤列坚参（藏族）

副局长

拉巴仓决（女，藏族）

墨竹工卡县城市建设投资经营有限公司

【概况】 墨竹工卡县城市建设投资经营有限公司成立于2017年8月15日，注册资金5000万元。旗下共有7家子公司，其中2家为控股公司（墨竹工卡县锦墨砂石加工有限公司、墨竹工卡墨林绿化工程有限公司），5家为全资子公司（墨竹工卡县墨龙城投建材有限公司、墨竹工卡城镇发展投资有限公司、西藏净墨物业管理有限公司、西藏鑫墨建设工程有限责任公司、墨竹工卡县格桑花开产业园区管理有限公司）。2020年，公司共有员工289名，其中墨竹工卡籍员工265名，大学生28名（墨竹工卡籍大学生19名）。

【建筑行业】 墨竹工卡县城市建设投资经营有限公司主营业务为项目代建。年内，实施建设项目13个，均为新建项目，代建投资19861.94万元，实现代建管理费289.891万元。通过公司实施的代建项目，本地农民用工达到37932人次，实现工资收入600万元以上。同时，公司在守住质量、程序关的前提下，加快施工进度，顺利实施“美丽乡村·幸福家园”等重点项目。

【建材行业】 墨竹工卡县锦墨砂石加工有限公司、墨竹工卡县墨龙城投建材有限公司主营业务为建材生产、销售。年内，墨竹工卡县锦墨砂石加工有限公司生产砂石14万立方米，销售砂石18.9万立方米，销售金额达到1139万元。墨竹工卡县墨龙城投建材有限公司，销售32万块砖，销售金额达到92万元；销售商品混凝土14万立方米，销售金额达到1964万元。截至年底，共计提供31个就业岗位、每年实现工资收入150万元（其中建档立卡户12名，招录大学生10名、其中墨竹工卡籍大学生8名，建档立卡大学生4名）。

通过“以岗代训”的方式，有效地解决当地建档立卡户实现稳定就业，并优先使用当地的运输车队，让群众参与到生产、销售、运输等各个环节，通过砂石厂运输业务实现当地群众年增收为68.5万元，往后每年预计实现增收130万元；2018年、2019年为易地搬迁建档立卡户分红114万元。

2020年2月20日，县委书记劳明伟（右六），县委副书记、县长旦增尼玛（左五）一行慰问墨竹工卡县一线环卫工人

【房地产业】 墨竹工卡城镇发展投资有限公司主营业务为房地产开发。年内，严格按照县委、县政府安排部署，10月23—27日，集中开展墨竹苑交房工作。截至年底，墨竹苑已基本完成房屋交付工作。另外，通过墨竹苑物业组建工作，墨竹工卡县城市建设投资经营有限公司共提供18个就业岗位，人均工资约3500元。

【园林产业】 墨竹工卡墨林绿化工程有限公司主营业务为绿化工程、苗木培育及销售等。现拥有一座苗圃基地，占地面积200亩，位于墨竹工卡县唐加乡，已种植苗木30.89万余株，其中榆树12.56万株、旱柳6.61万株、江孜沙棘5.6万株、新疆杨4.23万株、黄刺玫1万株、云杉2297株、桃树1940株、梨树1644株、红叶李1440株、油松824株、苹果树500株、核桃树400株、法国梧桐307株。

年内，通过利用公司代建项目优势以及合理的经营策略，公司园林产业板块已承接5个绿化项目，已实现收入120万元以上。通过园林产业项目使用本地农民工436人次，实现工资收入35.9万元。

【环卫物业】 西藏净墨物业管理有限公司主营业务为环卫管理、物业管理。年内，共设立5处垃圾分类兑换点（嘎则新区兑换点、帕热组兑换点、甲玛乡赤康村兑换点、扎西岗乡兑换点、尼江乡章达村兑换点），通过定期、定点开展垃圾分类回收宣传活动，微信公众号关注人数达到896人。截至年底，各兑换超市共回收废旧纸板7506.73公斤、废书废报8134.35公斤、塑料瓶293585个、易拉罐259768个、啤酒瓶112142个。县城有垃圾填埋场1座，占地面积3.33公顷，2020年填埋量达到9490吨左右。

【商贸产业】 截至年底，墨竹·城市广场商铺已租面积共5726.12平方米，出租率达到66%。各楼层具体出租情况：一楼乐百隆超市1856.92平方米（整租）；二楼儿童乐园540.92平方米、潮牌服饰184.44平方米、VR体验馆259.20平方米；三楼特色餐饮1678.75平方米（整租）；四楼网咖595.56平方米、台球室388.8平方米、咖啡厅221.53平方米。年内，已签约商家租金共计226.08万元，物管费54.94万元，押金70.73万元（按季度收取）。截至年底，墨竹·城市广场已为本地群众提供就业岗位39名（商场直接稳定性就业18人，各商户间接就业21人），其中，建档立卡群众16人（含“三岩”片区4人），每人每月工资平均达3000元以上。

（旦增格列）

【机构领导】

董事长

扎西玉杰（藏族，10月免）

旦增曲珠（藏族，10月任）

交通·通信

交通运输

【概况】 2020年，墨竹工卡县全县农村公路总里程899.757公里，纳入养护里程786.253公里。其中县道1条30.593公里；乡道67.281公里；专用道路323.689公里；村道364.69公里。8个乡镇道路通畅率100%、40个行政村道路通常率100%。

【基本职能】 推进墨竹工卡县综合交通运输体系建设，统筹规划公路行业发展，建立与综合交通运输体系相适应的制度体制机制，优化交通运输主要通道和重要枢纽点布局，促进交通运输方式融合，组织拟订全县综合交通运输发展战略、规划、政策和规范性文件，指导、协调、监督全县公路发展战略、规划、政策和规范性文件的拟订，指导综合交通运输枢纽规划和管理。负责交通运输行政执法检查和监督。

承担道路运输市场监管责任。监督实施全县道路运输执行相关政策、技术标准和运营规范。指导全县城乡客运及有关基础设施管理和维护，承担有关重要设施的管理和维护。制定全县交通运输行业科技发展规划并监督实施。指导全县交通运输信息化建设，监测分析运行情况。指导公路行业环境保护和节能减排工作，承办县人民政府交办的其他事项。

【法制统计建设】 年内，以“两学一做”学习教育常态化制度化为契机，学习十九大精神，结合县委，县政府制定的交通改革任务，进一步细化法制治统措施，明确责任分工落实到人头，法制统计建设持续深入推进。

【党风廉政建设】 年内，明确干部履职、作风要求和纪律要求；深入推进廉政风险防控体系建设，特别是基层廉政风险防控体系建设；深入开展两个专项整治工作。

2020年6月22日，墨竹工卡县交通运输局局长洛桑多吉（右一）现场了解唐加乡仲尼村5组道路水毁情况

党支部会专题研究贯彻落实两个专项治理工作精神，严格查处各类违规行为。

切实开展主要领导讲党课制度，明确局党支部书记和班子成员要通过多种形式，为其分管的党员干部讲一次专题党课，并把党风廉政建设作为党课教育的重要内容。认真落实廉政约谈制度，认真开展“不忘初心、牢记使命”主题教育学习工作。

组织局7名党员、干部职工观看警示教育片，大家深受教育，局党组将每月第一个周五固定为例会。6月24日，组织全局干部职工，到墨竹工卡县预防职务犯罪警示教育基地进行参观学习。

2020年7月1日，墨竹工卡县交通运输局党支部组织全体党员开展重温入党誓词主题党日活动

【农村公路实施项目】 年内，共实施项目4个，项目总投资2468.6224万元。分别为墨竹工卡县2020年村道公路安全生命防护工程，总投资259.2998万元；2020年墨竹工卡县农村公路村道安全生命防护工程，总投资594.6463万元；墨竹工卡县便民溪桥工程，计划3年内在墨竹工卡县农牧区兴建100座以上便民“溪桥”，2020年已建成18座，覆盖全县5个乡镇，惠及农牧民群众1.2万余人，项目总投资801.33万元，该项目属于援藏项目，一期工程18座桥梁已顺利投入使用；墨竹工卡县日多乡怎村牧道桥梁工程，总投资163.35万元。

【客运班线改革】 年内，政府财政预算150万元，用于客运班线改革经费，完成农村客运线路优化。5月30日，墨竹工卡县8个未通客车建制村覆盖通车，届时全县农村客运班线乡（镇）、建制村覆盖率达到100%。8月，墨竹工卡天墨交通客运公司经营权移交给县旅游公司，完成政企分离工作，客运运营更加科学规范，行业监管能力显著提升，客运服务质量明显提高。

【政务服务】 年内，墨竹工卡县道路运输管理所严格遵守公正、公平、公开、及时便民的原则，2020年客运货运车辆年审689辆，客运货运车辆新增、过户65辆，换证补证53辆，迁出迁入156辆，从业资格证诚信考核1848人以及继续教育633人，接受农牧民群众咨询150余人。

【协调工作】 年内，墨竹工卡县交通运输局成立重大交通项目协调办公室，积极主动与自治区交通厅、拉萨市交通运输局等相关部门配合，认真开展嘉黎县措多乡经波朗村至墨竹工卡县门巴乡公路改建工程、省道S507线林周县旁多乡至阿朗乡经扎雪乡至墨竹工卡县尼玛江热乡公路工程，及2020年国道349线嘉黎至墨竹工卡段改建工程开工建设，全县重大项目协调工作任务加重。

重大交通项目协调办公室积极参与和协助解决公路项目拖欠民工工资和工程款，协助完成公路建设前期各项工作，对接组、村、乡和县环保局、自然资源局、水利局、农业农村局、应急管理局等相关部门，解决完三个重大项目墨竹工卡境内的临时用地，主要是取料点、拌和站、民工驻地、养护段建设基地等；全面参与工程指挥部、项目部、监理、村委会、乡政府一起测量公路建设红线之内征地拆迁，并建立相关台账。截至年底，耕地及围墙、网围栏测量已完成；对接工程建设指挥部、项目部、施工队，强调以工程建设为契机做好当地民工及设备的使用，提高公路建设沿线群众的增收；积极衔接工程建设指挥部与沿线乡镇政府，做好公路建设与住房近距离的房子买保参保事宜，维护群众切身利益。

【农村公路养护管理制度建设】 年内，为推进墨竹工卡县农牧业产业化和新农村建设提供优质、高效的服务，进一步规范农村公路养护工作，公路日常养护迈入常态化、规范化轨道，县交通运输局坚持“统一领导，分级负责”的原则进一步落实分级管理养护责任，认真落实养管责任主体，不断提升农村公路的通行能力和服务水平，制定《墨竹工卡县农村公路养护制度》，明确各乡（镇）的养护路段、养护标准和养护要求，并将公路管养纳入村规民约。

【农村公路养护管理工作】 6月，墨竹工卡县境内多次强降雨天气，县交通局全面排查道路安全隐患，通过组织人员和机械、联系设计师、设立警示标牌、及时向各部门报送信息等多种措施，2020年汛期共计投入365人次、机械83台次、投入吨袋300余个、构建防冲墩8个，发现隐患立即整改、发现水毁立即修复、清理、疏通，架设保通钢架桥等各项工作，全力保障公路安全畅通。截至年底，墨竹工卡县未发生水毁导致道路中断情况。

【安全生产】 年内，高度重视安全生产工作，把交通运输领域安全工作摆上重要位置，贯彻落实“党政同责、一岗双责、失职追责”规定，全面组织安全生产计划，明确工作重点，确定监管思路，部署安全检查、督查及整改，开展安全生产工作大检查大排查，做到年初有目标、有计划，年中有措施、有落实，年底有总结、有成效。

年内，对县域内交通道路安全隐患排查及在建项目安全生产检查共计72次，发现并及时整改问题61余件。特别是易发生山体滑坡、泥石流、雨水冲刷桥梁、涵洞等路段，对排查出存在安全隐患的道路，以及冰雪路段安全隐患，及时设立警示标牌，并制定保通方案，确保第一时间调配人员机械，保障道路安全通行。

（洛桑旺姆）

2020年9月30日，墨竹工卡县交通运输局联合县应急管理局、城管、消防，检查县域内汽车修理厂

【机构领导】

局　长

洛桑多吉（藏族）

公路养护

【概况】 2020年，林芝公路分局墨竹工卡公路养护段（以下简称墨竹工卡公路养护段）清理G318线白色垃圾4608千克，清理边沟127222米，清扫路面668254平方米，清扫路肩10441平方米，整理边坡258800平方米，清理边坡杂草杂物411992平方米，安装波形护栏轮廓标2500个，安装涵洞警示柱1216根，清理零星塌方96.5立方米，挡墙砂浆勾缝55平方米，新挖土质边沟236米，疏通涵洞31道，疏通桥梁泄水孔24道，处理涵洞跳车1455平方米，安装桥梁信息公示牌32块。

清扫G561线路面138716平方米，路肩培土212立方米、整理边坡5875平方米，清理白色垃圾100千克，河流改道760米，新挖土质边沟15米，清理边沟3610米，疏通涵洞12道，清理边坡杂草杂物151108平方米，更换里程桩2块，清理零星塌方11立方米，安装桥梁信息公示牌20块。

清扫G349线路面27660平方米，清理边坡杂草杂物94400平方米，清理边沟1500米。清扫S206线路面34842平方米，清理零星塌方13立方米，清扫路肩1800平方米，清理边沟5880米，清理边坡杂草杂物9100平方米。S507线砂土路季节性养护46900平方米，清理零星塌方86立方米，河流改道50米，新挖土质边沟170米，新修波纹管涵洞1道，清扫路面13870平方米，清理边沟2300米，安装桥梁信息公示牌4块。

2020年7月10日，墨竹工卡公路段参加林芝公路分局2020年中期公路养管工作视频推进会

【安全生产管理】 年内，墨竹工卡公路养护段分别同林芝公路分局、段属各工区层层签订《安全生产目标管理责任书》，明确工作职责，落实主体责任。结合工作实际不断完善《安全生产隐患排查治理与安全风险预控制度》《安全生产事故应急预案》《重大突发事件应急预案》，开展经常性安全生产隐患自查自纠工作，建立安全隐患排查工作台账。

根据公路局印发的《中共西藏自治区委员会办公厅西藏自治区人民政府办公厅关于〈印发西藏自治区安全生产党政同责实施办法〉的通知》，定期开展安全生产会议，安委办每月召开安全生产专题会议，党支部每年召开4次安全生产会议，段行政办公会议每年召开8次安全生产会议。长远分析安全生产形势，排查隐患，防微杜渐。定期开展安全生产培训工作，进行养护作业区设置、理论及实地操作等安全培训并配备齐全的养护作业牌，爆闪灯、对讲机等设备。

【安全生产月活动】 年内，召开“安全生产月”和“安全生产西藏行”活动动员大会，开展以“消除事故隐患，筑牢安全防线”为主题的安全生产集中宣讲活动。成立活动组织领导小组，由生产股全面统筹负责安排“安全生产月”和“安全生产西藏行”活动，同时结合单位实际编制活动方案。充分利用LED电子显示屏、悬挂横幅、发放宣传册、观看安全生产警示教育片、开展消防安全知识讲座等多种形式宣传安全生产方针政策、法律法规、安全常识和应急逃生、自救互救方法，开展多样化的社会公众宣传咨询活动。

年内，组织全体干部职工观看安全生产警示片，不断增强干部职工安全生产意识，参加学习人数56人。在单位大门口开展安全生产宣传，对咨询人员、过往司乘人员、群众进行宣传讲解，分发安全宣传资料150余份。对辖区商品房进行安全隐患排查，建立安全生产隐患排查台账，督促整改。在段部及工区大门口、养护机械上悬挂安全生产宣传横幅9条。

【公路应急与抢险保通】 年内，制定并完善《汛期公路抢险保通预案》《今冬明春公路抢险保通预案》《道路防御雨雪冰冻气象灾害及值班制度》和各项管理制度。坚持24小时领导带班值班制度和信息报送制度，加强灾害信息报送工作。加大异常天气和重点路段巡查力度。加强应急仓库的管理，建立出库、入库以及月度盘点清单，及时补充抢险物资、确保抢险应急物资充足齐全。完成“第三届跨喜马拉雅自行车赛”、

"4·16"尼西森林火灾抢险等重点抢险保通工作。

年内,墨竹工卡公路养护段管辖路段合计降雪25次,累计出动抢险人员417人/次、机械130台/次,铺撒防滑料566.75立方米、铺撒融雪剂3.8吨,清除积雪12215.64立方米。

G318线铺撒防滑料566.75立方米,铺撒融雪剂3.8吨,清除积雪12215.64立方米、清理塌方84立方米、路基回填加固5664立方米、投放钢筋骨架铅丝笼32立方米、桥梁铺砌层基础回填加固6.5立方米、河流改道1180立方米。S206线清理泥石流51立方米、路基回填加固120立方米。S507线路基回填加固518立方米、河流改道100立方米、投放钢筋骨架铅丝笼52立方米、埋设钢波纹管涵24米(回填连砂石60立方米、石料10立方米、砂土36立方米)。

【公路小修项目】 年内,路面灌缝50万余米、沥青路面修补坑槽4800平方米、处理涵洞跳车1685平方米,路基加固475立方米、国道318线补画道路中心标线12000平方米、国道349线罩面1公里、国道561线实施纤维同步碎石封层3公里、更换和新增波形护栏850米、桥涵刷漆1万平方米、更换和新增标志标牌230块等。

【桥梁涵洞养护维修】 年内,做好桥梁、涵洞经常性检查工作并在汛期(6—9月)加大检查频率。按照"轻重缓急"的原则,结合管养桥梁实际状况编制桥梁养护维修计划,积极制定灵活、有效的整治方案。2020年,主要对玛河桥、甲玛桥、尊木桥、旁多1桥的伸缩缝进行维修;对念曲3桥2#台左侧导流堤冲刷、掏空部位进行混凝土加固80立方米、铅丝笼加固24立方米;对旁多1桥、旁多2桥梁板裂缝进行封缝处理4571米,聚合物砂浆修复梁板空洞14处。后期将根据桥梁定期检测报告积极制定有效、合理的桥梁养护维修计划。

【"美丽公路"维护】 年内,在G318线K4469+300—K4479+300处新建美丽公路10公里,通过处理路面、路基、桥涵病害,新增花池47个,加强路域环境整治,规范整修路肩、边坡、美化公路,以创新"美丽公路"内涵、打造"美丽公路"为亮点,促进公路路况和路域环境明显提升,公路安全通行水平显著提高。

【养护生产培训学习】 年内,根据实际需要,积极制订科学合理的养护技能培训方案,开展4次养护生产统计培训、4次养护知识培训、3次安全生产知识培训。通过培训学习,不断提高养护工程技术人员理论知识、技术能力、安全意识和安全专业知识,不断适应新形势下道路养护工作要求。

【内业规范化管理】 年内,严格按照《林芝公路分局公路养护统计报表制度》的要求,做好公路养护统计工作和"四张表"、工区"一长五员"记录表,规范各工区、段、上墙养护图表和内业资料填写和整理工作。达到数字准确、图表清晰、内容齐全、资料规范。每月生产股、机料股、路政所等科室对各工区进行内业与外业检查和指导,每季度对工区统计员进行培训工作,进一步完善月检季评及

2020年3月27日,墨竹工卡公路段组织干部职工到国道318线开展路域环境整治

奖惩制度。

【路政执法队伍建设】 年内，共举办3次准军事化训练，4次执法人员培训交流学习会，进一步提高全员的综合素质，树立良好的路政执法窗口形象。以路政宣传月、“5·26”我爱路主题宣传日、宪法日等节点为宣传契机，通过设立宣传咨询点、发放宣传资料、悬挂横幅标语、张贴宣传海报、车载广播双语普法、送法进村、进企业、进单位，诚邀记者全程报道等方式开展普法教育工作，使“爱路护路”观念深入人心。

年内，累计发放《中华人民共和国公路法》《公路安全保护条例》《西藏自治区公路条例》等各种样式的双语宣传资料14500余册（份、张），设立普法宣传咨询点9场次，出动普法宣传人员40人次，法规宣传车10余台次，悬挂横幅标语18条，接受农牧民群众及过往司乘人员法律咨询约1100余人次，发放印有爱护公路宣传标语及标志纸袋、布袋450余个，遮阳帽120余顶。通过工区巡路员巡逻和路政执法人员巡查相结合，形成纵横交错的路巡路查网，实时掌握管辖公路路域环境，确保公路完好、安全、畅通。年内，累计巡路760余次，巡查里程达136800多公里。

年内，共处理路政案件3起，收取路产损坏赔（补）偿费22706元；报请上级批准办理路政许可7起，收取占用费6000元；办理超限运输通行证32起，护送大件1起。严治超限、超载。通过源头治理、上路巡查、流动性检测的方式，依法治理超限超载运输。年内，路政执法人员累计监督检查各类运矿车辆及运输砂石土料车辆共计1100余台次（含矿企、砂石料厂源头治理），随机监督检查510余台次，劝返不按规定行驶、逃避整治的超限运输车辆120余台次，卸载严重超限运输车辆40余台次，卸载砂石土料等建筑原材料及矿石（矿粉）900余吨；批评教育超限运输驾驶员230余人次，责令清扫路面洒落的砂石土块约4300平方米，处理多次超限超载运输或者有其他恶劣情节的运输车辆10余车次。

2020年7月25日，墨竹工卡公路段职工到国道507线曲坚1桥K100+860处抢险保通后与村民合影

积极与各县人民政府、交通执法支队、公安、交警联系，探索路警联勤联动机制，共同“打非治违”履行好各行业的监管职责，消除道路交通事故隐患和不稳定因素，为广大出行者提供良好的公路通行环境。年内，累计清理公路沿线生活垃圾、建筑垃圾、零散白色垃圾200余立方米，清除公路用地内乱堆乱放杂物10余处，拆除各类非公路标志牌（加水洗车、餐饮住宿等各类广告牌）50余块，校正公路标志牌40余块，新增公路标志牌20余块，拆除私搭乱建地面构筑物、建筑物（围墙、临时杂物仓库等）6处，清退路边水果摊、工艺品摊等10余处，有效地净化了路域环境，营造干净、舒适的公路出行环境，确保公路的畅安舒美。

【机料管理】 年内，注重机械设备的运转时效，对机械设备在使用前进行调试和使用过程中存在的问题进行讨论部署，切实确保安全。不断提高操作手思想意识，要求操作员像爱惜自己身体一样呵护机械设备，熟练机械操作规程，积极转变观念。对安全操作手进行打桩一体机和沥青灌缝机的理论学习、实机操作、交通安全教育学习，同时开展培训竞赛工作培训,增强其对机械的基本操作技能。在日常机械设备运转过程中认真做到定时定期跟踪检查,杜绝设备安全隐患。

年内,及时做好机械设备的维修、保养、报废等工作,确保机械统一管理、安全运作、发挥效能。根据养护机械的使用和规定程序对段部及所属各工区的机械车辆进行维修工作并安排专人做好机械维修、保养、报废等工作的登记备案,方便及时了解查阅、有案可寻。规范段部及各工区的机械日常用油登记表和抢险保通油料登记表,认真检查进油和出油记录是否属实,并制定油料管理办法。

根据《全国范围内开展黄标车及老旧车淘汰》精神,对单位所有车辆进行排查,将达到淘汰报废条件的车辆上报分局机料科,并对16辆机械进行报废处置。对段所属各工区机械车辆进行月检,消除存在的安全隐患,杜绝养护车辆带病作业,保证能够安全投入生产。加强内业管理,由专人负责,“一机一档”,做到账、卡、物三相符,完善机械设备台账及掌握机械设备动态和完好状态,做到全阶段机械设备的安全检查工作。

【基层党建】 年内,墨竹工卡公路养护段开展集中学习20余次、党支部书记讲党课2次、召开段长办公会5次、党支部会议5次,开展专题研讨2次,参观“两路”精神纪念馆林芝分馆1次,组织外出交流学习1次。

年内,制定墨竹工卡公路养护段党建工作和意识形态工作要点,严格规范党内政治生活,认真落实以“三会一课”为主要内容的组织生活制度,召开党员大会和支部委员会。认真贯彻民主集中制,大力倡导批评与自我批评的优良作风,健全谈心谈话全覆盖。高质量召开专题组织生活会,实现领导干部带头对照检查发言,查摆存在的问题,并积极开展相互批评,交流工作心得,提高思想认识。

年内,定期走访困难群众、党员,帮扶困难群众,完成“共产党员献爱心”捐款活动,进一步密切党和人民群众的血肉联系,不断活跃基层党建文化生活,落实休假制度、健康体检、走访慰问等关爱机制。工会完成助力脱贫攻坚,扶持区内中小型企业,购买脱贫攻坚产品103324.67元。

【党风廉政建设】 年内,全面落实从严治党和党风廉政建设责任制工作清单,局党委和党支部签订党风廉政建设责任书1份,进一步完善述职述廉、廉政谈话和廉政公开承诺等党内监督制度。

年内,共召开党风廉政建设和反腐败工作会议3次,专题研究部署会议2次。加强党务公开,广泛征求意见,在干部选拔任用、评优评先、党费收缴等方面及时在公示栏公开,使每名党员时刻处于党的监督中。年内,纪检部门征订、发放《话说政治纪律》等党风廉政建设报纸、杂志和书籍24册,发放宣传和学习资料150余份(套),组织观看警示教育片5次130余人次;参观红色教育基地1次18人次;开展集中学习10次310余人次。

年内,领导班子严格按照民主集中制、“三重一大”集体决策制度要求,在涉及人、财、物等重大事项上,坚持会前充分酝酿沟通,领导班子集体研究决定,并进行全程监督检查。认真实行节日廉政提醒制度,着力完善不敢腐、不能腐、不想腐的体制机制。年内,节日期间发送廉政短信(微信)7次14条;深入基层一线对疫情防控、公车私用、公款吃喝,大操大办、职务消费等情况进行明察暗访,累计开展各类明察暗访和督查2次,开展“四风”问题明察暗访1次。

【“双控”体系建设】 年内,着力构建覆盖单位安全风险分级管控和隐患排查治理双重预防工作体系,建立健全安全预防控制运行机制。组织人员开展公路基础设施风险辨识与评估、安全生产风险辨识与评估、落实隐患排查治理、推进风险等级管控体系建设,落实风险管控主体责任,确保全面遏制较大事故发生,完成安全生产和公路基础设施风险辨识、评估台账及风险管控信息台账并装订成册;完成工区上墙制度、风险告示牌的制作并上墙。组织开展培训,明确一名分管安全的负责人及一名安全员具体负责“双控”体系建设推进工作,加大风险分级管控和隐患排查治理“双控”体系建设工作的宣传力度，营造居安思危、安全至上的氛围。

（贾秋硕）

【机构领导】

党支部书记、副段长

段 锡 格

党支部副书记、段长

普布次成（藏族）

纪检员

次吉卓玛（女，藏族）

电信

【概况】 2020年，墨竹工卡县电信局围绕“规模效益发展”这一工作主线，以移动业务、宽带业务、ICT业务、智能业务四轮驱动，切实做好“内强素质、外树形象”基础管理工作。近几年墨竹工卡电信局移动用户持续在递增，新增手机用户中，80%以上用户为智能手机，无线网络与有线智能光宽已经在悄然改变着墨竹工卡县广大农民的信息交流方式。

墨竹工卡县自然村电信宽带普及率50%以上，继续保持电信宽带的市场主导地位；天翼高清、天翼看家、全屋WiFi同办率不断提升，用户应用感知良好。此外，电信政企OA、天翼云、电子政务、公安天网、翼校通、协同通信等一批信息化应新业务，已在全县党政机关、公安、学校、中小企业等越来越多的行业领域得到应用，通过信息化的手段为他们的生产和管理提高效益。

【党建工作】 年内，根据中国电信拉萨分公司开展基层党组织机构设置优化工作有关要求，墨竹工卡县电信局高度重视，认真开展优化党支部建设工作，开展党员与普通群众结对帮扶工作，按照因人而异、注重实效的原则，在学习、工作、生活等方面进行帮扶工作。将监督执纪落实到位，聚焦主责主业赢得业务发展的胜利，守初心担使命，抓巩固促提升，外树形象内塑品质推动拉萨电信分公司全面从严治党高质量发展。

【五星级“文明职工之家”】 年内，墨竹工卡县电信局“职工之家”通过中国电信集团公司西藏公司工会组织实施检查“职工之家”、职工周转房、办公场所及局大院设施设备完整和卫生情况；员工不记名对职工食堂环境和餐饮质量进行评分；检查季度员工开展活动记录；检查全年对员工慰问、体验及疗休养情况；建立健全相关制度及全局团队建设情况等考核事项，墨竹工卡电信局“职工之家”评为“文明职工之家”，并升级为区公司五星级“职工之家”。

【资源覆盖】 年内，墨竹工卡县电信局持续加大基础资源建设力度，新建基站得到老百姓的高度认可和驻村工作队的一致好评，FTTH已全面覆盖各个新建小区、易地搬迁点、各乡和行政村，实现县域300M高速宽带接入，乡镇200M以上宽带接入，无线网络已经覆盖全县所有乡镇和100%以上的自然村区域，以及境内高速公路、国道和省道全程覆盖，是拉萨市各县内覆盖最广的移动网络地区之一，已实现宽带天地一体化的通信网络。

【客户服务】 年内，墨竹工卡县电信局以“用户至上、用心服务”

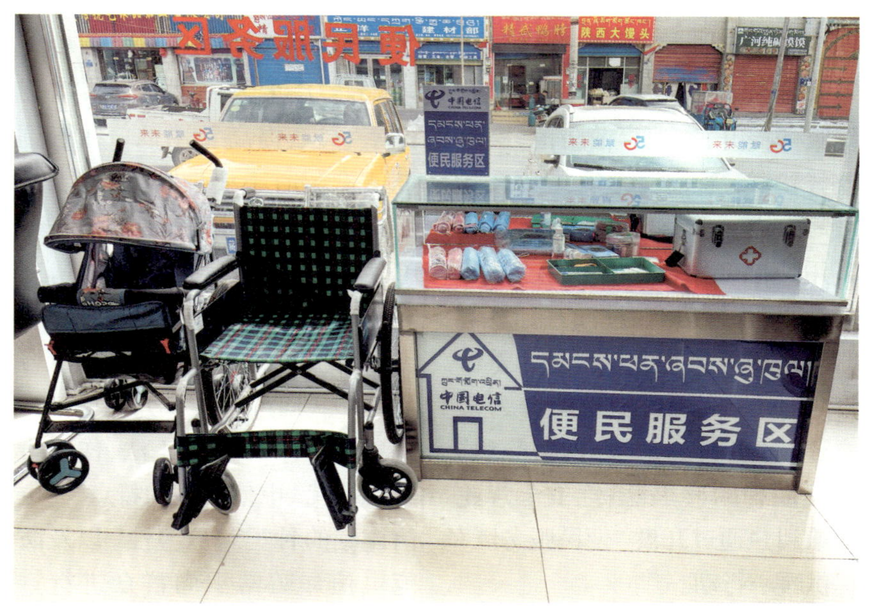

2020年8月15日，墨竹工卡县营业厅为用户开设“便民服务区”

2020年9月22日，墨竹工卡县电信局到扎西岗乡开展以“绿色生命需要我们共同呵护”为主题捡拾垃圾实践活动

为理念，以“全面创新，求真务实，以人为本，共创价值”为核心价值观，“让客户尽情享受信息新生活”为企业使命，以提升用户满意度为指引，以关键服务环节为接入，以感知测评为手段，强化差异化服务优势。有效落实“首问负责制”公约，积极参与政风行风建设，通信扶贫行为，加强用户信息安全、网络安全和信息化建设。通过投诉预防体系、集中服务工单管理体系、客户体验感知等做好服务提升，实现事前防范，事中监督和事后管控。

为进一步优化客户体验，提高用户感知与满意度，通过显性化的服务，打造有温度的营业厅，“暖心行动”来提升电信企业整体形象，同时实现打造拉萨分公司党建统领“外树形象，内塑品质”党建品牌的要求，墨竹工卡营业厅给用户通过开设“便民服务区”提供暖心行动。

【宣传工作】 年内，为增强广大人民群众对其公民个人信息的保护意识，对电信网络诈骗的防范意识，墨竹工卡县电信局多次在县电信营业厅门口，校门口及人员较多地开展电信网络诈骗的宣传，切实提高人民群众的防范意识，杜绝电信诈骗，墨竹工卡县电信局积极深入开展防范电信诈骗宣传活动。宣传活动中，电信员工详细讲解电信诈骗的各种手段，希望广大人民群众切实增强保密意识、提高警惕性。在遇到电信诈骗时不要理睬，一旦上当受骗，应保存好相关证据，如联系电话、对方账户、转账凭证等，并立即向公安机关报案。通过现场讲解、发放宣传资料、接待群众咨询等形式向广大群众介绍电信诈骗犯罪分子的惯用手法、作案方式。并就“电信诈骗的特点”“电信诈骗的种类和危害性”以及防范电信诈骗常识向群众进行宣传，进一步增强了辖区群众抵制电信诈骗违法犯罪活动的“免疫力”，为预防、打击电信诈骗工作打下坚实基础。

为深入学习宣传贯彻中共十九大精神，落实绿色发展理念，墨竹工卡县电信局以“绿色生命需要我们共同呵护”为主题，到扎西岗乡开展捡拾垃圾的实践活动。习近平总书记在十九大报告中指出，坚持人与自然和谐共生，必须树立和践行“绿水青山就是金山银山”的理念，坚持节约资源和保护环境的基本国策，像对待生命一样对待生态环境。

【通信扶贫】 年内，根据中国电信集团公司对通信扶贫的相关政策，结合墨竹工卡县精准扶贫精准脱贫的相关指导，墨竹工卡县电信局一方面严格落实集团公司部署的通信扶贫政策，另一方面有效利用相关政策结合当地扶贫自掏腰包投入大量资金开展扶贫，常态化开展节日和特殊日子的慰问，赠送棉被、毛毯、床单被套、枕头枕芯、保温瓶、保温饭盒等等所需物品。助力当地政府在脱贫攻坚关键时刻起到举足轻重的作用，也得到老百姓的高度认可和当地政府的一致好评。

（次仁拥宗）

【机构领导】

局　长

白玛伦珠（藏族）

副局长

次仁拥宗（女，藏族，7月任）

邮政

【概况】 2020年，墨竹工卡县邮政分公司认真贯彻落实集团公司和区、市分公司各项决策部署，积极应对复杂多变的市场环境，积极进取。2020年通过墨竹工卡县邮政分公司全体干部职工共同努力，克服各种困难和市场环境的不利因素，圆满完成各项目标任务，取得一定成效，实现业务收入178万元。

2020年，墨竹工卡县邮政分公司以习近平新时代中国特色社会主义思想为指导，将学习领会贯彻落实好中共十九届五中全会精神作为首要的政治任务，深入贯彻落实中共十九届五中全会精神，增强“四个意识”、坚定“四个自信”、做到“两个维护”。干部职工真诚相待，密切合作，积极宣传党的思想，为党组织注入年轻的新鲜血液。积极组织党员干部职工学习党的廉政教育思想，从思想上保持干部职工自身廉洁，在行动上坚决杜绝一切违反党章党规以及中央“八项规定”的行为。

【企业发展】 年内，全县乡邮投递服务工作覆盖7个乡1个镇、40个行政村、40座寺庙、年服务里程达8万多公里。乡镇通邮率达100%，村村通邮率达100%，最大限度地满足偏远山区邮政通信的需求。同时，还承担墨竹工卡县各乡镇、各学校、各企事业单位等机构的投递服务工作，为墨竹工卡县经济发展和农牧区文化建设做出贡献。

2020年3月17日，墨竹工卡县邮政分公司职工到唐加乡莫冲村开展金融知识宣传活动

【金融业务】 年内，墨竹工卡县邮政个人存款余额为3765.6万元，小额贷款实现221万元。

【乡邮建设】 年内，墨竹工卡县邮政分公司进一步加大乡邮工作力度。2018年9月1日起，墨竹工卡县邮政实现乡邮投递周五班，进一步满足墨竹工卡县广大人民群众的用邮需求。为不断提高管理水平和服务质量，墨竹工卡县邮政分公司全体员工以高度的政治责任感，延伸服务深度、全体员工把认真做好邮政普遍服务作为己任，投入乡邮管理工作中，在巩固乡邮成果的同时，不断提高乡邮通信的覆盖率，确保乡邮工作的通畅。

【服务宗旨】 年内，墨竹工卡县邮政分公司秉承“人民邮政为人民”的服务理念，加强与当地政府部门沟通联系，切实履行好普遍服务义务，以优质的服务赢得当地政府、企业及基层群众的一致好评。为更好地做好服务工作，墨竹工卡县邮政分公司高度重视邮政服务重要性，充分认识到提升服务质量是邮政企业的法定责任和发展的根基，正视和解决当前邮政服务方面存在的问题，不断增强服务能力服务本领，强化服务质量管控，提升服务质量，走“靠服务开辟市场、靠服务壮大实力、靠服务树立品牌、靠服务赢得竞争”的发展之路。

墨竹工卡县分公司将一如既往地紧紧围绕区、市分公司的经营指导开展工作，严格落实各项经营决策，以企业发展为中心，在县委、县政府及区、市邮政分公司的坚强领导下，求真务实、真抓实干、开拓创新，扎实完成全年各项工作任务。

（王　栋）

【机构领导】

经　理

王　栋

移动

【概况】 2020年，中国移动通信集团西藏有限公司墨竹工卡县分公司（以下简称墨竹工卡县移动分公司）秉承“正德厚生臻于至善”的企业核心价值观，以“有价值、可持续”为经营理念，努力以“客户为根、服务为本”为职业操守，服务墨竹工卡县各族人民群众。全体员工自力更生、积极进取。在公司上下各级班子的正确领导下成功实现机构调整，网格划分，TD覆盖。用户规模从公司成立之初的4854户增长到2020年的2.25万户，运营收入呈逐年上升趋势，7个县公司中内部贡献占比为17.89%，已成为区域市场最有实力和最有竞争力的通信运营商。

墨竹工卡县移动分公司现有在岗员工12人，驾驶员1人，乡镇区域经理9人，解决当地就业人员10人，占总员工人数的47%。墨竹工卡县移动分公司现有自办厅一个，合作营业厅3个。各级渠道代理店30余家。全县共有基站208个，覆盖8个乡镇，42个行政村，网络覆盖率为100%。2020年，共计新建4个基站，服务日多乡、扎西岗乡、甲玛乡、唐加乡、尼玛江热乡、扎雪乡、门巴乡7个乡的客户。

【市场经营】 年内，墨竹工卡县移动分公司主动开拓市场资源，不断提高人员营销水平，全年客户9867户，客户总量2.25户，新业务使用客户数累计达15663户。其中彩铃业务普及率达78.76%．新业务收入比重达到30.97％，成为运营收入增长的主要方向。新增客户市场占有率为61.58％，期末客户市场占有率为51.25％，市场主导地位得以巩固。

持续推进品牌整合，着力提升品牌影响力和竞争力，“全球通”高端品牌形象和价值不断提高，“和”品牌市场带动作用逐渐增强。不断加快渠道建设，认真兑现服务承诺，积极改进渠道管理，核心社会渠道控制力和价值贡献不断提高。进一步加大集团客户市场开发力度，从单一产品植入到综合的信息化解决方案，实现集团客户的“无缝”服务打造有效的商业“价值链”促进双赢。积极宣传推广移动智能终端，实现“七乡一镇”全面展示，有效发挥综合捆绑和黏性作用。

2020年6月2日，墨竹工卡县移动分公司工作人员到门巴乡开展地推活动

【员工综合素质】 通信行业作为窗口，作为服务行业，每一位员工对外展现的一言一行都代表着公司整体形象，因此墨竹工卡县移动分公司在拉萨分公司各职能部门的有力支撑下定时或不定时地对营业人员、集团客户经理、渠道管理人员进行业务知识、服务技能、营销方法等方面的培训，极大地增强了员工对自身以及企业可持续的关注度，激发了员工们的学习热情。

年内，成功营销1.4万笔。打造一支业务技能过硬、综合素质较高的员工队伍。

【班组建设】 墨竹工卡县移动分公司“318”班组成立于2012年，共有成员12人。本着“开心工作、快乐生活”的一帮平均年龄只有26岁的年轻团队，通过内容丰富、形式多样班组技术知识交流活动，分享工作经验，齐心协力，共同解决工作难题。贯彻执行向“双标”学习，班组成员扶贫解忧多次，为公司内部困难职工捐款、捐物。生产之余班组成员与友好单位的班组进行交流座谈活动，积极参加县政府组织的各项体育运动和联谊活动，营造了良好的班组氛围及社会口碑。在各员工们的共同努力下，2020年年底考核获得全市第二名的好成绩。

墨竹工卡县移动分公司全体员工在拉萨分公司的正确领导下，将以前所未有的激情与豪迈，自力更生，积极进取，坚决完成各项工作任务，持续为公司、为墨竹工卡县创造更大的价值。

（罗舜航）

【机构领导】

经　理

李志敏（8月免）

泽　西（藏族，8月任）

联通

【概况】 联通墨竹工卡县营业部位于墨竹工卡县嘎则新区工卡镇集资商铺房15号，主要经营移动通信和互联网等信息服务，现有正式员工4人，基站维护人员2人，自办营业厅1个，合作厅1个。按照集团“聚焦、创新、合作”发展战略，聚焦重点区域发展、重点产品服务，经营模式创新，结合“一切为了市场、一切为了客户、一切为了一线”的经营理念，推进业务拓展、渠道建设、团队建设、网络基础资源建设等方面取得很好的成绩，营业部各项业务、品牌影响力、竞争力均有效提升和改变。“腾讯大王卡”和“冰激凌”产品得到广大客户的青睐和一致好评。

2020年5月23日，联通墨竹工卡县营业部员工在县城开展宣传业务活动

【服务和管理】 年内，为进一步提升联通墨竹工卡县营业部各渠道对服务工作的主动性和积极性，按照一切为了客户的理念，提升网络服务水平，提高客户满意度和客户感知。充分借助产品和网络优势，差异化的服务优势，大力发挥协同效应，夯实基础管理，提升网络质量，加快有效发展，增强综合实力，努力为全县广大用户提供更加高效优质的信息化服务，紧紧依靠自治区党委、政府的关怀和支持，紧紧依靠广大用户的深情厚爱，紧紧围绕集团“聚焦、创新、合作、发展”战略，深入贯彻落实习近平系列讲话精神，坚定信心，抢抓机遇，集中精力加快业务发展和网络建设，提升服务水平，树立企业形象，增强综合竞争力和可持续发展能力，适应不断变化的市场需求，向用户提供专业化和全方位的宽带通信与信息服务。

【网络覆盖】 年内，联通墨竹工卡县营业部致力于网络建设和优化，将全县各个乡镇的乡道、村镇、寺庙进行覆盖和优化，使网络覆盖率和网络质量得到很大的提升和改变，客户感知得到有效提升，全面实现高接通率、低掉线率、通话清晰，网络稳定高效。

【党建引领企业发展】 年内，联通墨竹工卡县营业部发展与管理工作中，坚持党建统领全局。日常工作中，全体员工积极学习“三严三实”和习近平新时代中国特色社会主义思想，严格要求自己，热心服务联通的客户。按照规范及

2020年7月14日，联通墨竹工卡县营业部员工在墨竹油菜花旅游节宣传业务

各类流程要求，不断加强内部管理和标准化建设，理顺工作关系，完善KPI考核体系，有效提高工作效率。

以风险防范作为增强内部管理的重要手段，以创新管理作为提高经济效益的重要保证。党建与企业发展的融合，推动和提升企业文化建设和党风廉政建设，营造良好的工作氛围和工作积极性，使所有员工的党性意识有效提升，综合业务素质能力提升很快，为今后更好地发展与服务打下良好的基础。

【践行社会责任】 年内，联通墨竹工卡县营业部秉承“做优秀企业公民”的理念，发挥通信行业信息化优势，致力于信息化快速建设，构建公平和谐的信息社会，参与政府信息化、农村信息化、应急通信建设，推进信息化和工业化融合，通过向信息服务商的转型，推进整个社会信息化进程。在县政府及市公司的积极领导下，向墨竹工卡县各个乡(镇)、村开展扶贫下乡送温暖活动，一方面体现联通对于广大村民的关怀，另一方面在联通自身发展的同时，没有忘记肩负社会责任的重担。

（蒋奕科）

【机构领导】

经　理

蒋奕科

金 融

中国银行股份有限公司墨竹工卡县支行

【概况】 中国银行股份有限公司墨竹工卡县支行（以下简中行墨竹工卡县支行）成立于2018年10月31日，经营地址位于墨竹工卡县工卡镇17号。2020年，所辖1个县支行，全辖现有人员9人，其中管理员2人，业务人员3人、后勤人员2人，金盾保安公司保卫2人。根据业务性质分设有会计、出纳、信贷等，主要经营存款、贷款结算业务。

【业务辐射范围】 年内，中行墨竹工卡县支行主营人民币存款、贷款、结算业务、办理票据贴现；代理发行金融债券；代理发行、兑付、销售政府债券；人民币信用卡业务；代理收付款项及代理保险业务；外汇业务；外汇存款、贷款、汇款；外币兑换；国际结算；总行授权的外汇担保、代客外汇买卖；结汇、售汇；外汇信用卡的发行；代理外卡业务；资信调查、咨询、见证业务。经银行业监督管理部门批准的其他业务、个人黄金买卖业务、贵金属代销业务，为当地居民提供便利的金融服务。

【“三农”服务】 年内，中行墨竹工卡县支行通过全体员工的共同努力，业务取得新的拓展，各项业务经营稳步健康发展，信贷资产质量明显提升，内控管理水平进一步提升，特别是作为县域支行在“三农”服务和支持当地经济发展工作方面，加大对网点数字化转型，充分结合互联网平台，对于服务“三农”方面，推出中银e贷，同时推出“来聚财”扫码收款，帮助商户做好销售。

【经济发展】 截至年底，中行墨竹工卡县支行各项存款余额为4800万元，其中对公存款余额为3370万元，储蓄存款余额为1430万元。

2020年7月13日，中行墨竹工卡县支行召开党支部组织生活会

2020年11月12日，中行墨竹工卡县支行组织员工开展宣传存款保险活动

【精准扶贫】 年内，中行墨竹工卡县支行严格按照《中国银行西藏自治区分行精准扶贫小额到户贷款管理办法》相关规定，在县委、县政府和上级分行的正确领导下认真贯彻落实党中央、国务院战略部署，准确把握“面向三农”的市场定位，主动适应国家宏观调控政策，高度契合县域经济金融需求，本着以推进“三农”服务，金融扶贫为核心的经营理念，创新金融服务，打开服务“三农”新思路，探索服务“三农”新模式，为墨竹工卡县精准扶贫工作做出积极贡献。

【办公及硬件设施】 年内，中行墨竹工卡县支行已完成营业网点的智能转型工作，增设智能柜台2台，此举为县城内“三农”客户提供了便捷的电子化服务。

【配套设施】 年内，针对中行墨竹工卡县支行年轻员工逐年增加的现状，积极争取资金，完成支行员工宿舍装修，加强伙食堂管理，彻底解决员工一日三餐的后顾之忧，尽量给员工营造优美的工作环境。

【综合营销】 年内，中行墨竹工卡县支行各项存款呈现稳中有升，总体完成情况较好，中行墨竹工卡县支行储蓄存款增长较快，基本完成全年任务指标；贷款业务发展情况，贷款增长较好，呈现“三农”贷款与个人贷款齐头并进的势头，其他各项指标完成情况较好。

【基础管理】 年内，开展组织实施员工合规文化建设活动，员工整体合规理念、合规意识明显提升，继续实行差异化绩效分配体制，切实激发员工工作积极性，充分体现奖励机制的作用，认真开展对所辖内的尽职监督检查，做到及时查漏补缺，减少差错和工作中瑕疵，促进各项业务操作合乎程序规定以及制度要求。

【安全运营】 年内，中行墨竹工卡县支行未出现任何一起大小风险操作事件，确保安全运营，针对运营、会计、信贷、安全保卫等环节加大规范化、科学化、标准化建设，开展各业务条线的“三化三达标”创建前期准备基础工作。

【集中学习】 年内，中行墨竹工卡县支行利用每周一下午下班后的休息时间组织全体青年员工集中学习业务类管理办法、集中探讨新型业务，召集支行全体党员干部开展党课13次，提升全体党员干部的党性，提高了员工合规操作意识，强化职业道德素养。

【安全保卫】 年内，中行墨竹工卡县支行将严格按照安全保卫工作条例，逐条开展检查对照工作，组织安保案例应急演练，确保无任何隐患地开展安全生产工作。

【安防教育】 年内，不仅圆满完成重大节日安防工作，同时确保全年无论守库、押运、值班以及营业期间的安全无事故，平时主要采取加强对员工的安防教育，引导员工自觉履行各项安防制度规定，严格相关纪律，层层签订安防责任书，加大对所辖网点的监督检查力度，对违反安全保卫的行为及时进行教育引导，及时达到惩戒目的，做到在注重业务经营的同时，狠抓安全保卫工作，从而确保安全运营。

（达瓦多吉）

【机构领导】

行　长

达瓦多吉（藏族）

副行长

李婉君（女，7月免）

李　蓉（女，7月任）

中国农业银行股份有限公司墨竹工卡县支行

2020年4月16日，农行西藏分行党委委员、副行长次仁旺堆（右一）一行到农行墨竹工卡县支行调研

【概况】 中国农业银行股份有限公司墨竹工卡县支行（农行墨竹工卡县支行）位于墨竹工卡县工卡镇14号。服务面为县城及7个乡1个镇1个扶贫搬迁点40个行政村，是唯一在乡镇上有网点的金融机构。农行墨竹工卡县支行根据业务性质分设有会计、出纳、信贷、联行代理国库业务等，主要经营存款、贷款结算及代理人行、农发行业务。

【业务辐射范围】 中国农业银行网点遍布中国城乡，成为国内网点最多，业务辐射范围最广的大型现代化股份商业银行，业务由最初的农业信贷、结算业务，发展为品种齐全，本外币结合，能够办理国际、国内通行的各类金融业务。主要包括：存款服务、综合业务、外汇理财、人民币理财、代客境外理财、银行卡、汇款及外汇结算、保管箱租赁、缴费服务、代发薪服务、出国金融服务、电子银行服务、私人银行、融资业务、国内支付结算、国际结算、基金相关业务、企业理财服务、金融机构服务。

【“三农”服务】 年内，农行墨竹工卡县支行通过全体员工的共同努力，业务取得新的拓展，各项业务经营稳步健康发展，信贷资产质量明显提升，内控管理水平进一步提升，特别是作为县域支行在“三农”服务和支持当地经济发展工作方面，农行墨竹工卡县支行加大对网点数字化转型，充分结合互联网平台对于服务“三农”方面推出惠农卡、惠农e贷、雪域惠农e贷等线上产品，并对墨竹工卡县97户农牧民发放幸福家园贷1145万元，同时充分依托藏文版掌银，对辖内村委会积极挂牌掌银村的方式拓宽网点服务渠道，对于辖内的产业不仅依托抵押E贷等线上产品提供资金支持，同时帮助企业入驻农行墨竹工卡县支行的扶贫电商，帮助企业做好销售。截至年底，在辖内的3家县域重点产业扶贫公司成功入驻惠农e商平台与互联网平台，充分融合取得良好成效。

【经济发展】 截至年底，农行墨竹工卡县支行发放个人贷款321笔，金额11844万元，“三农”个人贷款3050笔，金额37389万元，公司贷款28笔，金额15601万元；年内，农行墨竹工卡县支行不良贷款余额为0万元，无新增不良贷款。

年内，墨竹工卡县被成功评定为信用县。累计颁发贷款证14306户，颁证面达100%，使用率达99.82%，其中，金卡5819张、银卡5842张、铜卡1632张，钻石卡1013张（一星152户、二星375户、三星486户），精准扶贫小额到户贷款证1167张。截至年底，扶贫贷款余额为13041.6万元，通过给能人贷款带动农牧户残疾人，贫困户，通过与钻石卡户签订帮扶协议（执行扶贫利率）每年帮扶贫困户。截至年底，已办理惠农卡6679张，各项指标均得以圆满或超额完成。

【精准扶贫】 年内，农行墨竹工卡县支行严格按照《中国农业银行西藏自治区分行精准扶贫小额到户贷款管理办法》相关规定，在县委、县政府和上级农行的正确领导下认真贯彻落实党中央、国务院战略部署，准确把握“面向三农”的市场定位，主动适应国家宏观调控政策，高度契合县域经济金融需求，本着以推进“三农”服务，金融扶贫为核心的经营理念，创新金融服务，打开服务“三农”新思路，探索服务“三农”新模式，为墨竹工卡县精准扶贫工作做出积极的贡献。

年内，根据中央脱贫攻坚总体目标在拓宽新的扶贫思路的基础上，总结推广“银行的票子、能人的脑子、贫困户的膀子”信贷扶持方式，改进服务，加大对贫困户的经济扶持，全年共下乡360余次，发放金融扶贫宣传折页2800余张，开展金融扶贫政策宣讲50余次。农行墨竹工卡县支行大力采用媒体和现场服务方式，开展“金融知识下乡”活动，大力做好农行业务宣传，传授理财知识，帮助农牧民提升金融知识水平，提升金融安全防范能力。年内，相继在全县范围内开展防范电信网络诈骗宣讲、“激情仲夏”线上线下协同营销等一系列活动。

通过强化“三农”金融服务及管理，提高风险管控水平，不断提升本行“三农”服务能力，不仅涉农信贷资产质量保持较好水平，同时有力支持地方经济发展。根据上级行有关“惠农通”工作方案，农行墨竹工卡县支行予以高度重视，切实感受到开展此项工作是农行又一项惠农具体措施和手段体现，能够对金融空白行政村农牧民带来就近便利的金融服务。截至年底，完成40个村累计安装39台的POS机布放，组织专人认真开展前期政策宣传解释工作，积极争取党政机关和农牧民的理解和支持。

2020年6月15日，农行墨竹工卡县支行开展环保助力乡村振兴活动

【配套设施】 针对支行近年来年轻员工逐年增加的现状，农行墨竹工卡县支行积极争取资金，完成支行搬迁等配套设施建设，加强食堂管理，彻底解决员工一日三餐的后顾之忧，尽量给员工营造优美的工作环境。

【综合营销】 年内，农行墨竹工卡县支行总体完成情况较好，2020年农行墨竹工卡县支行储蓄存款增长较快，贷款业务增长较好，呈现“三农”贷款与个人贷款齐头并进的势头。

【基础管理】 年内，开展组织实施员工合规文化建设活动，员工整体合规理念、合规意识明显提升，继续实行差异化绩效分配体制，切实激发员工工作积极性，充分体现奖励机制的作用，认真开展对所辖内的尽职监督检查，做到及时查漏补缺，减少差错和工作中瑕疵，促进各项业务操作合乎程序规定以及制度要求。

【安全运营】 年内，农行墨竹工卡县支行未出现任何一起大小风险操作事件，确保安全运营。2021年，针对运营、会计、信贷、安全保卫等环节加大规范化、科学化、标准化建设，开展各业务条线的“三化三达标”创建前期准备基础工作。

【集中学习】 年内，利用每周二下午下班后的休息时间，组织全辖青年员工集中学习业务类管理办法、集中探讨新型业务，召集支行全体党员干部开展党课 20 次，提升全体党员干部的党性，提高员工合规操作意识，强化职业道德素养。

【安全保卫】 年内，农行墨竹工卡县支行将严格按照安全保卫工作条例，逐条开展检查对照工作，确保无任何隐患影响安全生产工作。

【安防教育】 年内，不仅圆满完成重大节日安防工作，同时确保全年无论守库、押运、值班以及营业期间安全无事故。平时农行墨竹工卡县支行主要采取加强对员工的安防教育，引导员工自觉履行各项安防制度规定，严格相关纪律，层层签订安防责任书，加大对所辖网点的监督检查力度，对违反安全保卫的行为及时进行引导教育，达到惩戒目的，做到在注重业务经营的同时，狠抓安全保卫工作，从而确保安全运营。

（欧曲罗布）

【机构领导】

党总支书记、行长

旭　　东（藏族，12 月免）

索朗多杰（藏族，12 月任）

副行长

韦 章 明（11 月免）

张　　西

次仁群培（藏族）

行长助理

曲　　扎（藏族）

西藏银行股份有限公司墨竹工卡县支行

【概况】 2020 年，西藏银行股份有限公司墨竹工卡县支行（以下简称墨竹工卡县支行）为进一步拓宽存款来源，夯实存款基础，牢固树立“存款增效”意识，紧盯县财政性存款，采用源头营销方式，采取层层跟进等方式，墨竹工卡县支行成立政府财政性存款营销小组，以支行行长为组长，以不定期形式向县政府汇报支行营销财政性存款及相关工作，同时安排营销小组专人跟进营销；在支行班子的高度重视及沟通协调和努力下，于 3 月成功营销墨竹工卡县医疗保障局城乡居民医疗保险金专户、墨竹工卡县医疗保障局干部职工医疗保险金专户，同时实现全县农牧民、僧尼、干部职工医疗报销卡全部为西藏银行卡，于 6 月成功营销墨竹工卡县人力资源和社会保障局欠薪保证金专户、存款账户余额约为 2600 万元。

2020 年，墨竹工卡县支行各项存款余额为 34998.33 万元，其中储蓄存款时点余额为 18624.59 万元，对公存款时点余额为 16373.74 万元；各项贷款余额为 119055.69 万元，其中对公贷款时点余额 100638.00 万元，个人贷款时点余额 18417.69 万元；工资代发总户数 120 户、收单业务户数 19 户、社保卡激活有效户数 15 户，654 户、有效客户数 7085 户、有效卡 3416 张、手机银行签约 13592 户，活跃用户 912 户、微信签约 139 户、手机号码支付签约 1083 户。

【内部管理】 年内，墨竹工卡县支行重视内部控制管理工作，把内控工作作为一项重要的工作来

2020年11月23日，西藏银行总行行长助理钟伟（右排右一）一行到墨竹工卡县支行检查指导工作

抓,在严格执行总行制度、办法的前提下,针对墨竹工卡县支行实际,努力完善、细化内控管理制度,做精做细各项内控管理,为实现经营目标,维护国家财产完整,保证会计及其他资料正确和财务收支合法,决策层的经营方针,经营决策能得以顺利贯彻执行,工作效率和经济效益能得以提高,坚持业务发展与内控管理并举的经营策略,在规范操作程序、降低金融风险中起到促进作用。

【服务管理】 年内,墨竹工卡县支行认真贯彻落实西藏银行制定的“服务立行、服务兴行、服务出效益、服务是核心竞争力”的经营理念,多次召开服务工作联席会议,专题研究和安排部署服务工作,通过集中整治,墨竹工卡县支行的服务工作有了明显好转,客户投诉率为零。为突出服务品牌,扩大西藏银行影响,严格按照营业网点规范化服务标准要求,认真落实营业网点大堂经理、个人客户分层级,添加企业微信,对客户进行标准化服务,为客户提供全面的个人金融业务产品和服务,具有较好的客户关系管理能力。

【精神文明建设】 年内,锻造强有力的金融队伍;通过支行领导班子成员带头讲党课,开展主题党日活动、召开民主生活会等方式,开展主题教育系列学习会,分享学习心得体会等专题学习,号召全员争做西藏银行先进工作者和奋斗者,进一步提升党员干部的党性修养,促使党员干部时刻将党和人民放在心中,遇见困难冲在前面,不说消极话,不发落后言,锻造了一支风清气正、干净担当、一心为民的金融队伍。

【新冠疫情防控】 年内,墨竹工卡县支行及时成立新冠疫情防控工作小组(藏行青年突击队),多措并举,购买口罩、酒精、消毒水、温度计等,在做好支行本身工作的基础上,积极对接县委、县政府,在318国道上免费发放800余个口罩及防控疫情措施宣传活动,同时“藏行青年突击队”联合团县委志愿者,到墨竹工卡县高速出入口,主动帮助检查站工作人员,对过往的车辆疏导及登记,对车内人员量体温等志愿服务,得到县委、县政府领导高度赞扬。

2020年4月29日,西藏银行墨竹工卡县支行组织召开“惠动全城、最红五月”动员部署会

【支持地方经济】 年内,墨竹工卡县支行紧紧围绕县委、县政府中心工作,坚持立足农村、服务“三农”和扶持中小微企业的经营方向,以“抓改革、推普惠、控风险”为重点,真抓实干,奋力进取。根据西藏银行总行推出的“钻石卡”、小微企业管理办法等,强化内部管理,严控各类风险,调整业务结构,扩大业务规模,支持“三农”经济发展等方面发挥了显著的经济作用。

年内,给墨竹工卡县藏地之南农畜产品专业合作社发放130万元扶贫贷款,切实支持墨竹工卡县本地实体经济发展。推出的“钻石卡”业务,为扶持农牧民在没有充足的抵押物作为保证方式的情况下,给农牧民实行授信,满足农牧民信贷需求,切实支持实体经济。

【队伍建设】 年内,根据实际和贡献评价员工,完善以能力、业绩为导向,以岗位绩效考核为基础的绩效考核评价方法。进一步推进选拔任用制度建设,构建有利于

2020年9月17日，西藏银行墨竹工卡县支行组织员工开展“网络安全为人民，网络安全靠人民”宣传活动

优秀人才脱颖而出的选拔机制，创造公开、公正、公平的选人用人环境。全面推行员工岗位双选机制，注重从基层一线选拔人才，建立队伍后备人才。

【惠农政策】 年内，墨竹工卡县支行定位于“以服务城乡大众、支持三农为主的国有商业银行”，在保持原有服务的基础上，不断加强业务、服务和产品创新，办理、开办对公存款与结算业务，个人理财、公司贷款、小微企业贷款、个人消费贷款、藏E贷、藏富贷、藏惠贷、住房按揭贷款、住房公积金贷款、“钻石卡”等多种新业务，成为一家产品丰富、服务全面的全功能国有商业银行。墨竹工卡县支行坚持以服务“三农”为基准，推广惠农政策。开展“送信贷资金进乡镇”“送金融知识进基层”等活动，大力支持墨竹工卡县地方经济发展。

【党风廉政建设】 年内，墨竹工卡县支行结合实际工作，筑牢廉洁从业思想防线，不断提高拒腐防变能力，有效防范案件风险，确保墨竹工卡县支行安全、稳健、高效运行，为保增长、保民生、保稳定及支持墨竹工卡县地方经济发展提供坚强有力的金融支持。

（黄琨洵）

【机构领导】

党支部书记、行长

陈 春 渠

副行长

索朗多杰（藏族）

黄 琨 洵（女）

乡（镇）概况

工卡镇

【概况】 工卡镇位于拉萨市以东约68公里处，318国道穿境而过。是墨竹工卡县的政治、经济、文化中心，全镇下辖3个村、1个居委会，19个村民小组，共1606户5559人，其中劳动力2572人，在校学生1094人。存栏牲畜禽类9215头(只、匹)，以黄牛、牦牛养殖为主。全镇低保户30户91人，特困分散供养3户3人，残疾人155人。镇机关干部45人，党员总数597人，建设党建活动室22个。

【经济发展】 年内，工卡镇农村经济总收入为12512万元，其中工资性收入4182.61万元，经营净收入7286.47万元，财产净收入555.04万元，转移净收入487.98万元。农牧民人均可支配收入实现22507.71元，同比增长14.98%。

【农牧业生产】 年内，粮食作物种植面积7897亩，其中青稞面积7497亩，冬小麦面积400亩。经济作物种植面积，油菜4350亩，豌豆130亩。实现收入1489.25万元，确保全镇农牧民口粮安全。

实现粮食作物总产283.8万公斤，经济作物总产35.32万公斤；有序组织344名群众采挖虫草，收入达317.28万元；工卡镇共有温室大棚124栋，其中外租72栋，群众自种52栋，每栋平均年收入约1065元，全年温棚收入约为13.2万元，大大提高了群众温室大棚种植积极性；牲畜出栏596头，其中牛576头，实现收入498.25万元，大大提高了牧业商品化，增加了农牧民群众的收入；塔巴村1组、2组，格桑村7组及工卡村1、2、3组共计土地流转919.16亩，实现流转费94.91万元；实现草畜平衡面积18.04万亩，兑现草畜平衡奖励资金36.08万元；县榨油厂订单油菜843.23亩，实际收购18514.75公斤，实现增收13.7万元；县奶牛养殖中

2020年4月25日，县委副书记、县长旦增尼玛（中）一行到工卡镇检查新冠疫情隔离点情况

心订单饲草137.5亩，实际收购91440公斤，实现增收21.95万元。

【项目建设】 年内，完成老旧小区改造工程；完成嘎则搬迁点基础设施改造完善及电梯加装；开始实施“三岩”片区多种经营建设项目。

【社会保障】 年内，完成全镇2474人新型农村养老保险保费收缴工作，收缴保费49.48万元，参保率达100%；完成全镇5031人新型农村合作医疗保费收缴工作，收缴113.18万元，参合率达100%。全面做好高校毕业生就业创业工作，确保高校毕业生就业率达到90%以上，对全镇98名2020年毕业生进行结对帮扶，现已全部就业。

【民政工作】 年内，发放“三大节日”慰问金共2.8万元；完成155名残疾人重新筛查公示，并建立档案，兑现49名符合2020年残疾人两项补贴资金共计4.62万元；兑现453名60岁以上老人幸福养老金188.75万元；兑现2019年特困分散供养资金共计3户3人2.83万元；为12名村(居)监督委员发放误工补贴18.51万元；兑现农村低保30户91人资金28.78万元，其中建档立卡贫困户11户28人；兑现2020年第一、二季度精神残疾重点关爱人员2人共计资金0.6万元；2020年第一、二、三季度精神残疾重点关爱人员5人，兑现资金0.78万元。

2020年3月21日，工卡镇党委书记次旦卓玛（右三）到格桑村指导新冠肺炎疫情期间蔬菜大棚种植

【教育工作】 年内，优化发展教育，现有十五年免费教育在校生1094人，适龄儿童入学率100%，巩固率100%，初中入学率100%，巩固率100%；完成农牧民大学生学杂费及交通费票据收集统计；完成全镇26名2019年建档立卡贫困户大学生及农村低保贫困户在校大学生信息收集工作；完成全镇211名在校大学生的学费、住宿费、教材费、生活补助资金的兑现工作，共计资金64.08万元；完成全镇64名2020年考入大学的学生信息收集工作。

【卫生工作】 年内，联合县医院、防疫站和工卡镇卫生院医务人员对工卡镇群众进行全民体检，由卫生院工作人员协助县医院医生进行；对100余名儿童进行预防接种；2020年上半年由县医院妇科检查组牵头，对工卡镇126名妇女免费检查和治疗妇科常见病；2020年医疗报销共计107人次，报销金额共计155.57万元(其中建档立卡贫困户3人次报销金额共计3.46万元)；以上资金由银行代发，已核对发放完成。

【安全检查】 年内，对全镇进行11次专项安全生产、消防安全大检查，建立专门检查台账和火灾隐患排查工作记录表；强化安全生产宣传活动，共发放各类宣传材料500余份、参与活动人数达1200余人；联合县消防救援大队开展消防演练，各村委会和部分商户代表参加演练，强化消防应急知识。组织干部职工进行安全生产相关法律法规及重要会议精神学习；调节矛盾纠纷事件20起，督查维稳工作15次，检查项目建设35次。

【林业工作】 年内，完成种树任务12240株，其中沙棘8000株、新疆杨750株、旱柳840株、红叶李700株、藏川杨350株、苹果树

1000株、柳树600株；向41位护林员发放2020年护林员补助金44.74万元。

【水利工作】 年内，投入124.33万元，修建格桑村3组、5组、8组饮水管道及新建水池；镇、村成立防汛应急、抗旱应急队伍共165人，定期对河道进行检查，2020年防汛工作组织人力1200余人次，使用铅丝笼45卷、大型机械装载机5台、挖掘机3台、运输车辆67辆，有效解决了汛期出现的各种问题，共计投入资金20.94万元，保障了人民群众的生命和财产安全。

【国土住建】 年内，协调制定棚户区改造方案，有序推进冰箱村搬迁工作；配合建立管理县容县貌，避免各类建筑垃圾乱堆乱倒，并依据住建城市管理要求配合执法；协调各方力量确保辖区再无私搭乱建；调动村组、网格力量建设期间检查非法占地行为，并建立台账，配合县国土局完成2处征地事项。

【文旅工作】 年内，完成3个村、1个居委会演出队成立工作，各演出队进行1—2次文艺演出，各演出队工作已步入正轨；督促完成工卡镇文化站及各村图书室正常开放使用；明确文化学习主题，不断丰富文化宣传内容，利用阅报栏和展板，开办文化专栏，公示文化服务内容，方便群众了解新闻；开展庆祝“三八”、迎接“五四”文体活动，开展“3·28”百万农奴解放纪念日唱国歌升国旗，参观新旧西藏对比展览活动，开展庆祝中华人民共和国成立70周年系列活动。

2020年2月14日，工卡镇工卡村第一书记李学龙（中）指导村民种植果树苗

【环境保护】 年内，由各村班子成员带队，对村小组进行每周三次全面清理，彻底清除各村卫生死角；完善城乡环卫一体化长效机制，委托县城投公司代管镇环卫队，实现规范化管理；充分发挥商铺双联平台，与商住户签订“门前三包”责任书，对占道经营、乱摆乱放，乱搭乱建的商、住户发放整改通知书，引导商住户自行整改，整治乱摆乱放36处480余平方米；整治县城车辆乱停乱放，申请将318国道老县城段两侧规划为停车场，邀请有关部门清理公路两侧“僵尸车”13辆（含7辆非机动车），有效地规范车辆乱停乱放；制定并完成镇干部每月一次的环保相关政策学习。

【精准扶贫】 年内，工卡镇建档立卡贫困户共170户706人。落实生态岗位安置188人次，发放岗位工资65.8万元，年人均补助3500元/岗，使得贫困户吃上了“生态饭”。累计转移就业490人，安排公益性岗位153人，扶持贫困劳动力自主就业创业337人，组织技能培训360人次。落实教育资助政策及“两免一补”等惠民政策，给24名建档立卡学生累计兑现9.09万元，使之能上得起学，安心上学。落实医疗保障，本年度贫困户享受医疗报销21人，报销金额达30.92万元，同时建立健康档案，真正消除因病返贫的现象，使医疗保障落到实处。累计为105户贫困户投放小额信贷300万元，覆盖率达61%。

【基层组织建设】 年内，加强各村（居）党组织建设，加强理论武装，坚持民主集中制，完善各村（居）“两委”班子及分工明确，进一步加强各项制度建设；建立党员服务体系，推进党风廉政建设，狠抓党员教育管理；以服务为目标，积极开展创新特色活动；加强惩防体系建设，进一步落实党风廉政建设各项工作。

始终牢固树立“四个意识”、坚定“四个自信”、做到“两个维护”，专题研究部署党建工作5次，开展“书记讲党课”4次，组织开展“两学一做”学习教育40次，“四讲四爱”群众宣讲54次，镇党委每月至少召开一次专题会议，听取各村党委的党建工作情况汇报，研究解决重要问题。

选派“3+1”专干、党群服务中心协管员、乡村振兴专干到村开展工作，保证基层一线党建、扶贫工作力量；采取多种形式全面加强党员政治教育培训，党员培训624名，撰写心得体会52篇。

镇党委带动各级党支部“三会一课”常态学习，培养入党积极分子2名，预备党员4名，转正1名党员；开展党建工作基础知识培训2场，法治、惠民政策等各类政策宣讲48场次，发放宣传册1万余本，走村入户72场；重点抓好形式主义、官僚主义突出问题整治。推动基层党建工作减负提质增效，发文与会议召开同比下降28%，会议召开时间同比下降30%。

【综治维稳】 年内，按照县委、县政府和县委政法委的综治维稳工作要求，结合工卡镇实际，制定完善各项维稳工作预案方案；积极动员各村委组织包村干部、村“两委”班子成员、驻村工作队、下沉干部、民兵、联户代表、党员和流动党员等群防群治力量，开展辖区内的安全巡逻；严格落实隔离管控“1+3”稳控工作要求，对656名返墨人员实施隔离，落实好疫情防控，维护社会和谐稳定工作；将扫黑除恶专项斗争与综治维稳、复工复产同安排、同部署、同落实。截至年底，共安排部署、督导检查13次，摸排130次。

（谢巍山）

【机构领导】

党委书记

次旦卓玛（女，藏族）

党委副书记、镇长

周　君

党委副书记、人大主席

普布卓玛（女，藏族，10月免）

党委副书记

央金卓嘎（女，藏族）

纪检书记

户杨东

人大副主席

扎西平措（藏族）

党委委员、组织委员

尼玛卓玛（女，藏族）

副镇长

益西旺久（藏族）

拉巴仓决（女，藏族）

周　玲（女）

副镇长、综治办主任

哈比布拉（回族）

2020年7月1日，工卡镇机关党支部开展庆祝中国共产党成立99周年活动

甲玛乡

【概况】 甲玛乡位于拉萨河上游，318国道沿线，距拉萨市约60公里，距县城11公里，乡域面积275.9平方公里，耕地面积7749.15亩。全乡辖3个行政村、14个村小组（含2个纯牧业小组），农牧民群众1206户4813人，劳动力2206人。18个基层党组织，其中，村级党委2个，村党总支1个，党支部15个，共有党员348人，其中农牧民党员310人。乡机关党

2020年2月4日，县委副书记、县长旦增尼玛（左二）一行到甲玛乡调研

支部党员38人(包括预备党员2人),龙达村党委有党员124人,赤康村党委有党员103人,孜孜荣村党总支有党员83人。全乡联户长61名,每个自然小组设组长2名。现有完小1所,教师23名,学生331名;幼儿园1所,幼儿教师17名(教师12名、乡村专干5人)、保育员11名,学生284名;乡级卫生院1所,医务人员12名(西医临床2名、藏医临床4名、护理2名、聘用人员2名、村医2名);宗教活动场所5座,其中寺庙1座、拉康3座、日追1座。

【气候特点】 甲玛乡气候属于拉萨地区温带半干旱高原季风气候,年平均气温7.5℃,无霜期3个月左右,年日照平均时数2750—3000小时。气候具有气温较低,长冬无夏,春秋相连,日温差大,年温差小;干湿季分明,冬季干燥,多大风,多夜雨;日照充足,辐射强烈;冬无严寒,夏无酷暑;气压低,含氧量较少等特征。

【经济发展】 年内,甲玛乡经济总收入16323.89万元,人均可支配收入达到26468.8元,其中工资性收入2386.32万元、家庭经营性收入7355.52万元、财产性收入9.6万元、转移性收入6572.45万元,农牧民群众生活水平不断提升。

【农牧业】 年内,种植冬小麦480亩、青稞4300亩、油菜2490亩、土豆114.75亩;全年青稞产量1487.86吨、冬小麦产量181.76吨、油菜产量315.57吨。耕地托管试点530亩,发放化肥共58.2吨(尿素18吨、二铵13.6吨、复混肥20.6吨、氯化钾6吨)。全乡688户(包括草场户),牲畜存栏13684(头、只)、牲畜出栏(包括自食)3241(头、只)、超载323户、未超载365;储备2020年各类农机具1068台,联合收割机36台。

年内,发放牦牛和奶牛预防药4箱,共注射防疫药剂38瓶(其中7头猪8瓶药剂、238只鸡5瓶药剂、703头羊25瓶药剂)。认真做好牲畜核实工作,及时兑现2019年草场补偿资金247673.21元。

【基础设施建设】 年内,全乡自来水到户,广播电视覆盖率达100%,电信、移动网络覆盖率100%。甲玛乡主要对外交通是318国道,乡内主要道路是南北向甲玛路,北接318国道,向南通往华泰龙矿区和巨龙矿区。集镇内设有一个客运站,位于乡政府门口。各村、小组道路阡陌相通,甲玛乡用电(矿区除外)由县城变电站供给,投资85万余元修建布拉小组2座小桥,方便群众出行;投资1860.96万元修建污水处理站,已完成总投资90%、共支付1674.86万元;投资1900万元的甲玛乡甲玛曲防洪工程,历时2年基本完工;投资205万元实施甲玛乡各小组安全饮水点维修工程;巨龙二期搬迁小区9月全面竣工,75户216人于10月1日前全部搬迁入住。

【社会保障】 年内,甲玛乡考入大学新生共计42名,并积极引导194名大学生就业。2020年参加新型农村养老保险人员共1657人、收缴保费331400元(200元/人)。兑现孜孜荣村一、二期搬迁补偿款2764万元;兑现甲玛工贸公司和城乡发展公司分红各267.78万元;兑现2020年全年“一孩双女”奖励政策75960元,受惠群众达 56 人。完成农村低保生活保障金发放共计 5 户 8 人 24357.13 元；分散五保户供养资金共 33187.65 元；第四季度精神残疾重点关爱人员资金 9000 元；残疾人两项补贴资金共 61200 元；老年人两项补贴资金共 3000 元；村务监督员的补贴资金共 132000 元；严重精神障碍患者监护补贴 4800 元；幸福养老资金共 1576800 元；兑现 2019 年 0—16 岁残疾儿童第三、第四季度补贴资金共 4800 元；免费发放残疾人辅助器具 5 件（辅具有轮椅、防褥疮垫、腋拐、盲杖）等。

开展全民健康体检，共检查 3540 人，结果异常 740 人，病情较为严重的 3 人，涉及 55 种病种，已及时给群众反馈结果，便于群众尽早诊治。完成 2020 年全乡农牧区合作医疗群众个人筹资工作，共 4411 人、筹资 1102500 元。

【惠民政策】 年内，宣传党的惠民政策 15 次，参与群众 500 余人次。春节、藏历年期间慰问环卫工、长期重大疾病人员、农村低保户、各村妇女、优秀农牧民、"三老"人员、五保户、困难残疾人等共计 106 人，慰问物资（清油、砖茶、面粉、大米）共计 48214 元。为促进本地就业，西藏巨龙铜业本地就业 146 人、华泰龙公司本地就业 107 人，月工资平均在 5000 元。

年内，安排生态岗位 96 人、年工资 3500 元，共兑现岗位资金 33.6 万元；专职护林员 48 人（建档立卡 22 人），兑现护林员工资 62.0233 万元（建档立卡 28.4262 万元）；兑现各行政村 2003 年、2006 年退耕还林 380 亩补助资金共计 47500 元（每亩 125 元）；兑现 2019 年前三季度野生动物肇事补偿 65 头、资金 97500 元。

【宣传教育】 年内，规范文化活动场所标准化建设，建立健全各项管理制度和标识牌，根据现有条件，挂牌"新时代文明研究中心"丰富文化活动场所服务载体。推进基层文化建设，组建基层文化艺术队，有效开展文艺创作、排练、演出等工作。利用阅报和展板，开办文化专栏，公示文化服务内容，方便群众了解新闻。以活动为契机，以农牧民群众、寺庙僧尼、青少年学生为重点，结合"3·28"百万农奴解放纪念日和建党、国庆等重要节日开展群众教育实践活动 33 次，集中宣讲 30 场，参与群众达 4800 人；组织下乡普法宣传，为农牧民提供义务法律咨询，提高农牧民的学法、懂法、守法意识；对 5 名安置帮教人员、2 名矫正人员定期进行走访、谈话及思想教育。

【脱贫攻坚】 年内，将建档立卡贫困户脱贫巩固工作列为重点工作，通过增加产业分红，着力解决就业等措施，巩固甲玛乡脱贫攻坚成果。2020 年，建档立卡贫困户人均收入 15110.73 元。甲玛乡大型修理厂项目持续分红，为建档立卡贫困户 105 户 414 人分红 105000 元。2020 年，大型修理厂带动创业就业人员 10 人，其中 3 名建档立卡贫困劳动力和 1 名家庭特殊困难群众，在修理厂内被聘为保洁、保安，年人均收入达到 2.64 万元；1 户 1 名建档立卡贫困人口在修理厂内经营洗车场；1 户 2 人当地群众也在经营洗车场；1 户 1 人在经营汽车修理铺；1 户 2 人在经营茶馆，年人均收入可达到 3 万元左右。甲玛乡将继续坚持脱贫不脱政策，持续用

2020年6月18日，甲玛乡党委书记平措旺堆（中）到建档立卡贫困户调查摸底

好国家脱贫政策，保障贫困户持续增收，做好与乡村振兴的衔接工作。

【人居环境】 年内，制定《垃圾管理办法》《随意堆放、乱扔垃圾处罚办法》。结合日常环境卫生清理，同时开展全民环境整治及河道清理活动，家家户户派代表，每周开展2次环境卫生集中整治活动、清理河道垃圾，共计45次、4000余人次参与，清运垃圾160多吨；乡2辆垃圾车每天定时进各小组收集垃圾；责令1户农户拆除影响美观、私搭乱建建筑物1座，清运建筑垃圾1.2吨。年内，种植红叶柳、榆树、旱柳、新疆杨等3599株，其中赤康村植树造林1675株、龙达村1924株；在华泰龙大门口与巨龙警务室门口矿山隔离带种植旱柳5520株，并设立隔离带网围栏2000米。

【安全环保】 年内，多次开展道路交通、校园、食药、矿山、施工工地、消防安全等联合大检查，确保年内无重特大安全生产事故。结合应急工作需要，乡政府及各村分别成立由乡干部、村干部、小组长等87人组成的应急队伍，两大矿区也组建应急队伍，并装备性能先进的各类救援车辆，确保第一时间能够做出反应。树立"绿水青山就是金山银山"的理念，开展矿区生态环境保护工作，两大矿区根据各自区域特点，开展大面积植树种草等生态恢复工作，并取得明显成效。县环保局每季度对甲玛沟水进行检测，加强企业排污管理；县水利局每年一次全面检测甲玛饮水（乡政府也不定时抽检），确保群众饮水安全。

【组织建设】 年内，每月召开主题党日，领导干部以普通党员身份参与双重组织生活会；定期开展党员"三包"工作，及时解决农牧民难点热点问题；组织机关党支部、村党委、村总支班子成员认真学习《中国共产党支部工作条例（试行）》与《党委（党组）落实全面从严治党主体责任规定》，严格"三会一课""两学一做"制度；理论中心组开展集中学习研讨11次；在赤康村开展"1+4+N"党建基层治理试点；引领助推工青妇工作，重大节假日慰问困难干部及群众，慰问资金近14万元（"金秋助学"投入9.2万元，"学技术"投入2万元），受益人员达100多人。2020年预备党员转正1人，成为预备党员8人，发展积极分子2人。

【党风廉政建设】 年内，与班子成员、各村第一书记及书记签订《党风廉政建设责任书》；每月初由党群办公室将考勤情况公示，如实向县组织部、县纪委上报；开展科级后备干部人选民主推荐会议，向县委组织部推荐科级后备干部人选19人；严格按照《中国共产党廉洁自律准则》和《中国共产党纪律处分条例》办事，加强对党员干部的日常教育管理和监督；元旦节、春节、藏历新年、"萨嘎达瓦"、中秋节、国庆节等节假日期间，领导干部亲自部署督察检查事宜，认真接待群众，引导群众及时办结相关事宜；加强公车管理，防止出现违反党风廉政的事件；开展扶贫领域腐败和作风问题专项治理，对扶贫领域及扶贫产业项目的专项监督检查，共计26次；签订党员不得信仰宗教及参加宗教活动承诺书354份。

2020年6月17日，甲玛乡党委副书记、乡长王小芬（中）主持召开政府班子会议

【综治、信访】 年内，与各行政村签订《墨竹工卡县社会治安综合治理目标管理责任书》；每月召开综合治理工作会议，及时向上汇报矛盾纠纷排查调处工作情况；成立以乡村干部、民警、农牧民党员、联户长、民兵组成的巡防队伍，分时段、分区域开展巡逻防护、隐患排查共计45次、排查解决各类隐患5条、调处14例；对重大信访矛盾及时召开专题会议，查找问题症结，研究制定解决办法。

【扫黑除恶】 年内，各种纠纷得到有效化解，群众满意度达到85%以上。结合综治宣传月、“七五普法”、国家安全教育等活动，召开扫黑除恶工作专项部署会议达7次；深入各村及矿山、工地开展扫黑除恶专题宣讲5场、受教育群众5000余人次；利用LED轮流播放“扫黑除恶”内容的宣传标语8条，张贴横幅12处，悬挂大型宣传标语4幅，发放宣传资料5000余份；积极开展扫黑除恶专项斗争和安全生产工作，与3个村委会签订综治维稳及双联户责任书和安全生产责任书。

【新冠疫情防控】 年内，制定疫情防控方案，成立领导小组，下设领导小组办公室，做好乡班子成员分工，第一时间摸清在乡人员、返藏人员、返藏学生、外出人员等基本数据，对所有人员类别分类管理，防控物资严把严控。乡卫生从专项经费中专门配置16个取暖器和单独新建一间厨房并配备相关厨具，供隔离专用，共计资金1万余元；乡群众房东自愿减免2月房租，40间门面共计减免68950元，其中孜孜荣村群众房东为14间门面减免2个月租金34250元，赤康村群众房东共为26户（汉族14户、回族2户、藏族10户）减免租金34700元；乡村干部、驻村工作队队员、群众党员为全国疫情防控自发捐款共计236102元；赤康村赤康小组15名青年党员自发购买消毒喷雾器5个、胶手套10副，共计850元。新冠疫情防控期间，甲玛乡检查车辆3600余辆、乘客12000余人次，劝返200多人，共发放消毒粉6箱，喷雾器3个，口罩3000个，党徽45个，党旗13面。

【自身建设】 年内，结合“两学一做”与“四讲四爱”专题教育活动，开展“不忘初心、牢记使命”教育活动，增强领导班子的整体功能，制定培训计划，切实提高干部职工的素质，积极组织村干部参加各级组织的培训班学习。以道德修养、职业素养为重点，在村“两委”中开展“道德讲堂”活动加强自身建设，进一步建立健全各项规章制度，实现以制度管人、以制度育人；在政府采购工作中，严格按照中央“八项规定”和区党委“约法十章”中要厉行勤俭节约的要求，严格执行财务制度，严把审核关，可以去除的坚决不买，可以简化的绝不搞“面子”工程。同时，对各村财务实施“阳光”工程管理，确保村务公开、财务公开。

（王　妮）

【机构领导】

党委书记

平措旺堆（藏族）

党委副书记、乡长

王 小 芬（女）

人大主席

阿旺次仁（藏族）

纪检书记

索朗央宗（藏族）

综治办主任、武装部部长、孜孜荣村第一书记

巴桑朗杰（藏族）

副乡长

赵 炎 龙

德　　吉（女，藏族）

岳 维 莉（女）

唐加乡

【概况】 唐加乡位于墨竹工卡县玛曲河北岸，地处墨竹工卡县腹地，距墨竹工卡县城8公里，西北与尼玛江热乡宗雪村隔河相望，西与达孜区唐嘎乡接壤，西南与工卡镇相依，全乡总面积347.1平方公里，驻地海拔3756米，属雅江中游河谷黑颈鹤国家级自然保护区。全乡辖莫冲、仲尼、拉东、卓、东布岗5个行政村28个村小组，全乡共1663户7923人。联户长105名，唐加乡党委下设党的基层委员会4个，党总支1个，党支部1个，全乡共有党员593人，其中农牧民党员551人、机关党员42人。

【基层组织建设】 年内，本着择优择精原则，唐加乡吸收积极分子

2020年1月31日，县委副书记普布（左一）一行到唐加乡东布岗村卡点检查新冠疫情防控工作

10人，发展对象4人，预备党员转正4人，不断扩大党的群众基础；所辖各党组织开展“主题党日”活动各12次；为全乡5个行政村配齐配强“1+3”村级组织专干20名，进一步充实了村级组织力量；完成50名村干部资格联审；全乡近600余名党员及9个集体，自愿为抗击新冠疫情捐款30370元；与全乡党员签订不信教承诺书605份，为550余名党员户挂牌，进一步明确党员身份，树立党员先锋；唐加乡逐步组建新时代文明实践站1个，村级实践站5个，共组建新时代文明实践志愿队伍6支677人。

督促各村制订2021年村级集体经济发展计划，2020年唐加乡各村集体经济收入达到10万元以上；唐加乡各村换届前期工作有序开展，全乡各级检查组反馈意见整改基本完成，储备后备干部34名，完成村干部轮训，有思想、有技能、有文化的年轻党员加入基层党组织意愿强烈，已完成村“两委”换届工作。

【意识形态工作】 年内，通过举办“3·28”百万农奴解放纪念日升国旗、清明节祭英烈，观看《活佛转世》纪录片，“新旧西藏”对比演讲比赛等方式，深入揭批十四世达赖集团的反动本质，进一步深化群众感党恩、爱核心的爱国情怀，逐步淡化宗教消极影响；组织全体党员、干部签订“扫黑除恶承诺书”近600份，并组织全乡党员在乡党员实践活动基地参加劳动2次；全乡党委开展理论中心组学习12次，交流发言30人次；全乡开展村庄清洁植树、宣讲学习、爱国卫生等活动80余次；全乡持续高效开展意识形态工作的同时，加强领导，塑造正确的价值观和舆论导向，以宣传工作促发展，以意识形态强监管，提高党员的思想高度，为实现乡村振兴战略“村美、人和、民富”的总目标提供坚强有力的精神动力、思想保证和舆论支持。

【经济发展】 年内，全乡总户数1663户，总人口7923人。耕地总面积1955.59公顷，牲畜总头数21303头／只，其中牛19491头。经济收入来源主要以农业、牧业、劳务输出和转移就业为主。全乡农村经济总收入为12282.65万元，其中工资性净收入7231.87万元，经营性净收入4692.21万元，财产性净收入63.15万元，转移性净收入295.42万元，农牧民人均纯收入15895.76元。第七次人口普查短表登记1848户8148人，全部已上报完成，长表按照总户数的10%要求已经上报完成。

【农牧业生产】 年内，全乡总播种面积29333.87亩，粮食作物种植面积，青稞11288.8亩、冬小麦5264.9亩；经济作物种植面积，油菜4824.07亩，豌豆种1085.5亩。冬小麦山东7号种子52395公斤、“喜马拉雅22号”种子134098公斤全部发放完成。5个村销售“喜拉22号”青稞种子134098公斤，每斤2.3元，共计616850.8元；出售墨竹油菜2054.425公斤，兑现131483.2元；5个村出售饲草154460公斤，共计370704元；莫冲村孜尼麦组销售“藏青2000”青稞种子8055公斤，共计40275元；仲尼村销售墨竹小油菜种子2000公斤，共计16000元。

年内，唐加乡群众出售农产品共收入1175313元，增加了农牧民经济收入；2020年全乡种植冬小麦300亩以上连片山东7号面积达到2994亩，“喜拉22号”300亩以上连片青稞面积达到4728.36亩，耕地托管服务试点工作，在莫冲村种植1226.19亩“藏青2000”品种、订单式油菜种植4692.01亩；2020年全乡已完成土地深松2073.47亩；2020年已完成全乡2000头黄牛改良任务；全乡春季疫苗注射工作先后出动12人次进行走村入户疫苗注射，提高防疫质量，注射免疫率达到99.73%。

【项目建设】 年内，唐加乡“十三五”共发展扶贫产业项目3个，分别为唐加乡设施农业建设项目，总投资468.62万元；莫冲村藏地之南养殖专业合作社项目，总投资149.1万元；唐加乡扶贫农机租赁合作社项目，总投资678.98万元。自项目实施以来，3个扶贫项目累计纯收益51.72万元，共分红18.05万元，创造村集体收入20余万元。累计就业78人次/月，已创造工资性收入28万余元。其中藏地之南养殖专业合作社累计收益3.56万元，带动建档立卡贫困户13户，分红共计2.15万元，稳定就业3人；扶贫农机租赁合作社项目累计收益18.86万元，带动建档立卡贫困户59户，分红共计7.6万元，就业3人；设施农业项目收益29.3万元，带动建档立卡贫困户32户，分红共计8.3万元。

【社会保障】 年内，完成乡2731人新型农村养老保险收缴工作，收缴保费54.78万元，参保率达100%；完成全乡7317人新型农村合作医疗收缴工作，筹资率达到100%；全面做好高校毕业生就业创业工作，2020年全乡高校毕业生共计84人，已就业84人，就业率达到100%。

【民政工作】 年内，全乡低保户22户55人，分散特困供养救助人员6户6人（其中5户是建档立卡户，1户是非建档立卡户），残疾人204人（其中建档立卡残疾人57人），重度残疾45人，60周岁以上老人708人。2020年全乡只有一位申请临时救助人员，共发放临时救助金4235元；24名残疾人得到残疾人补助器具；“三大节日”慰问物资有大米8袋、面粉8袋、砖茶8箱，慰问43人，慰问资金共计21500元；低保22户55人，全年共发放低保资金104571.8元（其中建档立卡17户40人共发放资金71238.07元）；分散特困供养救助对象（分散五保户）6户6人（其中建档立卡户5户5人，共发放资金34856.4元），全年发放资金共计40158.9元；0—16岁残疾人康复补贴，全年发放资金共计17400元。

2020年8月18日，唐加乡人大主席团一行检查人大办实事经费落实情况

年内，严重精神障碍患者监护补贴每人每年2400元，共4人，共计9600元；重点关爱及瘫痪在床残疾人补贴：已发放一、二季度资金，每季度1500元，上半年残疾人两项补贴资金共发放78000元，重点关爱及瘫痪在床残疾人14人，共发放资金84000元；村务监督员务工补贴：已发放前三季度村监督委员会资金共计165000元（15人，主任每月1666.67元、委员每月1000元）；幸福养老资金全年共发放2974100元。

【教育工作】 年内，完成建档立卡“十五年免费教育”“两后生”登记造册工作，摸清底数；2019—2020学年度全乡建档立卡十五年免费教育279人，“两后生”37人；

收集完成2019—2020学年往届生票据报销与核对工作；全乡共有9名学生实行送教上门（其中小学阶段5人、中学阶段4人，建档立卡5人），10人随班就读，2人在拉萨特殊学校就读，加强控辍保学工作，全乡无一名失学、辍学儿童。加强疫情防控工作；全乡新冠疫情防控期间返乡学生共计212人，其中武汉及经过武汉的学生17人，全部已隔离观察。

【卫生工作】 年内，联合县医院、防疫站和卫生院对唐加乡群众加强“两癌”筛查宣传工作，并建立健康档案，方便群众进行定期体检，医疗报销流程宣传至各村及卫生所方便群众知晓；开展食品药品联合专项检查15次，其中对学校食堂检查7次，对商铺、茶馆等进行检查8次，有效打击商户的违法行为，保障了食品药品安全。

【安全检查】 年内，对全乡所辖各商户、28个村民小组，进行20次专项安全生产、消防安全大检查，建立专门检查台账和火灾隐患排查工作记录表。

【林业工作】 年内，全乡栽植苗木共计4281株，上半年安排253人（不包括县城搬迁），下半年安排249人，合理安排生态岗位，全年每人3500元，已全部兑现完成。

年内，全乡农牧民群众558人采挖虫草，其中建档立卡户采集人员81人，采集总数为119027根，采集总收入3124823元；协助县自然资源局做好闲置土地统计、乱占耕地排查及农村宅基地审批程序，发放35千伏输电工程塔基占地补偿资金36792.98元；2020年野生黑颈鹤肇事119起、野狼等野生动物肇事63起；部署安排森林防火工作；配合林业部门筛选2021年造林地块。

【水利工作】 年内，全乡排查出13个安全隐患点，在汛期前组织群众开展清淤、清理河道工作，争取到10万元防汛经费，乡政府自行准备2万余元的防汛物资，真正做到有备无患，牢牢把握防汛抗旱主动权；着力开展污染源治理及“清四乱”工作；积极配合上级主管部门开展水利人饮项目选址及验收工作。

2020年12月25日，唐加乡召开村“两委”换届工作动员部署暨培训会

【国土住建】 年内，全乡共实施住房提升改造工程11户，全部验收通过并已经搬进住房；全乡境内有4座厕所已全部投入使用。仲尼村因地质灾害引起的隐患房屋7户、拉东村因自然灾害引起的新增隐患房屋10户、全乡之前的一般户隐患房屋13户，共计30户已申请住建局纳入2021年住房提升改造户。

【文化工作】 年内，因新冠疫情原因，乡综合文化活动站未开展活动，但在文化站里进行了厨师等3期培训，受益群众168人次，全乡5个行政村成立村级文艺演出队，1名成员为队长、文艺队骨干为副队长，5个村各有20名文艺队队员，全乡共有100名队员，年龄在18—40岁。

【精准扶贫】 年内，细化落实3个扶贫产业项目，完工3个，完工率达100%，全部投产见效；全乡现有劳动力3328人，其中建档立卡劳动力642人。年内开展转移就业对接工作10余次，外出务工人数达1665余人，其中建档立卡受疫情影响外出务工人数为571人，

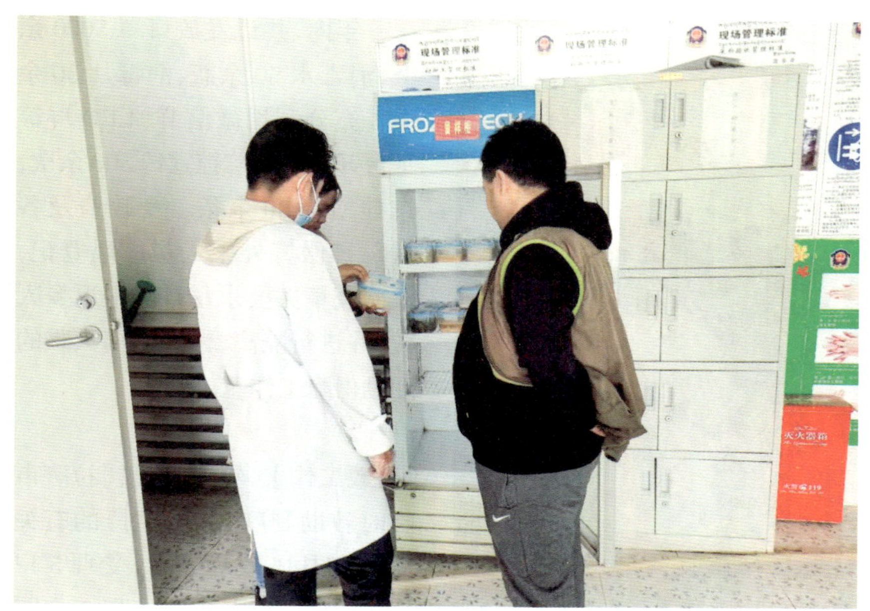

2020年6月15日，唐加乡工作人员到乡小学进行食品安全检查

长期稳定就业人员980余人（其中建档立卡213人），人均工资收入达到9359.23元。

年内，开展养殖、厨师、挖掘机和装载机操作等技能培训4期，共计参训人员400余人次，全乡技能劳动力达到1800余人；高校毕业生84人，先后开展就业对接4场次，全乡除3名延期高校毕业生外，其余均已实现就业。年内，选派40余名高校毕业生及农牧民富余劳动力参加巨龙公司招工考试，通过考试的有18人，其中5人已上岗（4名高校毕业生，1名农牧民富余劳动力）。实现医疗报销74人次，报销金额达782973.73元（其中建档立卡5人共23456.31元），已完成2021年度筹资参保工作。

（卓 玛）

【机构领导】

党委书记
王 静
党委副书记、乡长
巴 桑（藏族）
党委副书记、人大主席
央金次仁（女，藏族）
党委委员、纪委书记
涂金龙
党委委员、组织委员
贺 娇（女）
党委委员、副乡长
旦增措姆（女，藏族）
次尼卓玛（女，藏族）
党委委员、政法委员、人武部部长
西绕江措（藏族，7月任政法委员）
党委委员、副乡长
李艳丽（女，7月免）
人大副主席
斯郎拉姆（女，藏族）

扎西岗乡

【概况】 扎西岗乡地处318国道沿线，距县城21公里，东接日多乡，西邻工卡镇，北接尼玛江热乡，南与山南市乃东县毗邻。全乡总面积880.995平方公里，耕地面积19158.45亩，天然草场面积91.66万亩，属半农半牧乡，平均海拔4000米。下辖7个村，共2111户8565人（劳动力6844人），主要资源有铅锌矿资源及旅游资源。

【经济发展】 年内，扎西岗乡实现经济总收入17351.08万元，工资性收入达5528.31万元、经营净收入10630.69万元、财产净收入530.14万元、转移性净收入661.94万元，农牧民人均可支配收入达到16798.47元。

【党建工作】 年内，始终坚持用习近平新时代中国特色社会主义思想武装头脑，持续推进“两学一做”学习教育常态化制度化，同步跟进抓好“不忘初心、牢记使命”“四讲四爱”主题教育实践活动，举办各类学习60余次。党政领导带头讲党课，紧扣2020年脱贫攻坚、新冠疫情防控、第七次西藏工作座谈会、十九届五中全会等主题。年内，乡党委委员累计参加理论中心组学习12次，上党课10余次，各村支部书记上党课20余次。积极组织各村支部书记参加市委、县委等部门组织的培训，每位村支部书记学时50小时以上。

推进“三务”公开，规范“四议两公开”程序，落实好“三会一课”制度，各村支部书记上党课20余次，召开党员大会30余次，支

2020年4月21日，拉萨市委副书记、市长、城关区委书记果果（中）一行到扎西岗乡仁青林村调研

委会100余次。充分发挥村务监督委员会的作用，切实落实农牧民党员群众的知情权、参与权、决策权和监督权。将村党组织书记述职评议列入村级班子年度考核工作方案，组织7个村第一书记、书记，2个寺管会党支部书记进行述职，并接受乡党委班子成员、党员群众代表现场评议。同时，根据上级组织安排，各基层党组织进行专题组织生活会和民主评议党员。年内，共发展党员7名。

不折不扣抓好力戒形式主义、官僚主义的贯彻落实。在考核频次、考核方式上做改进，更注重平日工作实效。同时，大幅度精简文件和会议，党委政府发文较往年减少45%以上，统筹安排各类会议，整合部署落实内容，尽量减少会议召开频次，做到提质增效。选派机关优秀干部充实"3+1"专干队伍到村开展工作，大力贯彻落实习近平总书记关于大抓基层、推动基层建设全面进步全面过硬的指示精神。

【精神文明建设】 年内，加强领导、健全机制，精神文明建设在坚强有力的组织中扎实推进。乡党委将精神文明建设工作分解细化，将任务量化到人，量化到环节，并与工作年度考核有机结合，形成全乡上下共同创建的工作局面。扎西岗乡精神文明建设宣传工作贯穿始终，依托新时代文明实践中心建设，结合"三大节日"、"3·28"百万农奴解放日、"七一"、"民族团结进步月"等节日，共举办新旧西藏对比、感党恩教育等活动，共20余场次，营造了浓厚的氛围，使得精神文明工作做到家喻户晓，人人参与、个个支持。

【新冠疫情防控】 年内，严格落实以预防为主的防控措施，严格落实"早发现、早报告、早隔离、早诊断、早治疗"的要求，扎实做好疫情监测、排查、预警等工作。

年内，共计发放口罩5000余个、消毒水50余瓶、消毒片30余盒。充分利用微信群、LED屏等平台开展疫情防控宣传500余次，悬挂横幅30余条。乡政府及各村每日做好外来人员体温登记，按照疫情办要求每日上报返乡人数，并进行隔离，做好隔离人员的后勤保障工作。

【民政工作】 年内，按照《拉萨市临时救助制度实施细则》的有关规定和县民政局要求，受理5户困难家庭，其中排查发现2户困难家庭、个人主动申请3户。按照《西藏自治区人民政府关于建立困难残疾人生活补贴和重度残疾人护理补贴制度的实施意见》的有关规定，共计为105名残疾人发放补贴12万余元。根据《西藏自治区建立经济困难的高龄失能老年人补贴制度的实施意见》，确定扎西岗乡符合享受老年人"两项补贴"的老年人31人，共发放18600元。

扎西岗乡共有重度瘫痪在床43人，针对残疾人的不同需求和特点，下发各类医疗辅助器具。年内，发放幸福养老、0—6岁康复补贴、2018—2019年妇女产前筛查、2016—2020年残疾评定、2018—2019年新生儿疾病初筛等惠民资金共计1700余万元。

【安全生产】 年内，按照"全覆盖、零容忍、严执法、重实效"的工作原则，扎西岗乡结合县安委会的工作要求，对乡50余家商铺进行安全生产检查，强化涉危涉爆、食品卫生的管理力度，坚决遏制安全事故的发生。

年内，开展应急演练共计21次，涉及消防安全扑救演练、校园安全演练、应急处突演练等多个方面。开展安全生产检查30余次，涉及辖区内商铺、寺庙、学校等多家单位。发放安全生产宣传册共计200余册，开展安全生产知识讲座2次，播放安全生产小视频1000余次。

【群团组织】 年内，团委共计为4名学生争取到15500元教育帮扶资金。“五四”，举办趣味运动会，“六一”，联合妇联为扎西岗乡小学送去图书共计716册，价值10183.6元。举办预防青少年犯罪宣传，发放《青少年安全自护小知识》《预防青少年违法犯罪法制教育宣传》《珍爱生命远离毒品》手册和海报共计500份。举办第三届爱国教育进学校暨民族团结进步创建诗朗诵比赛，力争使“爱国教育进学校”活动成为扎西岗乡团委的王牌。最后“共青团+互联网”工作格局也更完善。年内，扎西岗乡共新增10名团员，团员的信息和120页入团志愿书都已顺利扫描录入系统。

年内，妇联巾帼夜校共运行了5个月，共计210场次，学生83名（主要集中在斯布村）参加。开展调研活动1次。同团委工会一起组织开展趣味运动会，同团委一起给乡小学捐赠图书，开展宣传1次，发放《儿童自我保护知识读本》150本，《女性妇科常见病保健手册》200本。涉及人数210人。年底为各村妇联主席配备办公用品和高压锅。

年内，扎西岗乡新入工会会员2人、转入1人、转出6人都记录在案。组织成立货车司机联合工会，并慰问优秀困难司机12名，发放慰问金共计6000元，“五一”慰问包括医生、警察、环卫工人及一线干部职工39人，发放慰问金共计19500元。并举办趣味运动会，丰富干部职工业余生活。组织学习《习近平给郑州圆方集团职工回信》精神。年内，在档全国困难职工4人及市级困难职工11人全部脱困。“职工之家”建成，共耗资274500元，已开始试运营。

【市场监督】 年内，新冠疫情期间联系商家争取到4750元的泡面、矿泉水等物资，发放给派出所、村委会、卫生院的一线工作人员。并为各商户发放口罩500个，给各餐饮业法人发放消毒水46瓶；张贴西藏健康码30张，每日上报菜价监测表，为不能及时返藏的商家争取到免租金共11000元。开展节前及开学前检查5次，总计检查116家商铺，宣传春季野菜菌类慎重食用知识及各类食品安全知识共计4次，共发放2000余份宣传册，监督举报牌25张，发放围裙、袖套、雨衣等惠民物资，普及人数达850余人。

【生态环保】 年内，出动车辆57辆，166余次，清运垃圾240余吨，清洁卫生死角约79处，疏通河道约43公里，全乡参与人居环境整治工作干部人数约200人，群众约2450人。

利用主题教育宣讲活动的契机，向群众宣传科学、文明的生活方式，引导群众养成卫生的饮食习惯，倡导绿色消费。此外，在县环保局的协助下，在“环境保护日”等宣传日开展多种形式的环境保护宣传活动，如通过发放各种环保宣传手册（100份），发放印

2020年4月16日，县委书记劳明伟（左一）一行到扎西岗乡扎西岗村检查指导工作

有环保宣传语的帽子(150 顶)及购物袋(500 个)等形式,让环保观念逐渐走入群众心中。另外,乡政府从本级财政预算中划拨 5 万元用于生态环境保护资金,为环卫工购置清扫工具、维修垃圾运输车;在人员聚集区域悬挂藏汉双语宣传横幅,时时提醒群众注意保护环境。年内,通过多种渠道进行环保宣传,在全乡范围内已形成良好的环境保护的社会风气。

乡党委、政府在严格保护环境的同时,积极组织开展生态乡镇、生态村的创建工作,对国家污染源清查底册上的工业、养殖业以及合作社进行逐一排查,对存在污染环境的生产活动予以坚决制止;扎西岗乡污水处理厂项目已完成并投入使用;圆满实施 2020 年国土绿化工作,实现巩固消除无树村及无树户工作成果的任务,在 7 个村完成植树造林,共种植柳树 930 株、沙棘 11150 株、红叶李 30 株,经验收,苗木成活率为 80% 以上,实现了绿色家园的理念,积极造林改善生态环境。

【便民服务中心】 扎西岗乡便民服务大厅于 2014 年 5 月正式挂牌投入使用,设立在乡政府大门右侧,服务大厅使用面积为 90 平方米。自投入使用以来,没有出现群众不满意、投诉情况,同时在便民服务大厅运行期间征求多方意见,开设“代办业务”,极大地方便了群众,得到当地群众的高度赞赏和县相关部门的一致认可。年内,扎西岗乡便民服务中心累计服务群众达 8000 余人次。

【就业、培训】 年内,扎西岗乡共培训开班 10 期,培训学员共计 561 人次,培训工种及项目主要涉及、挖掘机、装载机、藏式烹饪、焊工、中式烹饪等,其中培训挖掘机 156 人、装载机 92 人、藏式早餐 124 人、川菜 143 人、焊工 46 人。2020 年高校毕业生 54 人,全部实现就业。其中考上事业单位 14 人,行政单位 9 人,其余 31 人通过自主创业等多种渠道实现就业。

2020年6月4日,县委常委、政法委书记、公安局局长其米多布杰(右三)一行到扎西岗乡斯布村调研

【牲畜保险】 年内,乡政府高度重视,积极落实工作责任,实施牲畜保险这项民生工程,大大降低因灾、因病等原因导致牲畜死亡,而给群众造成的损失,得到群众的普遍认可和支持。年内,累计赔付牲畜保险 48.7 万元。

【民族团结】 年内,扎西岗乡利用“三大”节日、“七一”、雪顿节和旺果节等举办群众性文艺活动 12 场次,举办“3·28”百万农奴解放纪念活动 7 次、新旧西藏对比图片展 18 次,开展“四讲四爱”群众教育实践宣讲活动 30 余场次,学习《宗教事务条例》12 次,开展“遵行四条标准、争做先进僧尼”教育实践活动 18 次,发放《拉萨市民族团结进步条例》等宣传书籍 450 余册,结合精准扶贫精准脱贫,乡干部与群众结对 80 余户,干部双语学习结对 17 对。

年内,扎西岗村荣获民族团结进步模范集体奖,同时 1 户家庭获得墨竹工卡县民族团结进步模范家庭。悬挂民族团结横幅 36 条,努力营造促进民族团结进步的社会氛围。

【脱贫攻坚】 年内,全乡建档立卡户 329 户 1524 人(“十二五”时期建档立卡户 123 户 580 人,“十三五”时期建档立卡户 206 户 944 人),已全部脱贫,全乡贫困发生率由识别之初的11.48%下降到0%。截至年底，全乡建档立卡贫困户人均可支配收入达到13370.33元，是2016年（人均可支配收入4545.29元）的2.95倍，其中生产经营性收入、工资性收入占比达到86.1%。建档立卡户群众全面实现不愁吃、不愁穿，切实享受住房安全、基本医疗、义务教育三项基本保障，基础设施、基本公共服务、产业发展等得到显著提升。现有5个扶贫产业项目，其中正在建设阶段1个，为扎西岗村饲料加工厂建设项目；整合项目资金转型升级2个，为朗杰林村小油菜种植项目、斯布村燕麦草种植项目。

年内，全乡有小学1所，下属幼儿园6所，小学专任教师49人、小学生739人，小学师生比为1 ： 15.08（国家标准1 ： 19），总体师生比例达到国家标准。2020年南京希望小学教职人员外出培训9人次。依托国办系统建立完善0—15周岁适龄儿童数据库；积极落实好上级对建档立卡贫困家庭子女接受高等教育免费教育资助政策。

一级二级医院住院报销比例90%，三级以上医院住院报销比例85%，建档立卡户在此基础上提高5%。统筹区外定点医院住院报销比例降低10%；城乡低保、重度残疾、孤儿自付部分全额通过医疗救助报销，建档立卡、重点优抚对象自付部分的70%可以通过医疗救助报销；敬老院供养特困人员全额报销。扎西岗乡共有6所村级卫生室、1所卫生院，乡村两级医务人员共28名。

聚焦边远农牧区，先后多次开展全面排查工作，并委托第三方机构开展鉴定工作。经全面排查，扎西岗乡住房、饮水安全不存在问题。

年内，“六脱”政策落实情况：以迁脱贫114户503人（拉萨市慈觉林“同心苑”社区实现就业增收57户100人，县城搬迁实现就业增收56户108人，1户均为学生已纳为低保，其余均已实现“一户一岗”）。以保脱贫11户37人。以助脱贫1户1人。以补生态岗位人员253名，专职护林员159名，专职环境监督员7名，环卫工17名，“厕所革命”管理人员9名，兽医19名，拉萨市级农牧民科技特派员3名，自治区级科技特派员14名。以教脱贫：建档立卡贫困户学龄前儿童68人，幼儿园50人，小学116人，初中63人，高中35人，大学本科21人，中职4人，高职高专8人，技师学院4人。

（贺小军）

【机构领导】

党委书记

达　　瓦（藏族）

党委副书记、乡长

杨　　勇

党委副书记、人大主席

扎西顿珠（藏族）

党委专职副书记

巴　　桑（藏族）

党委委员、纪委书记

普布拉吉（女，藏族）

党委委员、人大副主席

加　　群（女，藏族）

党委委员、副乡长

扎西次仁（藏族）

拉　　巴（女，藏族，3月免）

党委委员、人武部部长

金玉洁

党委委员、组织委员

李毅立

副乡长

次列旺姆（女，藏族）

日多乡

【概况】 2020年，日多乡坚决贯彻落实习近平新时代中国特色社会主义思想，贯彻落实中共十九届五中全会精神，贯彻落实区市县党委、政府决策部署，全乡上下勠力同心，共克时艰，在全力抗击新冠肺炎，防范公共卫生安全隐患的基础上，坚持以经济建设为中心，统筹推进重大项目建设，正确处理好改革发展稳定三者之间的关系，全乡经济运行回升向好，稳步增长。

2020年，全乡农村经济总收入8520万元，同比增长5.45%，其中第一产业产值3792.38万元，同比增长2.36%；第二产业产值450万元，同比增长81.45%；第三产业产值4277.62万元，同比增长3.65%；农村居民人均可支配收入增长13%，达25052.85元。

【新冠疫情防控】 年内，乡党委、政府先后召开15次新冠疫情防控专题部署会议，就区、市、县重要部署和县委、县政府领导的重要指示精神进行传达学习，并对疫情防控工作进行再安排、再部署，并及时成立疫情联防工作领导小组，明确责任分工，狠抓落实，切实做好疫情防控工作。

设立疫情卡点7个，24小时在岗排查，对外来车辆人员进行体温检测、消毒等，共登记车辆530辆，人员720人，劝返朝佛群众及外来人员58人；成立疫情宣传队，建立微信工作群，调动各方力量，积极发挥各组组长、联户长及党员等作用，宣传相关疫情防范知识50余次。及时下拨疫情防控经费4万元至3个行政村及派出所，购买口罩5000余个，酒精、消毒水20余桶，加大物资储备，并向全乡每户发放口罩5个。

【精准扶贫、精准脱贫】 脱贫攻坚取得全面胜利，实现现行标准下全乡建档立卡贫困人口66户231人全部脱贫、3个贫困行政村有序退出，全乡综合贫困发生率为0，贫困人口人均可支配收入也由识别之初的1848.44元提高到11541.6元，同比增长524%。易地扶贫搬迁31户110人，其中县城嘎则新区搬迁14户60人，拉萨文化创意园区搬迁17户50人，入住率100%，解决一户一岗需求28个；实现稳定就业59人，其中自主转移就业33人，月人均增收2933元，专职护林员26人，年人均增收11854元；干部职工参与贫困户结对帮扶61人，开展走访慰问活动173余人次，涉及帮扶资金12820元，宣讲政策173余场次。7月，顺利通过精准扶贫国家普查。

【经济发展】 年内，日多乡3个重大项目进展顺利。日多乡污水处理厂项目已投入使用，解决乡周边700人的生活污水处理问题；日多乡卫生院重建项目已通过验收并投入使用；日多乡特色温泉小镇项目建设，门面房主体结构和街道美化工程已完工，小镇规模初步成型。在项目建设过程中，对项目建设进展情况督导检查8次，并积极协调解决施工队在用电、用工、用水、用地等方面的“瓶颈”问题。

在持续巩固深化脱贫攻坚成果的基础上，完成日多乡乡村振兴战略三年规划编制，农牧区发展新动能持续培育，货运运输车辆93辆，商店、餐饮等服务实体50家，行政村通客车率达到100%，辖区内2个合作社，分别是墨竹工卡思金拉措绿色牧畜产品加工专业合作社和墨竹工卡县念村农畜产品专业合作社，产值31.8万元，解决当地15名群众就业，其中建档立卡贫困群众4人，实现人均增收1.2万元。

具备条件的行政村全部通硬化路，公路里程79公里，砂石路面35公里；完成拉龙村拉龙组、念村弄组溪桥工程建设，解决82户213名群众出行难问题；2020年汛期，乡域内部分村组道路桥梁被洪水冲毁，乡党委、政府主动作为，出资20余万元进行维修，确保农牧民群众的出行安全。

结合爱国卫生运动，突出抓好垃圾处理、生活污水治理等方面工作，全力改善农村人居环境，乡13位保洁员联同村委会及联户代表、党员、小组长等人每周1次开展人居环境整治活动，群众参与清洁达1500余人，乡政府垃圾车每月对318国道沿线、河湖沿线、景区、学校等地产生的垃圾及时运送到怎村垃圾中转站，确保乡域整洁。

在严格落实防控要求、规范

2020年5月5日，拉萨市委巡察办主任仁增卓玛（左一）一行到日多乡调研精准扶贫、精准脱贫工作

复工程序的基础上，有序推动农牧民和企业复工复产，乡域内合作社、批发零售、住宿餐饮、日多温泉等50家服务主体已全部复工复产，且效益良好。

提升农牧业打基础，作为纯牧业乡，主要是发展现代牧业，调整优化牧业结构，加快实施“一村一品”工程，增加牦牛出栏率，2020年牦牛出栏数1346头；扩大就业强主导，因户施策，借助惠民政策，大力开展技术技能培训，扩宽农民就业渠道，开辟更多致富路子。年内，开展就业政策宣讲20余场次，组织高校毕业生参加区市县就业招聘39场，涉及156人次，实现高校毕业生就业率100%；农牧民劳动力转移就业650人，开展劳务输出技能培训243人，其中装载机培训96人。

2020年9月27日，江苏省南京市秦淮区委书记林涛（左二）一行到日多乡考察对口援助工作

【“美丽乡村·幸福家园”】 4月，日多乡怎村哈姆组“美丽乡村·幸福家园”整村推进试点工程开工建设，为该组42户集中连片农牧户实施住房提升改造和人居环境整治工程。该项目总投资1122万元，总建筑面积5610平方米，于11月完成竣工验收入住。另外念村6户，拉龙村6户住房提升改造和人居环境整治工程同步实施完成。

【文化软实力提升】 年内，成功组建3支文艺演出队（每村各1个），总人数59人，集中组织专业培训；开展庆祝中国共产党成立99周年暨村级文艺队“感党恩、听党话、跟党走”演出活动，“四讲四爱”群众教育实践活动暨庆祝西藏自治区成立55周年、第三十个“民族团结进步月”等文艺会演活动12场次；设置精神文明宣传栏、公益广告牌、善行义举榜等宣传平台50余个，开展“3·28”百万农奴解放纪念日活动、新旧西藏对比、村史家史大家谈、清明节默哀活动、升国旗等文化活动20余场次，参与群众达2000余人次。

【综合治理】 年内，受理信访案件26起，办结26起，办结率达100%，调处化解各类矛盾纠纷32件，调处率达100%，成功率达100%。结合“七五”普法活动、综治主题宣传日活动，利用47个联户单位开展送法下基层活动，设置综治宣传栏4个，开展普法活动13场次。

【从严治党】 年内，组织学习中央第七次西藏工作座谈会精神5次，宣讲10次，撰写心得体会1万余字，开展理论学习中心组累计学习11次，组织开展“两学一做”学习教育10次，“三会一课”60余次，撰写心得体会200余篇，举办“主题党日＋脱贫攻坚”等活动10场次。

年内，培养入党积极分子15人，发展党员6名，积极开展排查整顿农牧区发展党员违规违纪问题，共排查出违规违纪发展党员1起。

年内，日多乡开展党员“三包”工作，8名班子成员分别联系3个村，每个村联系人数为2—3人；18名村“两委”班子成员和6名村级组织专干联系12个党支部；全乡198名农牧民党员和6名村级组织专干联系2397名群众；13名乡机关党员联系13名非党员干部职工，党员干部开展宣传新冠肺炎疫情防控科普知识、脱贫攻坚、中央第七次西藏工作座谈会精神100余次。

2020年10月26日，县委副书记、县长旦增尼玛（右二）一行到日多乡调研

重点围绕扶贫领域政策落地、资金使用、“三务公开”开展督查15次，开展“四风”和违反中央“八项规定”精神监督检查8次。组织干部职工学习扶贫政策知识，侵害群众利益、违反中央“八项规定”精神等典型案件的通报10次，重申廉洁过节纪律6次。

乡、村两级积极召开“四讲四爱”动员部署会议，成立新时代文明实践场所，组织安排骨干宣传队伍走村入户深刻揭批十四世达赖集团祸藏乱教、制造动乱、分裂祖国的罪行，揭露其政治上的反动性、宗教上的虚伪性、手法上的欺骗性，让各族群众认清达赖集团的真面目，宣读党的富民惠民政策，让群众明白惠在何处、惠从何来，使他们更加热爱党、热爱社会主义、热爱多民族的祖国大家庭。年内，共开展排查活动60余场次，覆盖率100%。

（梁泽英）

【机构领导】

党委书记

班旦曲扎（藏族）

党委副书记、乡长

程 爱 青

党委副书记、人大主席

白玛卓嘎（女，藏族）

党委委员、纪委书记

刘 金 桥

党委委员、组织委员

席 贤 锋

党委委员、人武部部长、综治办主任

牟 仁 青（藏族，7月免）

刘 学（7月任）

党委委员、副乡长

白 珍（女，藏族）

王 龙

索朗措姆（女，藏族）

尼玛江热乡

【概况】 尼玛江热乡位于墨竹工卡县东北部，距县城约25公里，东邻门巴乡，西接唐加乡，北与扎雪乡接壤，行政区划面积646平方公里，平均海拔4200米。全乡辖7个行政村，32个小组，总人口2100户8967人，劳动力3657人，外出务工1750人，联户代表129名。设乡卫生院，6个村卫生室；乡中心校1所，乡级幼儿园1所，村级幼儿园8所。

【经济发展】 年内，全乡耕地面积17987.4亩，人均耕地面积2.02亩，草场面积58529.62公顷，可利用草场面积56774.01公顷；牲畜存栏27827头（只、匹）。2020年全乡农村经济总收入10000.5万元，农牧民人均可支配收入17624.29元。

【农牧业生产】 年内，尼玛江热乡粮食作物耕种面积17544.53亩，其中青稞9816.06亩、油菜花5317.2亩，蔬菜458.68亩，豌豆1689.59亩，确保了农牧民口粮安全。

截至年底，牲畜出栏4548头，其中牛3539头，销售374头，大大提高了牧业商品化，增加了农牧民群众的收入；全乡畜牧保险共投保2008头，累计兑现资金8433600元；实现草畜平衡面积313702.75亩，按照上级草补补助奖励标准，享受草补奖励资金的共1609户，实现草畜平衡奖励资金1973399.71元。

【社会保障】 年内，完成全乡3264人新型农村养老保险收缴工作，收缴保费65.3万元，参保率达36%；完成全乡6636人新型农村合作医疗收缴工作，收缴保费172.256万元，参合率达74%；全面做好高校毕业生就业创业工作，确保高校毕业生就业率达到100%，对全乡67名2020年毕业生进行结对帮扶，已就业67人。

2020年5月6日，县委副书记、县长旦增尼玛（左二），县委常务副书记、常务副县长施勇君（左一）一行到尼玛江热乡调研产业项目运行情况

【民政工作】 年内，发放“三大节日”慰问金共50400元；完成253名残疾人重新筛查公示，并建立档案；兑现795名幸福老人幸福养老金1750500元；2020年符合残疾人符两项补助人员共计253人，兑现资金288600元；为27名村（居）监督委员发放务工补贴30.8万元；兑现农村低保50户144人资金339102.72元，其中建档立卡贫困户23户67人；兑现2020年特困分散供养资金共计16户16人83951.64元。

【教育工作】 年内，适龄儿童入学率100%，巩固率100%，初中入学率100%，巩固率100%；完成农牧民大学生学杂费及交通费票据收集统计，完成建档立卡贫困户及农村低保贫困户在校大学生筛查核对工作；完成43名2019级大学新生资料收集和建档立卡贫困户和低保户在校大学生的资助申请与资料上报工作；完成158名在校大学生的银行卡收集工作。

【安全检查】 年内，制订尼玛江热乡“安全生产月”活动方案，分别在沿街商铺、各村委会、学校、卫生院等显眼的地方设立宣传点，通过悬挂横幅、发放藏语和汉语宣传材料等进行安全生产宣传活动，共发放各类宣传材料200余份，参与活动人数达500余人。

针对学校、村组、寺庙、矿山等重点区域建立监督检查台账，结合3月份、安全宣传月、年底冬季森林防火等时间节点及日常安全生产监督检查要求，召开专题部署会议3次，组织构建灾害信息员及应急救援队伍，开展定期不定期安全生产隐患排查检查。

【林业工作】 年内，消除“无树村、无树户”，栽植苗木共计3483株，其中，藏川杨苗木643株；旱柳苗木2100株，榆树20株，红叶李20株，桃树700株，成活率达90%以上；向243位护林员发放2019年度护林员补助金3031021元。

【水利工作】 年内，乡、村成立防汛抗旱应急队伍258人，定期对河道进行检查，防汛工作组织人力420余人，物力使用铅丝笼156圈，铁丝14圈，编织袋33010只，吨袋10条，十字镐105个，铁锹105个，手套10包，手电筒10个。有效解决汛期出现的各种问题，保障了人民群众的生命和财产安全。

【国土住建】 年内，对全乡291户建档立卡户及低保户、残疾人户等家庭房屋进行全面鉴定，确保群众住房安全，对其中的25户实施住房提升改造。

【文化工作】 年内，规范乡村两级共7个文化活动场所标准化建设，建立健全各项管理制度和标识牌，根据乡村现有实际条件，设立图书室、多功能活动室、健身房等，丰富文化活动场所服务载体。7个行政村分别组建文艺演出队，各村为文艺演出队提供训练场地和表演舞台，2020年各村文艺演出队演出共计60余场，大大丰富了农牧民群众的文化生活。其中，开展庆祝“三八”“七一”演出，开展“3·28”百万农奴解放纪念日唱国歌升国旗，参观新旧西藏对比展览等系列活动。

【环境保护】 年内，按照提档升级要求，认真对照适用于尼玛江热乡的厕所、林草覆盖、农膜使用、生活垃圾处理等16条标准，认真归纳整合相关数据，形成提档升级基础材料；围绕“禁白”主题，积极开展街面清扫、宣传、签订责任书等系列工作。年内，组织干部在学校、卫生院、各大矿区以及商铺中大力开展3次“禁白”宣传活动，发放“禁白”宣传单150份，在沿街商铺、各村委会、学校、卫生院等显眼的地方张贴宣传广告9份，组织志愿者开展村庄及街面清扫30余次；制定并完成乡干部每季度一次的环保相关政策学习。

【精准扶贫】 年内，建档立卡贫困户人均可支配收入达12851.24元，7个行政村均达到脱贫摘帽的退出要求，建档立卡户全部达到“两不愁、三保障”标准，实现全面脱贫。乡精准扶贫工作领导小组办公室与各村签订《精准扶贫工作责任书》，定期不定期组织分管领导、包村科级干部以及乡精准扶贫专干深入7个村，年均督查指导70余次。

年内，尼玛江热乡继续巩固实施12个扶贫产业项目，累计带动贫困户分红559户2185人次，年户均增收2466.36元，累计分红资金137.87万元。通过积极引导外出务工，现有的建档立卡贫困户劳动力647人中，已有312人实现就业，其中通过乡政府联系辖区合作社解决就业24人，通过对接县人社局安排转移就业117人，自主择业171人。

【基层组织建设】 截至年底，机关在编干部47人，村“两委”班子成员46人，村民监督委员会21人，下沉干部28人；全乡调整设置村基层党委3个，村党总支部4个，下设村党支部32个；机关正式党员39人，农牧民党员670人，预备党员12人；全乡流动人口93人；辖区内共有大小寺庙、拉康8座（曲龙寺、艾玛日寺、羊日岗寺、宗孜寺、芒热寺、查多寺、夏拉康、面孜寺）；共有矿山企业8家。

【党风廉政建设】 年内，制定党风廉政年度计划，与各村签订党风廉政目标责任书，每季度召开一次党风廉政建设推进会。组织干部职工学习典型案件27起，与下属单位及干部骨干签订《廉政承诺书》80余份，与矿企、专合组织签订企业助廉守法承诺书21份，加强对项目推进、村务公开、干部作风的督导检查，累计在辖区内开展各类督查61次，下发整改通知6份，与党员干部签订不信仰宗教承诺书703份。对重点部门干部职工和新分、调转干部进行廉政约谈13人次，实现廉政谈话常态化，进一步筑牢党员干部廉洁自律思想防线。

（王文旭）

2020年7月11日，尼玛江热乡党委书记次达（中）到章达村开展建档立卡户入户检查工作

【机构领导】

党委书记

次　　达（藏族）

党委副书记、乡长

柏　　强

党委副书记、人大主席

旺　　扎（藏族）

专职副书记

顿珠坚才（藏族）

2020年11月12日，尼玛江热乡党委副书记、乡长柏强（左三）到邦达村施工现场检查指导安全生产工作

纪检书记

索朗曲珍（女，藏族）

人武部部长

土旦旺久（藏族）

党委委员、人大副主席

格桑曲珍（女，藏族）

政务办主任

郭 耀 洲

副乡长

旦增卓嘎（女，藏族）

周 国 元

扎雪乡

【概况】 扎雪乡位于墨竹工卡县以北51公里处米洛山脚下，东与尼玛江热乡接壤，西与林周县阿郎乡相连，面积600平方公里，平均海拔4200米，以农业为主，牧业为辅，种植青稞、小麦、油菜，牧养牦牛、绵羊、山羊，产贝母，水资源丰富，辖格老窝、米洛、塔杰、龙珠岗、扎雪、其朗6个村，乡政府驻格老窝村，全乡下辖33个自然村小组。

2020年，全乡1688户，总人口8285人（格老窝村231户1252人，塔杰村197户1018人，扎雪村172户690人，其朗村433户1570人，米洛村326户1650人，龙珠岗村329户2105人），其中劳动力3781人，残疾人211人，低保户67户231人，特困分散供养7户7人。全乡党组织42个，其中党委4个、党总支2个、党支部36个（含机关党支部和2个寺管会党支部），全乡党员651人（其中农牧民党员597人）。

【经济发展】 年内，全乡耕地总面积18791.62亩，全乡存栏牲畜禽类22536头（只、匹），经济收入来源主要以农业、产业、劳务输出和转移就业为主。全乡农村经济总收入为15129.2万元，同比增长18%，农牧民人均纯收入13294.01元，同比增长13.5%。

【农业发展】 年内，全乡总播种面积18791.62亩，其中青稞10392亩、经济作物面积为5450.9亩、牧草1000亩。

【脱贫攻坚】 年内，扎雪乡继续深入贯彻落实县委、县政府有关脱贫攻坚工作的一系列安排部署，把提升脱贫攻坚质量摆在全乡工作重要位置，始终坚持“马上就办、办就办好”和“用心、用情、精准”的工作作风，党政一把手亲力亲为，全乡干部尽锐出战，高位推进脱贫攻坚各项工作，有效改善全乡贫困群众生产生活面貌，切实提升群众获得感幸福感。此外，狠抓消费扶贫工作，以产品开发、质量保障、市场开拓及建档立卡贫困群众受益为工作目标，使产业扶贫工作成效更加明显。

1000亩牧草种植基地和1000头牦牛养殖基地建设项目已落地；由扎雪乡委托生产的扶贫产品已通过国家认证；通过政府扶持，进一步拓宽扶贫产品销路。年内，扎雪乡扶贫产品纳入全县干部职工工会福利保障，为全县干部职工提供优质的农畜产品；在第二届“格桑花开·南京墨竹周”活动中，由墨竹工卡县第九批援藏干部组织开展主题为“游墨竹，赏美景，品美食”的网络带货直播，助力扎雪乡扶贫产品销售；同时积极参加区、市、县组织的扶贫产品展销会，拓宽扶贫产品销售渠道，为扎雪乡牦牛肉制品进一步推广奠定了坚实的线上基础，收益良好。充分利用驻村工作队优势资源，进一步拓宽扶贫

2020年3月13日，拉萨市委常委、常务副市长王念东（右一）一行到扎雪乡调研

产品销售。

【产业扶贫】 截至年底，扎雪乡共争取扶贫产业项目8个，正式运营且产生效益8个，且已整合6个行政村资源成立西藏融雪农牧科技发展有限责任公司（乡公司、国有独资），已基本形成牧草种植、牦牛育肥、牦牛肉深加工销售的“产、供、销”一体化的经营体系。

年内，项目纯收益实现30余万元，带动全乡农牧民群众就业1000余人次、人均日工资150元（其中建档立卡群众就业700余人次、人均日工资150元），建档立卡稳定就业34人、月均工资4000元以上，分红270户、19.95万元，流转土地2000亩、建档立卡户土地租金收入21.36万元。

【转移就业】 截至年底，扎雪乡劳动力共3121人（建档立卡劳动力1194人），转移就业共计2712人（建档立卡劳动力941人），其中大学生就业106人（建档立卡劳动力57人）。

【以教脱贫】 年内，扎雪乡十五年义务教育生享受“三包”经费250余万元；同时，共报销100余人次大学生学杂费及生活补助共计80余万元。

【以助脱贫】 年内，扎雪乡建档立卡贫困户共计17人次享受医疗报销，报销金额近30万元。

【以补脱贫】 年内，扎雪乡共安排生态补偿岗位673人次，兑现资金共计235.55万元。

【以保脱贫】 年内，扎雪乡共为低保户273人次（其中建档立卡低保户243人次），兑现低保资金92.44万元，实现应保尽保。

【以迁脱贫】 扎雪乡易地搬迁共132户688人，其中拉萨搬迁47户254人。已全部实现城区集中安置，所有搬迁户基本实现就业，达到一户一岗，人均月工资3000元以上。同时，在全乡范围内，深入开展大宣传、大走访活动，动员党员干部、下沉力量，宣传扶贫政策，开展精准帮扶，把扶贫同扶志、扶智结合起来，认真开展“志智双扶”活动，评选“勤劳致富建

2020年2月20日，县委副书记、县长旦增尼玛（左一）一行到扎雪乡龙珠岗村慰问困难群众

档立卡户”和“致富带头人”，进一步丰富群众文化生活，树立“勤劳脱贫光荣”的正确导向，凝聚了脱贫攻坚的正能量。

【人居环境】 年内，有序推动格老窝村、米洛村、其朗村人畜饮水项目，实施其朗村、龙珠岗村、塔杰村和格老窝村道路维修7.5公里，新建龙珠岗村和米洛村4座小型桥梁；稳步推进全乡12户64人房屋提升改造；协调推进省道S507项目落地生效，实现通车。

大力实施龙珠岗村“美丽乡村·幸福家园”建设计划整村推进试点项目，完成31户“四类”人员住房提升改造工程；持续深化垃圾分类。年内，出动垃圾车365次，转运生活垃圾200吨；加快推进已建成污水处理厂运行使用，改造污水管网12.3公里，清疏排水管网4.5公里；“厕所革命”行动顺利开展，顺利改造农村厕所3座。

开展除陋习、树新风活动及破除“不信今生，只信来世”宣讲22次，农牧民群众封建思想得到根本破除；6个行政村修订村民公约3次，将劳动光荣、贫穷可耻和崇尚科学、破除迷信等内容加入村民公约，乡村治理力度得到有效提升。

【组织建设】 年内，扎雪乡下设党的基层委员会6个，分别为中共扎雪乡扎雪村委员会，党员91人；中共扎雪乡其朗村委员会，党员108人；中共扎雪乡龙珠岗村委员会，党员109人；中共扎雪乡塔杰村委员会，党员78人；中共扎雪乡格老窝村委员会，党员104人；中共扎雪乡米洛村委员会，党员108人；党支部1个，即中共扎雪乡机关支部委员会，党员45人，热旦寺党支部4人、吉布寺党支部4人。全乡共有党员651人，其中农牧民党员597人，占党员总数的91.7%。

2020年2月14日，县人大常委会副主任、乡党委书记普桑（前排右二）对乡域卡点进行督查

【理论学习】 年内，全乡各级党组织始终坚持党的集中统一领导，通过学习习近平总书记关于从严治党重要论述、党委（党组）落实全面从严治党主体责任规定、中央和自治区、市、县纪律检查委员会会议精神，持续开展“深挖根治再加力、长效长治不松懈”“学习一封信”“扫黑除恶”等主题党日活动，通过“四讲四爱”教育实践活动开展揭批十四世达赖集团反动本质活动。

不断学习习近平新时代中国特色社会主义思想及中共十九大及十九届二中、三中、四中全会精神，结合实际制订《扎雪乡2020“两学一做”学习教育实践活动方案》《扎雪乡2020“四讲四爱”群众教育实践活动方案》《关于在“四讲四爱”教育实践活动中开展揭批十四世达赖集团反动本质实施方案》，使全乡党员干部群众进一步坚定“五个认同”，自觉与反动分子做斗争，树牢“四个意识”、坚定“四个自信”、做到“两个维护”。

【党员发展】 年内，始终坚持规范发展党员工作5个阶段25个步骤，乡机关支部、各村党组织新吸收积极分子21名，确定发展对象8名。进一步充实村级后备干部人才库，为村级换届工作顺利开展提供有力保障，全乡6个村党组织共有64名后备干部；积极组织乡干部、村“两委”班子成员参加党员政治教育、“四讲四爱”、智慧团建等各类理论知识和业务能力培训共计 40 余人次；全面实现党员联系群众 1225 户，落实基层党组织服务、组织、教育群众工作；成立乡机关、各村志愿服务队 6 支 326 人，发挥作用解决热点难点问题，服务有力有效。

（魏 巍）

【机构领导】

县人大常委会副主任、乡党委书记

普 桑（藏族）

党委副书记、乡长

张原嘉

党委副书记、人大主席

旺堆次仁（藏族）

党委委员、专职副书记

益西措杰（女，藏族）

党委委员、纪委书记

魏国强

党委委员、组织委员

次仁平措（藏族）

党委委员

伍金塔杰（藏族）

党委委员、副乡长

杨玉伟

杨龙亮

综治办主任

次旺平措（藏族）

纪委副书记

卓玛拉措（女，藏族）

2020年5月21日，县委书记劳明伟（左三）一行到门巴乡达珠虫草点指导虫草采挖工作

门巴乡

【概况】 门巴乡位于墨竹工卡县东北方向，距县城 62.7 公里，东靠米拉山和工布江达县，北接嘉黎县，雪绒藏布贯穿全乡。全乡区域面积为 1684.9 平方公里，平均海拔 4500 米，辖区内盛产虫草、贝母等名贵藏药材，铅、锌等矿产资源较为丰富。门巴乡是全县七乡一镇纯牧业乡之一，辖 6 个村民委员会（巴尔卡村、德仲村、仁多岗村、达珠村、贴尔朗村、波尔朗村），18 个村民小组。

2020 年，共有 930 户 4136 人（其中女性 2061 人），劳动力人口 1916 人，牲畜总头数 23601 头（只、匹），现有耕地面积 2992.5 亩，草场面积 126.79 万亩。全乡共有寺庙 5 座（直孔替寺、查布寺、德仲寺、顶杰寺、卓欧松多寺）。

【人员编制】 年内，门巴乡机关干部职工共有 44 名，行政编制 25 名，其中科级领导干部 11 名，一般干部 33 名，其中事业编制 19 名，乡村振兴 9 名，协管员 4 名，聘用干部 4 名（3 名退休），公益性 4 名。另外，门巴乡第一书记 6 名（其中 4 名为门巴乡干部）。

全乡共有 35 名村干部，巴尔卡村有 6 名，德仲村有 5 名，仁多岗村有 7 名，达珠村有 6 名，贴尔朗村有 5 名，波尔朗村有 6 名。

【党建工作】 年内，乡机关党员 36 名，现有 1 个乡党委、1 个村党委、1 个机关党支部、1 个村党总支、4 个村党支部和 9 个村小组党支部，6 个团支部，青年团员 8 名。

年内，门巴乡农牧民党员共有 411 名，其中正式党员 409 名；预备党员 2 名，另外有 10 名入党积极分子。新一届村“两委”班子成员实际人数为 35 名（不包括第一书记），其中党员 35 人；6 个村班子配备 40 岁以下年轻干部，占到总数的 31%；初中以上文化程度 22 人，占班子成员总数的 62%；共有 9 名女性进入村“两委”班子，占到班子总数的 25%，确保每个村有 1 名女性干部。

【“两委”换届】 2 月，门巴乡村“两委”换届选举工作完成，得票率达到90%以上，新老班子工作交接，离任干部审查，乡党委书记与新任村“两委”班子谈心谈话，制定新一届村“两委”班子任期目标，切实贯彻落实拉萨市换届选举工作。

【脱贫攻坚】 门巴乡“十三五”建档立卡户151户555人，所有贫困村已于2018年出列，所有建档立卡户已于2019年脱贫。全乡严格落实“四不摘”责任，建立健全防返贫预警机制，持续巩固脱贫攻坚成果，确保全乡建档立卡户零返贫率，并于2020年顺利完成全国脱贫攻坚普查。

【经济发展】 年内，全乡完成农村经济总收入13407万元，同比增长13%；第一产业收入8866万元，同比增长2.1%，其中农业收入48万元、牧业收入6402万元、林业收入2416万元（虫草收入2170万元）；第二产业收入58万元，同比增长16.5%；第三产业收入4483万元，同比增长43%，其中运输业收入1175万元、商业和餐饮业收入875万元、服务业收入310万元、其他收入2123万元；平均农村居民纯收入25100元，同比增长13%。

【教育事业】 年内，门巴乡现有中心小学1所，在校学生447人（其中随班2人，送教3人），乡中心校教职员工46人。有乡、村级双语幼儿园6所，学龄前儿童302人，教职员工70人。2020年小升初55人，适龄儿童入学率达100%。加大力度改善教学设施条件，校园硬化工作基本完成，全面认真落实国家“三包”政策，门巴籍县中学学生109人，在校生巩固率达100%。截至年底，全乡在读大学生144人（其中，2020年门巴乡考取大学新生65人，低保户、建档立卡户在校大学生23人，包含2020年毕业并实现就业的2人），并继续执行给予新入学大学生生活费补助政策，按照区内高校每人2500元，区外高校每人3600元的补助标准统一进行发放。在校一般户大学生实行学费书费住宿费60%的报销，低保、精准扶贫户学生给予80%的报销。2020年，门巴乡毕业大学生29人。针对学校学生基本为住宿生这一情况，为保证学生在校期间吃住安全，乡党委、政府要求乡卫生院对学生住宿卫生、食品安全进行不定期检查，确保学生食住安全。推行阳光校务，提高透明度，学校设有校务公开栏，每月及时公开公示“三包”“营养”使用情况，接受教师、家长和社会的监督，严格规范财务制度，严格程序管理，厉行节约。严格执行落实相关政策文件规定，扎实落实好“三包”资金使用。把好进出口，食堂负责人对进入库房的米面油以及蔬菜等严格检查，对每顿饭做好留样。确保库房通风，确保蔬菜没有使用农药，不给学生吃生冷、腐烂的饭菜，确保学生的饮食安全。

门巴乡教育事业以《关于贯彻落实自治区第九次党代会精神确保实现“五个100%”教育目标的实施意见》及市县关于落实好“教学五环节”相关指示精神，以“用爱、用情、用心育未来有用之人”为办学理念，坚持“规范管理提质量、彰显特色求发展”的工作思路，以“做最美的自己”为行动指南，不断加强教师队伍建设，积极开展校本教研，提升师资队伍整体素质，全面提高中心校的办学水平和教育质量，促进

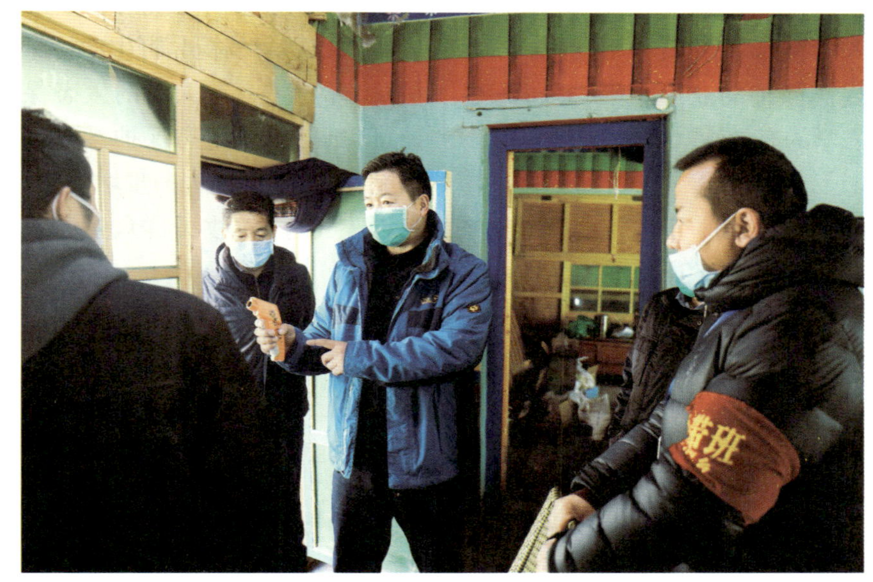

2020年2月10日，县委副书记、县长旦增尼玛（右二）一行到门巴乡调研新冠疫情防控工作开展情况

2020年8月18日，门巴乡党委书记周军勇（右二）主持召开雪顿节安排及近期工作部署会

学校教育事业持续、协调、健康发展。

教育教学工作坚持按教育教学规律办事，积极开展教学研究活动；坚持面向全体学生，因材施教，培优补差，分类推进，注重学生个性发展；坚持开展以教师为主导、学生为主体、培养和提高能力为核心的教法、学法研究和实践，使学生能够主动、健康地成长。坚持质量核心不动摇，努力提高教师的业务水平，提高课堂教学的有效性。

【环保卫生】 年内，“组保洁、村收集、乡转运、县处理”的生活垃圾收运处置体系已形成；村级综合服务中心功能日趋完善；饮用水安全保障水平提升，全面解决农村饮水安全问题；提高农村公路通行服务水平提高，村庄内部交通基本实现硬质化；通过广泛的宣传教育和绿色创建，农牧民群众生态文明意识显著提高，以节能、节地、节水、节材、资源综合利用为重点，在农牧民群众衣食住行等日常行为中倡导绿色理念初步形成；通过积极引导农牧民不断学习有关绿色消费和绿色产品的知识，绿色消费观念初步形成；建成通过护林员、野生动物保护员、环卫工人等人员的生态保护屏障，门巴乡生态保护系统更加完善，预警机制进一步增强，通过以上工作，农牧民群众生活更加宜居。

【交通事业】 年内，辖区内6个行政村已修通乡村公路，连接各村牧场道路已修通砂石路，门巴乡现有2条重要路段，其中，嘉黎县绒多乡经波朗村至墨竹工卡县门巴乡公路改建工程于2018年5月动工建设，该项目建设工程正在完善。

349国道门巴段建设情况：该工程项目于2019年6月动工建设，项目正在建设中，其中柏油路段已铺设完毕30公里，后续工程预计2021年全面完成工程建设。

（谭云耀）

【机构领导】

党委书记

周 军 勇

党委副书记、乡长

土登次仁（藏族）

党委副书记、人大主席

边巴次仁（藏族）

党委副书记

程 利 平（女）

党委委员、纪委书记

罗布旺堆（藏族）

党委委员、副乡长

王 峰 山

政法委员、人武部部长

扎西列措（藏族）

组织委员

格桑拉姆（女，藏族）

党委委员、副乡长

普布次仁（藏族）

益西措姆（女，藏族）

附　　录

墨竹工卡县受县(区)级以上表彰的先进集体一览表

表 1

获奖单位	获奖名称	表彰时间	授予单位
墨竹工卡县气象局	2020 年度全国优秀气象科普教育基地	2021 年	中国气象局、国家气象学会
墨竹工卡县疾病预防控制中心	2004—2013 年中国慢性病及其危险因素监测现场调查组织实施及质量控制工作先进集体	2020 年	中国疾病预防控制中心慢性非传染性疾病预防控制中心
墨竹工卡县工卡镇塔巴村	全区“先进双联户”创建活动先进村(居)	2020 年	中共西藏自治区委员会、西藏自治区人民政府
墨竹工卡县门巴乡达珠村	2020 年全区百佳农民基层组织	2020 年	中共西藏自治区委员会
墨竹工卡公路养护段	先进基层党组织	2020 年	中共西藏自治区直属机关工作委员会
墨竹工卡县公安局	全区公安机关全警实战大练兵标兵集体	2020 年	西藏自治区公安厅
墨竹工卡县人民法院	自治区优秀法院	2021 年	西藏自治区高级人民法院
墨竹工卡县人力资源和社会保障局	西藏自治区人力资源社会保障系统优质服务窗口	2021 年	西藏自治区人力资源和社会保障厅
墨竹工卡县气象局	全区农牧业高质量发展先进集体	2021 年	西藏自治区农业农村厅、区气象局
墨竹工卡县退役军人服务中心	温馨窗口	2020 年	西藏自治区退役军人事务厅
墨竹工卡公路养护段	公路养护管理考评第一名	2020 年	西藏自治区公路局林芝公路分局
墨竹工卡公路养护段	优秀基层党组织	2020 年	西藏自治区公路局林芝公路分局

续表 1

获奖单位	获奖名称	表彰时间	授予单位
墨竹工卡公路养护段十四工区	先进集体	2020 年	西藏自治区公路局林芝公路分局
墨竹工卡县工卡镇人民政府	2019 年度“先进双联户”创建活动先进乡(镇、街道)	2020 年	中共拉萨市委员会、拉萨市人民政府
墨竹工卡县工卡镇人民政府	2020 年拉萨市脱贫攻坚组织创新奖	2020 年	中共拉萨市委员会、拉萨市人民政府
墨竹工卡县工卡镇塔巴村	2019 年度“先进双联户”创建活动先进村(居委会)	2020 年	中共拉萨市委员会、拉萨市人民政府
墨竹工卡县公安局	拉萨市创先争优强基础惠民生活动优秀组织单位	2020 年	中共拉萨市委员会、拉萨市人民政府
墨竹工卡县尼玛江热乡人民政府	2020 年拉萨市脱贫攻坚组织创新奖	2020 年	中共拉萨市委员会、拉萨市人民政府
墨竹工卡县	拉萨市 2020 年争先进位考核一等奖	2021 年	中共拉萨市委员会、拉萨市人民政府
墨竹工卡县门巴乡达珠村	2020 年脱贫攻坚组织创新奖	2020 年	中共拉萨市委员会
墨竹工卡县日多乡人民政府	“四讲四爱”群众教育实践活动先进集体	2020 年	中共拉萨市委宣传部
墨竹工卡县总工会	2013—2018 年全市工会工作先进集体	2020 年	拉萨市总工会
墨竹工卡县南京实验小学	共青团员民族团结闪光行动先进集体	2020 年	共青团拉萨市委员会
墨竹工卡县门巴乡人民政府	2020 年全市五四红旗团委	2020 年	共青团拉萨市委员会
墨竹工卡县扎西岗乡人民政府	拉萨市共青团疫情防控先进组织	2020 年	共青团拉萨市委员会
墨竹工卡县	拉萨市包虫病综合防治工作先进集体	2020 年	健康拉萨建设领导小组
墨竹工卡县公安局	集体三等功	2020 年	拉萨市公安局
墨竹工卡县人民检察院	拉萨市检察机关“民法典”知识竞赛二等奖	2020 年	拉萨市人民检察院
墨竹工卡县尼玛江热乡中心小学	基层党组织先进集体	2020 年	拉萨市教育(体育)局
墨竹工卡县文化和旅游局(文物局)	2019 年度全市公共文化工作先进集体	2020 年	拉萨市文化局
墨竹工卡县市场监督管理局	拉萨市市场监督管理系统民法典知识竞赛三等奖	2020 年	拉萨市市场监督管理局
墨竹工卡县统计局	先进集体	2020 年	拉萨市统计局

续表 1

获奖单位	获奖名称	表彰时间	授予单位
墨竹工卡县公安局刑警大队	2019 年度文物保护突出贡献单位	2020 年	拉萨市文物局
墨竹工卡县气象局	拉萨市气象局 2020 年度事业单位集体嘉奖	2021 年	拉萨市气象局
墨竹工卡县工卡镇人民政府	墨竹工卡县“先进双联户”创建评选活动先进乡（镇）	2020 年	中共墨竹工卡县委员会、墨竹工卡县人民政府
墨竹工卡县扎西岗乡南京希望小学	内地西藏班考试“二等奖”	2020 年	中共墨竹工卡县委员会、墨竹工卡县人民政府
墨竹工卡县文化和旅游局（文物局）	墨竹工卡县强基础惠民生活动优秀组织单位	2020 年	中共墨竹工卡县委员会、墨竹工卡县人民政府
墨竹工卡县日多乡中心小学	先进基层党组织	2020 年	中共墨竹工卡县委员会、墨竹工卡县人民政府
墨竹工卡县日多乡中心小学	全县四年级教学质量检测中总成绩第三名	2020 年	中共墨竹工卡县委员会、墨竹工卡县人民政府
墨竹工卡县日多乡中心小学	小学毕业班总成绩第三名	2020 年	中共墨竹工卡县委员会、墨竹工卡县人民政府
墨竹工卡县尼玛江热乡中心小学	成绩突出奖	2020 年	中共墨竹工卡县委员会、墨竹工卡县人民政府
墨竹工卡县南京实验小学	红领巾快乐空间站	2020 年	中共墨竹工卡县委员会、墨竹工卡县人民政府
墨竹工卡县门巴乡中心小学	成绩突出奖	2020 年	中共墨竹工卡县委员会、墨竹工卡县人民政府
墨竹工卡县门巴乡中心小学	招生考试三等奖	2020 年	中共墨竹工卡县委员会、墨竹工卡县人民政府
墨竹工卡县门巴乡中心小学	四年级质量检测总成绩第二名	2020 年	中共墨竹工卡县委员会、墨竹工卡县人民政府
墨竹工卡县甲玛希望小学党支部	2020 年先进基层党组织	2020 年	中共墨竹工卡县委员会、墨竹工卡县人民政府
墨竹工卡县工卡镇工卡村	墨竹工卡好房东	2020 年	中共墨竹工卡县委员会、墨竹工卡县人民政府
墨竹工卡县工卡镇工卡村	墨竹工卡县“先进双联户”创建评选活动先进村委会	2020 年	中共墨竹工卡县委员会、墨竹工卡县人民政府
墨竹工卡县扎雪乡中心小学	成绩突出奖	2020 年	墨竹工卡县人民政府
墨竹工卡县南京实验小学	第 36 个教师节表彰活动成绩突出奖	2020 年	墨竹工卡县人民政府
墨竹工卡县南京实验小学	全县小学毕业班教学质量检测第一名	2020 年	墨竹工卡县人民政府
墨竹工卡县南京实验小学	2020 年内地西藏班初中招生考试一等奖	2020 年	墨竹工卡县人民政府

说明：由于各单位资料提供不全，可能有遗漏

墨竹工卡县受县(区)级以上表彰的先进个人一览表

表2

姓名	性别	民族	工作单位	获奖名称	表彰时间	授予单位
李求超	男	汉族	墨竹工卡县农业农村局	全国脱贫攻坚先进个人	2021年	国务院
黄丹	男	汉族	墨竹工卡县人民医院	国家卫生健康委2018—2019年全国平安医院工作表现突出个人	2020年	国家卫生健康委员会
西洛	男	藏族	墨竹工卡县疾病预防控制中心	抗击新冠疫情表现突出城乡社区卫生工作者	2020年	中国社区卫生协会
边巴次旺	男	藏族	墨竹工卡县日多乡中心小学	2020年乡村优秀青年教师培养奖励计划	2020年	教育部教师工作室、中国教师发展基金会
巴桑次仁	男	藏族	墨竹工卡县唐加乡人民政府	自治区创先争优强基础惠民生活动先进驻村(居)工作队员	2020年	中共西藏自治区委员会、西藏自治区人民政府
罗桑晋美	男	藏族	墨竹工卡县人民检察院	自治区创先争优强基础惠民生活动先进驻村(居)工作队员	2020年	中共西藏自治区委员会、西藏自治区人民政府
西洛	男	藏族	墨竹工卡县疾病预防控制中心	西藏自治区包虫病综合防治先进个人	2020年	西藏自治区人民政府
秦鑫	男	汉族	墨竹工卡县委宣传部	2020年度宣传思想文化系统先进工作者	2021年	中共西藏自治区委员会宣传部
巴桑	男	藏族	墨竹工卡县扎西岗乡人民政府	自治区“四讲四爱”优秀宣讲员	2020年	中共西藏自治区党委宣传部
加群	女	藏族	墨竹工卡县扎西岗乡人民政府	西藏自治区“最美妇联人”	2020年	西藏自治区妇女联合会
边巴次仁	男	藏族	墨竹工卡县扎西岗乡派出所	自治区“五好文明家庭”	2020年	西藏自治区妇女联合会
普布卓嘎	女	藏族	墨竹工卡县疾病预防控制中心	西藏自治区基层医疗卫生培训考核成绩优异奖	2020年	西藏自治区卫生健康委员会
嘎列	男	藏族	墨竹工卡县教育(体育)局	藏文书法三等奖	2020年	西藏自治区民族事务委员会
仁青郎加	男	藏族	墨竹工卡县日多乡派出所	二等功	2020年	西藏自治区公安厅
次仁占堆	男	藏族	墨竹工卡县公安局特警大队	全区公安机关全警实战大练兵先进个人	2020年	西藏自治区公安厅
向巴曲扎	男	藏族	墨竹工卡县交警大队	自治区公安厅个人二等功	2020年	西藏自治区公安厅
落桑班旦	男	藏族	墨竹工卡县交警大队	个人二等功	2020年	西藏自治区公安厅
赤列曲培	男	藏族	墨竹工卡县交警大队	自治区优秀辅警	2020年	西藏自治区公安厅
土旦尊珠	男	藏族	墨竹工卡县公安局刑警大队	个人三等功	2020年	西藏自治区公安厅
次仁德吉	女	藏族	墨竹工卡县扎西岗乡人民政府	自治区优秀科普信息员	2020年	西藏自治区科学技术协会

续表 2

姓名	性别	民族	工作单位	获奖名称	表彰时间	授予单位
边巴次旺	男	藏族	墨竹工卡县日多乡中心小学	“101 教育 PPT 杯”小学组优秀奖	2020 年	西藏自治区教育厅
德庆仓决	男	藏族	墨竹工卡县日多乡中心小学	“101 教育 PPT 杯”小学组优秀奖	2020 年	西藏自治区教育厅
普卓玛	女	藏族	墨竹工卡县南京实验小学	中华经典点朗诵二等奖	2020 年	西藏自治区教育厅
德庆白珍	女	藏族	墨竹工卡县南京实验小学	“101 教育 PPT 杯”全区第二届中小学教师信息化应用大赛小学组二等奖	2020 年	西藏自治区教育厅
甘臣龙	男	汉族	墨竹工卡县气象局	2020 年中国技能大赛—西藏自治区气象行业第四届县级综合气象业务竞赛综合业务理论一等奖	2020 年	西藏自治区人力资源和社会保障厅、区总工会、区气象局
甘臣龙	男	汉族	墨竹工卡县气象局	2020 年中国技能大赛—西藏自治区气象行业第四届县级综合气象业务竞赛装备技术保障一等奖	2020 年	西藏自治区人力资源和社会保障厅、区总工会、区气象局
甘臣龙	男	汉族	墨竹工卡县气象局	2020 年中国技能大赛—西藏自治区气象行业第四届县级综合气象业务竞赛应急气象观测二等奖	2020 年	西藏自治区人力资源和社会保障厅、区总工会、区气象局
甘臣龙	男	汉族	墨竹工卡县气象局	2020 年中国技能大赛—西藏自治区气象行业第四届县级综合气象业务竞赛个人全能一等奖	2020 年	西藏自治区人力资源和社会保障厅、区总工会、区气象局
甘臣龙	男	汉族	墨竹工卡县气象局	西藏自治区技术能手	2020 年	西藏自治区人力资源和社会保障厅
桑珠卓玛	女	藏族	墨竹工卡县统计局	自治区经济普查先进个人	2020 年	西藏自治区统计局
扎西顿珠	男	藏族	墨竹工卡公路养护段	先进个人	2020 年	西藏自治区公路局林芝公路分局
次旦平措	男	藏族	墨竹工卡公路养护段	先进个人	2020 年	西藏自治区公路局林芝公路分局
普卓玛	女	藏族	墨竹工卡县南京实验小学	诵经典,致青春三等奖	2020 年	西藏商报
央宗	女	藏族	墨竹工卡县扎雪乡中心小学	优秀学员	2020 年	西南民族大学
洛桑克珠	男	藏族	墨竹工卡县委宣传部	作品《增收》十三届西藏珠穆朗玛峰摄影优秀奖	2020 年	西藏珠穆朗玛摄影大赛组委会
旦增	男	藏族	墨竹公卡县公安局法制大队	综治工作先进个人	2020 年	中共拉萨市委员会,拉萨市人民政府
卓嘎央金	女	藏族	墨竹工卡县司法局	拉萨市创先争优强基础惠民生活动先进驻村工作队员	2020 年	中共拉萨市委员会、拉萨市人民政府
次卓嘎	女	藏族	墨竹工卡县唐加乡人民政府	拉萨市创先争优强基础惠民生活动先进驻村(居)工作队员	2020 年	中共拉萨市委员会、拉萨市人民政府

续表 2

姓名	性别	民族	工作单位	获奖名称	表彰时间	授予单位
次旦旺姆	女	藏族	墨竹工卡县文化和旅游局(文物局)	拉萨市创建国家第三批公共文化服务体系示范区工作先进个人	2020年	拉萨市人民政府
赵宁安	女	汉族	墨竹工卡县文化和旅游局(文物局)	拉萨市创建国家第三批公共文化服务体系示范区工作先进个人	2020年	拉萨市人民政府
旦增	男	藏族	墨竹工卡县疾病预防控制中心	拉萨市包虫病综合防治先进个人	2020年	拉萨市人民政府
马明	男	汉族	墨竹工卡县委宣传部	拉萨市2020年度宣传思想文化工作先进工作者	2021年	中共拉萨市委宣传部
赵菁	女	汉族	墨竹工卡县税务局	2020年“时代新人说—决胜小康奋斗有我”演讲比赛一等奖	2020年	拉萨市总工会
巴桑	女	藏族	墨竹工卡县总工会	2013—2018年全市工会工作先进个人	2020年	拉萨市总工会
李洪志	男	汉族	墨竹工卡县扎西岗乡人民政府	拉萨市民族团结先锋个人	2020年	共青团拉萨市委员会
索朗卓玛	女	藏族	墨竹工卡县唐加乡人民政府	全市新冠肺炎疫情期防控优秀共青团员	2020年	共青团拉萨市委员会
格桑旦增	男	藏族	墨竹工卡县公安局国保大队	市级优秀驻村工作队员	2020年	拉萨市强基础惠民生工作领导小组办公室
袁同心	男	汉族	墨竹工卡县日多乡人民政府,念村下沉干部	拉萨市2020年度“四讲四爱”宣讲稿评比三等奖	2020年	拉萨市“四讲四爱”群众教育活动领导小组办公室
张宏伟	男	汉族	墨竹工卡县唐加乡人民政府	拉萨市创先争优强基础惠民生活动先进驻村(居)工作队员	2020年	拉萨市强基础惠民生领导小组办公室
杨光明	男	汉族	南京警务站	三等功	2020年	拉萨市公安局
袁飞	男	汉族	墨竹工卡县日多乡派出所	三等功	2020年	拉萨市公安局
查果达瓦	男	汉族	墨竹工卡县日多乡派出所	优秀治安辅警员	2020年	拉萨市公安局
玉列	男	藏族	墨竹工卡县公安局国保大队	三等功	2020年	拉萨市公安局
赤列	女	藏族	墨竹工卡县公安局国保大队	拉萨市公安局疫情嘉奖	2020年	拉萨市公安局
加永曲培	男	藏族	墨竹工卡县日多公安检查站	新中国成立70周年大庆安保维稳工作优秀个人	2020年	拉萨市公安局
次仁占堆	男	藏族	墨竹工卡县公安局特警大队	新中国成立70周年大庆安保维稳工作优秀个人	2020年	拉萨市公安局
罗布次仁	男	藏族	墨竹工卡县公安局特警大队	三等功	2020年	拉萨市公安局
多吉次仁	男	藏族	墨竹工卡县公安局特警大队	三等功	2020年	拉萨市公安局

续表2

姓名	性别	民族	工作单位	获奖名称	表彰时间	授予单位
周良民	男	壮族	墨竹工卡县公安局特警大队	嘉奖	2020年	拉萨市公安局
刘太阳	男	汉族	墨竹工卡县公安局特警大队	嘉奖	2020年	拉萨市公安局
晋美多吉	男	藏族	墨竹工卡县公安局	三等功	2020年	拉萨市公安局
土登次仁	男	藏族	墨竹工卡县公安局	三等功	2020年	拉萨市公安局
旦增尼玛	男	藏族	墨竹工卡县嘎则便民警务站	嘉奖	2020年	拉萨市公安局
晋美	男	藏族	墨竹工卡县公安局治安大队	嘉奖	2020年	拉萨市公安局
曹静	女	汉族	墨竹工卡县人民检察院	拉萨市检察机关先进个人	2021年	拉萨市人民检察院
曹静	女	汉族	墨竹工卡县人民检察院	拉萨市第二届优秀公诉人辩论赛优秀辩手	2020年	拉萨市人民检察院
旺拉	男	藏族	墨竹工卡县人民法院	拉萨市优秀法官	2021年	拉萨市中级人民法院
阿珠	男	藏族	墨竹工卡县甲玛乡希望小学	拉萨市优秀共产党员	2020年	拉萨市教育(体育)局
普布扎西	男	藏族	墨竹工卡县门巴乡中心小学	优秀共产党员	2020年	拉萨市教育局
嘎列	男	藏族	墨竹工卡县教育(体育)局	优秀兼职教研员	2020年	拉萨市教育局
格桑卓玛	女	藏族	墨竹工卡县卫生健康委员会	优秀“三支一扶”	2020年	拉萨市人力资源和社会保障局
洛桑克珠	男	藏族	墨竹工卡县委宣传部	拉萨市最美农村公路摄影书画作品赛优秀奖	2020年	拉萨市交通运输局、拉萨市文联
次卓嘎	女	藏族	墨竹工卡县统计局	拉萨市经济普查先进个人	2020年	拉萨市统计局
张君著	男	汉族	墨竹工卡县统计局	拉萨市经济普查先进个人	2020年	拉萨市统计局
边巴卓嘎	女	藏族	墨竹工卡县统计局	拉萨市经济普查先进个人	2020年	拉萨市统计局
达瓦欧珠	男	藏族	墨竹工卡县统计局	拉萨市经济普查先进个人	2020年	拉萨市统计局
曲培旺扎	男	藏族	墨竹工卡县公安局刑警大队	文物保护突出个人奖	2020年	拉萨市文物局
格朗	男	藏族	墨竹工卡县公安局治安大队	先进个人	2020年	拉萨市行政审批和便民服务局

续表 2

姓名	性别	民族	工作单位	获奖名称	表彰时间	授予单位
德吉卓嘎	女	藏族	墨竹工卡县公安局治安大队	先进个人	2020 年	拉萨市行政审批和便民服务局
拥　青	女	藏族	墨竹工卡县文化和旅游局(文物局)	拉萨市 2019 年度优秀非物质文化遗产先进个人	2020 年	拉萨市文化局
次旦旺姆	女	藏族	墨竹工卡县文化和旅游局(文物局)	拉萨市 2019 年度文化工作先进个人	2020 年	拉萨市文化局
邹芳娥	女	汉族	墨竹工卡县气象局	拉萨市气象局 2020 年度事业单位个人嘉奖	2021 年	拉萨市气象局
甘臣龙	男	汉族	墨竹工卡县气象局	2020 年度拉萨市气象局年度考核优秀	2021 年	拉萨市气象局
洛桑克珠	男	藏族	墨竹工卡县委宣传部	作品《感党恩 庆生日》最美拉萨主题摄影比赛二等奖	2020 年	拉萨广播电视台
成　睿	男	汉族	墨竹工卡县扎西岗乡派出所	全县社会治安综合治理工作先进个人	2020 年	中共墨竹工卡县委员会、墨竹工卡县人民政府
宗　吉	女	藏族	墨竹工卡县中学	优秀教师	2020 年	中共墨竹工卡县委员会、墨竹工卡县人民政府
卓　嘎	女	藏族	墨竹工卡县门巴乡中心小学	模范优秀班主任	2020 年	中共墨竹工卡县委员会、墨竹工卡县人民政府
周良民	男	壮族	墨竹工卡县公安局特警大队	优秀公务员	2020 年	中共墨竹工卡县委员会、墨竹工卡县人民政府
张翠萍	女	汉族	墨竹工卡县扎西岗乡南京希望小学	课堂教学数学组三等奖	2020 年	中共墨竹工卡县委员会、墨竹工卡县人民政府
占堆曲杰	男	藏族	墨竹工卡县纪委监委	优秀公务员	2020 年	中共墨竹工卡县委员会、墨竹工卡县人民政府
翟亚宁	女	汉族	墨竹工卡县扎西岗乡南京希望小学	优秀学前教育工作者	2020 年	中共墨竹工卡县委员会、墨竹工卡县人民政府
扎西多吉	男	藏族	墨竹工卡县纪委监委	优秀公务员	2020 年	中共墨竹工卡县委员会、墨竹工卡县人民政府
伊斯漫	男	藏族	墨竹工卡县扎西岗乡派出所	墨竹工卡县民族团结进步模范个人	2020 年	中共墨竹工卡县委员会、墨竹工卡县人民政府
杨子艳	男	汉族	墨竹工卡县尼玛江热乡中心小学	优秀教师	2020 年	中共墨竹工卡县委员会、墨竹工卡县人民政府
杨文珠	男	白族	墨竹工卡县中学	优秀教师	2020 年	中共墨竹工卡县委员会、墨竹工卡县人民政府
杨静秋	女	汉族	墨竹工卡县第一双语幼儿园	优秀共产党员	2020 年	中共墨竹工卡县委员会、墨竹工卡县人民政府
徐倩倩	女	汉族	墨竹工卡县第二双语幼儿园	优秀学前教育工作者	2020 年	中共墨竹工卡县委员会、墨竹工卡县人民政府
伍金塔杰	男	藏族	墨竹工卡县扎雪乡人民政府	创先争优强基础惠民生活动先进驻村(居)工作队员	2020 年	中共墨竹工卡县委员会、墨竹工卡县人民政府

续表 2

姓名	性别	民族	工作单位	获奖名称	表彰时间	授予单位
旺堆坚参	男	藏族	墨竹工卡县门巴乡中心小学	优秀共产党员	2020 年	中共墨竹工卡县委员会、墨竹工卡县人民政府
土旦绕杰	男	藏族	墨竹工卡县人民检察院	墨竹工卡县创先争优强基础惠民生活动先进驻村(居)工作队员	2020 年	中共墨竹工卡县委员会、墨竹工卡县人民政府
索朗卓玛	女	藏族	墨竹工卡县扎雪乡双语幼儿园	优秀学前教育工作者	2020 年	中共墨竹工卡县委员会、墨竹工卡县人民政府
曲　珍	女	藏族	墨竹工卡县唐加乡卓尼村双语幼儿园	优秀学前教育工作者	2020 年	中共墨竹工卡县委员会、墨竹工卡县人民政府
曲　珍	女	藏族	墨竹工卡县扎雪乡中心小学	模范班主任	2020 年	中共墨竹工卡县委员会、墨竹工卡县人民政府
琼　吉	女	藏族	墨竹工卡县扎雪乡中心小学	优秀班主任	2020 年	中共墨竹工卡县委员会、墨竹工卡县人民政府
钱叶飞	男	汉族	墨竹工卡县中学	优秀教师	2020 年	中共墨竹工卡县委员会、墨竹工卡县人民政府
普　琼	男	藏族	墨竹工卡县尼玛江热乡中心小学	优秀教师	2020 年	中共墨竹工卡县委员会、墨竹工卡县人民政府
普布扎西	男	藏族	墨竹工卡县门巴乡中心小学	优秀党务工作者	2020 年	中共墨竹工卡县委员会、墨竹工卡县人民政府
普布潘多	女	藏族	墨竹工卡县唐加乡中心小学	优秀教师	2020 年	中共墨竹工卡县委员会、墨竹工卡县人民政府
平慧琴	女	汉族	墨竹工卡县纪委监委	优秀公务员	2020 年	中共墨竹工卡县委员会、墨竹工卡县人民政府
尼玛卓拉	女	藏族	墨竹工卡县第二双语幼儿园	优秀党员	2020 年	中共墨竹工卡县委员会、墨竹工卡县人民政府
尼玛德吉	女	藏族	墨竹工卡县扎雪乡人民政府	创先争优强基础惠民生活动先进驻村(居)工作队员	2020 年	中共墨竹工卡县委员会、墨竹工卡县人民政府
尼　玛	女	藏族	墨竹工卡县日多乡中心小学	藏文书法比赛中粗人体三等奖	2020 年	中共墨竹工卡县委员会、墨竹工卡县人民政府
尼　玛	女	藏族	墨竹工卡县日多乡中心小学	藏文书法比赛中钢笔字三等奖	2020 年	中共墨竹工卡县委员会、墨竹工卡县人民政府
米　玛	男	藏族	墨竹工卡县唐加乡拉东村果布组	先进双联户	2020 年	中共墨竹工卡县委员会、墨竹工卡县人民政府
门金洛追	男	藏族	墨竹工卡县教育(体育)局	优秀共产党员	2020 年	中共墨竹工卡县委员会、墨竹工卡县人民政府
马月普	女	汉族	墨竹工卡县尼玛江热乡中心小学	优秀教师	2020 年	中共墨竹工卡县委员会、墨竹工卡县人民政府
洛桑扎西	男	藏族	墨竹工卡县日多乡中心小学	优秀教师	2020 年	中共墨竹工卡县委员会、墨竹工卡县人民政府
洛桑扎西	男	藏族	墨竹工卡县日多乡中心小学	优秀共产党员	2020 年	中共墨竹工卡县委员会、墨竹工卡县人民政府

续表2

姓名	性别	民族	工作单位	获奖名称	表彰时间	授予单位
洛桑群觉	男	藏族	墨竹工卡县扎西岗乡南京希望小学	优秀教师	2020年	中共墨竹工卡县委员会、墨竹工卡县人民政府
罗　杰	男	藏族	墨竹工卡县教育(体育)局	优秀共产党员	2020年	中共墨竹工卡县委员会、墨竹工卡县人民政府
刘玉梅	女	汉族	墨竹工卡县扎雪乡中心小学	优秀教师	2020年	中共墨竹工卡县委员会、墨竹工卡县人民政府
刘　俊	女	汉族	墨竹工卡县甲玛乡双语幼儿园	优秀学前教育工作者	2020年	中共墨竹工卡县委员会、墨竹工卡县人民政府
刘冀翔	男	汉族	墨竹工卡县中学	优秀党员	2020年	中共墨竹工卡县委员会、墨竹工卡县人民政府
刘　奇	男	汉族	墨竹工卡县人力资源和社会保障局	优秀事业工作人员	2020年	中共墨竹工卡县委员会、墨竹工卡县人民政府
梁泽琴	女	汉族	墨竹工卡县扎西岗乡南京希望小学	课堂教学语文组三等奖	2020年	中共墨竹工卡县委员会、墨竹工卡县人民政府
拉　旺	男	藏族	墨竹工卡县扎西岗乡南京希望小学	优秀教师	2020年	中共墨竹工卡县委员会、墨竹工卡县人民政府
格桑卓嘎	女	藏族	墨竹工卡县门巴乡双语幼儿园	优秀学前教育工作者	2020年	中共墨竹工卡县委员会、墨竹工卡县人民政府
格桑曲珍	女	藏族	墨竹工卡县扎西岗乡南京希望小学	课堂教学大赛藏文组二等奖	2020年	中共墨竹工卡县委员会、墨竹工卡县人民政府
格桑朗追	男	藏族	墨竹工卡县中学	优秀教师	2020年	中共墨竹工卡县委员会、墨竹工卡县人民政府
嘎玛拉姆	女	藏族	墨竹工卡县人力资源和社会保障局	优秀公务员	2020年	中共墨竹工卡县委员会、墨竹工卡县人民政府
多吉旺堆	男	藏族	墨竹工卡县司法局	综治先进个人	2020年	中共墨竹工卡县委员会、墨竹工卡县人民政府
多吉次仁	男	藏族	墨竹工卡县公安局特警大队	优秀公务员	2020年	中共墨竹工卡县委员会、墨竹工卡县人民政府
顿珠杰姆	女	藏族	墨竹工卡县扎西岗乡南京希望小学	模范班主任	2020年	中共墨竹工卡县委员会、墨竹工卡县人民政府
东正虎	男	汉族	墨竹工卡县日多乡中心小学	第36个教师节中获优秀教师	2020年	中共墨竹工卡县委员会、墨竹工卡县人民政府
东正虎	男	汉族	墨竹工卡县日多乡中心小学	“疫情当前,青春当先”演讲比赛中获三等奖	2020年	中共墨竹工卡县委员会、墨竹工卡县人民政府
德吉央宗	女	藏族	墨竹工卡县卫生健康委员会	优秀公务员	2020年	中共墨竹工卡县委员会、墨竹工卡县人民政府
旦增卓玛	女	藏族	墨竹工卡县纪委监委	优秀公务员	2020年	中共墨竹工卡县委员会、墨竹工卡县人民政府
旦增卓嘎	女	藏族	墨竹工卡县扎雪乡赤培村幼儿园	优秀后勤工作者	2020年	中共墨竹工卡县委员会、墨竹工卡县人民政府

续表 2

姓名	性别	民族	工作单位	获奖名称	表彰时间	授予单位
旦增曲珍	女	藏族	墨竹工卡县门巴乡中心小学	模范优秀教师	2020 年	中共墨竹工卡县委员会、墨竹工卡县人民政府
旦增尼玛	男	藏族	墨竹工卡县中学	优秀教师	2020 年	中共墨竹工卡县委员会、墨竹工卡县人民政府
旦增洛珠	男	藏族	墨竹工卡县扎雪乡中心小学	“以赛代培”赛课优秀奖	2020 年	中共墨竹工卡县委员会、墨竹工卡县人民政府
旦增罗布	男	藏族	墨竹工卡县扎雪乡中心小学	优秀教师	2020 年	中共墨竹工卡县委员会、墨竹工卡县人民政府
丹真曲珍	女	藏族	墨竹工卡县中学	优秀班主任	2020 年	中共墨竹工卡县委员会、墨竹工卡县人民政府
大旦增卓嘎	男	藏族	墨竹工卡县尼玛江热乡中心小学	模范班主任称号	2020 年	中共墨竹工卡县委员会、墨竹工卡县人民政府
达瓦次仁	男	藏族	墨竹工卡县甲玛乡希望小学	优秀学前教育工作者	2020 年	中共墨竹工卡县委员会、墨竹工卡县人民政府
达娃穷达	女	藏族	墨竹工卡县唐加乡中心小学	优秀班主任	2020 年	中共墨竹工卡县委员会、墨竹工卡县人民政府
催成桑布	男	藏族	墨竹工卡县中学	赛课三等奖	2020 年	中共墨竹工卡县委员会、墨竹工卡县人民政府
催成桑布	男	藏族	墨竹工卡县中学	优秀教师	2020 年	中共墨竹工卡县委员会、墨竹工卡县人民政府
次旺白吉	女	藏族	墨竹工卡县尼玛江热乡中心小学	模范班主任	2020 年	中共墨竹工卡县委员会、墨竹工卡县人民政府
次仁玉珍	女	藏族	墨竹工卡县中学	优秀教师	2020 年	中共墨竹工卡县委员会、墨竹工卡县人民政府
次仁央金	女	藏族	墨竹工卡县人力资源和社会保障局	优秀事业工作人员	2020 年	中共墨竹工卡县委员会、墨竹工卡县人民政府
次仁德吉	女	藏族	墨竹工卡县扎西岗乡南京希望小学	课堂教学综合组二等奖	2020 年	中共墨竹工卡县委员会、墨竹工卡县人民政府
次旦央吉	女	藏族	墨竹工卡县纪委监委	优秀公务员	2020 年	中共墨竹工卡县委员会、墨竹工卡县人民政府
次旦拉姆	女	藏族	墨竹工卡县南京实验小学	优秀教师	2020 年	中共墨竹工卡县委员会、墨竹工卡县人民政府
边巴卓玛	女	藏族	墨竹工卡县南京实验小学	优秀班主任	2020 年	中共墨竹工卡县委员会、墨竹工卡县人民政府
边巴曲珍	女	藏族	墨竹工卡县南京实验小学	优秀教师	2020 年	中共墨竹工卡县委员会、墨竹工卡县人民政府
边巴穷达	女	藏族	墨竹工卡县南京实验小学	优秀教师	2020 年	中共墨竹工卡县委员会、墨竹工卡县人民政府
边巴次旺	男	藏族	墨竹工卡县日多乡中心小学	2020 年藏文书法比赛粗仁体粉笔字鼓励奖	2020 年	中共墨竹工卡县委员会、墨竹工卡县人民政府

续表2

姓名	性别	民族	工作单位	获奖名称	表彰时间	授予单位
白玛曲宗	女	藏族	墨竹工卡县扎雪乡人民政府	创先争优强基础惠民生活动先进驻村(居)工作队员	2020年	中共墨竹工卡县委员会、墨竹工卡县人民政府
白玛曲培	男	藏族	墨竹工卡县日多乡中心小学	汉字书法比赛硬笔字三等奖	2020年	中共墨竹工卡县委员会、墨竹工卡县人民政府
白玛曲培	男	藏族	墨竹工卡县日多乡中心小学	汉字书法比赛粉笔字三等奖	2020年	中共墨竹工卡县委员会、墨竹工卡县人民政府
白　玛	女	藏族	墨竹工卡县唐加乡卓村	演讲比赛优秀奖	2020年	中共墨竹工卡县委员会、墨竹工卡县人民政府
巴桑卓玛	女	藏族	墨竹工卡县日多乡双语幼儿园	优秀学前教育工作者	2020年	中共墨竹工卡县委员会、墨竹工卡县人民政府
巴桑卓嘎	女	藏族	墨竹工卡县扎西岗乡南京希望小学	课堂教学综合组优秀奖	2020年	中共墨竹工卡县委员会、墨竹工卡县人民政府
巴桑玉珍	女	藏族	墨竹工卡县扎西岗乡南京希望小学	优秀教师	2020年	中共墨竹工卡县委员会、墨竹工卡县人民政府
巴桑德吉	女	藏族	墨竹工卡县南京实验小学	优秀教师	2020年	中共墨竹工卡县委员会、墨竹工卡县人民政府
巴桑德吉	女	藏族	墨竹工卡县南京实验小学	综合单课成绩一等奖	2020年	中共墨竹工卡县委员会、墨竹工卡县人民政府
巴　桑	男	藏族	墨竹工卡县扎西岗乡派出所	优秀驻寺干部	2020年	中共墨竹工卡县委员会、墨竹工卡县人民政府
巴　桑	女	藏族	墨竹工卡县扎西岗乡南京希望小学	优秀教师	2020年	中共墨竹工卡县委员会、墨竹工卡县人民政府
杨　论	男	汉族	墨竹工卡县扎西岗乡派出所	“疫情当前、青春当先”演讲比赛优秀奖	2020年	中共墨竹工卡县委员会
武继斌	男	彝族	墨竹工卡县委宣传部	优秀公务员	2020年	中共墨竹工卡县委员会
马　明	男	汉族	墨竹工卡县委宣传部	优秀公务员	2020年	中共墨竹工卡县委员会
仁青次仁	男	藏族	墨竹工卡县门巴乡巴尔卡村委会	金牌调解员	2020年	墨竹工卡县人民政府

说明：由于各单位资料提供不全，可能有遗漏

2020 年墨竹工卡县国民经济和社会发展统计公报

2020 年，全县上下始终以习近平新时代中国特色社会主义思想为指导，深入贯彻中共十九大和十九届二中、三中、四中、五中全会精神，聚焦经济发展、三大攻坚、民生工程，不忘初心、砥砺奋进，为全面建成小康社会打下坚实基础。

一、综合

全县完成地区生产总值 39.25 亿元，按可比价计算，增速 7.4%。其中：第一产业增加值 3.55 亿元，同比增长 0.8%；第二产业增加值 28.85 亿元，同比增长 12.9%；第三产业增加值 6.85 亿元，同比下降 1.3%。

全社会固定资产投资增速下降 30.91%。社会消费品零售总额 5.05 亿元，同比下降 5.9%。农林牧渔增加值 3.55 亿元，同比增长 0.8%（可比价）；农牧民人均可支配收入 18187 元，同比增长 12.6%，规模以上工业增加值增速 19%（可比价）。

墨竹工卡县 2019—2020 年主要经济指标数据情况表

表 1

指标	2019 年		2020 年	
	总量	增速（%）	总量	增速（%）
地区生产总值（亿元）	27.73	7.7	39.25	7.4
其中：第一产业	3.46	4.2	3.55	0.8
第二产业	15.75	5.8	28.85	12.9
第三产业	8.52	8.4	6.85	-1.3
规模以上工业增加值	—	-4.4	—	19
全社会固定资产投资完成额	—	12	—	-30.91
社会消费品零售总额（亿元）	5.37	7.7	4.53	-5.9
农牧民人均可支配收入（元）	16158	13	18187	12.6

二、农业

全县农业总产值 2.38 亿元；农林牧渔增加值 3.55 亿元，同比增长 0.8%，其中农业 1.1 亿元，林业 0.02 亿元，牧业 2.43 亿元。

农业：全县农作物总播种面积 7420.84 公顷，其中粮食作物 4790.85 公顷，油料作物 1970.3 公顷，蔬菜 187.06 公顷，其他作物 472.4 公顷。全年粮食产量 25252.48 吨，同比下降 2.9%，油料作物产量 4441.23 吨，同比增长 12.73%；蔬菜产量 3124.55 吨，同比下降 20.86%。

林业：全县新增造林 77.03 公顷，种植苗木 0.43 万株。

牧业：全县牲畜总存栏 135750 头（匹 / 只），其中牛、马等大牲畜存栏 127391 头（匹），猪存栏 1304 头，羊存栏 7055 只，年末家禽数 73521 只。当年肉产 3687.02 吨，其中猪肉 38.12 吨，牛肉 3625.95 吨，羊肉 17.92 吨，禽肉 7.03 吨。

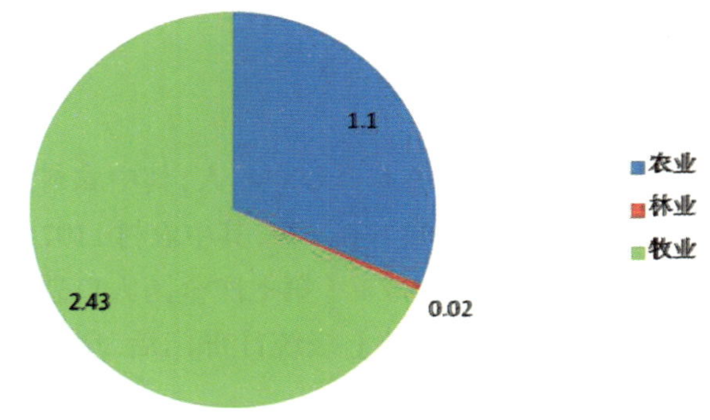

图 1　墨竹工卡县 2020 年农林牧渔构成情况

三、工业

2020 年，规上工业总产值 48.85 亿元、增长

34.76%。三大国有企业实现收入7017万元。全县规模以上工业企业7家，规模以上工业增加值同比增长19%。

图2 墨竹工卡县2015—2020年工业增加值增长速度

四、固定资产投资

墨竹工卡县共有开复工项目123个，比上年减少27个，固定资产投资完成额同比下降30.91%。

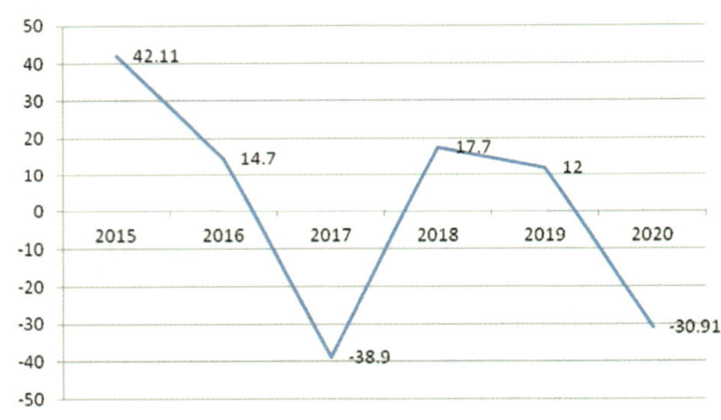

图3 墨竹工卡县2015—2020年全社会固定资产投资增长速度

五、人口就业

全县年末常住总人口60096人，其中农村人口50755人。全县总户数16614户，其中农村11974户，人口自然增长率10.66‰（第七次全国人口普查数据正在复核中，经咨询上级统计部门后，现目前仍采用2019年人口数据）。

乡村劳动力资源数26946人，其中劳动年龄内22010人。从业人数22318人，其中从事农业9582人，从事工业1022人，从事建筑业1499人，从事交通仓储及邮电通信业1037人，从事信息、传输、计算机服务和软件业252人，从事批发零售业1369人，从事住宿餐饮业1804人，从事其他行业5753人。

墨竹工卡县2015—2019年人口变动情况表

表2

指标	2015年	2016年	2017年	2018年	2019年
年末总人口	54296	55841	56335	57017	60096
年末总户数（户）	13179	13907	16019	16942	16614
乡村人口（人）	48629	49549	49649	50009	50755
乡村户数（户）	11290	13907	11821	11930	11974
人口自然增长率（‰）	12.85	12.02	14.54	14.12	10.66

六、人民生活

全县农牧民人均可支配收入18187元，同比增长12.6%。

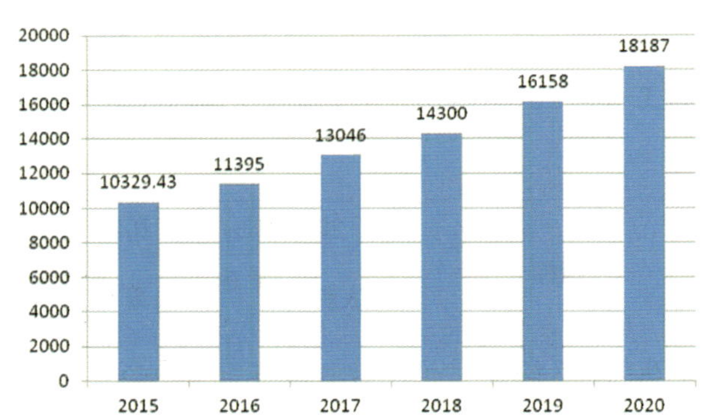

图4 墨竹工卡县2015—2020年农牧民人均可支配收入

全年社会消费品零售总额达到5.05亿元，同比下降5.9%。规模以上贸易企业2家。

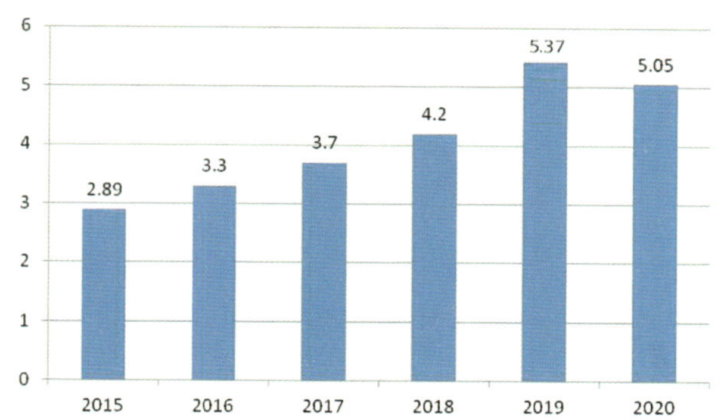

图 5　墨竹工卡县 2015—2020 年社会消费品零售情况

七、财政金融

全县财政总收入 17.06 亿元，一般公共预算收入 5.85 亿元，同比增长 67%。一般公共预算支出 14.84 亿元，其中农林牧水 3.11 亿元，医疗卫生 1.53 亿元，教育 3.2 亿元。

墨竹工卡县 2015—2020 年财政收支情况表

表 3

指标	2015 年	2016 年	2017 年	2018 年	2019 年	2020 年
财政总收入	10.57	3.64	3.98	14.51	3.52	17.06
其中：一般公共预算收入	2.7	3.27	3.64	4.11	3.52	5.85
公共财政预算支出	9.93	11.96	12.08	14.31	15.37	14.84

八、教育文化

全县学校总数 48 所，其中中学 1 所，小学 8 所，幼儿园 39 所。中小学专任教师 690 人，其中教研室 19 人，中学 166 人，小学（含幼儿园）505 人。在校生总数 9671 人，其中中学 1906 人，小学 5034 人，幼儿园 2731 人。小学适龄儿童入学率 99.98%。学前三年入学率 95.16%，义务教育巩固率 99% 以上。

全县县级文化活动中心 1 个，8 个乡镇综合文化站。40 个行政村文化室、“农家书屋”全部覆盖。“寺庙书屋”48 个。全县 131 处文物点，其中自治区 13 处、县级 118 处。

九、民政卫生

全县城镇低保 665 户 720 人、农村 271 户 854 人，五保户 205 人，临时救助 19 户。社会福利收养单位 1 个 312 张床。城乡居民参保人数 50638 人（含“三岩”搬迁 253 人）。

全县共有医疗卫生机构 47 个，其中医院 1 个、乡镇卫生院 8 个、疾病预防控制中心（防疫站）1 个、行政村卫生室 33 个、寺庙卫生室 2 个、个体诊所 2 个。卫生机构床位数 139 张，卫生技术人员数 333 人。

十、旅游交通

全县接待国内外游客 7.15 万人次，实现旅游收入 574 万元。

公路里程总计 899.76 公里、农村公路硬化 215.95 公里，客运班线实现乡村全覆盖。民用汽车 1.3 万辆。

十一、气候环境

极端最高气温 26.6 ℃，全年极端最高低温 -15.7℃，年平均气温为 7.1℃。全年总降水量 698.5 毫米，极端日最大降水量 48.7 毫米，极端日最小降水量 0 毫米。

索 引

说明

一、本索引采用主题分析法编制。索引范围包括篇目、类目、部(门)目、条目等。
二、本索引按主题词首字汉语拼音音序(同音按音调)排列,若首字拼音相同则按第二字音序排列,以此类推。
三、索引款目后的数字表示内容所在的页码,数字后的拉丁字母(a、b、c)表示栏别(从左至右)。
四、篇目、类目、部(门)目用黑体字。

H

J

M

N

P

Q

R

S

T

W

X

Y

Z